環境経済学
新版

宮本憲一

岩波書店

目　次

第1章　環境の危機と政治経済学——問題の所在　1

第1節　近代文明の転換期と環境破壊　1
1. 環境保全政策の創造と動態　1
2. 経済のグローバリゼーションと地球環境問題　12
3. 日本の環境問題の新しい局面　31

第2節　環境経済学の誕生と課題　41
1. 近代経済学の環境経済論　41
2. 政治経済学の公害論　50
3. 中間システム論——本書の基本的方法論　56
4. 環境経済学の領域　72

第2章　環境と社会体制・政治経済構造　79

第1節　公共信託財産としての環境　79
1. 環境とはなにか　79
2. 公共信託財産論　82

第2節　資本主義社会の発展と環境　85
1. 私有財産制・商品市場経済と環境　85
2. 産業資本主義と環境　91
3. 独占資本主義と環境　96

第3節　現代資本主義と環境　98
1. 環境破壊型政治経済構造
　　——なぜ現代は環境の危機をまねいているのか　98
2. 環境破壊型の政府活動　99
3. 経済のグローバリゼーションと環境　104

目次

第3章　環境問題の政治経済学 … 109

第1節　環境問題の領域　109
1　環境問題とはなにか　109
2　「中間システム」からみた環境問題　113

第2節　公害問題と資本主義　116
1　公害の基本的特徴　116
2　公害とはなにか　122

第3節　アメニティの政治経済学　129
1　アメニティとはなにか　129
2　アメニティの産業化と環境・公害問題　131

第4節　社会的損失と社会的費用　136
1　カップの社会的費用論　136
2　現代的貧困としての社会的損失　144

第5節　経済のグローバリゼーションと環境問題　146
1　国際的環境問題の2類型　146
2　越境型環境問題──「公害輸出」　148
3　地球環境問題　156

第4章　環境政策と国家 … 169

第1節　環境政策の原理と現実　169
1　環境政策とはなにか　169
2　公害対策──日本の経験　178
3　アメニティ政策　194
4　予防と環境再生　211

第2節　PPPとストック公害　230
1　政策手段の選択　230
2　PPPの理論と現実　232

  3 日本の独自の PPP 論 235
  4 日本型 PPP の制度化と評価 237
  5 ストック公害 253

 第 3 節 経済的手段 260

  1 補助政策 260
  2 課徴金と環境関連税 265
  3 排出権取引制度 269
  4 エコロジカル財政改革 272

 第 4 節 「政府の欠陥」と公共性 274

  1 「政府の欠陥」と経済学 275
  2 日本の環境政策と「政府の欠陥」 281
  3 公企業・公共事業の「公共性」と環境問題 289

第 5 章 維持可能な社会と住民自治 305

 第 1 節 「経済の質」と内発的発展 305

  1 未来社会の経済になにがもとめられているか 305
  2 内発的発展と経済民主主義 310

 第 2 節 維持可能な社会へ 328

  1 維持可能な発展と政治経済学 328
  2 定常状態の経済学 333
  3 維持可能な社会（Sustainable Society）を足もとから 340

 第 3 節 住民自治と環境教育 349

  1 人民主権形成としての住民運動 349
  2 「環境自治」のシステムと環境教育 359

あとがき 375
索 引 381

第1章　環境の危機と政治経済学
　　　——問題の所在——

第1節　近代文明の転換期と環境破壊

1　環境保全政策の創造と動態

「コペルニクス的転換」

　1960年代後半から70年代にかけて，人類は環境保全を共通の歴史的課題として認識し，共同行動をとる努力をはじめた．さらに1992年国連環境開発会議(以下「リオ会議」と略)を出発点として，地球環境を保全するために維持可能な発展(Sustainable Development: SD)を人類共通の課題とし，そのための国際協力をはじめた．それは軍縮への努力と同じように歴史的転換といってよいであろう．産業革命期以降，人類は経済発展を無限につづく目標と考え，科学・技術を開発してきた．各国の企業と政府は工業生産額や国民総生産(GNP)の成長を最優先の政策目標として，激しい競争を進めてきたのである．環境問題は人類が都市を形成した古代社会以来発生しているのだが，18世紀の産業革命以降の工業化と都市化によって深刻となり，環境政策は19世紀の半ばになって，ようやくはじまったといってよい．その結果，この100年の間に公衆衛生行政が進み，下水道などの社会資本がつくられ，目にみえる大きな汚染物の除去やスラムの解消などの環境の改善は進んだ．しかし，1920年代の大気汚染防止のためにつくられたイギリスのニュートン委員会の報告書にみるように，「煙は繁栄の象徴」という思想は依然として強く，環境保全のための施策や研究開発は，平和な好況時の「限界活動」としておこなわれるにすぎず，不況や戦争の中では真っ先に中止される存在にすぎなかった[1]．第2次大戦後は体制を問わず経済競争がとめどもなく激しくなったといってよい．資本主義の黄金時代といわれた1950年代から60年代の高度成長期には，公害防止対策を省略

した資本蓄積が進み，大量生産・大量流通・大量消費・大量廃棄の日常的な経済活動の過程で公害や自然破壊は地球的規模でおこり，人類史上かつてない人間生活への深刻な被害を与えるようになった．とくに西欧社会に追いつき追いこすために，高度成長の先端を走った日本は公害の実験場のようになった．幸いなことに1960年代半ばから，先進工業国の住民は世界的な規模で環境破壊に抗議の行動をおこすようになった．日本では健康被害が中心にとりあげられ，被害者を中心にして，環境政策をとらせるために自治体の改革を進め，公害裁判がはじまり，公害反対の世論や運動が大きくなった．1970年4月の「地球の日（アース・デイ）」は日本の恐るべき公害が人類の未来への警鐘としてとりあげられ，「ノーモア・トウキョウ」が共通のスローガンとなった．このような国際的世論を背景に，1972年国連人間環境会議（以下「ストックホルム会議」と略）がストックホルムでひらかれた．開会の席上，ワルトハイム国連事務総長は，今回の歴史的会議は「産業革命の進行に重要な修正を加えた時代の転換点」とのべ，また人類学者のM.ミードは『ニューヨーク・タイムズ』の1972年6月18日号に，工業化・都市化の文明にコペルニクス的転換をもたらそうとする「思想の革命」と評した．しかし，この会議ではインドのガンディー首相が「貧困こそ環境問題」として先進国が途上国の開発を規制することに反対した．これには発展途上国が同調したため，国際協定はできなかった．

　この前後から，先進工業国の多くは共通して環境法体系をつくり，その実行機関として環境省（庁）を設置した．わが国では，1967年に制定した公害対策基本法が調和論という財界と政府との妥協の産物であったものを1970年に全面改正し，生活環境優先を明示した．それとともに公害関係14法を制定し，1973年，世界に先駆けて公害健康被害補償法を制定した．この法では，とくに大気汚染にかかわる健康被害について，汚染企業が賦課金を出すという措置が決められたことが重要である．これは労働災害補償制度の成立に匹敵する重要な実験であった．1969年，アメリカは国家環境政策法によって，公共関連事業について環境アセスメントを義務づけて予防をおこなうことになり，西ドイツ，スウェーデン，フランスやカナダなどがこれにつづいた．

　先進工業国では，大気や水などに関する主要汚染物質について環境基準を定め，これにもとづいて，政府が汚染源を直接規制するという政策が共通してとられはじめた．また，一部分，市場原理を利用した経済的刺激策がとられ，公

害対策の一部にたいし PPP（Polluter Pays Principle：汚染者負担原則）による課徴金をかけたり，あるいは反対に汚染源にたいする防除策の推進のための補助金が支出されるようになった．司法の場でも，公害に関する損害賠償や予防のための差止めがとられる例が出てきた．

ではアメニティ（amenity）の面ではどうか．もともと，欧米では公害対策よりは，自然環境や歴史的街並み保全などの，より広い環境保全の政策の伝統がある．1947 年に制定されたイタリア共和国憲法の第 9 条では，「共和国は，国の風景ならびに歴史的および芸術的家産を保護する」としている．これにもとづいて，1985 年には，景観保存のために広域の土地利用規制をする画期的なガラッソ法が制定された．これまで各国とも，都市計画のような産業基盤や住宅整備のために土地所有者を規制する法律はあったが，経済活動の促進や人間の利益追求と無関係な土地利用規制はなかった．それが，みどりや海岸を保全するための土地利用規制が法制化され，さらにはイタリアのように景観の保全が進められるようになった．

これらの公害・環境法体系は，現実的効果をもっていなかったり，実行にあたって制限をうけたりしているものの，各国政府は近代社会の中では最初の創造的な制度をもったといってよい．これにともなって，公害・環境行政が専門組織をもって行政官を雇用し，一定の予算をもって経常的に進められるようになった．環境保全のための公私両部門の支出は先進工業国では GNP の 1％ 台に達した．これは軍事費とはくらべものにならず，巨大な企業活動や大量消費生活を制御するに十分なものとはいえぬが，戦後の「政府の変化」あるいは国家活動の新しい分野を象徴するように急激な膨張をした．国際的にも国連，EU や OECD などの国際組織の中に環境保全のための組織がつくられた．

科学や技術の分野においても，同じように環境の科学の研究が発展した．これまで，環境問題に関する科学は総合的でなく，事態の深刻さにくらべて，著しく立ち遅れていたといってよい．医学の分野では，公衆衛生や公害の病理学・臨床医学，工学の分野では，公害の測定と制御に関する技術，とくに大気浄化や水処理，騒音対策の研究が進んでいたが，いずれも近年の研究が主体である．ましてや社会科学の研究は稀にしかなかったといってよい．しかし，環境問題の主原因は経済とくに企業活動に関連しており，その対策は立法や司法，そして政府・自治体の政策にまたねばならぬところが多い．環境保全の世論や

法の規制のないところで，自主的な公私企業や個人の公害対策が自動的に働く例はほとんどないといってよい．こうなると，経済学，政治学や法学の発展が必要になってくる．このために1970年代にはいって，ようやく社会科学も前進をはじめ，それとともに学際的な研究グループが誕生し，大学の講座や研究機関が少数ではあるが設置されるようになった．また環境教育が小学校から大学まで進められるようになった．各国の政府は環境保全に関する年次報告書を出し，またOECDやイタリアの国際環境保全研究所(DOCTER)などがヨーロッパなどの国際的な環境保全の年報を発行するようになっている．

公害対策の効果

ではいったい，このような政策の変化によって，環境問題の解決が進んだのであろうか．戦後史をふりかえると公害対策はまことに遅々としたものであった．たとえば，日本の水俣病によって一躍有名になった水銀中毒事件は，イラク，アメリカ，カナダ，フィンランド，中南米，中国などでくりかえされた[2]．そして，日本では2007年現在，なお約3700人の被害者が水俣病の認定をもとめている．SO_2(二酸化硫黄)の公害も戦後ロンドン・スモッグ事件のような深刻な被害が発生したにもかかわらず，日本をはじめ各国でくりかえされた．アジ

表1-1 主要工業国の汚染の

	窒素酸化物(NO_X)排出量 (1000トン)				硫黄酸化物(SO_X)排出量 (1000トン)			
年	1975	1985	1995	2002	1975	1985	1995	2002
日　本	1,677	1,322	2,143	2,018	1,780	835	938	857
アメリカ	19,100	21,302	22,405	18,833	25,600	21,072	16,881	13,847
フランス	1,612	1,400	1,702	1,350	2,966	1,451	978	537
ドイツ	2,700	2,539	1,916	1,417	3,600	2,637	1,937	611
イギリス	1,758	2,398	2,192	1,587	5,130	3,759	2,364	1,003
スウェーデン		437	298	242		266	77	58
ポーランド		1,500	1,120	796	4,300	2,376	1,455	
韓　国		722	1,153	1,136		1,351	1,532	951

注1) NO_XとSO_Xの数値は発生源ごとに推計して合計したもので，概数であって正確ではない．NO_Xについて，1985年のスウェーデンは1987年のもの，2002年の韓国の値は1999年のもの(韓国はNO_2のみの値)．SO_Xについて，日本の1985年は1986年の値，韓国の2002年は1999年の値．ドイツは1985年までは西ドイツの値．
2) BODは，日本は淀川，アメリカはデラウェア川，フランスはセーヌ川，ドイツはドナウ川(1975年のみライン川)，イギリスはテムズ川，ポーランドはビスラ川，韓国は漢江の値．なお，日本の2001年は2000年，イギリスの2001年は1999年の値．

アではなお深刻な SO_2 の大気汚染がつづいている．情報化の時代というが，公害のような企業にとってアキレス腱とでもいうべき問題の情報は秘密にされ，自由に流通していないのである．

それでも，1970年代になって，先進工業国では伝統的な公害のいくつかは抑制されはじめた．水銀，カドミウム，砒素，PCBなど日本などで事件をおこした汚染物質は取締りがきびしくなり，生産過程における排出は激減した．大気や水の伝統的な汚染指標でみてみよう．OECDの環境データをみると表1-1のように若干の改善がみられる．各国のデータは推計の方法にちがいがあるので，正確な比較はできないが，NO_X（窒素酸化物）とSO_X（硫黄酸化物）の排出量削減の分野では日本がもっとも改善が進んでいる．ただし，日本は可住面積がせまく，大都市化をつづけているので，3大都市圏などの汚染度の改善は，NO_X ではそれほどでない．各国とも SO_X については排出量の抑制をしている．この間のGNPの増大からいって，ある程度の抑制力が働いたといってよい．これにたいして，NO_X の規制が進まず，GNPの増大ほどではないが排出量は横ばいである[3]．水汚染はBOD（生物化学的酸素要求量）でみるかぎり下水処理に膨大な投資がおこなわれていることとあいまって，とくにヨーロッパでは改善が進んでいる．都市廃棄物は一般的に増大をつづけている．水銀などの有害

推移と環境保全支出

生物化学的酸素要求量(BOD) (mg O_2/l)				都市廃棄物 (1000 トン)				環境保全研究開発公的支出 (100 万ドル)			
1975	1985	1995	2001	1975	1985	1995	2002	1975	1985	1995	2002
3.2	3.4	2.3	1.0	38,074	43,450	50,694	52,362	62.6	80.4	82.2	193.7
2.0	2.1	2.6	2.1	140,000	149,189	193,869	207,957	235.6	343.8	549.0	524.2
10.2	4.3	4.4	2.7			28,919	32,174	44.0	65.0	259.3	419.9
7.9	3.2	2.7	2.3	20,423	20,268	44,390	48,836	65.8	429.3	563.0	470.7
3.4	2.4	1.8	1.7	16,036	16,398	28,900	34,851	32.0	128.7	201.6	
					2,650	3,555	4,172		27.2	47.2	17.3
	5.6	4.2	3.7		11,087	10,985	10,509				
		3.8	3.4		20,994	17,438	18,214				251.1

3) 都市廃棄物は家庭ごみと事業所ごみのうちで都市当局が収集する分の総計．2002年については，日本は2000年の推計値，アメリカ，フランス，イギリスは2001年の推計値，韓国の1995年は1996年の推計値，ドイツの1985年は西ドイツの1982年の推計値．また，ドイツの1975年は西ドイツの推計値．

4) 環境保全研究開発公的支出は，1975年は1980年の購買力平価で評価，それ以降は1990年購買力平価で評価．また，ドイツは西ドイツの推計．

出所 OECD, *Environmental Data Compendium*, 1985, 1987, 1999, 2004 により作成．

物質は，近年では生産過程から排出されるよりは水銀電池のように商品にこめられる傾向があるので，都市・産業廃棄物の増大は新しい公害の発生要因となっている．全般的にいえば，汚染はなくなったのでなく，抑制がされはじめたといってよいだろう．

　1970年代以降，自然保全や歴史的街並み保全は欧米を中心に進んでいる．すなわち，海運や臨海工業の変化によって衰退をしていたウォーターフロント（水際線）の再開発が進み，60年代後半から70年代前半にかけて，ボストンやサンフランシスコなどで古い港湾施設や工場・倉庫群を保全しつつ，商店街や公共施設に改造して経済的にも成功をみるようになった．また第5章で紹介するボローニャ方式のように，現代的市民生活と都心の歴史的街区保全の両立に成功する例が各地にみられるようになった．イギリスの古い市場として有名なコヴェントガーデン地区のように，高層化によるオフィス街への改造を中止して古い建物を利用して再開発をした例が多くなり，あるいはパリのマレ地区のように街並み全体の保全がはかられるようになった．都市内農地や近郊農地についても，それを宅地として開発をするのでなく，緑環境としてあるいは市民のレクリエーションの場として保全する傾向が強まっている．たとえば，フィレンツェ市は都市内に計画的に農村を残し，フランスでもこれまで宅地の予備軍としていた近郊農地の保全に力をいれている．もともとドイツでは都市の食糧は自給すべきだという思想のもとに，クライン・ガルテン（市民農園）がつくられ，それは都市をみどりでかこんで美しい風景をなしていた．この市民農園は西ドイツで市民のニーズが大きくなり法制化されたが，他の欧米諸国にも流行となりはじめた．産業としての農業は衰退する一方で，観光業あるいはレジャー・福祉産業として，農場が人間性回復のために都市で復活している．まことに皮肉なことだが，農地保全は重要な緑環境保全政策となっている．公園とは別に都市とその近郊の樹木や森を保全し，あるいは森林を創造する運動も進みはじめている．日本でも近年ようやく同じような動きがみられるようになった．このような新しい動きがあるとはいえ，全体としての都市環境の保全は成長の進む国ほど遅れているといってよい．

産業構造の変化と環境問題

　1970年代の環境政策は，SO_xなどの特定汚染物質の相対的絶対的減少やア

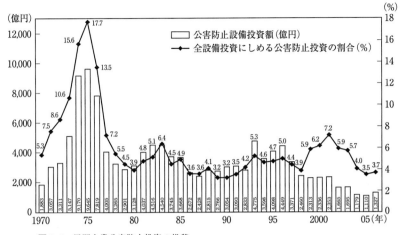

図1-1 民間企業公害防止投資の推移
注 2005年は実績見込み,2006年は計画.
出所 経済産業省経済産業政策局編『主要産業の設備投資計画』より作成.

メニティの保全などで一定の効果をあげた．とくに日本では70年代末にいたるまで四大公害裁判の原告勝訴，革新自治体を中心にした自治体の国よりもきびしい環境行政によって，企業の公害防止投資は図1-1のように1975年には約1兆円に達して世界一となり，産業公害防止が進み，また小型自動車の排ガス規制に成功するなどの成果をあげた．しかし，70年代後半にはいってからの環境問題の変化は，環境政策それ自体の成果としてのみ評価するのはまちがいである．むしろ，この時期におこった画期的な産業構造の変化に基本的原因があるといってよい．

　1960年代後半以降，アメリカのベトナム戦争敗北と石油ショックを転機にして，世界資本主義は転換期をむかえた．パックスアメリカーナ(アメリカを中心とする世界平和体制)は終わりを告げ，スタグフレーションにみられるような失業とインフレが共存し，福祉国家は危機におちいった．他方，多国籍企業の発展による経済の国際化が進み，ハイテク化，情報化，サービス化といわれる産業構造の変化が技術革新とともに目ざましく進んだ．この過程で各国間に経済的不均等発展がはじまった．これらの経済的変化が環境問題に影響を与えた．近代の公害問題は都市化と工業化を背景にもっているのだが，その二つの近代化の柱が異常に変化をしたのである．まず，産業構造の変化からみてみよう．

1960年代に第3次産業化は進んでいたが,環境政策の前進にくわえて1973年の石油ショックによるエネルギーや一部の資源価格の上昇は,産業構造に大きな変化を与えた.それはサービス化あるいはソフト化といわれるものである.省エネルギー・省資源,さらにはロボットやコンピュータなどの技術開発は,それを促進した.鉄鋼・アルミ・石油・石油化学・パルプなどの素材供給型産業は過剰投資もあって不況産業となり,それにかわって,エレクトロニクスを中心とした先端産業などの高次加工業へ工業の主体が移行した.また,サービス業が急激に成長した.このような産業構造の変化は省エネルギー技術の開発とあいまって,汚染量を抑制した.1975年をピークにして,公害防止投資は激減して,1980年代には3分の1になっているので,汚染物質の減少は企業の公害防止の努力というよりは,コスト引下げのための省エネルギーをふくむ産業構造の変化によるといってよいだろう.

これをみると,公害対策を静態的に考えて,汚染業種の生産量を野放しにして直接規制や経済的刺激策をとるよりも,動態的に汚染業種の操業度を引下げるか,低汚染業種へ構造転換させることが,公害防止には効果の大きかったことをしめしている.

都市の構造の変化と環境保全

1970年代に産業革命以来の最初の変化として,大都市圏の衰退という現象がおこった.これは人口の減少,インナーシティ問題(大都市の中心部の人口減少,失業,環境悪化,犯罪増大などの都市問題をさす),産業構造の変化によるミスマッチング(ブルーカラーがホワイトカラーに転換困難で失業する),都市財政ストレスなどの現象をさしている.これらは直接には,国際化と産業構造の変化に対応して都市間に不均等発展がおこり,うまく新しい状況に対応できない旧型工業都市ほど衰退現象がはげしくなったのだが,ヨーロッパでは全都市人口が減少あるいは停滞しているように,都市化が限界にきたことを象徴している.

1920年代以降,都市の外延的内包的膨張がつづいていたのだが,これが一段落してインナーシティ問題が進むと,従来のように郊外にニュータウンをつくるよりも,都心の再開発が政策課題とならざるをえなくなった.もともと都心には郊外のニュータウンよりは集積利益があり,またアメニティもあるから,再開発をすれば都心の事務所・宅地需要が上がるのは当然である.こうして,

先述のようなウォーターフロントの再開発や歴史的街区の保全による改造がはじまったのである．いわば都市経済の衰退が都市環境の保全を必然化し，また可能にしたといってよいだろう．それに加えて，重化学工業化がストップし，サービス化が進むと，観光やレジャーの目的で都市の自然や街並みの美しさなどのアメニティが新産業の要求として強くなったのである．

　いわば，資本主義の転換期をむかえ，高度成長から低成長にかわり，産業構造と都市構造が産業革命期以来の変化をしたことが背景にあって，汚染物の削減や環境保全の政策が一定の効果を生みだしたのである．このように経済の内的動機，いわば資本蓄積の構造変化を機動力にしておこった面があるので，「市場の失敗」といわれる資本主義の基本的矛盾がなくなって環境問題が解決したのではない．したがって，環境問題は内容や質をかえて現れるにいたった．

　すなわち，素材型産業の公害からハイテク工業の公害へ，石油燃焼にともなう公害から，LNG・LPG の災害や原子力による電力公害へという現象が典型なように，産業構造の変化にともなう新しい環境問題が生じている．これにともなって伝統的な汚染物質による指標が実態に不適合になり，未規制物質をとりあげる必要が生じ，また，これまでのような特定物質の大量汚染による目に見える被害のおこる短期的公害から，微量有害物質の目に見えにくい長期複合汚染の公害へと進みはじめた．またゴルフ場公害やウォーターフロント開発による自然破壊などアメニティの破壊問題へと向かう傾向がある．これとともに汚染型産業が先進工業国から発展途上国へ立地する傾向がある．いわば「公害輸出」によって先進工業国の都市の汚染が減少をしたことになる．先進資本主義国の都市が工場公害を脱して，美しい街並みなどのアメニティの向上に向かったとしても，それは発展途上国に公害をおしつけ，地球全体としては公害はなくならぬことになったのである．

新自由主義・新保守主義と環境政策の後退
　経済構造の転換による環境問題の変化とあいまって，福祉国家の危機，とくに財政危機はようやく出発したばかりの環境政策に暗い影をなげかけた．1970年代末から，英米日の 3 国の政府が共通して採用した福祉国家からの離脱——新自由主義は，環境政策の後退を進めた．これら 3 国の動きは西ドイツのように 1983 年以降大気汚染の規制が強化されたのとは異なる．

新自由主義というのは、スタグフレーションによる経済危機の原因を福祉国家とその赤字財政にもとめ、①民営化（国公有企業の私企業化と国公有財産の民間への払下げ）、②規制緩和（民間企業の経済活動、とくに国土開発・都市計画・環境政策の規制の緩和）、③「小さな政府」（社会サービスの削減、公共サービスの民間委託、税制改革による行財政改革）と、④分権化をともなう新中央集権化をおこなって、民間企業の活力の回復によって経済再生をはかろうというものである。道路や橋梁などの単体の大規模公共施設の建設や都市再開発事業の民営化は、都市計画の規制緩和とあいまって不動産業のみならず、不況にあえぐ素材供給型産業への市場の提供を目的としている。また医療・保健・保育・老人対策・教育などの社会サービスのカットとその一部の民間委譲は、過剰資本の捌け口と新しいサービス業・不動産業や金融業の投資先をつくりだした。1987-88年の内需拡大による日本の好況、それに先立つ英米の景気回復はそれを表している。

新自由主義の政策は伝統的に保守主義の基盤となっていた農業・中小企業への補助政策を整理する一方で、多国籍企業化に対応して、対外援助を大幅にふやし、あるいは対社会主義国や中近東・中南米への軍事力の増強を進めた。政治的には労働者階級の一部の新中間層を保守政治の社会基盤にする新保守主義の実験が進められている。すなわち、「納税者の反乱」といわれる福祉国家の重税への反感にたいする減税要求に依拠して、所得再分配を目的とした累進税制を廃棄して中間・高級所得者の減税をおこなうと同時に、消費税を強化している。また民営化した旧国公有企業の株式を中間層を主体とする大衆に所有させ、あるいはイギリスのように公営住宅を払下げて勤労者を財産所有者にして、反国有化＝反社会主義化の物質的基盤をつくることによって、新保守主義をつくりつつある。

サッチャー首相（在任 1979-90）は大衆資本主義（popular capitalism）という言葉をつかった。要するに公共部門を縮小して、マネタリズムでインフレを抑制し、効率主義で民間企業の活力を増進しようというのである。アメリカで1970年代にはじまった環境政策は連邦政府主導型で進められたが、一方工場誘致に熱心な州や市町村とくに南部地域の公害対策はルーズであった。1977年にヴァージニア州のホープウェル市でおこった農薬のキーポンによる汚染事件などはその典型例であった[4]。しかし、カーター政権（在任 1977-81）の末期から、高い失業率と財政危機の解消のために企業の要求に応えて、連邦の環境行政自体を

緩和する傾向がみられた．レーガン政権(在任1981-89)は1981年1月「規制緩和のための大統領特別委員会」を設置し，公害の規制緩和にのりだした．これによって，以後のすべての規制は行政管理局のおこなう費用便益分析によって，社会的コストが最小で企業や社会に与える便益が最大になるものでなければならぬことになった[5]．レーガン政権は新連邦主義にもとづいて連邦環境保護庁の予算および人員の削減を進めた．環境保護庁の権限が各州へ委譲されるにつれて，予算と人員は縮小した．財政支出の面では，インフレにもかかわらず，80年度にくらべて84年度は73％に大幅にカットされ，行政職員も83年度には2784名と80年度にくらべ20％近くも削減されてしまった．このため，環境白書の発行すらままならぬ状況となった．福祉国家の環境政策は官僚主義的で効果があまりあがっていないという批判が，スウェーデンなどでもある．たしかに環境政策は改革すべきであるが，レーガン政権は改革ではなく，縮小してしまった．アメリカの環境団体は，レーガン政権は公害規制による公衆衛生改善の歴史を30年前に逆もどりさせたと，きびしい批判をしている[6]．しかもウエスト・ゲート事件といわれるように，規制緩和の過程で連邦環境保護庁長官と企業との癒着が問題とされるような事件さえひきおこした．

日本の場合は，1978年，国際的な貿易摩擦の解消策を至上命題として，民間の公害防止投資緩和と公共事業促進のためにNO$_2$(二酸化窒素)の基準が緩和された．以後，公害健康被害補償法の全面改定にいたるまで，環境政策の後退がつづいた．他方，電源三法のように公害反対運動をきりくずすための補助政策も出現した．

新自由主義は福祉国家の「政府の失敗」をついたが，それによる環境政策の後退によって60年代と次元を異にするが「市場の失敗」が再燃し，環境問題を深刻化するおそれが出てきた．画期的な広域環境保全制度といわれた瀬戸内海環境保全特別措置法に実質的に違反するような，関西新空港の埋立てが空港株式会社の事業としてはじまり，さらに大阪湾の3分の1が埋立てられる計画が出現した．

新自由主義は貿易摩擦や財政危機を深刻化し，金融の過剰投機や無計画な国土開発によって，種々の社会問題を生みだした．このためようやく日本では，住民の世論と運動がもり上がり，宍道湖・中海の干拓・淡水化阻止や，各地の原発立地の中止など新しい状況が生まれはじめた．そして次にのべるように，

地球環境の危機から環境政策の転換が進んだ．

2 経済のグローバリゼーションと地球環境問題

リヴァイアサンとしての多国籍企業と環境問題

1980年代に世界経済に重大な変化がおこった．それは多国籍企業による世界経済の新秩序の形成である．国際貿易開発会議(UNCTAD)が発表した「世界投資報告書」(1993年)では，世界の多国籍企業は3万7000社，それが保有する海外子会社17万社，対外直接投資残高は1兆8000億ドル，海外売上高は実に5兆5000億ドルにのぼった．これは世界の年間財・サービス貿易取引高4兆ドルより大きい．90年代初めにソ連と東欧の社会主義体制が崩壊し，これらの地域のみならず，中国，インド，ベトナムなどにおいても市場経済制度の導入が進むと多国籍企業の支配はほぼ全世界に及んだ．この支配力にたいして，従来の国民国家の制御では不十分になったといってよい．

経済のグローバリゼーションに対応する国際組織はWTO，OECD，APEC，世界銀行，アジア開発銀行，IMFなど権限と資金をもつ組織が整備されている．これらの国際組織は貿易と投資の自由化を進める原則をもっている．これらは多国籍企業の直接間接の誘導組織であるが，規制組織ではない．90年代のアジアの経済危機対策や育成策にみられるように，各国の主権よりも多国籍企業の利益と先進資本主義国の覇権を守るために動いている．

多国籍企業の世界経済秩序が形成されるとともに，先進資本主義国のみならず，発展途上国の公害・環境破壊が急速に進んだ．経済のグローバリゼーションは，地球環境の危機と南北問題を激化させたといってよい．多国籍企業を研究している世界資源研究所(World Resources Institute：WRI)などでは，多国籍企業は受入国の企業にくらべて，環境の質，自然資源管理や職場における健康や安全を考慮しているので，公害や環境破壊の元凶ではないとしている．また一般にいわれているような公害逃避地(pollution haven)はなく，多国籍企業にとって生産費にしめる環境対策費は少ないので，とりわけ環境政策のルーズな国を選択することはないとしている[7]．たしかに多国籍企業は現地企業にくらべて，公害・環境対策の技術はもっており，多国籍企業の活動とは無関係な現地人の森林伐採などの環境破壊が深刻なことも間違いない．

しかし，市場原理のもとでは多国籍企業による「公害輸出」が奨励される．

1991年12月,世界銀行の副総裁であったL.サマーズは次のようなメモを発表したという.

> 第1に健康を毀損するような汚染物質は人命の評価基準の低い国々において最低のコストで処分できること,第2に汚染の度合いが高まるにつれて,処分コストも上昇するがゆえに汚染されていない国々では最低の処分コストですむこと,第3に所得水準の高い国々におけるほど,クリーンな環境への要求が強いため,汚染物質の処分はコスト高にならざるをえないこと[8].

新古典派経済学からいえば,環境コストの安い発展途上国に「公害輸出」をし,廃棄物の処理を委ね,ダム建設などの大規模工事で自然を破壊することが当然の論理的帰結なのである.先のWRIの主張でも,先進国の環境基準などの安全の基準を一律に世界的に採用すれば貿易競走上の平等は生まれず,経済的にも非効率であるとしている.つまり,グローバル・ミニマム(地球上の人類の最低限の人権保障)の確立は資本の論理からみて望ましくないというのである.こうして,多国籍企業は発展途上国の先進国なみの環境法制化を望まず,環境政策のダブル・スタンダードを容認しているのである[9].

「公害輸出」の典型的事件はインドのボパールにおける多国籍企業ユニオンカーバイドの事故であろう.これは20世紀最大の化学産業事故である.第3章などで紹介するが,公式死亡者は2500人を数え,8万人の住民が重い障害をうけ,事件はいまだに解決していない.本国におけるよりも格安の賠償で処理をされている.また日本の三菱化成が35%出資したエイシアン・レア・アース(ARE)社の放射能廃棄物公害事件や韓国の温山地区の公害なども,多国籍企業による公害である.

環境政策の国際化は,先述のように1972年のストックホルム会議でもとりあげられたのだが,南北問題の対立で実現できなかった.しかし,その後,南の発展途上国はアジアの一部の国を除いて,経済成長は停滞したにもかかわらず,砂漠化,森林減少など環境悪化は進んだ.その経験から,開発のあり方によっては,環境保全との両立は可能ではないかという反省が生まれた.

環境政策の国際化

日本は1970年代の終わりに環境政策を後退させたが,ヨーロッパ諸国は80

年代に環境政策の国際化に向かって前進をした．その端緒となったのは，酸性雨の被害である．1979年11月，国連欧州経済委員会において採択された長距離越境大気汚染条約に35カ国が合意して83年から効力を発揮した．当初は対策に不熱心であった西ドイツは「森の死」といわれる大規模な森林被害が明らかになって以来，もっとも熱心な政策遂行者となった．1982年6月ストックホルムの「環境酸性化に関する会議」では，国際プログラムの義務化について21カ国が署名した．このプログラムは，1980年をベースとして，目標基準年（原則として1993年）までにSO_2年間排出量の30%削減または越境排出量の30%削減を目標としている．この通称「30%カットクラブ」にはEC内でもイギリス，スペイン，ギリシア，アイルランドは加盟せず，アメリカも加わっていない．しかし，西ドイツはさらに固定発生源の排出を規制し，1995年までに浮遊粉塵40%，SO_2 60%，NO_X 40%減少という「大規模燃焼工場排出量の制限に関するEC指導要綱」を提案したが，加盟国の強い反対にあい実現できなかった．もっとも強く国際政策に反対したイギリスの主張は，汚染物質の他国に対する影響がまだ証明されておらず，対策のための高いコストが必要なほど汚染物質の有害性がしめされていないというものであった．それ以外にも，高煙突対策に固執し，コストのかかる脱硫・脱硝装置の導入に反対であり，また原発へ転換すればよいと考えていた[10]．このようにヨーロッパ諸国の国際環境政策は全面的に前進をしなかったが，国際的にある年次までの削減基準を設定して強制するという点では，現在の京都議定書の方法がすでに実行されていたことをしめしている．

「持続可能な発展」(Sustainable Development)

1984年，日本の提唱もあって，ノルウェーの首相ブルントラントを委員長とする国連「環境と開発に関する世界委員会」が発足し，環境か成長かという二元論をのりこえるために，3年間の討議を経て，1987年4月に「我ら共有の未来」という報告書を発表した[11]．ストックホルム会議以後の15年間に，アフリカの干ばつで3500万人が危険にさらされ，死亡者は100万人に達した．また，先述のインドのボパール災害，1000人以上の死者を出したメキシコシティの液化ガスタンクの爆発，スイスの倉庫火災による農薬・水銀のライン川汚染などの国際的な環境問題がおこった．とくに1986年のチェルノブイリの

原発事故は世界を震撼させた．これらの経験を背景に，地球環境を保全するための政策原理として，次のような「持続可能な発展」の理念を提示した．

　人類は開発を持続可能なものとする能力を有する．持続的発展とは，将来の世代が自らの欲求を充足する能力を損なうことなく，今日の世代の要求を満たすことである．持続的発展の概念には，いくつかの限界が内包されている．それらは絶対的限界ではなく，今日の科学技術の発展の状況であるとか，環境をめぐる社会組織の状況，あるいは生物圏が人間活動の影響を吸収する能力といったものである．しかし，経済成長の新たな時代への道を開くため技術・社会組織を管理し，改良することは可能である．

ここでは地球の人口の大半が住む貧しい国の成長や貧しい人たちが豊かさをうることを不可欠の目的としたうえで，そのために必要な資源の公平な分配が保障されるように，市民参加の政治システムや国際的な場での民主的意思決定が必要であるとした．また先進工業国の人々や富める者たちが，エネルギー消費など，地球生態系を支えうる範囲内に収まった生活様式にかえることをもとめている．そして次のような重要な目標をかかげた．

① 意思決定における効果的な市民参加を保障する政治体制
② 剰余価値および技術的知識を他者に頼ることなく持続的なかたちでつくりだすことのできる体制
③ 調和を欠いた開発に起因する緊張を解消しうる社会体制
④ 開発のための生態学的基盤を保全する義務を遵守する生産体系
⑤ 新しい解決策をたゆみなく追求することのできる技術体系
⑥ 持続的な貿易と金融をはぐくむ国際的体系
⑦ 自らの誤りを正すことのできる柔軟な行政体系

このような体系は相互に矛盾する面をもっており，妥協の産物とみられるように並列されている．「持続する」という要素を強く主張すれば，環境保全が優先し，その枠内でのみ経済成長が許されることになろう．"Sustainable"を「持続可能」と訳すことについて，都留重人は疑問を呈し，これを「維持可能」と訳している．私もそれに従う．それは，地球環境を維持する体系の枠組の中で経済発展を進める体制を提示したいためである．このことは第5章で詳述したい．このように「持続可能な発展」という委員会の提案はあいまいな点があるにせよ，1972年のストックホルム会議の南北の対立，開発か環境かという

二元論をのりこえる理念をしめそうとしたもので，次にきたる1992年のリオ会議の理念となるのである．

ソ連型社会主義体制の崩壊

1989年のベルリンの壁の撤去から1991年のゴルバチョフ大統領辞任によるソヴィエト連邦の消滅によって，ソ連型社会主義体制は崩壊した．戦前には，多くの社会科学者からソ連は資本主義体制の矛盾を克服し，人類の未来をになう体制を建設するものとして評価されていたが，それがわずか建国70年にして崩壊した．なぜか．私は社会主義経済論の研究者でないので，詳細な過程はのべられないが，1970年代末以降，ポーランドなどの環境調査をした経験から次のようにいえるのでないか．

まず第1に，ソ連型社会主義体制が経済の変化に適合できなくなったためである．現在進行している技術革新は18世紀後半以降の産業革命とは異質の性格をもっている．それは肉体労働の省力化ではなく，精神労働の省力化と管理である．あるいは擬似的人間や生命を創造しようとする技術革新である．この新しい産業革命が人間とその社会・文化に及ぼす影響ははかりしれない．なぜなら人類は発生以来500万年の間，農業と工業に代表されるような肉体労働を中心として物をつくる生産をおこなってきたのである．その労働の形態を一変する技術革新が進行中であり，それがどこまで進むのか，それに適合した社会システムや文化がどうなるのかは，まだ不明である．

この技術革新は産業構造に大きな変化を与えた．情報・サービス産業がふえただけでなく，農業や製造業をも情報化した．ソ連型社会主義はこの技術革新と産業構造の変化に対応できなかったのである．ソ連型社会主義は，宇宙開発や軍事技術の開発の分野のように一点豪華主義というか，特定分野に集中する技術革新ではすぐれていた．重化学工業のように規模の利益によって画一的で大規模な生産をおこなう構造には優位をしめした．しかし，情報化・サービス化の時代の多品種少量生産，情報に応じて付加価値の高い製品をつくるような生産には向いていない．先進資本主義とくらべて，明らかに生産力の発展が遅れたのである．

第2に経済の国際化はソ連型社会主義体制に衝撃を与えた．1929年の大恐慌に象徴されるような過剰資本と市場の狭隘からくる資本主義の危機は，グロ

ーバリゼーションの中で，発展途上国をふくむ投資と市場の拡大によって克服された．第2次大戦後の植民地の解放と民族の独立は，社会主義の理想の実現であったが，資本主義のグローバル化を進める基盤にもなった．IMFや世界銀行を核とする資本主義のブレトンウッズ機構に対抗してつくられた社会主義の国際経済機構 COMECON（経済相互援助会議）がソ連の覇権を維持する硬直した機構で，各国の自由な発展を阻んでいるために国際化を進めることができなかった．それに加えて，軍事経済化していたソ連の経済システムは軍縮の衝撃にたえられなかったのである．

　第3は市民社会化が一党独裁による中央集権の政治や文化をくつがえした．社会主義の発展によって，教育のレベルが上がり，知的水準の高い中間層が生まれ，大衆社会化してくると，自由と参加をもとめる民主主義が普及してくる．とりわけ，先の情報化と国際化によって先進資本主義国の状況がわかるようになると，ソ連型社会主義の一党独裁による支配や文化・イデオロギーの統制にたいする不満が蓄積する．ソヴィエト政府はペレストロイカによって，自由と民主主義を上からの改革で進めようとしたが，急激な市民の要求には応えられなかった．とくに企業，地方自治体（ひろくいえば地域社会）と市民に自治と自由がなかったこと，そして一種の鎖国による排外主義が，転換期に内発的な発展をする能力を欠いた原因といってよい．

　このように，ソ連型社会主義は産業構造の変化，国際化そして市民社会化という波にのりきれなくて自滅したのである．ソ連型社会主義の崩壊は，実は中央集権型福祉国家の財政危機あるいは開発独裁型発展途上国の民主化と一体となった20世紀パラダイムの解体の一部である．そのいみでは，先進資本主義国の場合も，中央集権型福祉国家の改革が進行中であって，果たして，新自由主義・新保守主義によって，この世界的な社会経済システムの変動をのりきれるかどうかは明らかでない．社会主義の自滅によって，先進資本主義の優位性は証明された．しかし，果たしてそれが持続するのか．またもっと根本的な問題として，いまの技術革新－産業構造の変化－多国籍企業による世界経済秩序が，環境問題や南北問題の解決など人類にとって幸福をもたらすのかどうかも解答が出ているとはいえない．いずれにしてもソ連型社会主義の生産関係は先進資本主義国の生産関係よりもすぐれていたのでなく，生産力の発展に適合できなかったといういみでは後進的であったといってよい．またマルクスが理想とし

た「自由の王国」とは無縁であったといってよい.

　社会主義国の環境問題が深刻であることは,すでに多くの資料で明らかであり,私も過去の論文で指摘してきた.1989年旧ソ連政府は第1回の環境白書を発表しているが,OECDの紹介によれば,環境汚染のひどい地域が370万km^2(ドイツの約10倍の面積)に達し,約6000万人(全人口の20%)がこの産業公害のひどい地域に住んでいる.比較はむつかしいが,西欧工業国の10倍から100倍の公害による健康被害があるとOECDは推定している.水源の3分の2は汚染され,汚染された飲料水のために1500人以上が毎年死んでいる.103市5000万人以上の市民が環境基準の10倍以上汚染された地域に住み,呼吸器病患者が多い.西ドイツ,フランス,日本,イギリス,アメリカの5カ国と旧ソ連とをくらべると,呼吸器病による死者は前記5カ国は100万人当たり男性120人にたいし,旧ソ連は340人と2.8倍,女性60人にたいし,100人で1.7倍となっている.食品の汚染もひどく,ウズベクでは食品の20%が欠陥商品であると報告されている[12].

　チェルノブイリ発電所の事故とその後の対策をみると,旧ソ連の環境政策は日本にくらべて多くの欠陥をもっていることが明らかになったが,環境の時代にソ連型社会主義の体制は適合できなかったであろう.

リオ会議

　冷戦の終結は世界の相互依存と一体感を高め,ヨーロッパを中心に進行していた地球環境保全の世論と運動を一挙に国際化した.その最初のイベントが1989年のアルシュ・サミットである.このサミットはフランス革命200年を記念しておこなわれ,経済問題や対社会主義政策を中心としていたサミットの内容を一変して,議題の3分の1以上で環境問題をとりあげ,グリーン・サミットとよばれた.このサミットは,初めてNGOの参加をもとめた.一方,EEB(European Environmental Bureau)を中心にした国際的な環境会議は,EC,アメリカと日本の3極のNGOの連合をめざし,フォンテンブローでひらかれた.席上,地球温暖化防止をもとめる決議をおこない,それをサミットに提出した[13].このサミットはこれまで環境政策に不熱心であった英米両政府に変化が表れたことをしめしている.また経済界にも変化が表れた.デュポンがフロンガスの代替物質の発明に成功して,フロンガス規制を積極的に進める戦略

に転換したこと，チェルノブイリ以後の原発批判をかわして原発導入を急ぐ政府，電力業界や一部の科学者が CO_2 削減キャンペーンに積極的になったことがその例である．1989 年，UNEP（国連環境計画）は 1992 年にブラジルのリオデジャネイロで国連環境開発会議を開くことを決め，また「世界環境報告 1972-92」を発表した．そこでは「現在ほど環境が脅威にさらされたことは地球史上ない」といっている．先進国の大気汚染の改善を唯一の例外として，すべての環境分野で状況が悪化している．生物の種の 4 分の 1 は 20-30 年で絶滅の危機にある．毎日 3 万 5000 人の 5 歳以下の子どもが環境関連の病気で死亡し，恒常的に飢餓状態におかれた人の数は 1970 年の 4 億 6000 万人から 1990 年には 5 億 5000 万人にふえたとのべたのである．こうして，リオ会議は地球環境の危機と貧困の双方を解決し，「維持可能な発展」のために，新国際政治経済秩序をつくりあげる目的でおこなわれた．

1992 年 6 月，国連史上はじめて，世界 105 カ国の首脳をふくめ 178 カ国の政府代表によって「地球サミット」がひらかれ，同時に世界 100 カ国を超える 4000 の NGO の代表があつまって，国際 NGO 地球フォーラムがひらかれた．日本からも百数十人の政府代表，約 400 人の NGO 代表など実に 1000 人近くの関係者が参加した．おそらく，これほど大きな国際集会は当分ひらかれないであろう．かつてのストックホルム会議には首脳の参加も少なく，社会主義諸国は参加せず，前述のように南北の対立がはげしく，具体的協定の締結はなかった．今回はキューバをはじめ社会主義国や発展途上国のほとんどの国が出席し，国際協定も結ばれた．NGO の参加がみとめられ，NGO 独自のフォーラムをひらくことができた．

これはいかに世界の政府や人民が地球環境の保全と南北問題に切実な関心をもっているかをしめしている．しかし会議が環境と開発の二つの目標の調和を考えていたので，各国の関心は分かれた．私がリオ会議に参加するために乗ったブラジルの航空会社の PR 誌には，リオ会議は貧困問題を解決するための国連会議とあり，環境にはまったくふれていなかった．

リオ会議は「アジェンダ 21」を採択し，「気候変動枠組条約」「生物多様性条約」に多くの国が会期内に署名し，「森林原則声明」を決め「砂漠化対処条約」を早い機会に策定することを決めた．当初，「地球環境憲章」を宣言する予定であったが，発展途上国が開発権を強く主張したので，「環境と開発に関

するリオ宣言」(27の原則)となった．この宣言は「人は自然と調和しつつ健康で生産的な生活を営む権利を有する」とした．南北をこえて「われわれの家である地球の不可分性・相互依存性」の認識をうたい，各国が自らの主権を主張するあまり国境をこえて被害を与えてはならず，「開発の権利は現在及び将来の世代の開発及び環境上の必要性を衡平に満たす」ようにもとめている．このため環境保護は開発過程と不可分に考え，維持可能でない生産や消費をへらし，環境基準の設定やアセスメントの実施，汚染者負担による被害者救済措置の確立，環境関連情報の公開と意思決定過程への住民参加をもとめている．このような点では宣言は積極的な内容をもっているが，他方で発展途上国の政財界の要求をいれて，環境目的のために国際貿易を規制してはならぬこと，地球環境保全には平等な政策ではなく，差異が必要で先進国の責任が重いことをのべている．

「アジェンダ21」はこの宣言を実行する行動綱領で，40章からなっている．この前文は次のように目標をかかげている．

> 人類は歴史上の決定的な瞬間に立たされている．国家間及び国内において絶えることのない不均衡，貧困，飢餓，病気，非識字率の悪化，そして生存の基盤である生態系の悪化に我々は直面している．しかしながら，環境と開発を統合し，これにより大きな関心を払うことにより，人間の生存にとって基本的なニーズを充足させ生活水準の向上をはかり，生態系の保護と管理を改善し，安全でより繁栄する未来へつなげることができる．

そして，以下，「社会的経済的側面」「開発資源の保護と管理」「主なるグループの役割」「実施手段」のセクションごとに詳細な綱領をかかげ，あたかも地球環境保全運動の教科書のようである．各国はこれにもとづき行動綱領をつくり，また自治体はローカル・アジェンダをつくった．しかし，1997年ごろからこのアジェンダを実行する積極的な動きが止まったといわれている．

このアジェンダはリオ会議の約2年前から180カ国によって作成されたのだが，会議中には，途上国への先進国の援助をGNPの0.7%にする達成時期をこの中に盛り込むことは決まらなかった．

「気候変動枠組条約」(1994年3月発効)は温室効果ガスによる自然の生態系および人類への悪影響を憂慮して，その抑制をおこなうための26条からなる具体的な国際協力を制定したものである．この原案作成段階でアメリカの反対に

あって，1990年のCO_2排出量を基準として抑制するという具体的な規制基準を決められなかった．このためリオ会議後，半年以内に協議をはじめるということで，具体的規制策は持ち越された．

「生物多様性条約」(1993年12月発効)は，生物の多様性が進化および生物圏における生命維持機構の維持のために重要であるにもかかわらず，人間活動によって著しく減少していることを憂慮した，生物の多様性の保全および持続可能な利用のための国際協定である．この条約は42条からなり，各国の主権のはんい内であるが，保護のための地域や特別措置をとることが決められている．この条約にたいしては発展途上国の反対によって，当初予定されていた保護対象となる種や生息地リストをつくる条文がはずされた．そしてアメリカは遺伝子の知的所有権を主張し署名せず，クリントン政権(在任1993-2001)にいたってようやく承認した．

「森林原則声明」は，すべてのタイプの森林が人類の必要を充足させる資源および環境的価値を供給する現在および将来の潜在的能力の基礎となる複雑で固有の生態学的プロセスをもっていることを認識して，健全な管理と保全をもとめる声明である．ここでは15の原則をかかげたが，保全より資源として持続的開発をもとめる原則が強く主張されている．このことは2年後に採択され，97年に発効した「国際熱帯木材協定」にも受けつがれている．

リオ会議では砂漠化防止について早急に国際条約を決めることが議論され，1994年に「砂漠化対処条約」が採択され，96年に発効した．これらはいずれも日本政府は国会で承認している．なお，より人間生活に重要な真水の保全・確保については，専門家による熱心な討議がおこなわれていたが，この会議では具体的提案にはいたらなかった．

NGOはこれらの宣言や条約に反対あるいは不満足として，独自の「地球憲章」をつくり，35のNGO条約を決めた．「地球憲章」の特徴は次のとおりである．

① 生物的文化的多様性をみとめ，そのうえで環境の基礎的生存条件の権利をみとめ，協同でそれを守り回復することをもとめたこと．
② 貧困と地球虐待の廃絶をもとめ，その内発的な解決をもとめたこと．
③ 国家主権は聖域でなく，貿易慣行と多国籍企業が環境破壊をひきおこすことがあってはならず，社会的公正，公平な貿易，生態原則との一致を達

成するためにコントロールがされるべきであること．
④ 紛争処理手段としての軍拡，軍事力行使，経済的圧力の行使に反対すること．
⑤ 政策決定プロセスとその歯どめの基準の公開，とりわけ南の諸国や国内の被害者の情報入手，そしてそれらに参加できること．
⑥ 変革への力の源泉としての女性の役割をみとめ，それを反映する公正な社会をつくること．

ストックホルム会議につづいて，リオ会議の事務局長をつとめた M. ストロングは当初，この会議を「人類にとって最後のチャンス」としていたが，終了後は「地球保全への第一歩」とトーンダウンしたように，この画期的会議も多くの課題をのこした．

リオ会議がその任務と期待にくらべて不十分な結果になぜ終わったのか．

それは第 1 に国益の対立によって，グローバルな合意が得られなかったためである．とくにアメリカ政府が気候変動枠組条約を骨抜きにしようとしたり，生物多様性条約に反対したことは，会議の積極的な成果を阻んだといってよい．先進工業国が過去の公害輸出や資源略奪について，賠償や差止めなど明確な責任をとらなかったことである．他方，発展途上国が世界経済秩序の根本的な改革やオルターナティブな道をしめさず，「近代化路線」を歩むために，先進資本主義国からの資金と技術の移転をもとめたことである．発展途上国の政府代表はキューバをはじめとして，会議では先進国の経済侵略を告発し，貧困問題の解決をうったえた．それらはきわめてきびしく，資本主義国の代表には胸の痛むような発言であった．しかし，彼らは西欧型の近代化にかわる「維持可能な発展の道」をしめさなかった．たしかに彼らが貧困と飢餓からまぬかれるために経済成長をすることは当然の権利である．しかし，「近代化路線」で大量生産・消費の経済システムの後追いをするならば，地球の未来はないであろう．

第 2 は，リオ会議では多国籍企業の規制のための制度や組織についてはまったく議論も提案もなかった．この会議はむしろガットやWTOによって自由貿易主義の制度を進めることを提言している．1992 年の国連経済社会理事会「維持可能な発展委員会」の多国籍企業に関する報告書では多国籍企業は世界経済発展の機関車とされている．リオ会議では，経済団体も NGO として会議に出席していた．企業も地球市民として行動するというのだが，自主規制にま

かせてよいとは思えない．現実に発生している公害輸出や自然破壊をみれば，国際的な環境規制の必要なことは明らかであろう．そのための国際組織としての WEO (世界環境機構) や国際環境裁判所などの設置が NGO から要求されていたが実現はできなかった．

第3は NGO の参加が制限され，またその政策形成能力が弱いことである．UNEP はリオ会議への NGO の参加を重視し，登録団体は2名，同連合体は4名の代表が本会議に出席することをみとめた．また市の中心部のフラミンゴ公園に NGO フォーラムを設置し，約40のテントがつくられ，夜中までイベントをおこなえるようにした．しかし，実際には一般の NGO とくに公害被害者の NGO が政策決定過程にはいることはなかった．他方，NGO の国際組織はつくれず，政策形成能力にも問題があった．

日本政府はこの会議で，公害対策の成功をしめしたが，水俣病や大気汚染の被害者団体は政府の見解を批判し「公害は終わっていない」と参加者にうったえた．他の欧米の政府は毎日 NGO とブリーフミーティングをおこなっていたが，日本政府は NGO と相談はおろか，情報を流すことさえおこなわなかった．この会議でアメリカが生物多様性条約に反対し，その調印が危うくなった時に，各国の NGO は日本政府がアメリカの説得にまわることを期待したが，日本政府は説得するどころか反対にアメリカの動向をおもんばかって，ようやく最終日に調印する始末であった．しかも，この会議に PKO 法案のために当時の宮澤首相が欠席したこともあって，ジャーナリストや NGO の中では，日本政府の評価はアメリカ政府に次いで悪かった．

このようにリオ会議はその結果が不十分であったにせよ，環境の時代の幕開けであった．その時代の先端を走る能力をもっているはずの日本は，会議の中での役割をみるとそのチャンスを逸したのでないか[14]．

京都議定書

地球環境問題の中で，政治経済学的にもっとも重要な課題は地球温暖化防止であろう．経済成長はエネルギー消費による．化石燃料は温室効果ガスの主体となっている CO_2 を発生させるので，その削減は経済発展のあり方を左右するからである．すでにこれと相似の問題として，オゾン層保護のためにフロンガスなどを規制する 1985 年ウィーン条約とそのもとでの2年後のモントリオ

ール議定書の締結があった．この議定書では特定フロンの消費量を1989年から98年にかけて段階的に削減し，98年以降は86年水準の50％に削減，特定ハロンは92年以降86年の水準に凍結することを定めた．その後これでは不十分ということで削減スケジュールを早めている[15]．これは国際協定としては画期的なことで，気候変動枠組条約もこれにならって進められている．しかし，この先行するオゾン層保護は排出源が限定され，代替物質の問題など技術的な解決の可能性が大きく，先述のようにデュポンをはじめ企業の参加が可能であるのにたいして，地球温暖化防止は産業革命以来のエネルギー消費による近代化の変革を迫る内容をもち，企業をはじめ経済主体の負担は比較にならぬほど大きいだけに国際的な協定の採択と実行は困難が多い．リオ会議で採択された気候変動枠組条約は第2条においてその目的を次のように規定している．

　　気候系に対して危険な人為的干渉を及ぼすこととならない水準において大気中の温室効果ガスの濃度を安定化させることを究極的な目的とする．そのような水準は，生態系が気候変動に自然に適応し，食糧の生産が脅かされず，かつ経済開発が持続的な態様で進行することができるような期間内に達成されるべきである．

これまでの科学では雲をつかむような漠然とした目的が現実の政策となったのは，UNEPとWMO（世界気象機関）によって1988年に設立された「気候変動に関する政府間パネル」(IPCC)が，1990年の第1次評価報告書で，地球温暖化が産業革命以来の工業化など人為的活動にともなうCO_2などの温室効果ガスによっており，このままでは2100年までに平均気温が1-3.5℃上昇，海面が15-95cm上昇，さらに嵐，干ばつ，洪水などの異常気象をまねき，食糧生産の変化をはじめ重大な損害をもたらすことを発表したからである．IPCCはその後，1995年に第2次評価，そして2001年第3次評価，2007年第4次評価報告書を発表した．最新の評価では，人間の活動による温暖化の可能性を90％以上とし，第3次評価報告書の66％から大きく可能性を前進させた．1906-2005年の世界平均気温は0.74℃上昇し，こんご21世紀末までに循環型社会が実現しても約1.8℃，高度成長で化石燃料に依存した場合約4℃上昇するとしている．そして海面水位は20世紀末よりは18-59cm上昇し，極端な高温や熱波，大雨の頻度はひきつづき増加する可能性は高いと予測している．これは農作物や水不足などに深刻な影響をもたらし，各国に沿岸部の水没などによっ

てとりかえしのつかぬ災害をもたらすであろう．

　この最新の報告はこれまで IPCC の勧告にたいして懐疑的であったアメリカなどの諸国には決定的な影響をもつものといってよい．温暖化防止は科学の段階から政治の段階にはいったといえる[16]．しかし，温暖化を防ぐには，こんご半世紀で温室効果ガス排出の 50-60% 削減，世界の GDP の 1% 以上の費用が必要になる．

　では，このような地球環境の危機にどのように政治経済は対応したか．時代を前にもどそう．

　先の気候変動枠組条約では，具体的な数値目標による規制などは決められず，以後の国際会議にまかされた．そこで毎年締約国会議(COP)が開かれ，1997 年 12 月の COP3 においてようやく京都議定書が採択された．この議定書の中で附属書 I 国(OECD 加盟国と旧社会主義国)は個別または共同して，温室効果ガス全体量を 2008 年から 2012 年までの第 1 約束期間中に 1990 年の水準より少なくとも 5.2% 削減する．削減率は各国別に決められているが，EU は全体で 8%，アメリカは 7%，日本は 6% をもとめられた．発展途上国はこの期間中に数量化された削減義務は負わない．この計算にあたっては，1990 年以降の新規の植林，再植林および森林減少に限定して，吸収量を算定することとした．

　この会議には 158 の締約国とオブザーバー 3000 人が参加した．主導権を握ったのは，すでに環境税などを採用して具体的に削減をはじめている EU であり，これにたいして，アメリカなどは消極的であり，日本は EU とアメリカの仲介をつとめた．発展途上国の内部では石油産出国と島嶼国とは対立する意見であった．将来の主要排出国となる中国とインドは温室効果ガスの蓄積は先進国の経済発展の結果であり，経済成長の抑制には反対し，こんごの技術援助として途上国への補償基金を提案した．この会議では，リオ会議同様に，数百の NGO 団体は産業界の一部を除いて，本会議に参加できなかった．しかし，携帯電話という武器が活躍して，バルコニーから代表団に指示をして，かなりの成果をあげた．とくに日本の NGO は，ひるみがちな政府を後押しした．「消耗による交渉」といわれたような激しい討論の末，予定より 1 日遅れて，議定書は採択された．S. オーバーテュアーと H. E. オットは『京都議定書』の中で，次のように評価している．

　　京都議定書は明らかに欠点はあるものの気候保護の歴史にとっての一里塚

としてみることができる．歴史上初めて世界の主要な国を含めて大半の国が経済，社会的繁栄が必ずしも際限のない温室効果ガス排出量の増加とは結びつかないことを理解したのだった[17]．

　たしかに，これは新自由主義の潮流の中で，市場原理主義で動く経済に国際的な公共的介入をしたという点では画期的なことであった．それは高村ゆかりの指摘のように公害の教訓が生きているといってよい．すなわち，予防の原則が採択されたことである．予防原則は，「一般に，一定の損害が発生するおそれがある場合には，科学的不確実性があっても損害を未然に防止する措置をとるべきというもの」である[18]．また，温室効果ガスの災害はストック災害というべきで，産業革命以来歴史的にこれまで温室効果ガスを排出し蓄積してきた先進工業国に主たる責任があるので，衡平の原則で，発展途上国とのあいだに対策上の差異をみとめたことも国際政治経済上の進歩であろう．

　京都議定書の中心は市場メカニズムによる公共的介入をみとめたことである．すなわち，京都メカニズムといわれるのは次の3点である．第1は共同実施で，附属書I国が他の附属書I国でおこなったプロジェクトで生じた削減量を当事国間で配分することをみとめる制度である．第2はクリーン開発メカニズム (CDM) である．これは附属書I国が発展途上国でおこなったプロジェクトで生じた削減量を当該附属書I国が獲得することをみとめる制度である．ODAの変形といってもよいが，京都議定書に参加した発展途上国がもっとも具体的に要求したものであろう．第3は排出量取引である．これは附属書I国同士で排出枠を取引することをみとめる制度である．すでに SO_X で排出権取引市場をもっているアメリカが強く要求したものである．CDMと排出量取引は市場による取引で排出量の削減をおこなおうというもので，自国の排出量抑制の努力や，技術の発展を阻害する懸念がある．このためもあり，排出量取引については，各企業にまかせず，国の承認あるいは国際機関の認証がもとめられている[19]．

　京都議定書は2007年6月現在署名84カ国，締約175カ国である．しかし，全世界の温室効果ガスの4分の1を排出するアメリカのブッシュ政権は議定書から離脱した．議定書にしたがうと，対策費が大きく，エネルギーの大量消費に基礎をおくアメリカ的生活様式の改革をしなければならない．アメリカ政府はGDP当たりの温室効果ガス排出量を削減する技術開発で対応するといって

いるが，それでも年成長率が3%であれば，排出量は30%上昇する．アメリカが参加しなければ，発展途上国が参加しないのは当然となる．こうして，せっかくの画期的京都議定書はその目的を達成するのはむつかしくなった．1997年以降，この問題は次第に国際政治の中心からはずれ，リオ会議後10周年の2002年のヨハネスブルク会議は具体的な成果をみなかった．

しかし，先のIPCCの第4次評価報告書では，かりに温室効果ガスの濃度上昇を止めても数百年間温暖化はつづくとして，温室効果ガスの60-70%の削減が必要という提言をしている．EUでは，2020年までに15-30%，2050年までに60-80%の削減を検討している．このために，積極的に自然エネルギーへの転換を進めている．これにくらべると日本は自然エネルギーの導入は遅れており，環境税の採用はみおくられ，排出権取引もはかばかしくない．すでに1990年レベルにくらべ，CO_2は8%ふえ，2012年までの削減量は14%になる．かなり思いきった政策をとらねば，実現はむつかしい．2013年以降の対策の協議がはじまっているが，アメリカと発展途上国とくに経済大国化しつつある中国とインドの政策転換がなければ，戦前の軍縮の失敗と同じように，地球環境の保全は失敗に終わるかもしれない．

アジアの環境問題

1980年代以降，深刻な公害問題の主役は欧米日の3地域から発展途上国に移行した．リオ会議では発展途上国の中心課題は貧困と飢餓の克服であったが，21世紀前半の地球環境問題は発展途上国とくにアジアの経済成長と環境政策の動向にかかっているといっても過言でない．この変化はとくに中国とインドの国際市場経済への参加と急激な西欧型近代化によるものである．1980年代以降のアジアの平均成長率は世界のそれの2-3倍であり，21世紀前半には日本以外のアジアのGNPはアメリカやEUを追い抜き，人口は世界の3分の2を超えると予測されている．

ここでは中近東以外のアジア地域とくに日本以外の東アジアと東南アジアをとりあげたい．この地域の社会はまことに多様である．言語・文化・宗教は無数といいたくなるほどである．経済体制についても，資本主義と社会主義にわかれる．資本主義といっても，フィリピンのように大地主制という前近代的な要素をのこしている地域もあれば，タイや台湾のように国営企業が産業の主軸

をなしている地域もある．政治・行政の形態をとっても，タイのような王制をしいている国，中国やベトナムのように集権的な一党独裁制もあれば，韓国や台湾のような地方自治制をもつ民主主義国家・地域もある．アジアを論ずる時には，このような多様性を無視することはできない．とはいえ，アジアは急成長とそれによる環境問題に直面しており，その面では共通している．

　1980年代にはアジアの環境問題の実態はほとんど不明であった．アジアの政府は環境白書を発表していなかった．日本企業も公害輸出として裁判になる場合を除いて，その情報は公表していなかった．1985年，私が韓国に初めて調査にはいった時に「温山病」が問題になっていたが，住民を集団で退去させていたので，その実態は不明とされていた．1999年，中国の環境行政の担当者を養成する中国環境管理学院で水俣病のシンポジウムがあり，吉井正澄元水俣市長などとともに日本の水俣病の責任について講演をした．その時に中国の水俣病について質問をしたが，当局の答えは中国には水俣病はないというものであった．それは事実に反していることは明らかだが公式にはみとめていなかったのである．このように，最近までは中国は環境被害の公表はしていなかった．1994年以降『中国環境年鑑』の発刊によって，環境被害は発表されるようになったが，被害の実態は一部しか公表されていない．80年代末になって，韓国や台湾の軍事政権が倒れ民主化が進み，これらの地域では環境NGOの活動が活発になっている．リオ会議以後は状況がかわってきたというものの，アジアの政府は開発志向型なので，公害・環境破壊を告発する住民にたいする弾圧あるいは被害者の差別は依然としてつづいている．このため公害・環境問題は公表されはじめたというものの，必ずしもすべてが明らかになっていない．いまNGOの立場から，アジアの公害・環境問題の実態，その原因，市民の世論・運動，政策の変化などについて毎年調査し，発表しているのは日本環境会議の『アジア環境白書』である．各国の状況についてはこの白書にゆずり，ここではアジアの公害・環境問題に共通している特徴をまとめてみよう．

　アジア経済の近代化からみた生活面の後進性と生産力の発展の急進性という特徴は，環境問題を重複させ，深刻化させている．この場合の重複性とは，先進工業国がすでに解決した古い社会問題と今日的な社会問題とが同時に発生していることである．日本はイギリスが300年かかった工業化都市化を100年でおこなうことによって，住宅難・産業公害のような古い都市問題と自動車公害

のような新しい都市問題を同時発生させた．アジアの国は日本と同じような公害や災害を発生させやすい政治経済システムで，しかも日本より早いスピードで近代化を進めている．このため発展段階の異なる公害・環境問題が日本の場合以上に複雑なかたちで重複し，環境政策を困難にしている．しかも，その原因には日本をふくむ多国籍企業が関係している．以下，アジアの環境問題を歴史的な発展段階によって，箇条書的に区分してみると，次のようになる[20]．

① 資本の原始的蓄積期における資源の乱獲・輸出にともなう
  労働災害や環境破壊

日本の足尾や四阪島などの銅山と精錬所で発生した鉱毒事件と同じことがアジアでくりかえされている．東マレーシアのマムート銅鉱山(海外鉱山資源開発サバ有限会社)は排水と廃棄物によって17の村に被害を与えた．中国の湖南省・湘江や広東省北江の精錬工場からのカドミウム流出，熱帯雨林の伐採やエビの養殖によるマングローブ林の破壊など，数えきれぬ事件が起こっている．

② 古典的な都市問題と労働災害

都市化が急速に進んでいるが，都市自治体に行財政の権限がなく，政府も都市政策を怠っているので，産業革命期のような住宅難，浄水不足，し尿のたれ流しなどの衛生上の悪化が進んでいる．アジアの大都市は外国資本などによる壮麗なホテルや事業所とスラムが共存している．韓国は90年代にはソウル一極集中にみるように都市への人口集中が急激なために上水道源の汚染が深刻であった．アジアは共通して，この浄水の供給が解決していない．世界で改良水へのアクセスを欠く人口の3分の2以上の7億人がアジアに住み，改良下水設備へのアクセスを欠く人々が中国・インドだけでその半分以上15億人を数える．この水の衛生状態の悪化が，伝染病の発生，幼児死亡率の上昇，平均寿命の短さに影響している．また，アジアの工場や事業所では安全施設が整備されておらず，労働条件の劣悪さ，労働組合の弱体があいまって，労働災害・職業病が多い．これが古典的都市問題と重なって，災害を多くしている．

③ 産業公害

韓国のコンビナートで発生した「温山病」，工場団地のフェノール廃水による洛東江(大邱)の水汚染など東アジアの産業公害は日本の高度成長期と同じ，あるいはそれ以上に深刻である．「温山病」は一時イタイイタイ病といわれていたが，原田正純によれば重金属の複合汚染ではないかという[21]．すでに

8400 世帯(3万7600人)が移住しているので,不明な点が多い.台湾の国営中国石油高雄煉油総廠の公害事件や,また先述のようにマレーシアのARE社は放射能被害を出した.イポー高裁はAREを操業停止にしたが最高裁では原告を敗訴とした.しかし現在は廃業している.近年,中国全土で深刻な産業公害が明らかになっている.90年代半ばまでは中国政府は公害の被害者を公表しなかった.いまもなお疫学調査が公表されていないので,公害の実態は大問題となったものにかぎって明らかになっている.

④ 現代的都市公害とリゾート開発による自然・街並みの破壊

　台北市,ソウル市,バンコク市,上海市などのアジアの大都市では,ホテルや百貨店は欧米の超一流の施設にくらべてもひけをとらない.しかし社会資本や社会サービスが十分に供給されているとはいえない.とくに問題は自動車社会となって,公共交通体系が遅れているということである.このために共通の悩みは自動車の交通渋滞と大気汚染・騒音公害である.バンコク市や上海市の空気の汚染は深刻であって,解決の目処がたっているとは思えない.

　大量生産・消費にともなう廃棄物の問題も東アジアの都市の共通の社会問題である.かつて,ソウル市は人口当たり世界一のごみ量に悩まされていた.95年から「ごみ総量制」が施行され,生活廃棄物の排出は安定しているが,産業廃棄物は依然としてふえ,リサイクリングにとりくんでいる.中国の都市では大量消費時代にはいり廃棄物問題はこれからである.中国は80年代にはほとんど電化製品の利用はなかったといってよい.しかし,わずかな期間に都市では電化製品が普及し,このために上海市では電力不足で時々停電が発生する.すでに携帯電話はアメリカの2倍,3億5000万人が使用している.自動車の保有台数は1995年32万台であったが,2003年には260万台,2020年には1億2000万台と予測されている.このように大量消費生活様式に急速に突入し,廃棄物処理など,新しい現代的都市問題がアジアをおおいつつある.東南アジアが直面する環境問題はリゾート開発や外国人観光客の流入による自然破壊や景観破壊である.東洋のワイキキといわれるタイのパタヤでは下水道の未整備もあって海の汚染が進んでいる.このような例は東南アジア全体にあるといってよい.

　こうして,アジアでは四つの環境問題が同時に重複して発生している.また,別な視角でみればSO_Xによる大気汚染のようなフロー公害とアスベスト災害

や廃棄物公害のようなストック公害が同時並行的におこり，対策を複雑にしている．これらを解決するには，先進工業国が長い間かけておこなってきた環境政策を同時にできるだけ早く徹底しておこなわなければならない．それは公害防止の専門家や巨大な資金とエネルギーを要求するだけでなく，社会的摩擦をひきおこすであろう．中国にみるように，高度成長を優先すれば，環境問題だけでなく，地域格差や貧富の格差が深刻となる．これまでは，経済が成長して余裕ができれば，これらの社会問題を解決するとしてきたが，これらの問題が社会紛争を生む原因となり，政治的には放置できない緊急事態を生む．とくに環境問題は汚染による浄水の不足，死者や障害者などの絶対的損失を生み，経済成長そのものを止める可能性がある．中国政府は第11次5カ年長期計画で，維持可能な発展をめざすために，循環型社会形成法などをつくり，環境政策を優先する政策をとるとしている．しかし，このためには分権が必要であり，政治経済システムの根本的な改革をおこなわねばならぬのでないか．

地球環境問題では，京都議定書以後の温室効果ガス規制について，アメリカとともにアジアとくに中国とインドの参加がなければ解決しない．2020年までに中国が基本的な対策をとらねば，中国だけで地球温暖化規制の目標（CO_2濃度550 ppm）を突破してしまう．

後発の利益で，アジアの諸国は先進資本主義国の法制度，行政，環境保全技術を導入することができる．しかし，それだけでは環境問題は解決しない．日本の教訓では，住民が主体的に環境政策を創造し，行政を誘導する時に，問題の解決がはかられる．アジアの人民が公害を告発し環境問題を調査して，政策を動かしていく力をもつことができるか．それを受けて立つ民主主義制度，すなわち自由で自立したマス・メディア，三権分立，地方自治制度を確立しうるかどうかが，こんごのアジアの将来，ひいては地球環境問題を解決するかぎを握っているといってよい．おそらく，それは，いまの市場制度万能で進められつつある多国籍企業によるグローバリゼーションのシステムを改革する国際政治経済システムをつくることにつながるであろう．

3　日本の環境問題の新しい局面

公共性とアメニティ権

1970年代には企業のクリミナルな公害事件は解決に向かったが，環境問題

は生産から流通,消費そして廃棄にわたる全局面で発生するようになった.いわば体制的な災害の様相をおびるようになった.公害の原因者も企業だけでなく公共機関になり,被害も特異な健康疾患というよりは騒音のような日常的な生活環境侵害が多くなった.その表れが1968年に提訴された大阪空港公害事件である.これまで政府は公共事業は無条件に一方的に公共性があるとして,それによる被害は受忍すべきだとしてきた.しかし公共事業によって環境が侵害され,生活妨害が発生すると,そのような事業に公共性があるといえるかどうかが問われるようになった.その最初のケースである大阪空港は万博によって拡張され,ジェット機の導入とともに騒音によって安眠や団欒を妨害された住民が,損害賠償と夜間飛行の停止をもとめて提訴したのである.同じような公害事件が阪神間の国道43号線,そして東海道新幹線名古屋駅周辺で発生した.政府は裁判がおこってから,あわてて空港,道路や鉄道の騒音基準を決めたが手遅れであった.それぞれの事件のもつ意義と経過については第4章でのべるが,これらの事件は三つの新しい問題を提起していた.

　第1はこれまでの政府の主張する公共性は政府と住民とのあいだの垂直的な支配と従属という関係を表す権力的公共性であるのにたいして,住民の主張する公共性は基本的人権を守るという市民的公共性である.基本的人権の擁護,とくに環境という公共財の保全が政府の義務であるとすれば,公共事業がいかに社会的有用性があっても公害を発生させてはならないのだ.第2は社会資本は民間施設と異なり,100年以上半永久的に利用される施設である.したがって,それが建設される場合には都市のアメニティを増進し,コミュニティの美観や一体性を維持するものでなければならない.その点では日本の新幹線や高速道路は利便性のみを考えて,都市を縦断して景観やコミュニティの一体性を破壊している.アメニティのある事業でなければ公共性は主張できない.第3は公共機関といえども公害や環境破壊をひきおこす以上は,損害賠償や差止め(公害対策)をおこなわねばならぬことが,これらの公共事業裁判で確立した[22].

「公害は終わった」か

　1977年,OECDは日本の環境政策のレビューの結論を次のようにのべた.「日本は公害の戦闘に勝利をおさめたが,環境の質の戦争はこれからだ」[23].

　この後者の評価は正しいが,前者は一面的で過大評価であった.1993年,

第1節　近代文明の転換期と環境破壊

OECDはさらに次のように評価した.

　　過去20年間にわたって，日本はOECD各国の中では最大の経済成長を達成する一方で，大気汚染物質や水質の多くについて相当程度排出を削減し，さらに他の多くの汚染物質や廃棄物の発生の増加を抑制してきた．例えばこの間122%の経済成長の一方で，SO_Xの排出は82%減少，NO_Xの排出は21%減少しており，これらはOECD各国の中で最高の成績である[24].

　M.イエニッケとH.ワイトナーは同じように，日本は32の工業国の中で相対的にみて環境改善が産業構造転換とエコロジー的近代化によって実現された最適事例と紹介した[25].これらは日本政府に大きな自信となり，リオ会議では，日本の経験は経済成長と環境保全の両立——維持可能な発展の例として，「日本の深刻な公害は終わった」と宣言することとなった．たしかに水俣病や四日市ぜんそくなどの災害ともよびたいような深刻な工場公害は克服された．それは血の出るような被害者の告発とそれを支えた市民運動の圧力によって，環境政策を最優先した革新自治体が誕生し，公害裁判がおこなわれた結果である．それに加えて，原油価格の高騰などの国際情勢の変化が，産業構造の転換やエネルギー節約技術の向上をもたらしたのである．しかし環境問題が全体として改善されていないことは，第2回のOECDのレビューでも，この20年間に自然林は減少し，湖沼・河川・海岸の改変は進み，多くの動物や植物は危機に瀕しているとのべている．またイエニッケとワイトナーも，日本の環境改善は市場原理にもとづく経済的手段でおこなわれたのでなく，市民運動や世論を背景にした公共機関の直接規制（コマンド・アンド・コントロール）によっておこなわれたとしている．さらに，日本の例をみると，高度成長は環境を破壊するので物的投入量を緊急に減らす必要があるが，工業が発展するところでは，環境問題が何度でももち上がるとしている[26].

　環境庁（当時）と企業はこれらの評価を受けて，公害は終わり，次は生活の質などアメニティの改善や地球環境問題だとした．先述のように1978年にはNO_2の環境基準を大幅に緩和して，ストップしていた大規模公共事業に着手した．水俣病の認定基準の厳格化をおこなって，いわゆる「患者きりすて」がはじまった．司法の分野でも，大阪高裁において夜間飛行の差止めをふくめて全面勝訴していた大阪空港公害事件は，最高裁において差止めは行政権の侵害になるとして破棄された．1988年2月，政府は大気汚染は終わったとして，

公害健康被害補償法の指定地域を解除し，以後，大気汚染患者の新規認定を打ち切った．他方，それらに反対する公害被害者は，水俣病2次，3次，関西訴訟，そして西淀川，川崎，名古屋南部，尼崎，水島，東京などの大気汚染訴訟をおこした．そしてその多くは和解によって事実上勝訴をしたが，政府は公害健康被害補償法を再生しようとはしなかった．

公害から環境問題へ——法制のラッシュ

1980年代，日本の公害反対の世論と運動が低迷するとともに環境政策は停滞していたが，92年のリオ会議を契機に新しい展開がはじまった．93年環境基本法が制定された[27]．これは公害対策基本法と自然環境保護法を統合して，複雑化した国内環境問題に対応し，リオ会議以後の新しい情勢に適応しようというものであった．これとともに，これまでの法律が改正あるいは廃止された．とくにリオ会議以後環境政策の基本的理念となった予防原則のための法制と維持可能な発展をはかる循環型社会実現のための法制がつくられた．

アメリカが1969年に制定した国家環境政策法では，政府の事業についての環境事前影響評価(アセスメント)が義務づけられていた．日本では，1963-64年の三島・沼津・清水2市1町の石油コンビナート誘致反対の住民運動がアセスメントをおこない，それに対抗するために政府の黒川調査団がアセスメントをおこなったのがはじまりである．それ以後，四日市公害裁判で立地の過失が指摘されたこともあり，アセスメント法の必要性は自明のことであった．しかし，環境庁は業界や政府内部の反対もあって，法案を準備しながら，6回も制定に失敗した．そしてこのリオ会議以後の外圧を利用して，1997年6月，ようやく環境影響評価法は制定された．また，EUにくらべて遅れていた化学物質の規制についても，輸出や海外投資の際の圧力をうけて，「特定化学物質の環境への排出量の把握等及び管理の改善の促進に関する法律」を1999年7月に制定し，「化学物質の審査及び製造等の規制に関する法律」(1973年制定)を2003年大改正した．このように予防のための法制が整備されたが，第4章で指摘するように，これらにより安全を確保できるかといえば，事業中止の例がないように不十分である．

ストック公害の中心であった廃棄物による市街地汚染を対象とした土壌汚染対策法はようやく2002年に制定された．もともと日本は足尾鉱毒事件以来，

廃棄物公害による被害が大きく，他の国にさきがけて，ストック公害のPPP（汚染者負担原則）を導入して，1970年に「農用地の土壌の汚染防止等に関する法律」をつくった．しかしこれは農用地にかぎられ企業の負担は平均50%，三井金属の場合30%であった．後述のように1978年のラブ運河事件を契機にアメリカはSuper Fund法を制定して(1980年)，汚染企業から基金を徴収するという画期的な土壌汚染防止の法をつくった．ヨーロッパ諸国もこれにならって，土壌法をつくった．これにたいして，先駆者であったはずの日本は制定が遅れた．しかも全国を対象としたものでなく，工場用地を対象としている．PPPからいえばアメリカにくらべても後退した内容となった．

このようなストック公害は，SO_x公害のようなフロー公害とちがって，今後の公害の中心となるのだが，これを基本的に防止するためには，廃棄物をすくなくするリサイクリングが必要である．そのための循環型社会をめざす循環型社会形成推進基本法が2000年につくられた．そしてその実効を保障するために，資源有効利用促進法と各種のリサイクル法ができた．

また，これまで環境政策の中でもっとも遅れていたアメニティ関係の法律もようやく制定されはじめた．2004年6月に景観法が制定された．これは戦後破壊をつづけてきた景観や文化財を保護し，日本の都市の街並みを保全・整備する第一歩となるものである．しかし，イタリアの景観保全法に遅れること20年，この間に多くの景観が失われ，景観を無視した都市の高層化が進んでいる．手遅れの感は否めない．

このように環境基本法以来，毎年多くの環境法が制定されている．おそらく法制だけをとれば日本は先進国である．しかし，一方で新自由主義にもとづく構造改革が進行している．この構造改革では規制緩和により，民間企業の環境政策は自主自責を本旨とし，政策手段も行政・司法による直接規制よりも経済的手段を中心に考えている．したがって法の内容もそれに沿ってつくられているので，法制化すればただちに罰則をともなうきびしい規制がおこなわれるものではない．

法治国家においては，政策は原則として法にもとづいておこなわれる．したがって，住民の世論と運動が成果をうるには法や条例を制定させなければならない．しかし法は自動的に適用されるのではない．住民の世論や運動があって法は発動し，効力を発揮する．たとえてみれば法や条例はゴムマリの皮のよう

なものである．環境政策のためにはゴムマリの皮をつくる必要があるが，その中の空気やガスである住民の世論や運動がなければ，ゴムマリははずまないし，空気が抜けてぺしゃんこになるように，環境政策はぬけのからとなる．多くの法律ができたが，必ずしも住民の要求でできたのでなく，外圧や政府部内の要求によってできたものが多い．たとえば自治体の景観条例は流行のように制定されているが，住民の参加によってつくられたものは少ない．

環境関係法が現実に効力を発揮しているかどうか疑問なのは，環境再生という現在の環境政策の中心が一向に進んでいないことに表れている．環境再生は西淀川大気汚染の被害者が，賠償金の一部を寄付して，再生事業のための「あおぞら財団」をつくった時にはじまった．その後先述の公害裁判の被害地域にもひろがっている．環境再生法があるのだが，自治体も政府もこの事業に共同していない．政府の都市再生事業は，東京にみるように高層ビルを集積させ，むしろヒート・アイランド現象などの新しい環境問題をひきおこしている．

公害は終わっていない

政府は環境基本法の制定以後，公害から地球環境問題へ政策の重点を移しはじめた．『環境白書』平成5年版までは「公害の状況に関する年次報告書」であり，公害の現状と対策が中心であり，地球環境保全策に関する国際的取組みは補論的に扱われていた．しかし，『環境白書』は平成6年版以降は表題も「環境の状況に関する年次報告書」にかわり，中心は「環境への負荷の少ない持続的発展」に関するデータと対策となり，公害は補完的な扱いとなった．この構成はそれ以降の『環境白書』の定型となっている．

この変化は先にのべた「公害の戦闘に勝利した」という認識を土台にしている．環境基本法以後，環境問題の原因を企業の経済活動にもとめず，新古典派経済学の消費者主権論のように，国民の消費性向にもとめる傾向が出てきた．地球環境問題の解決には大量消費生活様式の改革が必要である．国民は自然エネルギーの導入や日常のエネルギー節約をし，自動車利用をやめて公共交通機関を利用し，グリーン商品を購入し，家庭ごみのリサイクリングに協力しなければならぬであろう．しかしこのような個人の行動によって，大量消費生活様式が変わるのではない．消費者の選択の自由は与えられた条件の中で限定されている．大量消費生活様式は企業の大量生産様式の結果として生みだされたの

である．百貨店やスーパーに溢れている商品の洪水をみてみるとよい．また，絶え間なく商品やサービスの宣伝をしているテレビや，新聞の本紙以上に大量の広告紙の状況をみるとよい．それは個々の消費者が制御できるものではない．

　水俣病のようなクリミナルな公害だけが公害だったのではない．公害は社会経済システムの生みだす社会的災害である．また「政府の失敗」は水俣病の時にのみ生じたのではない．政府が公共財である環境を保全せず，国民の基本的人権を守らずに，企業の経済成長を優先する行政システムをつくっていたために，公害は防げず，むしろ公害を促進したのである．住民がその行政をチェックして，政策を変革する行動をおこした時に公害対策が前進したのである．「公害は終わった」とした時に，環境問題の基本的な原因である社会経済システムの欠陥を文明一般にもとめ，新自由主義の潮流で，環境政策の政府の責任を消費者たる国民に転嫁する傾向が出てきたのである．

　2005年6月，日本中を震撼させたアスベスト災害が表面化した．毒性の強い青石綿を1957-75年に約9万トン使っていたクボタでは，石綿パイプを10年以上扱っていた従業員の約半分が石綿関連の疾病にかかり，実に4分の1以上の死者を出していることが明らかとなった．この戦場を思わせる情報が表面化したのは，工場周辺の住民に中皮腫の患者が発見されたからである．公害の特徴であるが，被害者が自ら原因者を告発しないかぎり，事件は明るみに出ない．3人の勇気のある被害者が支援組織に支えられて，クボタを告発した結果，アスベスト公害が明るみに出た．そして過去のアスベスト使用の実績や労災・職業病の実態が公表された．クボタがアスベスト災害の情報を公表し，公害の被災者に見舞金を出すことが決まると，他のアスベスト関連の企業は被害の実態を公表せざるをえなくなった．

　アスベストが深刻な被害を出すことは，すでに戦前から明らかであった．日本では1937年からアスベスト産業の中心であった大阪府泉南地区で，すでに労災の調査がおこなわれていた．とくに世界的な注目をあびたのは1960年代にはじまったアメリカのアスベスト災害裁判である．ニューヨーク市立大学環境科学研究所長セリコフ教授とそのグループの研究によって，アスベストとガンの関係が明らかになり，全米で被害救済をもとめる裁判がおこった．現在までに6万件の裁判がおこり，最大のアスベスト産業であったマンビル社をはじめ73社が倒産し，補償金が650億ドル支払われている．しかし，毎年約1万

人の死者が出ており，救済は不十分である．

すでに1972年にILO(国際労働機関)は石綿による職業ガンを公認し，77年日本はILO職業ガン条約を批准したが，実際は80年代まで世界でも最大量の使用をつづけた．本書の旧版をふくめ，1980年代には一部の研究者は，この世界最大の産業災害の警鐘をならしていたが，日本政府の対応は遅れた．日本は労災については救済制度をもっているが，他の労災・職業病とちがい，アスベストに曝露してから発病までに10-50年かかること，災害の予告——防備がされていないこともあって，中皮腫の患者の数％しか救済されていなかった．ましてや一般住民の公害については対策がなかった．

クボタの尼崎工場周辺では今日までに170人を超える被害者が明らかとなっている．クボタはこの患者・死亡者にたいして，従業員の労災なみに2500-4600万円の救済金を支払っている．しかし，これは救済金であって，責任をみとめた賠償金ではない．一方，世論の圧力で政府は2006年2月に「洩れのない救済」をするとして「石綿による健康被害の救済に関する法律」(アスベスト救済法)を制定した．ここでは対象を中皮腫と石綿肺ガンに限定し，また見舞金はクボタの救済の約10分の1の300万円にとどめている．この法律制定にあたって行政の不作為(行政過失)はみとめず，また公害の認定をしていない．被害者からは審査の条件のきびしさもあって批判が大きい．クボタの対応や新法の制定のすばやさは，公害対策はまず救済からはじめねばならぬことを戦後公害の教訓として学んだためであろう．しかしクボタも政府も法的責任をみとめない点では水俣病の失敗の教訓に学んでいない．

2004年10月，最高裁は政府の水俣病の認定基準を批判して，四肢末梢優位の感覚障害と疫学的条件で水俣病とする従来の司法の判断基準をとり，同時に国と熊本県の行政の不作為，つまり国と自治体の法的責任をみとめた．このことによって，1995年に政治的決着がついていたはずの水俣病問題が再燃した．約3700人(2006年4月現在)の住民が患者として認定を申請し，うち約1000人が賠償と国の責任をもとめる提訴をした．日本の環境問題の研究もしているドイツのワイトナー博士は，私がいま多数の水俣病患者が認定と裁判をもとめているといったら，「石器時代」の話ではないかとおどろいていた．実は日本では環境問題の「石器時代」の被害が解決していないのである．

さらに三重県，愛知県，岐阜県と京都府で石原産業がリサイクル製品として

販売し埋立てに使用されたフェロシルトが実は有害廃棄物であり，環境基準を超えるフッ素や六価クロムを排出していることが明らかとなった．フェロシルトは酸化チタンの製造工程で排出される廃硫酸を石灰で中和・ろ過処理した沈殿物アイアンクレイという産業廃棄物である．約72万トンのフェロシルトが先述の1府3県，約30カ所に埋立てられ，住民の告発によって不正が明らかになったのである．

石原産業は戦前唯一といってよいSO_2公害裁判で敗訴した大阪アルカリの後身である．1972年には四日市大気汚染訴訟の被告として2度目の敗訴をし，翌年約1億トンの廃硫酸を四日市港に排出したとして摘発され，元工場長は有罪となっている．こうして4回目の歴史に残る公害事件をおこしたのである．

三重県は四日市公害訴訟の被告ではないが，判決では立地(地域開発と環境政策)の過失をきびしく指摘された．その後は，大気汚染の公害対策で努力をしたとして，UNEPから「グローバル500賞」を授与されている．国内の環境対策にとどまらず「国際環境技術移転研究センター」をつくり，日本の環境政策をアジアなどの発展途上国に広めている．その「環境先進県」を自称する三重県が，事もあろうに有害廃棄物をリサイクル製品として認定し各地に推奨したのである[28]．また，足もとの四日市市大矢知産業廃棄物処分場には約160万トンの日本最大の産業廃棄物不法投棄事件が発生している．環境先進県としての国連の表彰が泣こうというものであろう．

さらに，このフェロシルト事件と前後して，神戸製鋼，出光興産，不二サッシ，王子製紙，キリンビール，三菱地所，昭和電工，JFE，東日本製鉄所，三井物産などで環境データを改竄するなどの「環境不祥事」が続発した．電力各社は実に1万件の原子力発電の事故を公表せず，なかには重大な被害を出す可能性のある事故もあったのである[29]．

まさに公害は終わっていない．

なぜこのようなことがおこるのか．それは環境問題の原因を社会経済システムにもとめ，その主体となっている企業の責任，そしてそれを規制する主体である国・自治体の責任があいまいにされたためである．戦争責任を国民にもとめた「一億総ザンゲ」論のように国民一般に環境問題の責任をもとめた結果といってよい．

別の表現をつかえば，かつて旧公害対策基本法の趣旨であった「経済の成長

と生活環境の保全の調和をはかる」という調和論が復活したためといってよい．日本の公害の教訓が政府やメディアだけでなく学界にも継承されていないことが，「不祥事」をくりかえしおこす原因のひとつといってよい．近年の規制緩和という「小さな政府」の無責任がそれに拍車をかけているのでないか．

いうまでもないが，公害・環境問題の様相は政治・経済・社会の変化とともに変わっている．水俣病や四日市ぜんそくのような有害物に曝露して比較的短期間に発生するフロー公害にくらべて，アスベスト災害や産業廃棄物公害は有害物が人体，商品や自然の中に蓄積され，時間を経て被害が発生するといういみで，ストック公害といってよい．このために原因者が消滅していたり，流動していたり，有害物の発生時の状況が不明になっていて，原因と責任の確定が困難な場合がある．したがって，ストック公害はフロー公害の場合とPPPの原則は同じでも，その適用のあり方，救済のあり方，費用負担などで異なる問題が出てくる．こんご先進国ではストック公害が主体となるであろう．また地球環境問題の多くもストック公害であろう．こんごの対策の原理の再検討が必要である．

地球環境問題と日本の責任

地球環境政策で具体的な一歩をしめしたのは，温暖化対策であるが，すでにのべたように，京都議定書にCO_2最大排出国のアメリカが参加せず，近い将来に最大排出国になると予測される中国やインドの対策が不明である．このような状況を解決するために，強い規制権をもった国際機関が必要だが，いまのところ望むべくもない．したがって，危機感をもった国がEU諸国のように自主的に規制をしていくことが望まれる．日本はCOP3の主催国であり，これまでの環境対策の技術の先進国であるという点で，積極的に温室効果ガス抑制をすべきであるが，いまのところ具体的な削減が進まず，むしろふえる傾向にある．日本の国際貢献が環境政策にあることは，内外のみとめるところであろう．画期的な政策をしめすことが，いまもとめられている．

そのためにはEUのように環境税を導入すること，自動車交通を抑制して，大量輸送の公共交通機関の優先をはかること，自然エネルギーの導入など考えうるかぎりの制度の導入を進めねばならないだろう．

この際，公害対策の教訓を生かしてみてはどうであろうか．かつての公害対

策は市民運動を土台に自治体が発生源を規制することによって成功した．同じように，地球温暖化対策推進法を強化して，自治体(都道府県や政令指定都市)に地球温暖化対策の権限を与えるべきではないか．自治体はそれぞれの地域の発生源の実態を調査し，企業などの発生源別に情報を公開する．温室効果ガスの総量規制の計画を決める．具体的には個々の発生源の総量を決め，年次ごとに削減する目標を明示する．主要な発生源については，個別に温暖化防止協定をむすぶ．違反した場合は公表して，社会的に責任をとらせる．これは後にのべる維持可能な都市(コミュニティ)の計画と一体的なものとすれば，より効果があるであろう．

地球環境問題の解決は，国際会議に参加すれば進むというものではない．実は発生源はすべて足もとにある．NGOの運動は足もとからはじめなければ効果が上がらない．公害とちがって具体的な被害を体験できるものでないが，環境教育を進めながら，足もとで発生源を抑制できるようなシステムをつくらねばならない．また，国際的貢献としては日本の公害の教訓とりわけ失敗の教訓を，正しく中国をはじめ発展途上国に伝えることがもとめられる．

第2節　環境経済学の誕生と課題

1　近代経済学の環境経済論

経済学への衝撃

環境問題は近代の経済学の創世記の17世紀中葉に，W.ペティやJ.グラントの手でとりあげられている．それらは当時，ロンドンの大気汚染が深刻で，J.イーブリンなどの提案で大気汚染防止が議会で論争になっていたからであった．しかし近代経済学がスミス以降，資本主義的商品経済論として精緻化するにつれて，環境問題は都市や国家と同じように市場経済の外部性として，その対象領域からはずされてしまった．

産業革命期以降の深刻な公害や都市問題は，後述するマルクス＝エンゲルスのような社会主義者の経済学をのぞけば，経済の外側の公衆衛生行政の対象としてとりあげられるだけで，それは政治経済学の問題として認識されなかった．J.S.ミルやA.マーシャルはこれらを外部不経済としてとりあげ，A.C.ピグーは社会的費用と考えたが，いずれも一時的あるいは例外的な摩擦現象と考え，

補助金,課徴金や租税などの政府の対策によって解決するものと考えていた.だが,第1節でのべたように,近代以降の社会の環境問題は政治経済の外的条件として一時的例外的におこるものでなく,経済の内部で日常的に発生し,国民生活に深刻な影響を与えるだけでなく,企業と体制の命運をかけるものとなった.福祉国家の誕生によって,民間経済にたいして全面的に公共的介入がはじまったにもかかわらず,外部不経済や社会的費用の解決あるいは民間経済へのそれらの内部化は進まなかった.むしろ,国家そのものが戦争あるいは公企業と公共事業によって環境破壊の直接間接の原因をひきおこした.環境問題の解明を怠ってきた経済学は,現代にいたって決定的な衝撃をうけた.

　農業社会では,経済が環境と共存し,環境に規定されて人間生活を営んできた.現代においても,究極的には人間社会は環境に規定されているのだが,工業社会以降の技術革新とそれによる巨大な生産力の発展はそのことを忘れて環境を改造し破壊した.その結果,現代では環境は経済体制や経済構造に規定されて変化し,環境問題の発生原因と態様,そして環境政策の創造・前進・後退は政治経済に規定されている.環境問題は貧困や失業問題と同じような重大な社会問題となり,環境政策は社会政策や平和政策とならぶ基本的な公共政策となった.したがって,立場のいかんにかかわらず,環境を経済学の体系に内部化しなければならなくなった.

　人間社会は環境の中に包摂されている.科学技術の発達によって,人間は環境をある程度自由に改造し管理できるようにみえて,環境の人間社会への復讐とみてよいような自然災害や公害の防止がむつかしいように,究極的には人間生活は環境の中で営まれているのである.そのいみでは,環境を経済学の中にすべて包摂できるものでなく,反対に,もし環境学が創造されるとすれば,経済はその中に内包されるものであろう.そのことを前提にしたうえで,環境を経済学の中に内部化しようとすると,既存の商品経済学,市場経済論,そして国民経済学(資本主義経済論のみならず一国社会主義経済論もふくむ)は限界につきあたる.新しい経済学の体系がつくられねばならぬのである.これとともに,環境と経済の関係は,人間の権利(所有権,生存権,社会権),民主主義(基本的人権を守る政治思想と制度),文化水準(言論・思想・出版・結社の自由,教育・研究の自主自立)や管理能力(企業,協同組合のような地域組織,自治体,国家,国際組織などを自主自営かつ他組織と協同できる能力)などの「上部構造」に規定される.そ

のいみでは，環境を対象とする経済学，これを環境経済学とよんでおくと，これは政治経済学あるいは政治社会経済学とよべるようなものである．また，資本主義経済学にとどまらず，体制をこえた歴史貫通的ないみをもっているので，広義の経済学とよべるものであろう．

　市場経済論の場合，このような政治経済学の体系化の道は困難であった．この中で，いち早く1950年代に公害問題を経済学の対象として，全面的な検討をこころみたのは，K. W. カップである．カップはマルクス経済学にも通暁し，自ら制度学派と称しているので，J. K. ガルブレイスやK. G. ミュルダールなどとともに，新古典派経済学などからみれば異端である．カップはピグーの社会的費用論をのりこえようとして，公害現象を私的企業の社会的費用（社会的損失）と規定し，これが資本主義的私企業制度の矛盾であることを明確にした．そして，社会的費用をなくすためには，社会主義体制をえらぶのでなく，民主主義の前進によって公共事業・サービスをおこなえばよく，また，基本的には交換価値ではなく，社会的費用を内部化した社会的価値論を採用し，その制度化の実現を主張したのである．この理論には，第3章でみるようにパイオニアであるがための混乱があり，すでに私は『社会資本論』で批判的に評価した．しかし，過去の経済学への批判は正当であり，また，今日の政治経済学がとりくむべき視角が示されていたといえよう[30]．

　1950年代から60年代にかけて，アメリカでは環境を資源として素材論的にみる経済学が発展をはじめた．これはA. V. クネーゼをはじめとする未来資源研究所（Resources for the Future）のメンバーの業績である．彼らは政策論的志向が強く，環境に市場価格をつけて市場経済制度の中に内部化しようとして，公害対策とくに水汚染対策の経済学的分析を進めていた．このような先駆的業績は散見されたが，庄司光と私との学際的で啓蒙的な研究書『恐るべき公害』を準備している1960年代前半期には，少なくとも日本では，経済学，広くいって社会科学において公害研究あるいは環境研究は皆無に近かった．それが60年代後半にはいると，日本をふくめて世界中で経済学の環境問題研究がにわかにふえはじめた．そして，環境政策の体系化が国際的に進みはじめ，大学の講義がおかれるようになった1970年代に，体系的な環境経済学が誕生するようになった．この中でも代表的なものは，都留重人『公害の政治経済学』とE. S. ミルズの *The Economics of Environmental Quality* であろう．

新古典派の環境経済学——ミルズ The Economics of Environmental Quality を中心に

環境問題をとりあげようとすれば，社会資本，都市および国家をとりあげると同じように素材面からの検討は避けがたい．ここでは近代経済学の代表として，E. S. ミルズの The Economics of Environmental Quality をとりあげたい．この著書は学部学生向けの教科書としてつくられたものだが，著者ミルズが公害問題や都市問題に早くから関心をもっていて，環境問題の現実(日本の公害もふくめ)を知っているだけによく整理され体系化している．

ミルズは汚染物排出という新しい素材をいれて，新古典派の企業と消費(家計)の理論を再構築し，環境の質の悪化を外部性からの「市場の失敗」としてとらえ，厚生経済学を再編成し，費用便益分析をつかって「汚染の最適量」を決定し，より多くの汚染を出さずに資源配分の最適化をはかるための政府の計画を理論化しようとしている．以下，理論的部分をかんたんに紹介しよう[31]．

ミルズによれば人々の福祉や効用は彼らが消費する財・サービスによって決定されるのみならず，彼らが生きている環境の質によって影響をうける．また環境から自然の産物を取出してエネルギーを加えて人間が使用する形態にかえるという経済活動は，必ず廃棄という行為をともない，しかも企業は汚染防除費用を節約する(実際には安い費用で影響を小さくできるのだが)ので，環境の質をかえてしまう．そこで，これらの事実を経済学の対象にいれようとすれば，物質収支(materials balance)を経済学の定式の中へいれて適合させることであるとしている．

物質収支は次のように単純化できる．

$R = M - C$　　R：排出物，M：環境から取出した物質，C：資本蓄積

すなわち排出物を少なくするには，環境から取出す物質を少なくするか，資本蓄積を大きくすればよい．しかし，財・サービスの生産に寄与しないような資本蓄積はそれ自体汚染問題である．それはともかく第1に廃棄物を少なくする唯一の現実的方法は M を小さくすることである．これには生産を縮小すればよいが，それは生活水準を低下させてしまう．また生活水準と汚染とは比例的でないのであって，生産量が大きく生活水準が高い国のほうが生活水準の低い国よりも汚染がひどいとはいえない．現実には多くの発展途上国のほうが先進工業国よりも汚染がひどく，汚い飲料水をのんでいる．したがって，他の代替手段がないかぎり全体的な生産の縮減という方法はとることはできず，環境

保全政策をとって，汚染物質を生みだす産業構造をかえたり，あるいは下水道のような環境保全への財・サービスの割当てをして，全体の排出量を減らすことが望ましい．第2は物質の再利用とリサイクリングによって，環境から新規に取出す物質を減らす方法がある．「熱狂的な」リサイクリングのかけ声にもかかわらずリサイクリングが進まぬのは，それよりも新資源を取出すほうが費用が安く，リサイクリングの技術が進まぬためである．第3の方法は資源効率を高める技術を開発して，同一生産量を生むのに必要な単位当たりの新資源量を減らすことである．第4の方法は，水と空気の汚染がもっとも問題なので，自然還元する場合(埋立てるような場合)排出物はできるだけ大気や水の汚染をしないようにすることである．ところで，土地は私有化されているので，土地所有者が他の経済主体の排出物を制限したり受け入れたりして，ある程度制御できるが，公共財産(public domain)である大気や水は公共機関が制御しないかぎり，経済主体はもっとも安上がりなかたちで排出をして汚染してしまう．

　ミルズは，このように物質収支から汚染問題をみた後に，ミクロ経済学の生産理論と消費者理論を再構築している．結論的にいえば，生産理論では廃棄物の量は投入される資源の価格に依存するので，環境政策としては汚染賦課金(effluent fee)を課せば，資源の価格を上昇させると同じ効果をもつというのである．廃棄物を少なくさせるための政府の介入として，このような課徴金の他に直接規制という方法がとられている．ミルズの定式によれば，個別企業にとっては直接規制のほうが課徴金よりも利潤レベルが高くなる．また今日のような重税下では，課徴金は他の税目の減税がなければ承認されないので導入がむつかしいということもある．これらのことがあいまって，現状では各国の企業は課徴金よりも直接規制をえらびがちだとしている．

　消費者理論の分野では，物質収支をいれて考えると，財よりもサービスへの支出がふえれば廃棄物が少なくなる．生産者とちがって，家計(消費者)にたいする公的規制はほとんどない．自動車汚染問題も製造業者にたいする規制が中心である．これは選挙との関係で自動車所有者に課徴金をかけると製造業者にかけるよりも支持票が著しく減少するためである．ミルズは消費財にも課徴金をかけることによって消費を抑制して汚染物をへらし，リサイクリングへ向けさせることができるかどうかを検討しているが，どちらかというと，この案にはあまり積極的でない．むしろ，消費者の負担で下水処理場や清掃工場をつく

って，廃棄物による汚染を少なくするような間接的課徴金をとることをすすめている．この場合には，個々の消費者の行動と同じように個々のコミュニティの行動がおこなわれると考えて，コミュニティが私的商品と公共サービスとの選好曲線の中から最大の効用のある選択をする理論をしめしている．この場合，コミュニティがごみの山によって衛生が悪化するよりは，消費を一定額節約して得た資金で清掃工場の建設・管理をするほうをえらぶというのである．これはひとつの抽象理論としてはなりたつが，実態の意思決定は政治なのであって，コミュニティの経済的な効用からだけで住民が選択できるのではないだろう．

　ミルズはミクロ経済学の再構成を進めた後に厚生経済学の中に環境政策を位置づけることをおこなっている．これまでみてきたように私経済における生産と消費の分野は，それぞれ自主自責でおこないうるが，それによって環境問題は防げない．それどころか環境問題については情報すら一般の人々にはわからない．政府の行為は私人の自主自責よりも悪いという人もいるが，しかし，社会的効率，資源配分，公平という分野では自主自責の原則の効果はない．ミルズは環境問題を宇沢弘文が公平の視角から扱っているのとちがって[32]，公平の分野は関係ないとして他の分野の問題，社会的効率の分野から検討している．

　厚生経済学の分野では，環境の質の悪化は外部不経済としてとらえられる．外部性というのはこれまでは生産の技術的条件としてとらえられてきたが，R.コースによって，もっと複雑なものであることが明らかにされた[33]．ところで，この外部不経済を内部化するのに，従来考えられた方法は二つある．ひとつは被害者が汚染者と直接交渉して防止策をとらせる方法である．例としてミルズは石油精製会社の汚染をとりあげている．この場合，会社の防止費用が1000ドルで，それによって公害が少なくなり，風下の住民が1500ドルの便益をうるとすれば，住民がその一部の500ドルを負担して企業にも500ドル負担させて防止策をとらせればよいとしている．もうひとつの方法は，裁判によって住民の損害額を汚染源に支払わせるという方法である．このほうが，先の直接交渉によるよりも，住民と会社の従業員の負担増（先の方法で会社が防止費負担分を利潤を下げてまかなわないで，従業員の賃金切下げでまかなうような場合）をまねかないので，住民は裁判のほうをえらぶ場合が通例だとしている．この場合，裁判所が企業と住民のどちらの財産権にウェイトをおくかによって判決はきまるであろうとしている．

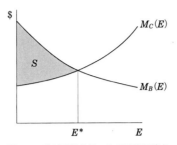

図1-2 費用便益分析による環境最適点
出所 E. S. Mills, *op. cit.*, p.89.

しかし,ミルズによれば一般に環境問題では私的な交渉は裁判にはのりにくいとしている.それは第1に,大都市の場合,汚染源が車,工場,事務所と無数にあり,また一方被害住民も多数で,その損害も多様である.したがって,特定汚染源と特定被害者の汚染問題にのみ当事者交渉や裁判は可能なのである.第2は,公害防止は公共財と同じ性格をもっている.すなわち,いったんはじまれば,なんらの追加的な負担をしなくても便益がうまれ,また,負担をしない人にも美しい環境を享受できるという非排除性がある.私的交渉のさいに被害者組織にはいらなかった人でも,公害対策がとられれば利益をうけ,また組織にはいっている人も,その貢献度に関係なく利益を平等にうけることになる.

つまり,このような条件を考えれば,政府が公害防止の責任をもたざるをえないということになる.もちろん,汚染防止について私的活動の責任を否定するのでないが,政府活動のほうが安上がりで適合しているというのである.では政府が公害除去をおこなうとして,それを効果的に進める基準はなにか.ミルズはそれが費用便益分析だとしている.すなわち,**図1-2**のように縦軸に防止費用をとり,横軸に環境水準をとり,便益をB,費用をC,余剰をSとすれば,政府活動による環境浄化という便益曲線M_Bは右下がりとなり,費用曲線M_Cは右上がりの曲線となる.

$$S = B - C$$

として,$S>0$で$B/C>1$であれば公害防止策は有効である.環境最適点E^*はM_BとM_Cの交点であるとしている.この場合,下水道のような場合の便益効果は長期にわたり,また,反対にスラッジ(下水処理後の残滓)を海へすてた場合の汚染も長期につづくから,この費用便益分析は,後年度影響予測をいれて

考えねばならぬ．この場合は現在の S を割引率 ρ で還元して，そこから初期投資 K を引けば，総剰余の現在価値 V が出てくる．

$$V = \sum_t \frac{S_t}{(1+\rho)^t} - K = B - K$$

この場合 B/K が大きいほうが V が大きくなる．

ミルズはこのように費用便益分析を提唱しているが，同時にこれは抽象理論で M_B には市場の需要のような明確なデータはなく，M_C も測るのがむつかしいことをみとめている．

ところで，政府の環境基準を達成するために賦課される課徴金は，図の M_B と M_C がイコールになる点できめるべきであろう．そうすれば，企業は極小の公害防止投資で環境基準を達成できて，社会的にも効率が極大となろう．では，公共的介入が個別の企業の生産ではなく社会的効率という全体的な生産の場でおこなわれるとして，課徴金と直接規制とどちらを選択すべきかをミルズは再検討している．

ミルズは課徴金を選択するのだが，その理由は第1に，大都市区域で新しい工場をつくる時や古い工場を更新する時に，課徴金ならば通告すればよいが，直接規制をする場合，とくにこれから規制しようという場合，政府がこの工場はどのくらい汚染物が出るかについて事前に情報をもたねばならず，プラントのあり方や生産技術と操業のあり方について勧告しなければならぬが，それは困難だということである，第2は，日々技術が更新するので新しい公害防止投資のコストとその効率が不安定であって，どの水準で規制すればよいのかがむつかしく，その点で課徴金のほうが有効だというのである．すなわち，課徴金の場合は経済的刺激となって技術開発が進むが，直接規制では政府が決めた基準を守っていれば公害対策の効率が悪くてもいつまでも現状維持となるというのである．

ミルズは課徴金が汚染権を売るものだという批判にたいして，そうだとしても，稀少な汚染権を配分するうえでは直接規制よりは課徴金はより効率的であり，なによりも，日本とはちがって，アメリカでは直接規制は成功していないとして，最終的な環境政策の手段として課徴金を提唱して公害対策の結論としている．

ミルズ以後の新古典派の環境経済学の業績はおびただしく，とくに環境政策

の手段については専門化が進んでいる．ピグーの社会的費用論によるピグー税をさらに現実的な政策とするために，汚染物の削減目標を前提にして炭素税などの環境税の基礎となったボーモル＝オーツ税がその一例である．また新自由主義の自主自責の思想と所有権の理論による排出権取引制度が有力な政策手段として提唱された．このような政策論については後の章で論ずるとして，これまで出版された新古典派の環境経済学はミルズの理論の基本的な修正ではない．

近代経済学の環境経済論の限界

紹介がながくなったが，新古典派経済学——公共経済学という近代経済学の主流の環境経済学は，このミルズの理論でほぼ骨格をかたりうるであろう．あえて簡約すると次のとおりになる．

経済活動が環境という外部から資源をひきだして，排出物によって汚染する行為は，「市場の失敗」によるもので，社会的効率を引下げ資源配分を不適正にする「社会的費用」である．汚染物を防除・削減あるいは環境の質を保全することは私人では不可能であって，行政の介入＝「公共的介入」がなければならない．公共的介入が社会的効率を最大にし，資源配分を適正にするという条件で，私企業の利潤や消費者の効用の最大を維持して，かつ，公的支出を最小限にして進めるには，「費用便益分析」による選択がおこなわれなければならない．政策の手段としては，直接規制よりは「経済的手段」(補助金，課徴金，環境税，排出権取引など)が有効である．

さて，この理論は現代の環境問題・政策を説明するのに適当であろうか．ここに五つの概念をカギ括弧の中にいれたが，これが近代経済学の環境経済論のキーワードになる．果たして，それらの概念が現代の環境問題を説明するのに成功しているか．これが，以下の各章で検討する課題のひとつである．

個別理論の検討の前に総論的にいえば，近代経済学の環境経済論は基本的には体制論や制度論を欠いた機能論となっている．現実は体制論をふくめて次のように分析しうる．現代資本主義の環境問題の原因は商品経済一般の「市場の失敗」からみるのでなく，資本制蓄積にもとづく環境対策費の欠如による「社会的損失」としてみなければならない．とりわけ今日では，巨大な独占体の出現によって，環境を独占的に利用し汚染すること，集積利益をもとめて資本の特定地域への集中と集積が進む一方で，汚染のような集積不利益を住民が一方

的に負担させられているという「独占」と「集積」の理論がなければならない．社会的損失(社会的費用)の負担問題では，所得再分配問題や公平の問題がぬけてしまっている．公害による被害者はE.J.ミシャンの指摘するように，低所得者か中間低所得者である．つまり「資本制蓄積にともなう貧困化」の視点が被害論になければならない．さらに公共的介入は自動的にかつ被害者の立場にたっておこなわれるのでない．新古典派の主張のように国家は中立でなく，汚染者＝加害者の側にたって，積極的に企業の成長や地域開発を進めているのである．そこで，住民は国家の政策を改革あるいは制御するために，「公害反対や環境保全の世論や運動」をおこし，それが成功した時に環境政策は初めて進むのである．放置しておけば，かりに公害防止や環境保全の法や条例があっても，国家は財界とのバランスを考え積極的に動こうとはしない．むしろ住民の世論や運動が弱まれば，第1節にみたように，いつでも公害対策は後退する．そのようなみでは，物質収支論や費用便益分析によって政策を選択し，手段としては市場経済にのせて課徴金などをとるという経済的手段だけでは不十分である．被害者の実態とその原因を政治経済学的に解明して救済制度を考え，生産過程で使用され，あるいは製品の中にふくまれる有害物質を「公開」させ，「土地の私有権の規制や企業の民主的管理」(たとえば経営陣の中に地域住民がはいる)，あるいは政府や自治体の公害行政への「住民参加」など体制の深部にメスがとどくような政策や制度を検討するのが環境経済学の課題といってよい．

2　政治経済学の公害論

思想の継承と創造と──模索の過程

　産業革命期の公害を資本主義の社会問題としてとりあげたのはマルクス＝エンゲルスである．エンゲルスは『イギリス労働者階級の状態』(1845年)の中で，公害のような労働者の衛生状態の悪化による不作為の被害を「社会的傷害・殺人」と名づけ，その責任を社会の指揮者である資本家階級にもとめた．またマルクスは『資本論』の中で，労働者の居住環境の悪化を資本制蓄積にともなう貧困化の一現象として解明したのである．マルクス＝エンゲルスはこのように労働者の居住環境の悪化を資本制の運動法則と関連させて理解し，資本主義の発展の社会的諸結果として経済学体系の中に位置づけたという点で，新古典派経済学の「外部性」の失敗論をのりこえていたといってよい[34]．

さらに，マルクス＝エンゲルスは経済現象を資本主義的生産関係のせまい枠の中にとじこめず，まず自然と人間の関係から出発し，広義の経済学への道をひらく史的唯物論の立場で歴史的に考察している．彼らは社会史の中の一構成体である資本主義が，その資本制蓄積という発展の起動力のために自然と人間との双方を無計画に搾取し破壊することを明らかにし，それがいずれは自然災害として，あるいは革命という復讐をうける必然性をもっていることをしめしたのである．そして科学技術が進歩すれば，その結果として従前の商品経済を規制する尺度としての交換価値がのりこえられて，環境が考慮されるような新しい「社会的使用価値」という価値尺度が生まれ，それによって経済が発展する未来社会をみていたのである．

マルクス＝エンゲルスの理論は公害・環境問題を理論化する思想をしめしたといってよい．しかし，彼らは現代世界の公害や環境破壊をみてはいない．環境破壊が都市労働者の生活困難にとどまらず，広く地球の人民の生活に影響を及ぼし，資本主義社会のみならず，現代社会主義社会や発展途上国において，深刻な状況になっている現実をみていない．環境問題が多面的に発生し，環境政策が多様に展開している今日の世界の状況をマルクス＝エンゲルスの著作に還元してその片言隻句で裁断したとすれば，マルクス＝エンゲルスの批判的精神にみちみちた思想を冒瀆することになろう．しかし創造することはむつかしい．近代経済学の環境経済論が，ミルズにみるように新古典派の体系の中にくみいれようとして非現実的となったように，マルクス経済学の場合も既成の体系あるいはタームでまず公害・環境問題を位置づけることからはじめて，そのために失敗もしたといってよい．公害論を日本のマルクス経済学者として最初につくってみようとした私の試行錯誤をその一例として紹介しよう．

私は『恐るべき公害』の中で，次のように定義した[35]．

公害は，資本主義の生産関係に付随して発生する社会的災害だといえる．それは，資本主義的企業・個人経営の無計画な国土・資源の利用と社会資本の不足，都市計画の失敗を原因として発生し，農民・市民の生産や生活を妨害する災害である．したがって，公害は階級対立のあらわれである．加害者は，主として資本家階級であり，被害者は，主として，農民・労働者階級である．

公害の歴史は資本主義の歴史でもあり，公害の表れ方は資本主義の発展段階

によって異なっている．そこで，本源的資本蓄積期における都市と農村の対立から生まれる公害(足尾・別子鉱毒事件など)，産業革命期の都市労働者の生活困難として表れる工場公害，独占段階の重化学工業化・大都市化にともなって表れる広域的公害，そして，現代資本主義のもとで，国家が環境管理をおこないながら，その中でおこってくる体制的な公害(自動車公害や公共機関による公害など)を素描したのである．

また『社会資本論』の中ではこの理論を一歩進めて，公害問題を資本制蓄積の一般的傾向としての貧困化の一現象としてとらえた．それは，マルクスが労働衛生などにふれてのべている「不変資本充用上の節約」を土台にした．「資本主義的生産様式は矛盾をはらむ対立的なその性質によって，労働者の生命や健康の浪費を，彼の生存条件そのものの圧し下げを，不変資本充用上の節約のうちに数え，したがってまた利潤率を高くするための手段のうちに数えるところまで行くのである」[36]．資本主義企業は利潤を渇望する結果，可変資本にくらべて，不変資本部分(機械，設備，原燃料など)を絶えず増大させるが，それにともなう利潤率の低下をできるだけ避けようとして，直接生産過程にかかわりのない固定設備(公害防止，福利厚生)などを節約して利潤を大きくするのである．このことは日本の高度成長期の産業設備投資の構成に明確に表れている．

また，この個別資本の蓄積法則は社会的な総資本の蓄積についても応用することができる．工場(企業)内部での労働者の安全のための不変資本が節約されるのであるから，ましてや工場(企業)外の住民の安全のための不変資本(公害・災害防止投資)の節約は徹底しておこなわれる．後述するように1970年前後までの公害防止投資(ひいては公害防止費用)は一部の企業をのぞいてはほとんどなかったのである．さらに，このような資本制蓄積の法則は社会資本といわれる分野，すなわち生産や生活の一般的共同条件であって，主として公共部門が造成している領域にまで貫徹している．すなわち，社会資本の中では，社会的一般生産手段(鉄道，道路，港湾，空港，ダムなど)が優先し，社会的共同消費手段(労働者の共同住宅，上下水道，交通安全施設，公園，医療・福祉施設，学校，保育所，その他の社会施設)とそのサービスが節約されたり，あとまわしとなる．社会的共同消費手段とそのサービスの節約は社会的総資本の利潤率あるいは資本の社会的便益を引上げ，資本にとっての社会的空費を節約する方法である．このことは高度成長といわれる資本制蓄積の急速に進む時期や人権を無視した成長至

上主義の国ほど明確に表れる．労働者階級を中心とした住民の基本的人権，とりわけ生命・健康の保持と良好な居住環境権の確立のための世論と運動がおこり，議会，政府，裁判所や自治体に公害対策をたてさせないかぎり，このような経済法則がはたらくもとでは公害防止や居住環境の改善は進まぬのである．

『社会資本論』では産業革命期以降の資本主義の公害と居住環境悪化の歴史，とくに日本の高度成長期の環境問題の実態とその原因を企業の設備投資，社会資本(とくに公共投資)や地域開発の分析を通じて明らかにしたのである．いくつかの資料の読みちがいによる誤謬や思いすごしもあったが，基本的にはこの理論は誤っていないであろう．

資本主義と公害の関係を実証分析すれば，だれもがこのような理論は証明しうる．その点では基本的視角の相違はあれ，先述のように「市場の失敗」——「公共的介入による社会的費用の内部化」という近代経済学の公害論も，前項で批判したように体制論がないが，機能論としては資本主義体制の内的なメカニズムから公害を説明するひとつの理論といってよい．カップの私的企業の社会的費用論などは文字どおりマルクス主義と共通する資本主義制度論である．

だが，それならば，社会主義国の公害をどのように説明するのか．資本制蓄積からのみ理論を構成すれば，社会主義国には公害がないということになる．1960年代の社会主義研究者の中には，社会主義国の環境問題を全面否定するか，あるいは社会主義国の環境政策を礼賛する人が多かった．これは従来の社会主義研究の共通の欠陥であって，資本主義の実証分析のように官庁だけでなく広いはんいの統計・資料の批判的利用や実態調査をせず，政府文書・政府機関誌や「御用学者」の文献だけで叙述をするので，公害はないという誤った評価になるのである．1960年代初頭，社会主義国の公害に対する客観的情報はほとんどなかった．しかし，WHOなどの国際機関に提出された断片的な資料をみるかぎり，チェコのシレジア地方のオストラバ市周辺の1960年の大気汚染は，当時の川崎市や八幡市(現北九州市八幡区)と同程度の汚染をしめし，世界でも，もっとも汚染度のひどい地域であった．そこで『恐るべき公害』でも，このことを紹介し，社会主義国では重化学工業による大気汚染や水汚染はあり，農村から都市への急速な人口集中が進んでいる時期には，公害のような都市問題は避けがたいとしたのである．

社会主義国の環境汚染の事実を紹介したとはいえ，私はその後ポーランドを

中心に社会主義国の公害を実態調査するまでは，資本主義国にくらべて社会主義国は公害現象があるにしても，政府が国有企業の生産活動を規制し，完全な都市計画をおこなう能力をもっているので，公害対策をする能力ももっていると考えていたのである．したがって，社会主義国の公害の原因を，体制＝生産関係にもとめず，「低位の生産力」（公害防止技術の低さや産業構造など）と一党独裁の条件のもとで国有化にともなって生じた「官僚主義」の弊害にもとめていたのである．とはいえ，資本主義体制論だけから説明する公害論の定義にたいしては，社会主義国の公害の現実をみれば批判が出てくるのは当然であろう．

1970年，国際社会科学評議会公害問題特別委員会は東京で世界最初の学際的な国際シンポジウムを開催した．この席上で，ソ連のV.S.セミヨノフは公害の原因を資本主義体制にのみもとめ，ソ連においては有効な公害防止対策はとりうるとした．この意見には多くの反論が出た．とくにアメリカのソ連研究者M.I.ゴールドマンは環境破壊を工業化現象にもとめた．彼はソ連の雑誌・新聞をたんねんに調べ，1972年『ソ連における環境汚染』を出版した[37]．また，この前後から，ソ連の公害に関する情報がはいるようになった．その後の社会主義研究の発展，そして現実には1986年のチェルノブイリの原発事故をみれば，いまでは社会主義国の公害問題は議論の余地のないところである．資本主義体制批判としての公害論と，社会主義の公害論とをどのように統一するのかは，マルクス経済学だけでなく，ひろく政治経済学にたいしその真価を問うたといってよい．

素材面と体制面との統一——都留重人『公害の政治経済学』の位置

この問題を政治経済学の立場から解明したのが都留重人『公害の政治経済学』である．政治経済学的立場で公害を分析するというのは，「経済体制が違うと，公害の発生やそれにたいする対応策の効果が，体制的な理由により異なりうるとみなす立場」である[38]．しかし，公害は失業のように資本主義体制独自の現象とちがって社会主義体制下でも発生する．それは公害が技術進歩などの生産力の発展などの素材面に規定されているからである．先にのべたミルズが経済活動を物質収支の視角をいれて再整理しようとしたのも素材面からの整理だが，都留はR.C.O.マシューズの生産関数の中に技術進歩要因をいれる理論を紹介している．都留はこの著書で体制をこえて公害の素材面からの研究

第 2 節　環境経済学の誕生と課題

の重要性を強調しているが，同時に日本のような資本主義国の公害は素材論だけで発生のメカニズムは解けず，素材面から整理できる財貨の流れを体制面から分断して，そこに公害の原因が生まれるとしている．たとえば本来，人類の共有財産であるべき技術が資本主義企業に占有されると，環境という資源を利用することからおこる技術進歩にともなう功(コストの節約)も罪(公害)も企業の判断で処理され，外部性の内部化は「私的資本」の必要によっておこなわれる．環境という稀少資源の枯渇や公害対策を，企業は内部化しないのである．

　都留は牛乳消費という日常的な消費行為を例にとって，体制面が素材面を分断する状況を説明している．牛乳消費の過程を素材面から整理すると次のようになる．

　　(a)牛乳生産　(b)容器生産　(c)流通過程　(d)消費者による購入
　　(e)容器処理

　企業が関与する(a)から(c)までは利潤極大動機がはたらき，(d)(e)は消費者の満足度極大がはたらく．企業はそこで容器のコストと流通費の節約をはかって，容器をビンからポリエチレンの容器にかえる．すると，このポリエチレンの容器の収集，その処理，清掃工場の大気汚染などの公害対策の費用は外部化され，自治体や住民の負担となる．つまり goods には素材面では必ず bads があるのだが，体制面では bads をつぐなう費用をいれないで売られるために，bads がより多くなるというのである．ごみの量が所得量とともにふえるというのは体制問題がはいっており，物理的なものでなく，また消費者が自戒すれば，ごみ問題がなくなるということではない．

　こうして，都留重人は素材面から，とくに技術進歩の外部効果によって体制のいかんを問わず公害がおこる可能性を明らかにしたうえで，それが現実化するメカニズムや公害対策については体制面のちがいがあることを明らかにしている．つまり，資本主義制度という生産関係に公害が規定されていることを理論的に解明しているのである．

　都留は今日の技術進歩――生産力の拡大が交換価値を尺度とする制度をのりこえ，市場の網の外の「外部効果」を大きくし，市場メカニズムの合理性を失わせつつあることを強調している．しかも，「宇宙船地球号」といわれる閉鎖系の状況のもとでは，廃棄物はなんらかのかたちで自然や人類に影響を及ぼすのであって，「外部性」といわれるものは実際にはすべて内部化されるのであ

る．そのいみでは，「外部性」を内部化できるような市場メカニズムをこえた尺度が必要となる．すでにマルクスは，ロボットが生産過程の主役になったときには価値をこえる新しい尺度として社会的価値の必要を示唆しているが，都留はそれにしたがって，GNPにかわる政策目標として，シビル・ミニマムをあげている．シビル・ミニマムの中には市場から供給されるものもあるが，社会福祉，社会保健などの多くは公共部門から供給されねばならぬものであり，また貨幣でなく実物で支給される施設とサービスが多い．いわば素材面から政策目標を定めねばならず，そうなれば公共的介入は不可避であるということになる．

都留は日本の歴史をふりかえって，住民運動の重要性を説き，それなしに公共的介入＝公害対策は進まぬことを明らかにしている．そして，資本主義社会のもとでは住民運動を草の根の原点にして，体制的視点を射程にいれた社会改革全体を問題にするような対策が検討されねばならぬとして，フローの社会化，土地の公有化，科学技術の社会的管理を提言した．このような根本的改革をおし進める一方で，所与の法制と市場機構の枠を前提にした対策として，直接規制，公害税，有害物質のマスターリストの作成や禁排項目の設定を前提にした課徴金制度などを提案している．

この『公害の政治経済学』は1970年代初頭における政治経済学の到達点をしめすものであろう．しかし，現実の世界の環境問題を経済現象として解明しようとすると，これだけでは抽象的であり，この理論をふまえたうえで，環境問題を解明するための経済理論をつくらねばならないだろう．

3　中間システム論——本書の基本的方法論

中間システム論の提唱

都留重人が整理したように，環境問題の解明には素材からはいって体制へという方法論をとらねばならない．その点では新古典派経済学者のように体制をぬきにして，現代の技術と企業経営を前提に最適汚染量（あるいはリスクの限界）をもとめ，それを達成あるいは制御できる政策を選択するという素材論あるいは機能論的な経済学をとらない．しかし，この場合の体制面というのは資本の利潤極大原理であって，この基底に還元するだけでは，環境問題を解明する政治経済学としては不十分である．環境の政治経済学としては，独自の問題発生

メカニズムと対策の規定要因が必要である．私は1950年代にはじまる日本の高度成長の初期から日本の環境問題を分析し，政策提言をしてきたが，その過程で次にのべるような政治社会経済システムが環境・環境問題・環境政策を規定していると考えた．それを素材と体制の中間にあるものとして，「中間システム」と名づけた．本書はこの「中間システム」論を基本的方法論として展開していくのだが，その全体像を導入部として明らかにするために，日本の経験を例として，具体的にこの理論を紹介しておきたい[39]．

① 資本形成(蓄積)の構造

環境問題を規定する第1の経済構造は，公私両部門の資本形成のあり方である．現代経済の特徴は大量生産方式にある．それは拡大再生産を目的とした資本の運動にある．技術革新による機械化・自動化やIT化などによって労働コストを下げるが，それは利潤率を引下げる．このため利潤量をふやそうとすれば，設備投資をさらに拡大して大量生産をしなければならない．その際に商品・サービスの価値と直接関係のない環境保全や労働災害防止などの安全の投資を公的規制のかからぬかぎり節約する傾向がある．産業革命以降の環境問題は，このような拡大再生産をつづけながら安全の費用を絶対的相対的に節約する資本形成(蓄積)のあり方から生まれた．この場合の公害防止・環境保全費用は民間企業(個人事業体をふくむ)，公共部門(中央政府・地方団体，その他の公社・公団など)，家計の3部門にふくまれているが，中心は民間企業の公害防止・環境保全の設備投資，運転費用，補修費用などの総和である．公害・環境対策は現在のところ，end of pipe (汚染物の最終段階で発生量を削減あるいは浄化する)の技術開発が中心なので，技術を一定とすれば環境保全費用とくに公害防止設備投資が大きければ，汚染物の量が減少する．投入する物質・エネルギー量を減らし，リサイクリングを徹底する場合には，公害防止投資の量の増大が環境保全の改善を直接に表すものではないが，対策の主因は公害防止などの安全の費用である．

高度成長期には企業の公害防止投資が環境保全の決定的ファクターであった．公害防止投資の推移は先に掲げた図1-1のようである．すなわち，1965年297億円(全設備投資の1.7%)であり，水質浄化設備投資は0に近かった．それが公害反対の世論が高まり，法による規制が強まった1975年には9645億円(同17.7%)に到達した．その内訳では鉄鋼2091億円，電力1726億円，石油

表 1-2 地方団体の公害・環境担当の組織・予算の推移

	1961		1974		1986		1995	
	都道府県	市町村	都道府県	市町村	都道府県	市町村	都道府県	市町村
公害・環境担当組織のある団体	14	16	47	765	47	562	47	845
担当職員数	300		5,852	6,465	5,865	4,816	6,384	4,534
予算(億円)	140		3,501	6,036	8,910	20,800	14,458	46,738
下水道予算を除いた予算(億円)	2		3,838		8,785		17,319	
公害防止・環境条例設置団体	6	1	47	346	47	496	47	608

出所 1961年度は厚生省調べ．1974年度以降は環境省『環境統計』(各年度)による．

1720億円，化学1443億円と汚染の四天王といわれる産業に集中した．これは投資金額と投資比率とも世界最高である．1973年から76年末で巨額の投資がなされている．この間に公共機関の予算も急増した．汚染が深刻であった1963年度には国の環境保全予算は7649万円で1億円にもみたず，地方団体の多くは支出がなかった．しかし，1974年度国の環境保全予算は3421億円，地方団体は**表1-2**のように9537億円の巨額にのぼった．これによって，60年代からの深刻な公害問題の解決が進んだ．

ところが，これを頂点にして企業の公害防止投資は激減している．1977年度には電力1569億円，鉄鋼は812億円，機械284億円，化学257億円となっている．以後も電力をのぞいて，他の重化学工業では公害防止投資は減少し，更新以外の大規模な投資はなくなっている．『環境白書』(平成4年版)は，公害防止投資が一巡したからだとのべているが，明らかに次にのべる産業構造の変化で，素材供給型の重化学工業が，電力以外は縮小あるいは中国など発展途上国へ重点を移したためである．また石油などの資源価格の上昇で資源節約型の技術開発が進み，それが汚染物の質と量を変化させたためである．

公害防止設備の普及とともに，それを操作し公害を未然に防止・削減する管理者が必要になる．1971年度からはじまった公害防止管理者国家試験の合格者は2005年度までに約30万人に達している．最高時1972年度は受験者が10万人を超えていた．日本のエネルギー節減や公害防止はこのような生産過程における労働者の公害管理業務に支えられている．日本の公害設備が東欧や中国に輸出されても，効率が必ずしも良くないのは，生産過程のあらゆる分野で公

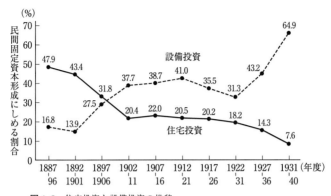

図 1-3 住宅投資と設備投資の推移
出所 H. Rosovsky, *Capital Formation in Japan, 1868-1940*, 1961, p.38 の数値で作成.

害防止の管理業務をおこなうような技術者や労働者が配置されておらず，またシステム化されていないためである．しかし，さいきんの規制緩和で，公害防止管理者あるいは原発などの安全管理者が報告義務を怠り，あるいはデータなどを捏造する事件が多くなっている．安全のシステムを支えているのはハードな設備だけでなく制度であり，それをになう労働者である．

環境問題は環境汚染だけでなく，住宅と生活環境の質に規定される．日本の資本形成の特徴は，戦前から企業の設備投資に重点があって，住宅や上下水道・公園・緑地帯などの生活環境への投資を極端にきりつめてきた．戦前，住宅はほとんどすべて民間の建設にまかされた．図1-3のように民間固定資本形成にしめる住宅投資の割合は1887-96年度の47.9%を最高にして，第1次都市化のおこなわれた1900年代から30年代にかけてその割合は20%前後でほとんどふえず，むしろ1927年度以降減少傾向となる．これにたいして，第1次大戦前後の重化学工業化によって，設備投資は1912-21年度41.0%に達し，1931-40年度は64.9%にまで上昇する．また公共投資についても，道路，港湾などの産業基盤投資が優先した．上下水道は最高時の1930年度でも道路の3分の1以下であった．当時東洋最大の製鉄の街八幡市(現北九州市)でも下水道は1cmもなかった．これらがあいまって戦前の生活環境は劣悪であった．

戦前は軍事投資が公共投資の半分をしめていたが，戦後はそれが大きく縮減した．それにかわって，公共土木事業が社会資本充実政策によって，世界最高

の水準にのぼった．ヨーロッパの福祉国家とくに1980年代初頭までのイギリスの公共投資は公営住宅中心であった．それにたいして，日本の公共投資は4分の1以上をしめる道路投資が中心であった．他方公共住宅投資は道路投資の5分の1にすぎなかった．また民間設備投資の3分の1以下しか民間住宅投資はなかった．このような公共投資の構造は自動車交通を進め，このために自動車公害が都市公害の中心となった．「うさぎ小屋」とOECDの報告書で批判された日本の住宅の困窮，そして公園などの緑地帯や水辺環境の貧困は，都市の「住み心地」(アメニティ)を劣悪なものにした．スモッグやSO_2の汚染は70年代終わりには解消したが，戦前からつづいている住宅と生活環境の貧困による環境問題は，「日本病」といってもよい[40]．いま日本病といったが，日本と相似の設備投資優先の資本形成をしつつある中国などの発展途上国もまったく同じ環境問題を生みはじめている．

② 産業構造

環境問題の原因は産業構造にある．このことは急激な産業構造の変化を経験した戦後日本の公害で明らかである．高度成長期の日本は，農業から工業へ，軽工業から重化学工業へと短時日のあいだに変化をした．1960年から10年のあいだに国民総生産にしめる農林水産業の比重は13%から6%に，製造業は43%から46%にふえ，とくにその中にしめる重化学工業の比重は54%から63%に飛躍した．主要重化学工業の製品はほとんど世界1，2位の生産力水準となった．このため，水質汚濁中BODとCODの負荷量をみると，鉱工業排水62%，なかでも化学工業と紙パルプ工業で37%に達している．大気汚染のうち，SO_2発生量では鉱工業が65%，そのうちの鉄鋼，化学工業で40%，火力発電所をいれると3業種で59%となる．汚染源には紙パルプ工業のような素材供給型軽工業もふくまれるが，主として素材供給型重化学工業が汚染源である．しかも，日本の素材供給型重化学工業は臨海コンビナートとして，東京湾，伊勢湾，大阪湾，瀬戸内という人口密集地域にすべて集積した．このため，次の③でのべるように大都市圏域は稀にみる深刻な公害を発生させた．

1973年と78年の石油ショックによる資源価格の上昇，そしてそれ以上に四大公害裁判に象徴されるような公害反対の世論の圧力による地域開発の転換は，このような汚染型の産業構造や産業立地の改革をもたらした．

M.イエニッケはこの日本の産業構造の転換をエコロジー的近代化と評価し

表 1-3 政府の計画と現実の比較

	2 全総	3 全総	1985 年度実績
国民総生産(GNP)	150 兆円	170 兆円	321 兆円
粗　　　鋼	1 億 8000 万 t/年	1 億 7800 万 t/年	1 億 528 万 t/年
石油精製	4 億 9100 万 kl/年	3 億 8700 万 kl/年	1 億 8976 万 kl/年
石油化学(エチレン)	1100 万 t/年	783 万 t/年	423 万 t/年
石油輸入	5 億 600 万 kl	4 億 4000 万 kl	1 億 9833 万 kl
工業用地	30 万 ha	22 万 ha	15 万 ha
工業用水需要	1 億 700 万 m³/日	7000 万 m³/日	3493 万 m³/日
電力(供給能力)	1 億 9000 万 kw	1 億 8000 万 kw	1 億 6940 万 kw

出所　各全国総合開発計画および政府統計より作成.

ている.イエニッケは,このエコロジー的構造転換には部門内転換と部門間転換と二つあるとしている.部門内転換は環境負荷を減らす技術革新が重要で,製品および製造プロセスをかえることである.電力業ではクリーンエネルギーを利用したり,建築業では建材や建築方法をエネルギーや水を使わない建築にかえるようなことである.これにたいして部門間転換とは,素材供給型重化学工業から自動車・電機などのハイテク産業へ産業政策の重心を移すことである.イエニッケは次のようにのべている.

　日本では部門間転換と部門内転換の双方が,他国と比較できないほど進展した.鉱物,金属生産,紙生産の相対的減少,および特定の基礎的産業での生産(アルミニウム,肥料)の絶対的減少は各部門の根本的な変化と並行して起った.化学産業の成長は平均を上回ったとはいえ,そのエネルギー消費は絶対額で 16% 減少した.金属産業での節約も同じように進展したし,また繊維産業もすべての要素で改善をみとめたのである[41].

1969 年の第 2 次全国総合開発および 77 年の第 3 次全国総合開発の 85 年の目標値とこの年の実績をくらべてみると,**表 1-3** のように名目 GNP の増大にくらべて,粗鋼,石油精製,石油化学などの重化学工業は著しい減産になっている.資源面でも工業用地,用水,石油輸入量はさらに顕著な減量となっている.もともと全国総合開発計画どおりに生産を増大させれば,資源危機や海上輸送の破綻がおこることは避けがたいので,計画どおり実行できたとは思えないが,この政府の予測を裏切って国際情勢と公害反対の圧力が高度成長期の環境問題を変化させたことは明らかである.しかし,この産業構造の変化は,資源浪費型・環境破壊型の重化学工業を海外とくにアジアやオーストラリアなど

に立地させたことによっている．いわば産業部門間の転換は「公害輸出」の原因ともなっている．またイエニッケが指摘するように，産業部門内の転換も高度成長で生産量が増大すれば汚染量はふえ，技術革新の成果は帳消しになる．

③ 地域構造

環境問題とくにアメニティ問題にとって重要なのは空間利用のあり方，すなわち地域構造である．現代は大都市化の時代である．しかも次の④でのべる自動車交通の普及によって，都市圏が際限なく拡大する．フランスの地理学者J.ゴットマンのメガロポリス論では，星くずのように転々と住居が広がっていく「星雲状大都市」を現代都市の特徴としている(42)．このため，都心が衰退して都市の利益が失われる一方で，農村の森林や農地が浸蝕されて，環境が破壊されている．この状況は急激に大都市化した日本をはじめアジアの大都市圏に共通の環境劣化を生んでいる．

都市化が進むと，都市内の環境が悪化する．その都市圏における産業や人口の配置が決定要因となる．日本の場合，表1-4のように，戦後3大都市圏に人口が急激に集中集積した．70年代前半までは工業化を動機とし，それ以降は政治・行政の集権化と金融・サービス・情報産業を中心とする中枢管理機能の集中によって，都市化が進んだ．とくに80年代以降，東京一極集中による「世界都市化」が進んだ．戦後の開発の先端を走った臨海コンビナートはすべて，3大都市圏と瀬戸内に集中した．このため大量の有害廃棄物が狭域で複合し，隣接する巨大人口におそいかかった．地獄図のようなあらゆる深刻な公害が発生したのは，高度成長のために企業が集積利益の極大をもとめて狭域に集中した結果，市民に極限の集積不利益をもたらしたのである．

日本の大都市圏はグリーン・ベルトがなく，後背地の丘陵部・農地を破壊し，海岸部を埋立てたので，自然破壊は深刻となった．都市圏の拡大と事務所の増大は交通量の増加もあって，エネルギーと物質の消費量を累増させた．都市化にともなって，住宅，上下水道，エネルギー，交通，教育，福祉，医療などの社会的共同消費手段を大量に必要とする．しかし，日本の独特の土地所有制によって，地価は高く，これらの施設とくに良好な住宅の建設は阻まれた．これに加えて，日本の公共投資は道路建設を優先し，住宅や生活環境施設の整備は遅れた．都市政策は企業の効率的な空間利用に重点があり，景観や歴史的文化財を保存することは省略したり，遅らせたりした．その典型的な姿は，他国と

表1-4　3大都市圏への人口集中

	1960		1965		1975		1985		1995	
	人口	%	人口	%	人口	%	人口	%	人口	%
3大都市圏	37,380	40.0	42,926	43.7	53,233	47.6	58,342	48.2	61,644	49.1
東京圏	17,864	19.1	21,017	21.4	27,042	24.2	30,273	25.0	32,575	25.9
大阪圏	12,186	13.0	13,896	14.1	16,773	15.0	17,838	14.7	18,259	14.5
名古屋圏	7,330	7.8	8,013	8.2	9,418	8.4	10,231	8.5	10,810	8.6

注　東京圏(東京都，神奈川県，千葉県，埼玉県)．大阪圏(大阪府，京都府，兵庫県，奈良県)．名古屋圏(愛知県，三重県，岐阜県)．
出所　総理府・統計局『国勢調査』より作成．

くにヨーロッパに例をみないような構築物のつくり方である．日本では，高速道路や新幹線が都心を横切ってつくられ，公害を発生させている．また京都にみられるように歴史的な街区を破壊し，高さや色彩も規制がルーズか皆無のため美観をそこなう都市がつくられた．

日本の国土は都市にアメニティがないこととあいまって，農村の環境が悪化している．かつては生産や生活の基地であった里山が放置され，ゴルフ場や別荘地などの観光施設が無計画につくられている．ヨーロッパは農産物の自給率が高く，環境重視の農業・農村政策がとられているために，農家や農村が豊かで美しい．しかし，日本の農業は農産物の自給率の低いことに象徴されるように農業としての自立性を失ったために，従業者とくに若い労働力がなくなり過疎化が極限にまできている．これは国土としては環境の危機をまねく原因となっている．いかにして，都市と農村が共存共生するかが，環境問題を決定するとともに，環境政策の基本であろう．

④ 交通体系

交通(人流・物流・情報流)は文明を進歩させたが，現代社会では無駄な交通が多くなり，事故・災害や環境破壊を日常的に発生させ，精神の荒廃をひきおこしている．交通は③でのべた国土形成・地域構造のあり方と大量生産・消費・廃棄のシステムに規定される．市場原理の支配する社会では，事業所立地や人口配置は無計画に進む．たとえば高度成長期の大阪のコンビナートは後背地に素材加工産業が集積していたにもかかわらず，そこから生まれる鉄鋼生産物の20%，石油化学生産物の7%しか地元で加工されなかった．素材の大部分は他地域に輸送され，加工，消費されていた．大阪の伝統的工業の素材は他地域から移入されたため貨物輸送量は大きかった[43]．

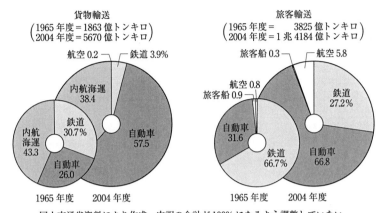

図 1-4 国内輸送の割合の変化
出所 『日本国勢図会』2006 年, 407 頁.

　日本の都市は郊外にニュータウンをつくったが, イギリスのように職場をもつニュータウンではない. このために, ニュータウンや郊外住宅から母都市に向かって大量の通勤や買物のための交通が必要となった. このように職住が分離している都市では人流の量が多くなる. 戦後の日本のような都市化をすれば交通量が飛躍的に多くなる.

　それに加えて環境問題に重大な影響をもったのは, 自動車社会の成立である. 図 1-4 のように, 物流, 人流ともに鉄道から自動車へ交通手段が変化した. 物流では 1965 年度自動車のシェアは 26.0% であったが, 2004 年度には 57.5% になり, 他方で鉄道は 30.7% からわずか 3.9% に激減した. 宅配便(少量物品輸送)をみると, 80 年の 1 億 682 万個の配達が 2004 年には 28 億 7404 万個と実に 27 倍という驚異的な伸びをしめしている. トラック輸送は産業間の流通にとどまらず, 消費者への物流の分野でも急増している.

　次の⑤生活様式と関連しているが, 乗用車の保有が 1970 年 878 万台から, 2005 年 5709 万台に急増し, 個人的な交通においても自動車が主役となっている. このため, 旅客輸送では図 1-4 のように, 1965 年度自動車は 31.6% のシェアであったが, 2004 年度には 66.8% になっている. 他方, かつて主役であった鉄道は 66.7% から 27.2% へと激減している. 他国にくらべて日本の大都市圏は鉄道網が整備されている. にもかかわらず, 首都圏の旅客輸送では, 自

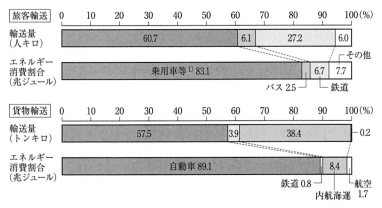

図 1-5 輸送機関別輸送量とエネルギー消費の割合(2004年度)
出所 『日本国勢図会』2006年, 441頁.

家用乗用車のしめる割合が, 1970年の17.5%から2002年には34.5%へとシェアが2倍になっている.

このような自動車中心の交通体系は道路を必須の設備とする. ①でのべた公共投資が道路中心であることによって, 相乗されたといってよい. 2004年度の輸送機関別輸送量とエネルギー消費の割合をみると, **図 1-5** のように, 自動車が人流・物流ともに, 80%以上のエネルギーを消費している. 移動手段別の CO_2 排出源単位では, 営業用乗用車は鉄道の30倍となっている. 大気汚染による公害の主役は, いまや自動車である. NO_2 やSPM(浮遊粒子状物質)は自動車とくにトラックが主要排出源である. ③でものべたが, 高速道路などの巨大構築物は景観を破壊している. このようなこともあって, 日本では自動車公害は「道路公害」と総称されている.

もともと乗用車やテレビは農村部で有用な生活手段である. 一方, 都市は公共輸送機関と劇場が必要な生活手段である. 乗用車とテレビは都市の文化を破壊したといってよいかもしれない.

⑤ 生活様式

これまでの経済学では消費は消費者主権によって自由であると考えられてきた. しかし現代社会では消費者は経済において主権をもっておらず, 生産者のつくりだす共通の生活様式の随伴者となっている. 現代の生活様式は大量消費

の都市的生活様式といってよい．それは大量生産の生産様式と都市化社会に規定されている．現代の生活様式は，1920年代にはじまったアメリカ文明による個人主義的生活様式であり，大量消費生活様式は日本では60年代に都市を中心に普及し，いまも体制をこえて全世界にひろがりつつある．

大量消費は大量生産に規定されているが，そのはじまりはフォードのT型自動車によって乗用車の価格が下がり，大衆の乗り物となったことによっている．以後，中間層の増大と消費者金融の発達とともに，自動車の普及が進んだ．それとともに，便利な電気製品や情報機器が消費の対象となり，さらに価格の低下によって普及が進んだ．この普及にあたっては，大量の広告・宣伝という情報サービスのマス・メディアの影響が大きい．ガルブレイスは依存効果によって，私的消費の大量需要がつくられると説明している[44]．日本では，1970年代に電気冷蔵庫，電気洗濯機，カラーテレビがほぼ100%普及し，2005年の平均的世帯では，エアコン87%，乗用車82%，パソコン65%，デジタルカメラ46%の普及率となっている．携帯電話の所有者はあっという間に9000万件となっている．このような耐久消費財を生産者は大量生産し絶えず新品に買替えさせる．自動車やテレビは年間500万台以上が廃棄される．大量消費は大量廃棄をともなっている．

都市化とともに個人主義的生活様式が普及する．都市的生活様式は集住，商品消費，社会的共同消費という三つの構成要素からなっている．農村的生活様式が一戸建を主体として定住的であるのにたいして，市民はアパートメントのように集団住居を主体として居住は流動的である．このため住宅は売買される耐久消費財となり，定住人口よりも余分な個数を必要とし，絶えず償却し建設を必要としている．農村では自給自足が可能だが，都市では財貨やサービスさらに労働力もすべて商品として売買される．つまり交通による商品の生産と集中・集積が絶え間なくおこなわれていなければ，市民生活はマヒをする．いまの農村は都市化しているが，もともと生活用水は自然のめぐみであり，し尿や廃棄物は自家処理をしていた．これにたいし，都市は上下水道が供給され，廃棄物が社会的に処理されていなければ市民生活を維持できない[45]．

このような大量消費の都市的生活様式は，エネルギー消費による大気汚染，合成洗剤などの化学物質にともなう水汚染，騒音・悪臭などの公害をひきおこし，環境問題に大きな影響を及ぼす．ヨーロッパにくらべて日本の生活様式は

浪費が多く，公害・環境破壊の原因を生んでいる．

⑥ 廃棄と物質循環

大量生産・流通・消費は大量の廃棄物を生みだす．自給自足型でエネルギー・物質・情報の地域内循環がおこなわれる社会と異なり，開放経済のグローバリゼーションのもとでは，大量の廃棄物処理のあり方が環境問題の質と量を決定する．1970年の廃棄物処理法制定までは，日本では廃棄物を「ごみ」とよんでいた．その処理のために大清掃工場や大下水処理場を必要とするとはまったく考えていなかった．産業廃棄物についても独自の廃棄物処理産業が発展するとは考えていなかった．ところが，高度成長期にはいると，それまでは家庭廃棄物は1人1日200gであったものが，1kgを超え，全国で年約500万トンを処分しなければならなくなった．その内容も一変し，自動車・電気製品・ピアノ・家具・テレビなどの粗大ごみ，プラスチック・ビニール・紙などの包装物，合成洗剤などの化学物質，それに生ごみ・食用油など多種類が大量に廃棄され，巨額の費用と手間がかかることとなった．

産業廃棄物も急激にふえ，20年間で約2倍の4億トンに達している．このような一般廃棄物(家庭廃棄物と自治体が処理する事業系廃棄物)と産業廃棄物は処理後埋立てなどで処分されるが，その過程でダイオキシンを発生させたり，あるいは埋立地からの有害物質をふくむ浸水や大気汚染で住民に被害を与えている．こういうストック公害は香川県豊島，三重県四日市市大矢知処分場など産業廃棄物の不法投棄をした地域で発生している．

近年，循環型社会形成推進基本法のもと，各種のリサイクル法が定められた．このため産業によってはゼロ・エミッションがおこなわれている．2003年度で産業廃棄物4億1162万トンのうち，再利用は49%で，最終処分は7%(3000万トン)，一般廃棄物5161万トンのうち，最終処分は16.4%(845万トン)になっている．リサイクリングが進んでいるが，それでも両者で4000万トンの処分をしなければならず，処分地の余裕がなくなりゆきづまっている．このこともあって，自動車のように廃棄物が商品として輸出されている．リサイクリングの国際化である．これは一種の「公害輸出」という新しい環境問題である．

ここでは日本の経験を例にして，社会経済システムが公害・環境問題を規定することを説明した．これは一般理論として他の国にも適用できる．日本や，

中国など高度成長している国では，この六つの要因が同時に重複し，累積して深刻な公害・環境破壊を発生させたのである．これらの要因は経済のグローバリゼーションとともに，一国内の現象でなく国際的に発生する．たとえば，産業構造の部門間変化のひとつである素材供給型重化学工業の発展途上国への輸出，廃棄物の国際循環などがその典型であろう[46]．

これらの経済システムから生まれる公害・環境問題は政治社会システムによって制御され，あるいは反対に助長される．そこで次には政治社会システムについてのべたい．

⑦ 公共的介入のあり方
ⓐ 基本的人権の態様

市民革命を経て成立した国民国家は基本的人権を法制上確立し，公権力はそれをみとめ，権利侵害しないことを規定した．当初は，基本的人権は財産権であり，資本主義制度のもとでは，それはいまも絶対的権利であるが，その後の労働運動などの社会運動の発展もあって，労働権，生命・健康権などの社会権が憲法上みとめられた．さらに近年では環境権をみとめる国も出ている．

日本は戦前の憲法のもとで財産権はみとめられたが，基本的人権とくに社会権は制約をうけていた．とくに戦争中には天皇の命令により，財産はもとより生命をも国に捧げることが国民の義務とされた．戦後の憲法は基本的人権を確立し，社会権についてもみとめている．しかし現実には後述する大阪空港公害事件をはじめ公共事業について，住民の同意なしに一方的に政治が意思決定をし，その結果生ずる公害や環境問題について，受忍を強制してきた．このような権力的公共性にたいして，基本的人権を守る市民的公共性が，公共事業公害裁判で主張された．国民国家は租税国家であって，国民の租税によって成りたっている．したがって公権力の行為は国民の基本的人権を守るという公共性がなければならない．またその行為が公共性があるかどうかについて議会の決定を必要とする．国防という行為は最高の公共性をもつというが，それは他国の軍事行動によって，生命・財産など国民の基本的人権が侵害され，それを個人では防げぬためである．ある特定の支配グループのイデオロギー（信念）や利益のために軍事活動がおこなわれるのは，公共性に反する．そのように本来の公共性は市民的公共性だが，日本では依然として権力的公共性が強く，市民的公共性が弱い．このため，政府は企業と癒着して，経済（企業）成長を優先して公

害や環境破壊を容認してきたのである.

　このように,公共財としての環境を守るためには公共的介入が必要なのだが,それがおこなわれるには,基本的人権が行政目的として最優先するか,営業権(財産権)よりも社会権や環境権が優先されねばならない.この基本的人権の思想のあり方によって,公害防止や環境保全の政策のあり方が決まるであろう.

ⓑ 民主主義と自由のあり方

　「政府の欠陥」を是正しうるのは民主主義と個人の自由である.ソ連は労農同盟というソヴィエト体制を社会主義的民主主義といって,民主主義国家と称していた.しかし,実際には一党独裁体制で,これをチェックする装置はなかった.経済は国有企業が独占しており,大学などの教育・研究機関や言論機関も党の支配のもとにあった.民主主義はチェック・アンド・バランスあるいはチェック・アンド・イノベーションという制度によって維持されている.このためには,議会制民主主義制度により,三権分立がされていなければならない.とくに現代のように行政国家となって,官僚制の優位な社会では,司法の自立が重要である.アメリカのように自由主義による市場制度優位の国では,公害問題は当事者間で争われるので,裁判の公正さが重要である.また,民主主義は市民の参加によって維持されるので,地方自治が基本である.自治体による中央政府のチェック,住民による自治体のチェックがおこなわれることによって,民主主義が保障される.

　ソ連型中央指令型社会主義体制では,党と政府が経済成長優先を決めると,それによる公害をチェックする装置は十分に働かない.1970-80年代までのポーランドでは,公害告発運動がおこり,それをジャーナリズムが報道し,裁判がおきるまで住民運動はつづいた.しかし判決が巨額の賠償や差止めを予測されるようになると,政府の圧力あるいは自主規制が働いて,裁判は立消えになる.そして報道もされなくなり,住民運動も消滅していった.このため公害は防止できなかったのである.

　日本の戦後の環境政策の前進は,すでにのべたように市民運動とそれを積極的に報道したジャーナリズムをバックにした革新自治体と公害裁判の成果であった.不十分なところがあったにせよ,ここには地方自治,司法の自立,報道の自由と市民参加という民主主義の活力があった.この活力は次第に減退して,環境政策の停滞を生んでいる.このように民主主義制度を活用した市民の政治

活動が環境問題の抑止力となる．

⑧ 市民社会のあり方

市民社会では階級，門閥，企業秩序や共同体規制から市民が自由であり，平等に権利を主張できなければならない．このために思想・言論・表現(出版，新聞，放送など)・結社の自由が保障されていなければならない．これは国家が先述の基本的人権や民主主義を守ることを前提とするが，それだけでなく，それぞれの都市・農村という地域社会の内部で，そして民族のあいだで市民の権利の保障がなければならない．

日本の公害は差別を原因とするといわれるように，多くの地域そして日本全体としても市民社会が成立しているかどうかは疑問である．水俣病をはじめ公害が隠されてしまう原因は，被害者が差別されていて，名乗りをあげると直接間接に迫害され，いじめにあうためである．日本の言論が政府の動向に支配され，追随するのも，市民社会が成立していない証拠である．

公害や環境問題が明らかになり，その救済や解決策が進むには，市民社会の成立がなければならない．

⑨ 国際化のあり方

経済のグローバリゼーションによって，公害の国際化や地球環境の危機が進んでいるが，これは単独の国民国家の環境政策では防ぐことができない．それを制御するには国際条約・協定や国際機関の設置とその運営のあり方が問題となる．1972年のストックホルム宣言以後数多くの国際協定ができたが，南北間の経済開発をめぐる対立のために，国際条約は制定できなかった．また規制力をもつ国際機関はつくれず，環境問題の調査と各国の政策調整をするUNEPの発足にとどまった．その後，OECDやEUの設立によって，先進工業国や加盟ヨーロッパ諸国の環境政策の調査や標準化が進んだが，地球規模の環境政策に対応できる能力はもっていない．1992年のリオ会議は南北の対立を解消するために，維持可能な発展という環境と開発を統合する理念をしめし，気候変動枠組条約をはじめ国際条約を制定し，アジェンダ21を採択した．しかし，国際機関をつくることはできなかった．またSustainable Developmentをめぐっては，依然として南北間の意見の対立は解消できず，ストックホルム会議よりも，経済成長の促進という枠組が強まった．

前節でのべたように，多国籍企業の貿易と投資の自由化を進めるための

WTOはあるが，その活動を環境面からコントロールするWEO(世界環境機構)やUNEO(国連環境機構)はない．すでに80年代の終わりからWEOの設立をもとめる声は旧ソ連外相シュワルナーゼや元フランスの首相ジョスパンなど政治家のあいだからも出ているが，実現していない．地球環境政策の第一歩となった京都議定書もEU以外は国民国家に依存しなければ実現できなかった．

ところで資本主義にもとづく国民国家は基本的人権や民主主義を憲法などの国法に規定し，また市民社会の中に習慣として定着させている．しかし，国際的にみれば，基本的人権(グローバル・ミニマム)は保障されていない．また国際政治の民主主義は理念としても制度としてもない．国連は大国主導であり，とくにアメリカの影響力が大きい．リオ会議の前後から，地球環境政策でNGOの国際会議への参加をみとめているが，政策決定権はない．

このように現代は経済のグローバル化，それも資本主義的自由市場原理が先行して，政治・行政・司法組織の確立がないので，地球環境などの国際的環境問題の政策は各国政府にまかされ，なかなか進まない．アメリカのように自国の経済制度や大量消費生活様式に固執をすると地球環境は危機におちいってしまう．現代社会ではWTOに匹敵する規制権限をもつWEOをつくりうるかどうか，またかつてイタリアの最高裁判事ポスティリオーネが提案した国際環境裁判所のような国際的な司法機関をつくりうるかどうかが課題であろう．ワイツゼッカーは，経済的規範からエコロジー的規範にかわるには「地球政治」がもとめられるといった[47]．しかし「地球政治」のための機関がない現実のもとでは，各国政府が国際条約・協定をどのくらい遵守するかが，環境問題のあり方を決めるといってよい．

以上の九つの中間領域が環境を決定する．これらは資本主義か社会主義かという体制(生産関係)のちがい，先進工業国か発展途上国かなどの生産力のちがいをこえて，環境問題を規定する政治経済社会的な要因である．たとえば同じ体制でも，産業構造が素材供給型重化学工業を中心とし，大都市化が進み，自動車中心の交通体系をくみ，大量消費をしているA国は，サービス化した産業構造，中小都市に分散した地域構造，鉄道中心の交通体系をくみ，節約型消費でリサイクリングをしているB国にくらべて，公害やアメニティの破壊がおこるといってよい．また基本的人権や民主主義が確立し，市民社会の確立し

ているC国は，それらが未発達なD国にくらべて，公害や環境破壊を自由に告発する市民の世論や運動によって，環境政策が進みやすいといってよい．

このように外部不経済あるいは社会的費用を内部化するために市場原理をどう活用するかという新古典派経済学でなく，また素材と体制という二元論でなく，このような政治経済社会システムの解明が，環境経済学の主要な課題である．この政治経済社会システムは技術と同じ次元の素材面としては扱いえない．ちょうど商品という概念は資本主義体制をこえて，商品経済のもとでは共通の性格をもつものとして使用されると同じように，経済学の対象には内部経済と外部経済あるいは素材と体制という二元論的な区別だけでは整理できない中間領域の概念がある．そしてそれは商品と同じように歴史貫通的であると同時に資本主義体制の規定をうけるのである．資本主義社会が最高度に発達した商品経済といわれるように，先述の環境を規定する政治経済社会システムも資本主義社会で全面的に開花するものもあるが，社会主義体制ではそれとは異なる性格をもつものもある．またそれらは各国の生産力の発展段階や歴史的社会的性格によっても異なるであろう．そのいみで，この政治経済社会システムを中間システムとよんだのである．

これまでのべてきたように環境経済学は新古典派経済学やマルクス主義経済学の既成の理論を応用するだけでは不十分といってよい．まず素材からはいり，中間システムを解析して，そのうえで体制的規定をうける政策を批判し，そして代案を提起すべきである．

4 環境経済学の領域

「現場」からの理論と政策

本書は経済（主として資本主義経済）の発展にともなう「環境」の変化，それから生まれる公害やアメニティ（良好な居住環境）の損傷，さらには気象，森林，河川，海などの自然と生態系の破壊という「環境問題」，そして公害を防止し，景観・文化財の保全などのアメニティの保全・創成をし，地球環境を維持する「環境政策」の3局面を政治経済学の方法によって体系的に明らかにしようとするものである．環境経済学は道場剣法のように理論のゲームをつくって練習するにとどまらず，その理論の有効性が絶えず試される真剣勝負の分野である．

環境経済学には既存の理論体系はない．環境の変化と環境問題という現実の

素材と歴史の中から出発して理論をつくらねばならない．既存の理論を発展あるいは応用するという第3次産業的な学問でない．またインターネットを利用して，その情報だけで理論をつくるという非人間的な学問ではない．足で歩いて現実のデータを発見し調査して，既存の情報や理論を現場で検証し，それを加工したうえで理論化するという，泥くさいがオリジナルな仕事をつみかさねなければならない分野である．とりわけ公害やアメニティの破壊は加害者が情報を秘密にしたり，被害者を抑圧して発言を封じている場合が多い．このため文字で書かれた資料をうのみにすれば誤った認識を生みやすい．必ず現場をたずね，加害者や被害者と会い，行政当局とも会って，環境破壊の事実と対策の現実をみなければならない．本書ではたくさんの著作やデータを使用したが，同時に私が世界中を旅して被害や対策の現場を自分の目でみて，さらに裁判や行政の場で被害者側の証人として加害者やその代理人あるいは行政官と論争をした経験の一部を理論化したものである．

　環境研究は学際的分野である．先の3局面の素材は工学，医学，生物学，法学，社会学などの業績，あるいはそれらの専門家との共同調査によって得られた資料から出発している．学際的研究こそ環境経済学の特性である．

本書の企図

　本書を「公害の政治経済学」ではなく，「環境経済学」と名づけたのには二つの理由がある．ひとつはすでにのべたように，環境，環境問題，環境政策の3局面を体系的に扱うためである．つまり公害という経済の社会的諸結果（被害）を中心に扱うのでなく，原因，結果，対策を総合的に扱うためである．もうひとつは公害だけでなく，アメニティ問題や地球環境問題をふくめて，広く環境問題を扱いたいためである．それは近年，景観・歴史的文化財の破壊などアメニティ問題が全国的に発生し，アメニティをもとめる住民の世論や運動が活発になっており，その理論がもとめられているからである．また想像力を必要とする地球環境問題を扱うことがもとめられているためである．しかし，本書は流行のアメニティや地球環境問題の教科書とは異なっている．

　本書の企図の第1はこれまでのべたように「中間システム」の提唱である．
　第2は公害，アメニティ問題，そして地球環境問題を連続して総合的に扱うことである．前節でのべたように，1980年代後半以降，政府は公害は終わっ

たとして，意識的に公害対策と地球環境問題とを別個な問題として扱っている．しかし，本書で明らかにするように，両者は同じ政治経済社会システムから生まれている．

第3に目的としたのは，中央集権型福祉国家と中央指令型社会主義国家の「政府の欠陥」を指摘するとともに，それをのりこえるとして登場した新自由主義・新保守主義をも批判することである．この新自由主義は選択の自由と競争を提唱しながら，実際には規制緩和で企業統合による独占・寡占を進め，そして「小さな政府」によって社会サービスを民営化し，公共性を危機におとしいれている．環境政策も市場原理にもとづく制度に偏重している．本書はそれを批判して，公共信託財産としての環境を守るための政策原理をしめした．

第4に現代は「市場の欠陥」と「政府の欠陥」の双方をのりこえる新しい社会構成体をもとめている．本書では，リオ会議が提唱した「維持可能な発展」という政策原理を発展させ「維持可能な社会」を提唱する．この「維持可能な社会」の生産関係はまだ明らかでないが，当面は公私混合経済になるであろう．そして，それを創造していくために，これまでの近代化路線をのりこえる「内発的発展」の道を提唱する．これは環境か開発かという二元論でなく，環境保全の枠組の中で地球の総合的発展を住民主体で進めようというものである．これを先進工業国のみならず発展途上国が採用しなければ，地球環境の危機は解消しないのではないか．

このような本書が対象とする問題は経済学にとってもコペルニクス的転換を要求される．したがって，本書の方法はマルクス経済学をふくめて，これまでの経済学のカテゴリーにこだわらない．方法論としては，まず環境，環境問題，環境政策という素材の性格をしめし，次に中間システムからの分析をし，ついで体制との関連をみて，さいごに各国の特殊性とくに日本の問題を明らかにするという順序を原則としてとっていくことにしたい[48]．

(1)　E.C.ハリディ教授はその先駆的業績「大気汚染の歴史的レヴュユ」の中で，「かくして，世紀のかわり目には（19世紀の終わり），煙の原因や除去について，今日知られているすべてのことは，すでにのべつくされていた．しかし，都市の煙による汚染は，ほとんど除去されなかった」とのべている．ハリディ教授はその理由は，煙が財界人の財貨と利潤を生みだす活動の副産物だったからだと指摘している．1914年にできたイギリスのニュートン委員会は，21年に最終報告書を出したが，そこでは次のような結論をのべている．「ほとんどた

えがたいと思われるような工場地帯の環境の中で生まれ，育った人々は，どうすることもできないとあきらめる以外に方法がないと思いこんでいる．……多くの人が煙の存在は繁栄をしめし，その土地がより黒く，より汚なくなるほど，経済生活が豊かになるように思いちがいをしている．このような無関心な態度は任務の遂行に怠慢であった大多数の地方当局のこの問題にたいする冷淡さの中にも見いだされる．煤煙の災厄の措置に失敗した最大の原因は中央政府の当局の無為にある．長年にわたって，どの政府も委員会の任命で事おわりとし，それぞれの委員会の作業はなんら実を結ぶことがなかった」．このきびしい政府批判の報告を受けて1926年公衆衛生法が制定され，30年代には大気汚染調査がおこなわれたのだが，戦争の影響もあって，対策は進まなかった．1952年12月5日から9日までイギリス本土をおおった霧と気温の逆転の中で，ロンドン・スモッグ事件がおこり，過剰死亡者約4000名をかぞえた．そして，1962年12月3日から7日にはふたたびロンドンにスモッグが発生し，過剰死亡者340名を出した．ロンドンのスモッグが改善をみるのは，これ以後のことであり，燃料の石炭から石油への転換を最大の改善の要因としている．ハリディ教授は大気汚染の技術や調査の歴史を総括して「大気汚染の研究活動は，戦争や経済恐慌の双方によって，たぶん他の科学研究の場合以上に悪い影響をうけてきた」とのべ，公害の研究はこの社会では「限界研究」(余裕がある時だけにおこなう研究——marginal activity)としている．研究活動だけでなく，公害対策全体が企業にとって限界活動といってよいのではないだろうか．E. C. Halliday, "A Historical Review of Atmospheric Pollution", WHO ed., *Air Pollution*, WHO Monograph Series, New York: Columbia U.P., 1961. また，庄司光・宮本憲一『恐るべき公害』(岩波新書，1964年)参照．

(2) 水汚染の歴史も大気汚染のそれと同じように長く，失敗の歴史である．水汚染対策は伝染病対策としてはじまり，イギリスでは19世紀の半ばに有名な公衆衛生官 E. チャドウィックのレポートによって，ロンドン下水道の建設がはじまった．しかし，その後の重化学工業の発展によって，有害物質の汚染が深刻化した．有機水銀中毒としての水俣病はその象徴的な事件である．後述の本文で明らかにするように，もしも水銀中毒による労働災害の情報が正確に伝わっておれば水俣病の発生は防止できたか，軽度の被害にとどまっていたであろう．また，もしも1956年の日本の水俣病の情報が正確に各国に届いて対策がとられていたならば，その後の各国の水銀中毒事件，とりわけイラクなどの恐るべき災厄は防げたであろう．都留重人『公害の政治経済学』(岩波書店，1972年)第1章第2節．またアメリカ，カナダ，フィンランドの水俣病の現地調査については，宇井純，原田正純と私の報告がある．都留重人編『世界の公害地図(上)』(岩波新書，1977年)「II．水俣病を追って」を参照．

(3) 80年代初頭のアメリカの将来予測では，ヨーロッパのOECD諸国の汚染物の合計とアメリカのそれとがほぼ同じになっている．また，日本の大気汚染物質の排出量はアメリカの3分の1となっている．逸見謙三・立花一雄監訳『西暦2000年の地球——アメリカ合衆国政府特別調査報告』(家の光協会，1980-81年．〈Council on Environmental Quality, "The Global 2000 Report to the President: Entering the Twenty First Century", 1980-81〉を要約翻訳したもの)下巻，296-297頁参照．本文にも書いたが，大気汚染物質の排出量は各地域の汚染度を表していない．日本のように可住面積がせまくとも都市化による人口密度が大きい国で汚染源が集中している場合，排出量が全国的に少なくても，3大都市圏や工業都市の汚染度はひどくなる．UNEPのデータで1979-80年度のSO_2の都市別汚染状況をみると，ニューヨーク市59($\mu g/m^3$)，シカゴ市48にたいし，東京都54，大阪市38となっている．Cf. UNEP, *Environmental Data Report*, N.Y.: Basil Blackwell, 1987.

(4) アイリーン・スミス「アメリカのキーポン中毒事件」『公害研究』第7巻第3号，1978年1月．

(5) 寺田瑛子「規制緩和とアメリカの環境」『公害研究』第15巻第4号，1986年4月．

(6) Friends of the Earth and Other Circles eds., *Ronald Regan and American Environment*, San Francisco: Friends of the Earth Books, 1982.
(7) 世界資源研究所の業績については，拙著『環境政策の国際化』(実教出版，1995年)参照．
(8) 鷲見一夫『世界銀行』有斐閣，1994年，2頁．
(9) 同上書およびC. S. Pearson, *Down to Business: Multinational Corporations, the Environment, and Development*, New York: WRI, 1985.
(10) H. Weidner, *Clean Air Policy in Europe: A Survey of 17 Countries*, Berlin: Wissenschaftzentrum Berlin für Sozialforschung, 1987.
(11) WCED ed., *Our Common Future*, New York: Oxford U.P., 1987(大来佐武郎監修『地球の未来を守るために』福武書店，1987年，28-29頁)．
(12) IMF, IBRD, OECD and European Bank of Reconstruction and Development, *A Study of Soviet Economy*, Paris: OECD, 1991.
(13) 拙稿「経済のグローバリゼーションと環境管理に関する国際会議」『公害研究』第19巻第2号，1989年10月．
(14) 拙稿「国連環境開発会議の歴史的意義」(前掲拙著『環境政策の国際化』所収); S. P. Johnson, *The Earth Summit: The United Nations Conference on Environment and Development (UNCED)*, London: Graham & Trotman Limited, 1993.
(15) 代替フロンは地球温暖化問題にも影響を与える．この「負の相互連関」の解決について，次の論文が参考になる．松本泰子「代替フロン問題解決への一視点」『環境ホルモン』第4号，藤原書店，2004年．
(16) 「気候変動懐疑論者のほとんどすべての論文はそれ自体科学的査読に付されておらず，科学的知見の信頼性に疑いがあるからである」(S. オーバーテュアー・H. E. オット／国際比較環境法センター・地球環境戦略研究機関訳／岩間徹・磯崎博司監訳『京都議定書――21世紀の国際気候政策』シュプリンガー・フェアラーク東京，2001年，11頁)．
(17) 同上訳書，343頁．
(18) 髙村ゆかりは，予防原則の起源と展開では1970年代の西ドイツが起源で，80年代の酸性雨対策，そして1982年世界自然憲章で承認され，85年オゾン層保護条約は未然防止をみとめた最初の国際条約としている．そして，リオ宣言原則15，気候変動枠組条約，生物多様性条約などで採用されたとのべている．国際的にはそのようだが，国内的にはすでに1973-74年，三島・沼津・清水2市1町の石油コンビナート誘致反対運動でアセスメントがおこなわれて以来，予防の原則は地域開発や環境政策の最優先課題となっているといってよいが，法制に明文化されなかった．予防原則の内容については第4章で検討する．髙村ゆかり「国際環境法におけるリスクと予防原則」『思想』第963号，2004年．
(19) 田中則夫・増田啓子編『地球温暖化防止の課題と展望』法律文化社，2005年，19頁．
(20) 前掲拙著『環境政策の国際化』；日本環境会議編『アジア環境白書1997/1998』(東洋経済新報社，1997年)以後，約2年おきに出版されている『アジア環境白書』参照．
(21) 原田正純・堀田宣之・韓茂道「温山工業団地(韓国)の環境汚染」『公害研究』第16巻第4号，1987年4月．
(22) 拙稿「公共事業の公共性――DevelopmentからSustainabilityへ」，山口定・佐藤春吉・中島茂樹・小関素明編『新しい公共性――そのフロンティア』有斐閣，2003年．
(23) OECD, *Environmental Policies in Japan*, Paris: OECD, 1977, p.83(国際環境問題研究会訳『日本の経験――環境政策は成功したか』日本環境協会，1978年，112頁)．
(24) OECD, *OECD Environmental Performance Reviews: Japan*, Paris: OECD, 1991, p.182(環境庁地球環境部企画課・外務省経済局国際機関第二課監訳『OECDレポート――日本の環境政策』中央法規出版，1994年，186頁)．

第1章・注

(25) M. Jänicke and H. Weidner eds., *Successful Environmental Policy : A Critical Evaluation of 24 Cases*, Berlin: Edition Sigma, 1995(長尾伸一・長岡延孝監訳『成功した環境政策——エコロジー的成長の条件』有斐閣, 1998年)参照.
(26) 同上訳書, 22頁.
(27) 環境基本法はリオ会議前後における環境政策の最大の成果といわれたが,その作成過程や内容において,問題点が多かった.このことは第4章でのべるが,当時の研究者や市民運動による評価を記録したもので次の著書が参考になる.日本環境会議編『環境基本法を考える——JEC主催/専門家・市民シンポジウムの記録および関係資料集』実教出版, 1994年.
(28) 以上の三つの事件については,多くの文献が出ているが,拙著『維持可能な社会に向かって——公害は終わっていない』(岩波書店, 2006年)参照.
(29) 「環境不祥事を防ぐ」『日経エコロジー』No. 90, 2006年12月号;「公害防止惜しむ投資——相次ぐ環境不祥事」『朝日新聞』2006年11月29日.
(30) K. W. Kapp, *The Social Costs of Private Enterprise*, Cambridge, Mass.: Harvard U.P., 1950(篠原泰三訳『私的企業と社会的費用——現代資本主義における公害の問題』岩波書店, 1959年);拙著『社会資本論』有斐閣, 1967年, 改訂版1976年.
(31) 以下において, E. S. Mills, *The Economics of Environmental Quality*(N. Y.: Norton, 1978)の前半の理論部分を紹介する.
(32) 宇沢弘文『自動車の社会的費用』(岩波新書, 1974年)など参照.
(33) Cf. R. Dorfman and N. Dorfman eds., *Economics of Environment*, 2nd ed., N. Y.: Norton, 1977.
(34) 前掲拙著『社会資本論』および宮崎義一・玉井龍象・西川潤・宮本憲一『現代資本主義論』(『経済学全集 第2版』30, 筑摩書房, 1977年)などに,マルクス=エンゲルスの公害論と貧困化論との関係を位置づけた.
(35) 前掲『恐るべき公害』139-140頁.
(36) K. Marx, *Das Kapital*, Bd. 3, S. 690(マルクス=エンゲルス全集刊行委員会訳『資本論』第3巻, 大月書店, 1966年, 108-109頁).
(37) V. S. Semenov, "Man in Socialist City Environment and Problems of Scientific City Planning", in S. Tsuru ed., *Environmental Disruption : Proceedings of International Symposium, March, 1970, Tokyo*, Tokyo: International Social Science Council, 1970; M. I. Goldman, *The Spoils of Progress : Environmental Pollution in the Soviet Union*, Cambridge, Mass.: M.I.T. Press, 1972(都留重人監訳『ソ連における環境汚染——進歩が何を与えたか』岩波書店, 1973年).ポーランドの環境問題を調査した私の感想では,ゴールドマンが指摘するように,政府が経済成長を優先して環境問題をあとまわしにすれば,国有化にともなって内部化されるはずの社会的費用は外部化されてしまい,しかも,土地や水などの資源が無料であり,課徴金をかけることがイデオロギー的にむつかしいと,汚染は資本主義の場合よりも歯止めがなくなるという指摘はほぼ妥当していると思う.
(38) 前掲都留重人『公害の政治経済学』1頁.
(39) 庄司光・宮本憲一『日本の公害』(岩波新書, 1975年)31-66頁に中間システム論の前身といってよい叙述がある.
(40) この戦前の叙述については,前掲拙著『社会資本論』の「日本の社会的費用」を参照されたい.この章は改訂版(1976年)では削除されている.「日本病」は拙著『経済大国』(小学館, 1983年, 増補版1989年, 小学館ライブラリー版1994年)参照.
(41) 前掲イエニッケ/長尾伸一・長岡延孝監訳『成功した環境政策』60-61頁.
(42) Cf. J. Gottman, *Megalopolis : The Urbanized Northeastern Seaboard of the United States*, Cambridge, Mass.: M.I.T. Press, 1961, p. 385. 詳しくは拙著『都市政策の思想

と現実』(有斐閣, 1999 年)の中のゴットマンとマンフォードの論争を参照.
(43) 宮本憲一編『大都市とコンビナート・大阪』(講座『地域開発と自治体』第 1 巻)筑摩書房, 1977 年.
(44) Cf. J. K. Galbraith, *The Affluent Society*, N. Y.: New American Library, 1958(鈴木哲太郎訳『ゆたかな社会』岩波書店, 1960 年, 第 4 版 1985 年).
(45) 都市と都市的生活様式の定義については, 拙著『都市経論——共同生活条件の政治経済学』(筑摩書房, 1980 年)第 1 章, または前掲拙著『都市政策の思想と現実』第 1 章をみよ.
(46) 吉田文和『廃棄物と汚染の政治経済学』岩波書店, 1998 年. ここには産業構造の転換によって産業廃棄物の内容がかわり, 自動車廃棄物問題やハイテク汚染がおこることを実証的に明快に提示している.
(47) E. U. von Weizsäcker, *Erdpolitik : Ökologische Realpolitik an der Schwelle zum Jahrhundert der Umwelt*, Darmstadt: Wissenschaftliche Buchgesellschaft, 1990(宮本憲一・楠田貢典・佐々木建監訳『地球環境政策——地球サミットから環境の 21 世紀へ』有斐閣, 1994 年, 第 1 章)参照.
(48) 近年の環境経済学の成果で検討すべき理論は主として第 3 章以下で紹介するが, 総合的な整理をしている著作として以下に二つを紹介する. ひとつは, 佐和隆光・植田和弘編『環境の経済理論』(岩波講座『環境経済・政策学』第 1 巻, 岩波書店, 2002 年)であり, もうひとつは, 岡敏弘『環境経済学』(岩波書店, 2006 年)である.
　前者の講座の中で寺西俊一は「環境問題への社会的費用論アプローチ」という注目すべき論文を発表している. 彼は今日の環境問題にアプローチしていくための理論的手がかりを, 次の 8 点に分類している. ①物質代謝論アプローチ, ②環境資源論アプローチ, ③外部不(負)経済論アプローチ, ④社会的費用論アプローチ, ⑤経済体制論(政治経済論)アプローチ, ⑥固有価値論アプローチ, ⑦権利論アプローチ, ⑧経済文明論アプローチ.
　そして, これら多様なアプローチの総合化をめざさなければならぬとしたうえで, 彼は④の社会的費用論アプローチを紹介している. 環境問題が多様化し, さらに環境に関する社会科学の業績がそれぞれの学派の理論で解釈されるため, このように多様なアプローチになるのであろう. しかし, 環境経済学は他の経済学以上に人間の運命にかかわる科学であって, 種々のアプローチで解釈して終わるような無責任なものであってはならない. 寺西が環境被害という事実から出発すべきだとして, 社会的費用論からアプローチするのは, 環境経済学の目的をそこにおいているからであろう. これは正当なアプローチである.
　岡敏弘は近年の環境経済学が特定の理論体系に固執することによる視角限定の弊害を強めつつある状況から, その弊害を打破するために,「時に互いに対立する多様な理論体系のすべてを使って問題に向き合う」という目的で『環境経済学』を書いている. この内容は新古典派, マルクス経済学, エントロピー経済学さらに制度派経済学や倫理的厚生経済学に及び, それによって公害, 有害化学物質, 生物多様性保護, 地球温暖化がどのように解釈できるか, どのような政策が出てくるのかを明らかにし, 各論者の批評をしている. 対立する理論を即時的に解釈する抜群の能力には感心するとともに, それぞれの批判もよくできているが, それらを総合して岡理論はどこにあるのか, それで現場(たとえばアスベスト災害)を調査してどのような対策が出てくるのかということになると, これでは不十分で新しい著書を期待したい.

第2章　環境と社会体制・政治経済構造

第1節　公共信託財産としての環境

1　環境とはなにか

定　義——領域と本書の対象

　環境は人類の生存・生活の基礎条件であって，人類共同の財産である．環境はコモンズといわれるように，人間の共同社会的条件である．

　現代社会では，環境はその一部が私有あるいは占有されているが，その本来の性格からいって，公共の利益のために公共機関に信託され，維持管理されるべきものであって，公共信託財産である．

　環境とはなにか，どのはんいの対象をさすのかというのは大変むつかしい．環境に関する著作は無数にあるといってよいほどあるが，環境の定義も，また無数にあるといってよい．それは環境が自然そのものではなく，人間の社会の発展にともなって人間の手が加えられ変化しているためである．人間の生産と生活活動は，原始時代にはかぎられた空間でおこなわれ，人間は自然の一員であったといってもよい．この場合の環境は自然そのものであった．しかし，都市の成立，なかんずく産業革命以降の工業化と都市化の中では，環境は人工的なものとなった．都市における自然は原生林や自然河川・海岸ではなく，二次林・人工庭園であり，コンクリートで固めた堤防をもつ河川であり，港湾施設や防風林をもつ海岸である．ウィーンの森，フィレンツェの丘や京都の東山・西山は，世界を代表する都市の自然であるが，それらはいずれも，都市の景観を維維持したいという市民の共同の意志にもとづいて，人間の継続的な労働によって保持されてきたのである．つまり，沼田真のいう「人間主体的生態系」なのである[1]．現代は都市社会であり，先進工業国では自然と共存しているようにみえる農村でも都市化が進み，都市的生活様式を営んでいる．このため，人

間が居住している地域の環境は自然そのものではなく，生活環境とくに都市的生活環境として構成されているといってよい．

都市の生活環境は市民が日常の生活を営み，健康を維持していくための基礎的居住条件である．都市の生活環境は二つの条件からなっている．第1は，自然的生活環境である．すなわち，大気(気象)・河川・湖沼・海・森林・動植物などの理化学的・生物学的環境である．これは前述のように，自然そのものもあるが，なんらかの人工的な生態系となっている．第2は，社会的生活環境である．この中でも重要なのは，都市の骨格をなすような社会資本，とくに住宅・街路・緑地帯・公園・上下水道・清掃施設・公共交通機関・学校・医療施設・福祉施設・エネルギー施設などの社会的共同生活手段である．この社会的共同生活(消費)手段は都市生活に必須の施設であって，都市化とともに種類が多くなる傾向にある．また，建築物と街並みなどがつくりだす景観や文化財などの歴史的遺産も，居住環境の質として重要な性格をもっている．都市の中では，この自然的社会的条件は渾然一体となって，アメニティ(良好な居住環境)をつくっているのである．このようにみてくると，社会の発展，とくに都市化とともに環境が人工的かつ多義的になり，また歴史的に変化していることがわかる．つまり，環境には歴史性があるのである．

人類の生存は居住環境によって規定されているだけでなく，宇宙や地球の生態によっても規定されている．人間の経済活動が巨大化したために，CO_2 やフロンガスによって地球の気象条件が変化したり，あるいはブラジルやアフリカの森林の伐採が酸素の供給を減らすなどの地球規模の環境問題が生じている．このような問題を考えると，環境は地球そのものにまでひろがる．環境は都市居住環境にみられるように地域性があるとともに，地球や宇宙へつながる連続性がある．

こうしてみると，環境を一義的に規定するのはむつかしく，研究の関心によってその問題領域を設定せざるをえないといえるかもしれない．

私はすでに『社会資本論』や『都市経済論』などにおいて，都市の生活環境，とくに社会的生活環境の政治経済学については理論的実証的な考察を終えている[2]．そこで，本書の対象とする環境は，大気，水，土壌，みどり，景観や歴史的遺産を中心にしたい．それらを論ずるうえで，必要なはんいで社会的生活環境をとりあげることにしたい．

第1節　公共信託財産としての環境

環境の性格――素材面から

　環境は稀少資源であるといわれる．それ自体はまちがいではないが，環境と資源は同一ではない．資源は石油のように経済活動の内部で利用されるか，あるいは利用可能性をもつ物財あるいは労働力である．しかし，環境は経済活動の基盤であっても，財貨や商品の生産に原料や燃料のように直接はいりこむものではない．水は環境からとりだされて，原料あるいは発電・冷却用などに使われ資源として利用される．この場合の用水は市場のメカニズムの中にはいりこみ，労働によって「加工」され，一定の価格がつく．そして，その一部が利用のあとで環境に返される．このように水は環境－資源－環境という循環をしているように，資源となった水（利水）と環境の水（保水）とは，自然的形態は同じであっても，経済的いみはちがっている．資源は経済活動の内部で経済的財として利用されているのにたいし，環境は直接には経済的財ではなく，河川や湖の景観のような人間活動の基礎条件である．もちろん，資源として利用された水が，汚染されたりあるいは浪費して枯渇すると，環境破壊や公害を生みだすから，資源問題は環境問題に連続する．そのいみでは，両者は密接な連関をもっているが，混同してはならない．

　環境は素材面からみると独特の性格をもっている．

　第1には，環境は共同性があり，非排除性があることだ．人間は生存のためには，一定の成分の空気がなければならないといういみでは，良い空気を吸うことは個人の生存権であるが，同一空間に生きる者はそれを共同で利用している．したがって，特定者がその空気を独占することはできない．また，どのような人間も料金を出さずに，同一の空気を呼吸することができる．資源となった用水の場合には，現状では都市化が進み，水汚染がひどくなり，浄化して供給するためのコストがかかるので料金がとられ，料金を納入しない世帯は供給停止をされる．そのいみでは排除性がある．湖や海岸の場合には，ホテルや工場などによって利用独占され，住民が親水権をもたず排除されることがある．しかし，環境は本来は共同性があり，非排除性をもっており，多くのものは資源化した現在もそういう性格をもっている．かりに，水道などの用水のように料金をとっても，それはだれでもが利用できるように自治体には供給義務があり，料金も，貧困者も払えるようにきわめて低額に抑えられている．

　第2には，環境は歴史的ストックであって，その中には，いったん破壊すれ

ば不可逆的な性格をもつものがある．たとえば，森や歴史的街並みは，普通の商品のように短期間につくりえない．長い年月のかかったストックといってよい．いったんそれをつくれば，都市の環境のように戦争や災害にあわぬかぎり長期間にわたる耐久性がある．イタリアの都市のように，古代や中世の建物や街並みが，そのまま現代の環境となっている場合もある．二次林のように伐採され，あるいは枯れた場合に，植林が可能なものもあるが，原生林や歴史的街並みなどはいったん破壊すれば再生は不可能にちかい．

かりに環境が再生あるいは新生できうるとしても，日常の経済活動の再生産の時間にくらべると，比較にならぬ長時間がかかる．このような環境という容器の耐久性あるいは永続性と日常の生産・生活の瞬間性あるいは非連続性とのあいだの矛盾，いわば時間の相違が環境問題をひきおこす可能性をもっている．

第3には，環境は地域固有財としての性格をもっている．景観はその都市あるいは地域特有のものであって，代替はできない．水の場合にも流域あるいは水系というものがある．大気は連続しているけれども，汚染が問題になる場合には「空域」のようなものが考えられる．清浄な大気をもつ高原とあらゆる汚染物の複合する臨海工業地帯とでは，明らかに「空域」が異なり，大気の状況は異なっている．この結果，環境は地域的に不均等であり，アメニティのある街とない街とは大きな差別が生まれる．しかも，短期間でよい環境をつくりだすことはできないので，アメニティを失った都市の回復はむつかしい．

環境をひろくとって，社会的環境をいれた場合でも，この三つの性格は共通している．すなわち社会的環境の中心となる公園や下水道のような社会的共同消費手段は土地固着性があり，建設するのに時間がかかり，つくればその寿命は1世紀あるいは半永久的な性格をもっている．技術革新が急激に進む現代では，容器としての都市(社会資本)や環境と企業活動や住民生活とのあいだに摩擦がおこるのはこのためであろう．いずれにしても，このような環境の性格から，それを商品として市場で売買することは困難で，公共的な性格をもつものとして市場の外に出されていたのである．

2　公共信託財産論

公共信託財産とはなにか

1970年の東京の国際シンポジウムで環境権の提唱者となり，日本でも名の

知られたJ.L.サックスは『環境の保護』の中で，環境を公共信託財産として定義し，次のようにのべている．

　清浄な大気や水のような共有の財産資源は，もはや企業のゴミ捨場であるとか，利潤に飢えた人達によってほしいままに消費されるタダのごちそうと考える必要はなく，むしろ，市民全体によって共有された利益と考えられるべきである．これらの利益は，いかなる私的利益とも同様に法的保護を受ける資格があるし，その所有者は，強制執行をする権利があるのである．前に引いた古代の格言〔ローマ法——引用者注〕——他人の財産使用を害しないように，自己の財産を用いよ——は，今や所有者間の紛争ばかりでなく，たとえば，工場所有者と清浄な大気に対する公共の権利との間の紛争，不動産開発業者と水産資源や野生生物の育つ地域を維持する公共の権利との間の紛争，土地を取り去る採掘業者と自然の快適さの維持についての公共の利益との間の紛争にも適用されるのである[3]．

環境は先述のような経済的性格から市場原理の外に出されたが，現実にはそのために財産権と自主自責を前提とする経済活動の中で破壊されることになった．サックスは次のようにいっている．

　環境の質がしばしば脅かされるのは，我々が通常の私有財産物件のようにそれに価値をつけたり，それを市場に出したりしなかったからである．たとえば，清浄な大気や水，公共の海辺，オープン・スペースなどは，本質的にタダのものとして扱われ，そのためにそれらが贅沢に使用されてきたのも少しも不思議ではない[4]．

つまり土地所有の場合とちがって，環境固有の価値がなく無償のものとして扱われたので，浪費あるいは破壊されても法的権利を主張できず，質の低下をまねいたというのである．

そこで，サックスによれば公共信託の理論は次の三つの関連する原則のうえに立つとしている．

　第1は，大気や水のような一定の利益は市民全体にとってきわめて重要なので，それを私的所有権の対象にするのは賢明ではないだろうということ．第2は，大気や水は，個々の企業のものというよりは，自然の恵みにあずかることきわめて大であるから，個人の経済的地位にかかわりなく，すべての市民が自由に利用できるようにされるべきこと．そして最後に，公共

物を，広範な一般的使用が可能な状態から私的利益のために制限的なものに分配し直したりしないで，むしろ一般公衆の利益を増進することが政府の主要な目的であること，である[5]．

　環境は，かりに汚染されても，その状況を個人で測定することはできず，公共機関の監視に依存せざるをえない．そのいみでは環境の保全は公共機関に信託せざるをえないのである．果たして公共機関は信託された環境を守っているだろうか．具体的なことは第4章にゆずるが，サックスは行政当局への信託には疑問をしめしている．環境保全の行政当局は組織が大きくなり専門的になればなるほど，環境保全に有効なはたらきをしていない．そこで，サックスが公共信託財産とするいみは，行政機関に信託するのではない．サックスの主張では住民が環境権をもって，裁判所に提訴できる権限をもち，裁判所による差止めという予防措置の発動によって環境を保全しようというのである．この司法による保全効力の是否については後に検討するが，環境という共同財産を保全しようとすれば，これを市場にゆだねるのでなく，司法のような公共機関に信託せざるをえないであろう．

なぜ公共機関は市民の信託に応えられぬのか

　問題は次にある．サックスのいうように公共信託は市場の決定ではなく市民の意思を公共の場に反映できるようにするためなのだが，その場合に有効な場が行政か司法かというだけが問題なのではない．サックスのふれていない問題がある．現代の公共機関は共同性というよりは権力性をもっているということである．憲法などの法制上では，公共機関は民主主義を原則として，立法，行政，司法は住民の共同意思を反映する場のようになっている．だが，現実には，公共機関は権力機関であり，支配階級の共同機関としての性格をもっている．現代ではもしも国民の世論や運動が強く，反体制的な政党が政治的な決定力をもち，財界などの支配階級の意思をのりこえ，あるいはその意思を修正する力があれば，私有財産権や資本の営業権よりも環境権，人格権や生存権が優位をしめすこともあろう．しかし，基本的には公共機関は支配階級の意思を貫徹して営業権や財産権を優先させ，あるいは住民の要求をいれるとしてもせいぜい企業や高額所得者の要求と足して2で割る式の妥協で終わるのである．日本の大気汚染を対象とした公害健康被害補償法の運命をみると明らかである．この

制度は，公害対策のポリシー・メーキングを理解する出発点であり中心問題といってもよく，急激な公害反対の世論と運動におされて，財界が妥協して1973年に成立したが，財界にとっての危機が去るや，1988年2月に事実上廃止にちかいような改正をしてしまった．つまり，公共機関は弱者を保護する正義や社会的損失を原因者に負担させる公平の理念でうごいてはいない．それは，今日の経済制度の支配者の利益を基礎にして，住民の公害反対の力が強くなった場合には，それとの政治力学の中でうごいているのである．

このような公共機関の性格は国家論の課題であり，後にも検討する．ここでは環境は素材面からみれば共同財産としての性格をもっており，市場にゆだねることはできず，公共信託をするが，現在の経済体制のもとではそれによって必ず保全されるものではないということを，第1次的な結論にしておきたい．

以下，経済の発展につれて，素材としての環境がどのように経済的性格を変化させるかについて簡潔にのべたい．この場合の方法論は第1章でのべたように，まず体制的な規定をしたうえで政治経済構造(中間システム)上の規定をしたい．

第2節 資本主義社会の発展と環境

1 私有財産制・商品市場経済と環境

環境の私有化

社会の共同性の喪失は財産，とくに土地の私有制にはじまる．環境の一部である土地が生産手段として私有されると，土地そのものとそれに付属する表流水，地下資源，地上の森林や空間(大気をふくむ)は，所有あるいは占有する企業や個人の私的利益のために自由に利用されるようになる．私有財産制のもとでは環境は財産として売買され，あるいは地代という利用権料を払えば，自由に使用できる．この社会では私的企業や個人による環境の改造や破壊は財産権にもとづく，営業権あるいは生活権の行使としてみとめられるのである．

労働生産物としての物財やサービスが第三者あるいは社会を対象として生産され，市場を通じて物々交換あるいは貨幣を媒介として売買されるのが，商品経済である．商品経済は人類社会の経済を発展させた原動力であり，それは社会的地域的分業，交通と市場によって発展した．ところで，自然環境は労働生

産物ではなく、労働が加わるとしても軽度な加工物にすぎない。街並みのような社会的環境は市場で取引の困難な歴史的公共的産物である。環境は商品としての交換価値はない。あるいは交換価値があっても、それは小さい。そこで環境はタダあるいはタダ同然の安い価格で市場では評価され売買されるために、企業や個人にはコストがかからず浪費、破壊しがちなのである。

　清浄な大気や水は人間の生存条件である。そのいみでは最高の使用価値をもっている。しかし、これまで大気や水あるいはすべての自然は豊富であり、労力を加えなくても無限に消費でき、また汚染物を廃棄しても、自然は浄化するか、かりに汚染するとしても人間社会には微量汚染で無害の状況にあると考えられてきたのである。つまり環境の限界生産費はゼロであると考えられた。

　そこで大気はタダであり、水はタダかそれにちかい安い価格とされた。それらを利用しても、コストはかからぬか、大きな経費を生まぬものであった。環境を汚染あるいは破壊しても、それが大気のようにタダであれば補償する必要はない。法的規制のないかぎり、補償あるいは復元するコストは計上しなくてもよかったのである。もしも、それによって人間社会に公害として社会的損失が生まれたとしても、私有財産や商品経済と関連しないものについては、補償の義務は生じない。たとえば、生物であっても、牧場の牛馬や農場の野菜が大気汚染で死滅すれば補償するが、家庭の犬猫や家庭菜園の被害の補償はむつかしい。後述のように、老人や年少者の大気汚染による被害の救済が遅れたのは、彼らが労働力という商品を売買せず、企業の商品生産に支障が生じなかったためである。

　この社会のもとでは、国公有財産の性格も、民間の財産と同じように商品経済に規定される。とりわけ、現代資本主義のもとではその傾向が強くなっている。典型的な例が日本の国有林であろう。つまり、環境は生産、ひろくは営業のための資源として考えられ、効率的な利用が国公有財産運営の原則となる。こうなると、かりに環境を国公有化しても、それは公共信託財産として公共的に保全されるよりは、中国の現状のように、私有財産と同じように商品化され、容易に汚染・破壊されてしまう。

都市史の中の環境

　商品経済は古代からはじまっている。とりわけ、都市は商品経済を発展させ

た．したがって，中世までは環境を規定する経済構造としては，まず地帯構造とくに都市の状況をみなければならない．都市はそれ自体，人工空間であり，自然改造によってできあがった空間であるが，それとともに，商品経済を開花させ発展させたことによって，周辺の自然環境を汚染あるいは破壊した．古代のギリシアのポリス，エジプトあるいは中国の都市(たとえば楼蘭)は，森林を伐採し，それを資源として使用することによって文明を発展させてきたが，同時にその地域を砂漠や岩山としてしまい，都市そのものも滅亡させてしまった．

　ヨーロッパの中世都市は同じような経験をした結果，木材から石炭へと燃料を転換しはじめただけでなく，自然との共存をはじめるようになった．とはいえ，都市は職場や住宅が狭域に集積するので，都市内の汚染は避けがたかった．17世紀のロンドン・スモッグや水汚染は有名である．このように中世都市は公害を発生させていたが，今日のような深刻な環境問題はなかった．

　ヨーロッパの中世は農奴の農業生産のうえになりたち，カソリックが支配する宗教文化と封建的身分支配の政治が全体としての社会を暗黒の中においたのだが，その中で，L. マンフォードの『歴史の都市，明日の都市』が描いているような封建領主から相対的に自立した都市，市民的な秩序をもった美しい都市が成長した[6]．都市は封建領主の軍隊と対抗するために城壁をもって囲いこまれ，限定された空間であった．そのせまい空間の中に，劇場・学校・病院・上下水道などの都市施設を集積させ，また職業や血縁地縁のちがう市民が社会的契約をむすんで自治体をつくり，連帯して共同生活を営む社会をつくった．それは次にきたる近代都市のように絶えざる人口の膨張と，城壁(都市空間)をこえて拡大していくような都市化はおこらないように制限されていた．産業構造は国土全体としては農業を主体とし，大部分の人口は農業に関連していた．このため商品経済の歩みは緩慢であった．M. ウェーバーなどがのべていたように，中世都市はコンユラチオという15歳以上の男子が平等の契約をむすんだ自治体であった[7]．これは商業貴族の支配組織であったとはいえ，一定の都市計画をおこなうことによって計画的に美しい街並みをつくり，環境を保全したのである．このように中世の市場経済が都市という局地的発展にとどまったこと，産業構造のうえで工業の占める比重が小さく，さらに都市という空間が自治体によって限定され，「市民」の共同体であったことによって，環境の汚染や破壊が急激に進まなかったといえる．

「市場の失敗」から資本主義の矛盾へ

　第1章でもふれたが，新古典派経済学では，環境問題の原因を「市場の失敗」にもとめる．「市場の失敗」というのは，市場の欠如と市場の不完全さの双方をさしている．市場の欠如というのは，非排除性と共同性をもった財やサービスが市場では供給できないか，供給困難であることをさしている．警察や消防のような公共財がその典型である．市場の不完全性とは，ある財やサービスの生産・流通・消費には外部効果があって，そのため，市場経済では最適供給が達成できぬことをいっている．たとえば，教育は教育費を支払った学生にその効果が帰属するだけでなく，学生を雇用する企業，ひいては一般社会にもその効果が取得される．これがプラスの外部効果とすると，公害はその反対にマイナスの外部効果である．そこで，環境は市場の欠如といういみで公共財であり，環境問題は市場の不完全性をしめす外部不経済とされるのである．しかし，環境破壊は都留重人のいうように「市場の失敗」でなく，市場制度そのものの発達にもとめられる[8]．つまり，それは商品経済とくに資本主義経済の発展の結果なのである．

　J. S. ドリゼックは *Rational Ecology* という注目すべき文献の中で，市場経済はポジティブなフィードバック装置であり，自動的に経済成長を進める性格をもっているので，そのしくみの中で環境破壊の累積は避けられないとしている．彼によれば，次のようである．低成長は低投資率をいみし，それは失業をまねき，利潤率を下げるので，それを避けようとすればどうしても成長せざるをえない．市場経済の本質は物質的な競争を進める動機としてつねに所得の不平等を前提としている．この不平等の構造を貧困者の反乱なしに維持しようと思えば，成長をつづけて，パイを大きくして貧困者の絶対的所得を増大させねばならない．低成長やゼロサム社会では経済的パイの分配をめぐる紛争が大きくなって，市場経済は危機におちいる．市場制度の作用の中心は利潤動機である．これに付随して生産者はつねに大量生産せねばならず，そのために無用のものも宣伝をしてたくさん売らねばならない．市場制度のもとでの近代政府は短期の不況以外は成長の継続を望み，成長政策を第1の仕事とせざるをえないというのである[9]．

　このように環境問題の原因を市場経済にもとめることは，まちがいではない．しかし市場経済一般からだけでは，環境の変化を分析することは困難である．

第 2 節　資本主義社会の発展と環境

市場経済が部分的に開花した中世の都市や非工業的な産業構造のもとでは，環境の変化は徐々にしかおこらない．環境の急激な変化は商品経済が最高度に発達した資本主義体制にもとめられねばならず，またその経済構造を解明せねばならないだろう．この問題は「見えざる手」の矛盾としてもう少しふかめよう．

市民革命と環境

資本主義体制は市民革命によって成立した．市民革命は環境にどのような性格を与えたのであろうか．イギリスやフランスの革命を前提にして考えよう．

市民革命は国王や貴族の財産の多くを没収し，農奴を解放し，市民の私有財産権をみとめた．国家は土地をはじめ生産手段を失って無産国家となった．国有財産は国王の私有物ではなく，国民の共有財産となった．封建的特権を廃止し，自由の名のもとに，自然，国土や都市における一切の計画や諸規制は廃止された．国家は租税国家として，市民の所得を源泉とする租税を主財源とすることになり，納税者主権によって，人民が参加した議会で定められた「公共性」のある対象にのみ，最少の財政支出をおこなう「安価な政府」が主張された．

このような革命は，資本家が資本を無限に蓄積し，自由に立地して，自然を資源として所有あるいは占有し，国内外の全地域から集めた労働者を雇用して，利潤をあげる道を保障した．他方，労働者はこの革命によって，土地，身分や職業の緊縛はなくなり，住居や職業を選択する自由を得た．労働者は労働力という商品の所有者として，生産手段という商品を所有する資本家と市場の上では平等となった．つまり，相互に自主自責の商品所有者となったのである．しかし，それはたてまえの平等であって，実際には労働者はあくまで労働力という商品を生産手段をもつ資本家に買ってもらえねば生活することもできず，自由を主張することもできない存在となった．つまり，近代労働者は中世の農奴のように生産手段や住居をもたず，無一物で，労働力を売って働かねば最低限の生活も保証されず，いつでも飢餓，失業やホームレスになる自由をもったのである．

市民革命時における基本的人権とは，まずなによりも私有財産権であり，生存権をはじめとする市民とくに労働者の社会権は，後の労働運動や社会主義政党の発展によって，20世紀にはいってみとめられはじめ，とくに第 2 次大戦

後になって先進工業国で成立したものである．自由競争こそが資本主義経済の基本原理であり，それによって弱者は自然淘汰され，「見えざる手」による市場の調整によって生まれる均衡こそが社会の秩序をつくると考えた．この自由主義経済のうえに功利主義の国家が国民を支配するものとなったのである[10]．

資本主義経済は最高度に発達した商品経済であるといわれるが，それは二重のいみにおいてである．

① 労働力が商品化し，人間の肉体や精神の労働，ひいては人格が売買される道がひらけた．それは商品化しない労働力，あるいは商品としての労働力をもたない老人，年少者あるいは身障者などの人格をみとめないか，あるいは法的に人格をみとめても，自主自責の市場経済のもとでは，それが主張できないという道をひらいた．

② 国家は無産化し，商品経済の規制者ではなくなり，むしろ，その守護者となった．自然や文化財などのあらゆる資産の商品化とその私的所有がみとめられた．中世都市のような共同体は喪失して，自治体は国家の下部機関となり，都市という公共空間は商品経済の急激な発展の場として，資本家や地主の自由な利用にまかされることとなった．

このような体制のもとでは，自然は無限の資源として，企業や個人の自由な利用の対象となり，資源としての価値を維持する限度で保全されることとなった．環境はなによりもまず資本の運動（資本蓄積）の場となった．これにたいして，住民とくにその中心をなす労働者の生活環境は資本からみれば労働力を再生産する場として，そのための必要最低限の条件のみを保全あるいは創造する副次的な存在となった．こうして環境は資本主義の発展にともなって，私企業の意思で自由に変容され，人間の生存と生活のための環境としての一体性や自然としての秩序を破壊されていくこととなった．

このことは論理としてだけでなく，資本主義の歴史がしめしている．「羊が人間を喰う」とトマス・モアに評されたように，イギリスは16世紀から農業の資本主義化が進み，17世紀の2度の市民革命を経て，18世紀にいたって産業革命をむかえ，工業化と都市化によって，環境の変化を明確にしめした．他の資本主義国の場合でも，イギリスほど典型的ではないが，同じように資本主義のもとでの環境の変容と環境問題の発生をみたといってよい．そこで，ここでは次に産業資本主義段階の経済構造と環境の変化の関係をみてみたい．

2　産業資本主義と環境

　産業革命にともなう経済構造は環境の変化に決定的な影響を与えた．それは，工業化と都市化とを同時に進行させた．しかも，それは先述のように資本主義的な競争による無計画な発展としておこなわれたので，環境は一変し，汚染による人間の健康障害や死亡という公害問題が偶発的なものでなく，社会的必然的な問題として発生するにいたった．産業革命期の公害については，当時のE. チャドウィックなどの公衆衛生官の報告書，マルクス＝エンゲルスの『資本論』や『イギリス労働者階級の状態』，あるいは現代では古典となっているP. マントウの『産業革命』やマンフォードの『都市の文化』など多数の著作がある．ここにその悲惨な状況を再現するまでもないであろう．ここでは，なぜそのような環境の変化がおこったのかについて政治経済学的な整理をしてみよう．

工業化と不変資本の蓄積──環境の外部化

　産業革命は自動機械および蒸気機関の出現と急速な普及・応用であり，それによって機械制大工場制度が誕生したといってよい．産業構造は一変した．イギリスを例にとろう．1841 年，製造業人口は 182 万人(全産業雇用人口の 35.7%)となり，農林水産業の 146 万人(28.6%)を上回り，60 年代を転機にして，農林水産業雇用人口は減少に転じ，工業の覇権は決定的になったといえる．1861 年，製造業人口 261 万人(35.9%)，農林水産業人口 182 万人(25.0%)，1901 年にはそれぞれ 406 万人(39.2%)，139 万人(12.0%)となっている．他の産業人口も工業化に関連した鉱業，運輸通信，建設，商業，サービス業は増大した．この産業構造の変化は，生産者と環境の関係を決定的にかえたといえる．農業者にとっては土地や気象という環境は生産の内部個別的条件であった．工業者にとっては環境は外的条件にすぎない．そこで工業者には農業者のように環境保全が生産の必須条件ではなくなり，「外部性」になってしまったのである．

　工業化は農業を主体とした時代とちがい，大量の原料・燃料の使用と廃棄によって汚染物の量を飛躍的に多くし，また有害物質を大量使用・廃棄することによって，汚染の質を有害なものにしたといえる．当時の汚染物質やその量についてのデータはないが，エネルギーの主役である石炭の産出量をみると，

1816年の1620万トンから,50年には5020万トンと3倍以上になり,80年には1億4933万トンと9倍になっている.原料の汚染物含有量と公害防止技術はほぼ一定であったから,汚染はこの産出量に比例していたのではなかろうか.マンフォードは当時の工業都市を「コークス都市」とよんだが,石炭燃焼にともなう煤塵と汚水は都市の随伴物となった.当時の主役は繊維産業であるが,これにともなってさらし粉をつくるための化学工業が発展した.主としてアルカリを生産する化学工業のSO_2による大気汚染と廃硫酸などによる水汚染は石炭使用による汚染に加重した[11].産業革命は機械などの固定資本の集積によって生産量を上げ,コストを節約し,利潤を上げるという資本主義の本来の生産様式を生みだした.資本の競争と信用制度は資本の蓄積を促進した.株式会社や共同組合は巨大な固定資本投資を可能にした.そして,資本が利潤を生み,利潤が資本を生むという累積過程がはじまった.1835年,力織機は2000台であったが,1850年には1万台になった.おどろくべき固定設備の増大といってよい.

　産業革命の初期には蒸気機関の効率の関係で,できるだけ工場が集中し,巨大化していることで利益をあげた.しかし,動力が電力にかわっても集積がつづいたことでもわかるように,当時の工業は規模の利益をもとめ,また,異種産業部門の複合利益がもとめられたのである.これにともなって,大量の原料,燃料,水などが使用された.限定された空間に,このような集中集積がおこれば,当然環境破壊や公害は予測された.産業革命は科学技術の画期的な発展の時代であったが,これは安全や健康のための科学技術の発展にはいたらなかった.資本主義はこの産業革命以降,有機的構成の高度化つまり不変資本を増大させることによって生産性を上げ,利潤を上げようとするが,それは利潤率を引き下げる.そのため不変資本の一部を相対的に節約しようという動機が働かざるをえない.とりわけ,それは生産量増大と直接関係のない部門の節約を進める.労働災害防止などの安全対策,さらにはもっと直接的に生産と関係のない公害防止費用,自然環境保全・街並み保全の設備や費用は省略されたのである.第1章でのべたように,マルクスが『資本論』の中で,労働災害に関連してのべた不変資本充用上の節約の理論は労働災害とともに公害や環境破壊の基礎理論として発展しうる.つまり資本主義の工業化は剰余価値の法則が貫徹することによって,公害防止や環境保全の費用をあとまわしにしたといってよい.

それに加えて,これまでみてきたように,資本が集積利益をもとめて集中集積することによる「集積不利益」が加重する.「集積不利益」は汚染源たる資本の側から説明されるだけでなく,都市の側からも説明されねばならない[12].

都市化と「集積不利益」

機械制大工場制度はこれまでのべたように,せまい空間に大規模な固定資本を集積させる制度だが,同時にそれを操作する労働者を同一工場内に密集する制度といえる.資本家は機械の物理的社会的摩滅をおそれて,できるだけ早くそれを償却しようとする.産業革命は発明と改良の時代であるから,昨日は最新鋭の機械であっても今日は古くなって使用できないという状況がつぎつぎとおこる.固定資本の償却を早めるためには機械の遊休化はできるだけ避けねばならない.そこで,人間の健康や家庭生活を度外視して,夜間労働あるいは24時間無休労働が必要になった.当時は交通が未発達であるので,労働者が昼夜交替で勤務するには,住宅を工場に近接してつくらねばならない.寄宿舎や社宅などの労働者の集団的居住の様式が確立し,しかも,それらは工場に隣接して環境の劣悪な場所につくられたのである.工場は農場とちがって土地の制約はなく,どこへでも進出できる.エンゲルスは,このような工場村が誕生し,それを中核として工場都市が形成されたとしている.マンチェスター市などが典型であろう.

嵐のような工業化は労働力人口を集中集積させ,それが都市人口を増大させた.この人口増大とともに,機械の複雑化,分化などの生産の分業化や流通の分業化は社会的分業を発展させた.商業,金融,交通,サービスなどの部門が拡大した.これらの結果,都市人口は急増し,都市圏は拡大した.中世以来,城壁によって都市空間を限定してきた習慣は,近代には足かせとなり,城壁はこわされ,市域は農村へ向かって無限にひろがっていくことになった.この近代的工業化都市化とともに,農村の独自性が次第になくなり,農村は都市化の候補地にかわった.また,都市自体も償却資産のごとくになり,産業あるいは特定工場の盛衰とともに発展と衰退を進めるという歴史を歩むこととなった.

1750年イギリスの人口は600万人,そのうち,都市人口は100万人であったが,100年後には人口は1800万人,都市にはその半分の900万人が住んだ.1801年,ロンドンは112万人,マンチェスター9万人,グラスゴー8万人,

バーミンガム8万人であったが，半世紀後の1851年には，それぞれ269万人，36万人，23万人，38万人に急膨張している．

まさに史上最初の全国土にわたる都市化がはじまったが，都市の環境は史上最悪の状況となった．労働者は1日12時間労働などの苛烈な労働条件，中世の農奴以下の住宅条件に加えて，この環境の悪化による公衆衛生の低下のために，健康障害や精神的退廃におちいり，死亡率は上昇した．当時のマンチェスターやリバプールの労働者の平均寿命は20歳以下であった．エンゲルスはこの状況を「社会的傷害・殺人」と名づけ，これをこの社会の秩序を維持すべきブルジョアジーの犯罪としたのである．

自由主義と公共的介入の失敗

A.スミスは『国富論』の中で，市場経済に内在する「見えざる手」が自律的な調整措置としてはたらくので，重商主義や重農主義のように国家が特定の産業を保護する政策を排除し，「自然的自由の制度」を提唱した．この考え方は後にベンサミズムの功利主義へとうけつがれた．功利主義による中産階級＝ブルジョアジーは，1839年の都市団体法によって都市の権力を掌握するのであるが，都市計画などの都市政策はおこなわれなかった．有名なエピソードだが，当時の代表的な経営者ジョン・ブライトは，一方で地主に反対し普通選挙制度を主張する急進的民主主義者であったが，他方，工場法，公衆衛生法，アルカリ工場法(大気汚染防止法)，さらには各種の免許制度などの国家干渉に反対した．自由主義者たちは，ダーウィニズムのように，都市間競争で悪い都市は淘汰されるし，また都市問題についても，過密になって地価が上がるか都市の環境が悪くなれば，自然に企業や市民が他の都市に流出していくので，ふたたび地価は下がり，環境はよくなると考えていたのである．

だが，すでに私が『現代資本主義と国家』で明らかにしたように，①労働者の貧困問題，②都市問題，③独占，④環境問題は，資本主義の経済法則の生みだす基本的な矛盾であって，この社会の経済制度の内部にはこれを自動的に解決する装置はない[13]．

19世紀中葉になると，これらの矛盾が相乗して，労働力の枯渇という，資本主義を再生産し維持していくうえでの障害が生まれ，またそれらは深刻な社会問題となって政治的緊張を生むこととなった．そこで公共的介入がはじまっ

た．この公共的介入は，自治体あるいは協同組合のような自主的共同体によっておこなわれたのでなく，国家が全国画一的に法律をつくっておこなったことが特徴である．1855年に公害防止法がつくられた．この法律では，公害対策機関を各地につくり，その所有地上に危険物ないし不潔物を堆積している土地所有者または借家人にそれらを取り除くように命じたり，販売されている有害食品を没収したりする権限を付与した．しかし，行政的に諸機関が錯綜していて効率が上がらず，また公害除去の訴訟も手続きや費用の面で困難があり，実効にとぼしかった．1863年，住民運動と裁判闘争の成果などもあって，化学工場の煤煙を防止するアルカリ工場法が成立した．この他1848年にはじまり66年に集大成される公衆衛生法，1851年の労働者簡易宿泊所法（シャフツベリー法）にはじまり1890年の労働者住宅法にいたる住宅関係法などが，都市の環境改善のために策定された．しかし，ロンドン下水道建設などの一部の措置をのぞけば，環境の改善は19世紀を通じて順調には進まなかった．

とりわけ，問題は二つあった．ひとつは，都市化にともなって，その必要が急増した社会資本，なかんずく社会的共同消費が計画的に供給されなかったことである．これは資本制蓄積の法則がはたらいて，民間資本が優先して公共部門の資本形成があとまわしとなり，また公共部門の中でも，資本制蓄積と直接関連のない共同住宅，上下水道，公園などの施設の建設が遅れたためである．

もうひとつは工場などの企業の立地の自由が優先し，都市計画がなかったことである．封建時代までは支配者のための街づくりであるにせよ，統一した理念により都市が計画され建設された．ヨーロッパの美しい街並みはその産物である．ところが，近代の産業都市では，工場，商店などの事業所，労働者街（住宅）の建設，公園の設置，上水の供給やごみ集めという相互に関連した都市政策がばらばらにおこなわれ，それ自体が個別企業によって利潤追求のために「計画」され供給されたので，統一した理念のない都市，共同社会ではない地域が誕生した．功利主義によれば都市環境は自然淘汰されるというが，いったん海岸や湖を埋立て，丘陵部のみどりをけずり，環境を汚染したりすれば，もはや復旧は不可能なのである．

このような公共的介入の欠陥は，自由主義経済にもとづく功利主義的国家の生みだしたものだが，マルクスが『資本論』でみじくも労働者新聞を引用しているように，それを批判できなかった当時の労働組合の欠陥でもあった．す

なわち,産業資本主義のもとでの労働者は職場内の労働条件の改善(賃金の引上げなど)ではストライキをするが,職場外の生活環境,たとえばきれいな水の要求や公害防止の問題では闘えなかった.環境改善の要求がとりあげられるようになるのは,現代のことである.

3 独占資本主義と環境

独占体＝地主による環境の占有

19世紀末から独占資本主義段階がはじまった.この段階における環境への影響は,経済学的にみると次の点にある.第1は,独占利潤の成立によって,産業資本主義のもとにおける利潤と地代との対抗関係がなくなり,資本家や企業が地主となったり,地主と同盟をむすびはじめたことである[14].完全競争のもとにおいては地代は資本家にとって利潤を減少させる原因のひとつである.そこで資本家は19世紀中葉の穀物法問題のように,いかにして地代を引下げるか,また普通選挙問題のように都市における活動を有利にするために地主の政治的勢力をいかに小さくするかに腐心した.反地主のためには穀物法反対や選挙法改正などで,資本家は労働者と手をにぎり,土地国有化を主張したほどであった.自由競争のもとにおいては,利潤はつねに投資をせねばならず,土地を購入して利潤を留保していては敗北してしまうためであった.しかし,独占利潤が成立すると,一定期間利潤を留保することが可能になった.しかも,生産力の増大と市場の狭隘によって,資本が慢性的に過剰になると,この留保利潤を土地所有や土地投機にまわして利潤を上げるような財務テクノロジーがはじまった.この結果,製造業をふくめ全法人が地主化する傾向が生まれた.また,資産としての土地の簿価が株価に反映し,優良な土地所有は株価を引上げることもあって,法人による広い土地所有が進み,このことは,環境の変化に重大な影響をもつようになった.巨大企業が土地を中心とした環境を独占するということは,小地主にそれが所有されている場合にくらべて土地利用を計画化しやすい反面,その利用をあやまれば環境破壊や公害の規模がけたはずれに大きくなることとなった.

重化学工業化と大都市化

第2は,独占資本主義段階の産業構造の特徴としての重化学工業化が,環境

に重大な影響を与えることとなった．とりわけ，鉄鋼業と化学工業の発展が，公害の新しい現象をもたらすようになった．鉄鋼業の場合は，規模の利益をもとめて大規模施設を集中立地させるので，一社で都市全体を汚染するような深刻な状況が生まれた．ピッツバーグ市や八幡市(現北九州市八幡区)などはその典型である．また無機化学から有機化学へと化学工業の発展にともなって，微量でも人間に有害な物質が生産されて食品や薬品に使用され，あるいは廃棄された物質が自然界に蓄積され，さらに食物連鎖を通じて動物に濃縮されて人間の健康をおかすという新しい問題が生まれるにいたった．

第3は，大都市化にともなって，住宅が郊外に広がり農村部の自然の破壊が進む一方，都心は事業所空間とスラムに専一化して環境が悪化するという現象が生まれた．大都市化は，金融資本が誕生して，全国に立地する企業を管理する中枢機能が膨張し，それに関連して，卸小売，金融，保険，交通通信，サービスなどの産業が大都市に集中したためにおこったのである．独占段階においては，各国とも，多数の100万都市が生まれ，このため，大都市の集積不利益という公害や社会資本の不足にともなう環境悪化が常態化するようになった．

都市開発と不動産資本の成立

第4は，この段階において，都市計画や再開発がはじまるが，それはアメニティよりは経済効率を重視したために，環境改善は局地的でありアメニティの不平等を生んだ．都市再開発では，都心のスラムをクリアランスして，この地域の街並みの整備をし，上下水道，公園，並木，都市交通，文化・芸術施設などを設置した．都心の社会的環境は改善された．このため都心の地代や価値は上がり，この空間は収益を上げる事業所や高額所得者の住宅地域になり，低所得者は別のスラムに追いやられた．このように都市計画や再開発事業が新しい致富の源泉となりアメニティの差別を生むことは，ナポレオンに委嘱された有名なオスマンのパリ再開発以来，今日のニューヨークなど大都市のジェントリフィケーションにいたるまでの都市開発の基本的特徴である．

第5は，これら四つの特徴のうえに，環境の所有と管理そのものが資本の利潤追求の対象として自立して，金融資本のバックアップによって不動産資本が出現したことである．もともと，都市開発事業は社会資本の整備と関連しているので，低収益部門であり，公共団体の仕事にまかされていた．しかし，この

段階の特徴である第1の独占利潤の成立は,不動産の所有と投機を可能にし,さらに第4の特徴である公共団体の都市計画や再開発事業はこの不動産資本の活動の基盤をつくることになった.この結果,不動産資本の動向が,環境の変化に決定的な影響をもつことになった.不動産資本の活動は大都市の再開発のみならず,やがて観光開発という農村部の環境を対象とした事業にまで及ぶようになった.

第3節　現代資本主義と環境

1　環境破壊型政治経済構造——なぜ現代は環境の危機をまねいているのか

現代は1917年ロシア革命と1929年世界大恐慌を出発点にしている.前者は社会主義体制,後者は国家が介入した福祉国家を生みだす契機となるが,この二つの体制が国際的に確立するのは第2次大戦後のことである.そして,1970年代末からこの二つの体制は危機におちいり,第1章でのべたように1991年にソ連型社会主義は崩壊し,新自由主義の潮流が世界をおおった.現代の世界は,地球の危機とよばれるほど,深刻な環境の変化をまねいている.なぜか.

戦争による生態系と街並みの破壊

このような環境の変化の第1の要因は軍事活動,とくに戦争である.とりわけ,資本主義の危機の産物であった第2次世界大戦は,ヨーロッパと日本の環境を一変させた.戦場となった地域の生態系は破壊され,歴史的な都市の街並みは消滅または損傷した.戦後の復興事業において,ヨーロッパの都市は歴史的な街並みの復元や自然の再生に力をそそいだ.それでも,なお戦災による環境の傷跡は完全に復旧していないし,また復旧できないものが残る.日本の場合は,戦災復興と高度成長の時代に,歴史的街並みの復元や自然の再生という課題を政府や企業はほとんど意識していなかった.むしろ戦災都市は復興にあたって画一的な近代高層ビルディング街の導入をはかり,地域の文化と関係なく個性のない都市づくりをした.また公園や街路樹という人工的な自然の造成はしたものの,他方では海・湖沼・池は埋立て,河川の堤防や川底はコンクリートで固め,山岳や丘陵の森林は伐採し,農地を宅地にかえ,国土全体にわたって自然の破壊を進めた.このため豊かな森と広い海で構成され,古代以来の

歴史的街並みをもっていた日本の美しい国土は一変してしまった．

　第2次大戦後も，米ソ冷戦体制下で朝鮮戦争やベトナム戦争が発生した．中近東，アフガニスタンやイラクでは戦乱がなおつづいている．第2次大戦以降の核兵器や化学兵器(枯れ葉作戦につかわれたダイオキシンや毒ガスなど)は広島・長崎両市やベトナム・中近東にみるようにジェノサイド(非戦闘員をふくめて，皆殺し)にするだけでなく，都市や自然をも皆殺しにする効力をもっている．その被害は放射能汚染や化学物質の汚染のように遺伝をし，長期にわたる．戦争にいたらないまでも核実験などの軍事演習の環境汚染も深刻である．そのいみでは，現代における地球の危機を救うのは，軍縮を進め，戦争と一切の軍事活動の禁止からはじまるといってよい．軍縮によって浮いた財源を街並みや自然の再生にまわせば一挙両得である．

環境破壊型の経済構造

　環境破壊の第2の要因は，現代の経済構造にある．経済成長競争が，軍拡以上に戦後の目標となった．この過程で環境汚染・破壊型の経済構造が成立したといってよい．それは体制のいかんを問わず，発展途上国をふくめ世界中で共通しているのだが，とくに石油ショック以前の現代資本主義国の経済構造に明確な特徴をみることができる．第1章において，環境を決定する中間システムとして詳述したように高度蓄積型の資本形成のもとで安全の投資が節約され，資源浪費型環境破壊型の産業構造が支配した．そして国土は大都市化を進め自動車社会が生まれた．アメリカ型大量消費生活様式は大量廃棄を日常化した．現代社会はこれらの現象が相乗したのである．戦後の資本主義国ではそれらがすべて出そろい，かつ相乗し結合することによって，環境問題をひきおこしたといってよい．

2　環境破壊型の政府活動

　さて，現代資本主義は環境問題をひきおこす構造を内包しているのだが，他方，この体制は産業資本主義段階とちがって，市場機構そのものでなく，国家の経済的力能はきわめて大きい．政府・自治体は国民所得の3分の1から3分の2以上を財政支出として支出している．また，これらの公共機関は土地と資本を所有し，企業活動をおこなっている．現代資本主義は国家の経済的力能と

いう点でみると社会主義国と相似といってもよい力をもっている．もしも，この国家の権能を使えば，経済構造を制御して環境保全ができる可能性があるはずである．しかし，現実には環境問題の制御に成功しているとはいえず，自らの企業活動や公共事業それ自体によって環境を破壊している．これは「政府の欠陥」といってよいであろう．その理由は次の点にある．

経済成長最優先の公共的介入

現代資本主義の政府は，かつてない公共的介入をおこなっているのだが，それは資本蓄積の助成，市場の開拓，労働力の管理，そして資源の開発の順に進めている．公害防止や環境保全は，社会問題がおこり，公害反対などの住民の世論と運動が強くなり，政治的な不安がおこるまでは放置されている．第3章でのべるように，産業革命以降，公害は発生し，環境の悪化は明らかであったが，環境政策のための法体系や担当官庁の設置は，1960年代後半から70年代にかけてであって，完全に立ち遅れたといってよい．また，せっかくできた法体系も，資本主義経済との妥協の産物であって，不況がくればたちまち規制の緩和がされてしまった．

1960年代のイギリスのような福祉国家は完全雇用と最低生活権保障を目的としてかかげている．これは社会主義国家の最低限綱領の一部と同じであるが，福祉国家は資本主義経済を土台にしているので生産手段の私有と競争を原理とせざるをえない．つまり，これは営業権と経済的自由を前提としているので，どうしても生産過程や配分原理に手をつけることができず，成長によるパイの増大によって福祉を達成する以外にない．先述のようにドリゼックは市場原理は成長を必然化するといったが，福祉国家も絶えざる成長がなければその社会を再生産できず，このため，環境保全が副次的にならざるをえないのである．

ましてや，日本のように経済成長を国是とする「企業国家」の場合には，政府が企業の成長を助成するために，先述のように環境を破壊しやすい経済構造をより促進するような公共的介入がおこなわれた．このため，公共政策それ自体が私企業と同じように公害や環境破壊をひきおこすこととなった．たとえば公害裁判となった大阪空港，名古屋新幹線，国道43号線などのように，裁判所が政府あるいは公共事業体に過失があり，住民の人権を侵害したとして損害賠償をもとめたほどである．日本の公共投資はその絶対量や国民総支出にしめ

第3節　現代資本主義と環境

る割合では世界一であるが，その半分以上を交通通信施設の投資にまわし，住宅や生活環境への投資を節約した．このことが高度成長の原因となり，重化学工業化，大都市化，自動車中心の大量高速輸送体系や大量消費生活様式を急激に進めた．それは，間接的に公害をひきおこす経済構造を生みだした．それだけでなく，公共投資や公共サービスそれ自体が民間企業と同じ原理で効率を中心にし，いかにして民間企業の産業基盤をつくるかを目的として環境保全をあとまわしにし，また住民参加による民主主義を無視した．この結果が公共事業の公害をひきおこしたのである．

　戦前のアメリカのTVA(テネシー川流域開発公社)を出発点として，各国の政府は産業や都市の配置を適正にし，都市・農村問題の解決のために地域開発をおこない，地域計画や国土計画をたてている．国土計画や総合的な地域開発は，無計画な民間企業の立地にくらべれば，公害防止や環境保全に寄与する可能性をもっている．しかし，現実には地域開発は企業の立地助成にはしる傾向が強い．たとえば，日本では2004年まで5回にわたる全国総合開発計画をつくり，各都道府県は地域開発計画をもっている．所得倍増計画に前後して策定された拠点開発方式やそれにもとづく第1次全国総合開発計画は大都市圏に臨海工業地帯の造成をおこなった．これは進出企業に安い地価の用地と総合的に整備された港湾・道路・住宅団地などの社会資本を提供して，極大の集積利益を与えたが，大都市圏と瀬戸内地域が公害のちまたと化すことになった．四日市公害事件では，裁判所は，ばい煙規制法を守っていた企業を裁くことによって，ルーズな規制基準をもつ国の法律を批判し，さらに，この事件が国や自治体の地域開発の失敗によることを指摘し，間接的ではあるが政府をきびしく裁いたのである[15]．これは典型的であるが，以後，日本列島改造論にもとづく巨大開発を提示した第2次全国総合開発計画，テクノポリス構想，列島改造論の現代版となる第4次全国総合開発計画など，日本の国土計画はつねに経済の成長と民間活力の増進が主目標であって，公害防止や環境保全はあとまわしとされているのである．このことは日本だけではなく，その力点に相違はあれ，各国の国土計画に共通しているのではないか．たとえば，開発目的の総合性や草の根民主主義の前進を当初の目標としたTVAは，70年あまりを経た今日ではこの目標どおりに進んだとはいえそうにもない．開発されたエネルギーは，原爆の開発や軍需産業に利用され，多目的ダムの建設よりは原子力発電の基地の建

設に重点をおく性格にかわっている．TVAは草の根民主主義よりは草の根官僚主義をつくったという批判も生まれているのである．

　かつて，K. W. カップは，民主主義の圧力による公共事業の増大という公共的介入によって，私的企業の社会的費用を克服しうると提言した．初期のカップは社会主義あるいは経済計画の前進が公害の防止になると考えていたのであろう．彼は交換教授としてインドに滞在中にこの考え方をすて，後述のように公企業であっても，経済効率や営利を目的とすれば，公害をひきおこすことを明らかにした．戦後の経験をふりかえってみると，経済計画を進め公企業・公共事業を経営することは私企業にくらべて公害防止や環境保全の可能性をもっているが，経済成長を目的として，企業の発展を助成あるいは誘導しようとすれば，自ら公害の発生源となり，環境を破壊していることをしめしているといえよう．

産政官共同体の欠陥

　現代の政府は行政国家といわれるように，行政機関が優位をしめ，政党それ自体が国民の意思を体現する立法府というよりは，行政機関化している．行政国家は，中央集権的な巨大な官僚制が行政のみならず政治を支配しているといってよい．農林族，建設族など「族議員」といわれるように，代議士が利益代表となって各省庁と結合し，行政府の提案を議会で審議して決定するのでなく，族議員，とくに与党内部の政策審議のための会合が，官僚とのあいだで情報を交換して政策立案をするケースが多くなっている．国家は大衆課税による財政によって運営され，議員は大衆の支持がなければ当選しない普通選挙によってえらばれるので，形式的には大衆の支持によっているはずである．しかし，実際には支配政党は大衆政党でなく，その経済的基盤は財界あるいは個別企業からの献金によっている．これにもとづいて支配政党のイデオロギーは資本主義体制の発展と私有財産権の擁護にあり，財界の支持をうる政策を立案し遂行しているのが現実である．日本のように戦後のほとんどの期間を自民党が独裁している場合には産政官共同体ができてしまい，社会主義国の一党支配と同じような官僚主義あるいは硬直主義の欠陥が出てこざるをえない．資本主義国は社会主義国にくらべれば言論出版の自由があり，マス・メディアの批判が抑制力になっている．しかし，大新聞やテレビは広告に依存しているので，批判には

限界がある．産政官共同体の欠陥は，資本主義のアキレス腱といってもよい環境問題について，はっきりと現れてくるように思える．

「政府の欠陥」はとくに行政機構の中央集権的官僚制に現れている．行政官はたてまえは憲法の守護者，また政治から中立でなければならないことになっているが，実際は産政官共同体の執行者である．日本の通産行政にみられるように，ときには生産調整のように個別企業の生産や営業にまで介入して指導するが，それは国民の立場というよりは財界の意思を体現しているといってよい．

三権分立の形骸化

サックスは公共信託財産としての環境を保全する最終の力を司法にもとめた．行政は汚染者と結託する可能性をもっているが，裁判では，被害住民(あるいは環境保護団体)と汚染者(企業)あるいは政府が対等で，証拠を提出してお互いに自由に主張ができて，また，専門家を代理人あるいは証人として指名できる．公聴会が回数的に制限され(日本では通常1回しか発言機会がない)，たんなる行政の参考にされるにすぎないこととくらべると，裁判は立証の機会が多くあり，最終的には両者の意見をきいて判定をするといういみで公正である．行政学と国際法の専門家であったW.フリードマンも三権分立の中で司法が自立していることをもっとも重視している[16]．

産政官共同体，さらにはこれに軍部も加わって軍産政官共同体という巨大な政府が成立すると，司法のチェック機能がもっとも重要になる．だが，現実には司法は行政に従属しがちである．行政府が裁判官を指名したり，司法省の行政官が裁判官の判断を拘束する場合がある．また，司法が支配政党の議員を告発することはきわめて困難である．1981年の日本の大阪空港公害事件最高裁判決において，裁判官は航空行政権の裁量に口出しはできないとして，夜間飛行の差止めの判断を避けた．つまり，最高裁の多数意見では，三権分立というのはチェック・アンド・バランスではなく，司法が行政の独自性を侵さないということである．だが，住民は行政の環境政策の欠陥になやまされて，最後の救済を司法にもとめているのであるから，司法が判断をくださねば，もはや救済をしてくれる機関はなく，あとは暴力で止める以外には方法がなくなってしまう．暴力を使えば違法として，被害者のほうが罰せられてしまうのである[17]．司法が行政に屈伏すれば，住民は絶望的な反乱をおこすか泣き寝入り

をすることになり,民主主義は否定されてしまうのである.

司法が自立しているとしても,その本来の機能からいって,公害予防や環境保全をおこないうるものではない.それはあくまで,行政のもつ機能である.司法は住民が提訴したときにはじめて活動するのであって,その主たる機能は被害が発生した後において,差止めか賠償をもとめることによって事件を解決することにある.そのいみでは環境政策の前進にとって司法の自立と公正な判断は不可欠の要件であるが,十分条件ではない.

3 経済のグローバリゼーションと環境

環境概念の拡大

多国籍企業と先進国主導の経済のグローバリゼーションとそれに関連した発展途上国の西欧型近代化は,環境の概念の拡大と環境にたいする責任の国際化をもたらした.第1節でのべたように,これまでの環境は人間を主体にした生存・生活環境であった.しかし,現在の生活環境は他国の環境に支配される.中国の都市の SO_X などの大気汚染物質や砂漠などの自然環境によって,日本は酸性雨や黄砂に侵される.日本の企業が熱帯林を伐採すると森の民の生活環境は一変する.インドネシアの農民が所得上昇のために森林を燃焼させた結果,周辺諸国は長期にわたって大気汚染にみまわれた.このように現在の環境は一国内の生活環境をこえて越境環境として定義しなければならない.越境環境は広域の大気,森林,海洋,真水,砂漠などの領域にわたり,新しい越境型環境問題と国際的環境政策を生んでいる.

生活環境では問題にしなかったが,重大な危機を生む環境の変化が地球環境の変化である.生活環境では無害であったフロンガスや CO_2 が,オゾン層を破壊し温室効果ガスとして気候枠組を大きくかえ,それが将来人間の健康・生活に重大な影響を与える.これまでは政策的考慮にはいらなかった地球環境が大きな政治問題となった.地球環境として重要なのは,森林であり,海洋である.世界の森林面積は1990-99年の10年間で日本の面積の約2.5倍の9400万haを失った.これは地球の温暖化,砂漠化や生物の死滅を生んでいる.

これまでの生活環境では考慮にはいってはいたが,それほど重要視されていなかった他国の生態系の保全が地球環境として重視されるようになった.これは多国籍企業や先進国の観光が貴重な生態系を商品化するために乱獲したり,

絶滅させるためである．UNEPの報告では動物の5400種，植物は2600種が絶滅の危機に直面している．こうした事態は生物の進化を妨げ，生物の多様な遺伝子を資源として利用できなくしている．

　これまでは人間を主体として環境諸科学は発展してきたが，生態系をどこまでどのように保全するかという課題をつきつけられている．バイキン・害虫・害鳥・害獣などのことばに象徴されるように，これまでの自然の評価は人間中心であり，科学はヒューマニズムを基本理念としてきた．しかし多様な生態系を維持するという課題はこれまでの開発政策のみならず環境政策に大きな転換をもとめている．

資源から環境へ

　第1章のはじめにのべたように，1972年のストックホルム会議は「成長の限界」を人間に自覚させるという人類史の転換のはじまりであった．しかし，これはあくまで稀少な資源をいかに保全するかということであった．Sustainable Developmentの理念も，実際の政策対象は環境というよりは資源であった．しかし1992年のリオ会議以後，もとめられているのは資源をこえて，より包括的な環境である．フロンガス，温室効果ガスの規制や生物多様性の保全は資源の保全をこえた課題である．これまでにも自然林，景観や歴史的文化財などのアメニティ問題は観光資源としての価値を維持するという経済目的があったかもしれぬが，これらは経済的に無価値あるいはマイナスでも保全しなければならぬ環境であった．本章の冒頭で環境と資源は区別しなければならぬことをのべた．多くの環境経済学は環境と資源を同一視しているが，それでは地球環境は守れない．

Sustainabilityと責任

　さらに環境の保全は，第5章でのべるようにSustainable Society（維持可能な社会）をめざすことだとすると，二つの新しい課題が出てくる．第1は現在の資源と環境を毀損することなく未来の世代に継承することである．このためには平和を維持すること，現在のような大量生産・流通・消費・廃棄の経済システムの改革がもとめられるだろう．第2は他国とくに発展途上国をふくめた人類の基本的人権（グローバル・ミニマム）を維持することである．これには良好な

社会環境の保全が必要であり，飢餓や伝染病などの疾病といった絶対的貧困の除去をはからねばならない．この場合，西欧型の近代化にひきずりこむのでなく，その民族などの多様な文化(生活様式，宗教，政治習慣など)を保持する条件で生活改善をしなければならない．

越境環境と地球環境という環境概念の拡大は企業や個人の責任を拡大する．これまでのように生活環境を保全すればよいということにはならない．多国籍企業の場合にはホスト国の法律を守っていればよいということにはならない．地球環境の保全を考えた対策が必要となる．さらに維持可能な社会をめざす対策をとらねばならない．

過去の日本の熱帯雨林伐採はこの新しい責任を考える例である．日本の木材輸入業者の開発方法は，港湾，道路を整備して皆伐するために開発地域の森林を枯渇させてきた．フィリピンでは輸出すべき森林資源はなくなり，タイでは国土をおおっていた森林がいまや全体の4分の1となり，災害をひんぱつさせた．このため，1990年代初頭の日本の森林伐採は東マレーシアのボルネオ島サラワク州に集中した．ここは面積1233万 ha で70％が森林だが，そのうち商品性のある樹木が約10％である．ここでは皆伐型の開発によって，開発地点の30％から60％の森が破壊された．

このような熱帯雨林の破壊は自然災害や地球環境の悪化をまねいている．それだけではない．この森に居住し，その生活を森に依存している約80万人の生活に影響を与えた．約300人のペナン族の反乱は彼らの絶望を表している．マレーシア政府はアメリカやカナダのインディアン政策と同じように，電気や水道のある居留地をつくって，近代化のための「囲いこみ」をした．しかし森と共生して，自由に放浪生活をしていた先住民にとっては，伝統的な仕事を失い，生き甲斐をなくし，文化の伝統を断絶することになっている[18]．

同じようなことは，ブラジルの森林の民からもうったえがおこっている．その後，伐採業者は植林をするなど環境再生の努力をするようになったが，原住民の文化と生活様式を維持するという政策はとれなかった．

このように，いまの経済のグローバリゼーションによる開発は，自国の環境はもとより地球環境を保全するという長期の取組みをしていない．ましてや維持可能な社会をつくるために原住民の多様な文化の尊重のうえにたった貧困対策などは考えていない．

いずれにしても多国籍企業によるグローバリゼーションは，国民国家の限界を明らかにし，地球環境保全の総合的できびしい対策をもとめている．

(1) 沼田真『都市の生態学』岩波新書，1987年．
(2) 拙著『社会資本論』有斐閣，1967年，改訂版1976年；拙著『都市経済論——共同生活条件の政治経済学』筑摩書房，1980年．
(3) J. L. Sax, *Defending the Environment : A Strategy for Citizen Action*, N.Y.: Knopf, 1970 (山下洋一郎・髙橋一修訳『環境の保護——市民のための法的戦略』岩波書店，1974年，193-194頁).
(4) 同上訳書，68-69頁．
(5) 同上訳書，185-186頁．
(6) L. Mumford, *The City in History*, London: Secker & Warburg, 1961 (生田勉訳『歴史の都市，明日の都市』新潮社，1969年).
(7) M. Weber, *Wirtschaft und Gesellschaft : Grundriss der Verstehenden Soziologie*, Tübingen, 1921 (世良晃志郎訳『都市の類型学』創文社，1964年．原書の第9章第8節を翻訳).
(8) 都留重人『公害の政治経済学』岩波書店，1972年，49頁．
(9) J. S. Dryzek, *Rational Ecology : Environment and Political Economy*, N.Y.: B. Blackwell, 1987, pp. 72-73.
(10) 財産権の自立と租税国家の成立は，市民革命によっている．J. ロックの思想のように，市民革命時には，財産権の確立は基本的人権の確立であった．つまり，小生産者にとって王や封建領主の支配下にあった財産権がみとめられるということは，営業権が自立するとともに生存・生活権もみとめられることになったからである．したがって，その権利を保護する国家にたいし租税を代償として納め，かつその政治に参加することによって，国家の「公共性」(主権者の恣意で動くのでなく，公衆の基本的人権を守るいみ) を維持しようとしたのである．スミスが「租税は自由のバッジ」であるといったのはこのようないみである．だが，小生産者の支配する経済が資本蓄積とともに変化をし，資本家さらにその結合体としての企業が成立すると，財産権の内部で統一されていた営業権が自立し肥大化する．それは生存権をはなれて一人歩きをはじめる．本文にもあるように，生産手段をもたない，あるいはその行使 (利用) にあずかれない無一物の労働者は生存・生活権がないので，労働力という商品を売らなければいつでも餓死をする運命にある．財産権が基本的人権とイコールである時代は終わったのである．もちろん，現代でも，旧中間層の財産権は生存権でもある．零細な農家の農地は生存のための手段である．そのような財産権が国家や企業の「暴力」から環境を守るために積極的な役割を果たすことは，公害の歴史にみられるとおりである．しかし，全体としては財産の私有制，とりわけ企業の営業権が絶対的に優位をしめると，環境は破壊され，人権が侵害されるといってよい．市民革命期の財産権と国家，とくにその経済的基盤としての租税との関係については，島恭彦「近世租税思想史」(島恭彦著作集第1巻『財政思想史』，有斐閣，1982年) を参照．
(11) 加藤邦興『化学の技術史』オーム社，1980年，11-15頁．
(12) この節の内容は前掲拙著『都市経済論』第2章に詳細にのべている．また，本書に使用した概念「集積利益」「集積不利益」「都市的生活様式」「社会的共同消費の不足」などについては，上の拙著の第1章を参照されたい．
(13) 拙著『現代資本主義と国家』岩波書店，1981年，62-92頁．

(14) このことを先駆的にしめしたのは，ヒルファーディングであろう．R. Hilferding, *Das Finanzkapital : Eine Studie Über die Jungste Entwicklung des Kapitalismus,* Wien: Wiener Volksbuchhandlung Ignaz Brand, 1910, 23 Kap.（林要訳『金融資本論』国民文庫，1955年，第23章）参照．
(15) 拙著『地域開発はこれでよいか』岩波新書，1973年．
(16) W. フリードマンは元コロンビア大学の法学部教授で国際法や公企業論の専門家である．マネタリストのシカゴ大学 M. フリードマンとは反対に，現代の混合経済のもとにあって，国家の積極的役割を主張してきた．イギリスの行政学の権威であったロブソン教授は，この W. フリードマンをたかく評価していたが，残念なことに，1972年大学構内で暴漢に殺害された．Cf. W. Friedman, *The State and the Rule of Law in a Mixed Economy,* London: Stevens, 1971（寺戸恭平訳『現代経済と国家の役割——介入はどこまで許されるか』日経新書，1977年）．私は環境問題の視角からこの理論を位置づけた．拙著『日本の環境政策』（大月書店，1987年）第2章参照．
(17) 高知パルプ生コン混入事件は，その典型であろう．パルプ工場が市内の堀川に汚水を流しこみ周辺住居に被害を与えただけでなく，浦戸湾まで汚染しつづけた．これに反対する住民運動は高知県と交渉をくりかえし県は対策をとることを住民に約束したが，結局はなんらの対策もとらなかった．このため山崎圭次・坂本九郎という2人の住民運動の代表者が生コンクリートを高知パルプの排水口に流しこんで操業をとめるという実力行使をした．このために両者は刑事裁判で有罪とされ，罰金5万円の判決が下った．しかし，この行為は「義士の討入り」にたとえられ，判決の中でも，まことにやむをえない行為だが，民主主義社会のもとでは，司法に「差止め」をもとめることも可能であり，そのような合法手段をとらず，違法な実力行使をしたとして有罪とされたのである．だが，後の大阪空港公害事件の判決をみても，日本の裁判所は行政をこえて「差止め」を容易にみとめない．したがって，環境問題においていままでの例では住民は法的な保護をうけていないといってよい．「座談会 高知パルプ生コン投入事件判決をめぐって」（『公害研究』第6巻第1号，1976年7月）および拙稿「暗闇の「公共性」」（『法律時報』1982年2月号）参照．
(18) レオン・ユー・クウォン「東南アジアにおける日本の経済活動がもたらす環境への影響」，宮本憲一編『アジアの環境問題と日本の責任』かもがわ出版，1992年．

第3章　環境問題の政治経済学

第1節　環境問題の領域

1　環境問題とはなにか

素材面からみた環境問題の定義

　環境問題は体制をこえた人類史をつらぬく社会問題である．環境問題は，自然，人口（その規模と都市などへの地理的配置），生産力（とくに人間の安全と環境保全の技術の水準とその体系）を基底的条件としている．たとえば，山にかこまれた盆地の大都市に工場や自動車などを集積させれば，深刻な大気汚染が発生する可能性がある．だが，このような大気汚染が現実化するかどうか，また現実化するとしてもその発生原因，具体的な被害の状況，防止対策は政治経済制度に規定されている．

　環境問題を素材的に検討する仕事は，自然・生態系については理学，生産と環境保全の技術については工学，都市の国土計画については都市工学（土木・建築学あるいは美学），環境汚染による人間の健康への影響については医学などの諸分野が関係している．これらの分野の諸研究は専門化し縦割りになっているので，相互に情報が交流し，あるいは総合化されることはむつかしい．たとえば，水俣病は人間に発生する前に，植物や動物（たとえば，魚介類，そしてそれを食べた鳥や猫）に影響が発生した．もしも，このエコロジーの変化の情報のいみが生物学者によって十分に解明され，それがやがて人間に現れる危険について医学者に情報が流れていれば，水俣病の発生は防げたか，あるいは被害を小さくしたのではないかといわれている．他の公害問題についても，エコロジーと医学との協力があれば，公害対策は画期的に進むのではないかといわれている．

　しかし，現実には環境問題の研究者はその領域の広さと深刻さにくらべてきわめて少ない．日本の場合，各地域のエコロジカルな変化を経年的定点的に的

確に調査をしている例は，琵琶湖の研究などを除けばきわめて少ない．ましてや，学際的な研究はまったく遅れているし，そのための方法論も確立せず，経験も少ない．したがって，水俣病のみならず，公害問題についての素材面の研究の総合化はこれからである．後述の水俣病やアスベスト災害のように同じ医学の中ですら，労災・職業病の研究の情報が公害の研究者に流れていない．

このような素材面の研究の交流や総合化が遅れているのは，学問それ自体の専門分化のゆきすぎにあるが，それ以上に政治経済の問題である．公害の研究，とくに人体への影響などの公衆衛生の被害についての研究には，汚染の工学的制御の研究などにくらべて，企業も国家も研究費を十分にまわさず，研究組織が維持しにくいのである．それはともかくとして，環境問題の素材面からの研究を土台として，政治経済体制の研究ははじまるのである．

それでは，まず環境問題を素材面から定義してみよう．

環境問題は人間の経済活動とりわけ企業活動にともなって，直接間接に生ずる環境汚染あるいは環境の形状・質の変化などによる社会的損失である．それは人間の健康障害や生活環境侵害などの公害をふくむ広義の概念である．環境問題として政府や学界が対象としているはんいはきわめて広い[1]．すなわち，それには大気汚染・水汚染のような公害問題から，原生林・野生生物の死滅，自然景観や歴史的街並みなどの歴史的ストックの破壊をふくみ，さらには，生物多様性の減損，CO_2やフロンガスの増大にともなう地球温暖化やオゾン層破壊など，すぐには社会的損失とならぬが，将来の人間生活に重大な障害をもたらす要因となるような環境の変化をふくんでいる．

そこで，環境問題を人間の広義の健康（公衆衛生）と直接に関係する公害と，環境の質あるいはアメニティを悪化させる問題（アメニティ問題とよんでおく）と，地球環境問題とに区別をすることができる．これらの損失の状況や原因にはちがいがあり，環境政策のうえでも異なる方法や手段をとらねばならぬが，重要なことはこれらが連続していることであろう．

環境問題の全体像——公害からアメニティへ

図3-1の被害のピラミッドのように公害とアメニティ問題は対立し，あるいは別個のものというのではなく，環境破壊として連続している．アメニティ問題は環境問題の基底にあり，それらが悪化していくと，終極には人間の死亡や

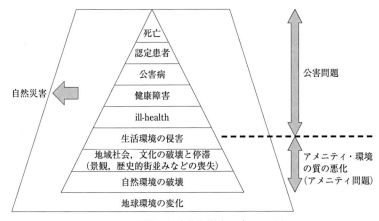

図 3-1 環境問題の全体像（被害のピラミッド）

健康障害の公害が生みだされる．つまり，ある地域で環境の変化＝汚染がはじまると全地域の住民になんらかの影響が出るのであって，この中で公害病患者は生物的弱者であるか，毒物を大量に摂取する条件にあった者である．そして事件がおこった場合，公害病患者が発見されて対策がとられるために，他の住民は病気をまぬかれたといってもよい．そのいみでは汚染地域の住民はすべて被害をうけ公害病にかかる危険性をもっているのだが，患者が犠牲となることによって救われたといえぬこともない．たとえば，水俣病を例にとろう．水俣市の美しい自然や資源はチッソによって独占され，都市計画はチッソを中心にしてつくられ，市財政はチッソの受益を目的とした港湾事業や住宅建設などの公共事業を中心に経営されてきた．このため，用水や用地はチッソが占有した分の残りを他の企業や市民が利用するという生活をしてきた．市民の海水浴場はチッソによって埋立てられた．「企業城下町」[(2)]として，市民は人権や地方自治よりもチッソへの忠誠心のほうに重きをおく精神状況であり，市民の生活向上は企業の発展以外にないという思想をもっていた．このようにチッソの地域独占によってアメニティを喪失した地域であったがゆえに，有機水銀の長期大量流出が黙認され，その影響の最終局面として多数の水俣病患者を出したのである．市民の中には第1次水俣病裁判の原告にたいして，チッソに不当な賠償を要求しているという冷酷な態度をとる者がいた[(3)]．患者はいまもなお孤立しているといってよい．しかし，当時魚介類を摂取していた水俣市民は多かれ少

なかれ水銀中毒におかされているのであって，患者のおかげで規制がおこなわれ，魚介類の摂取が少なかったのである．水俣病は白木博次の指摘するように，認定基準のような末梢神経の麻痺にとどまらず臓器や血管の損傷などの全身症状をしめすので患者のはんいは広くなるが，もっと広くとらえれば健康問題だけでなく，地域社会全体の破壊としてとらえるべきなのである(4)．

　もしも，この被害のピラミッドの全容と，その連続性が医学的に解明され，また社会科学もふくめて総合的に明らかにされていたならば，水俣病問題は被害を最小限にして早期に解決できたであろうし，その後の発生は予防できたであろう．このことは，カナダの北西オンタリオ州の二つのインディアンの居留地の水俣病問題を研究したときに痛感した．水俣病の発生したカナダの居留地のひとつグラッシイナロウは，かねてダムや工場の建設のために先住民のインディアンは移動させられ，狩猟地を失い古い風俗習慣がこわされて居留地内の住民の連帯がなくなっている地域であった．1960年代から70年代にかけて水銀中毒がはじまると，漁獲が禁止され，観光が制限されたので，住民は失業し絶望的になり，自殺やアルコール中毒が増大した．比較的に軽い水銀中毒症状が水俣病としてみとめられず，アルコール中毒と誤認されることによって，水俣病が政治的にかくされようとしていたのである．もしも日本で，重症の典型的な水俣病のみならず水銀中毒症の全容が明らかにされていたならば，カナダの水銀中毒事件は未然に防げるか，またはもっと軽度の損害で防止できたであろう．またケベック周辺の水銀中毒事件の隠蔽も防げたにちがいない．一方，対策の面では患者の救済はもとより絶望的な状況におちいった居留地の雇用や生活の再建など，つまり被害のピラミッド全体の救済が同時にもとめられている．水俣市やインディアンの居留地の公害問題をみると，患者を救済するだけでなく，地域の経済・社会や文化の再生，つまりアメニティの復元——環境再生なくしては，最終的な解決はないことがわかる．このように環境問題には総合対策が必要であるといういみでも，公害とアメニティ問題は連続している．

　公害とアメニティ問題を分断するためにおこる混乱の例をもうひとつあげよう．中国の青島市は，七つの海水浴場をもち，ドイツ居留地時代の赤い屋根の街並みを生かして，その後も建築物の高さや色を規制した美しい観光地である．同時に，ここは日本の植民地時代からの繊維工業をはじめとする工業都市である．この都市の南東部の海岸には200mの巨大な発電所の煙突があった．こ

れはおそらく，それ自体としては環境保護法の基準に適正なのであろうが，観光地の景観としてはまことに不適合であった．これは日本の各地の発電所の高煙突と同様で，公害対策だけを考えて，周辺の自然や街並みの調和というアメニティをまったく考えていないためである．高煙突は次章にのべるように「転位効果」があり，公害対策としても不十分である．この点では，後述のフィンランドの石油コンビナートが，高煙突による拡散という対策に疑問をもって，松林の高さにマッチした低い煙突をたてていたのが印象的であった．これは工場の責任者にいわせれば，四日市の公害に学んだことによるといっているが，周辺のアメニティを考えれば正しい対策である．

公害とアメニティ問題は連続して把握し，対策も総合的にたてねばならないことは明らかであろう．

2 「中間システム」からみた環境問題

時間と計画原理

環境と政治経済体制とは変化の時間がちがう．この時間の視点は環境問題を考えるうえできわめて重要である．自然は数千年あるいは数万年の単位でゆっくり変化する．人工的空間である都市の街並みは戦災にあわなければ，1世紀，あるいはローマのように数千年以上も存在する．ところがこの歴史的ストックとしての環境という容器の中で運動をする政治や経済は短期間に変化をする．企業の決算は四半期(3カ月)ごとである．耐久的な手段である機械や装置は，10-20年のうちに償却されてしまう．産業構造のように，比較的ゆっくりと変化するものでも，産業革命以降は半世紀に1度は劇的な変化をしている．政権は4-6年の選挙によって交替し，長期政権といっても20年未満である．

したがって，短期的な経済・政治目的のために環境の形状を変化させた場合，それが災害をまねいたり，あるいは永久にアメニティを失わせる結果をまねいてしまう．たとえば，総合的で長期的な目的でつくったはずの多目的ダムが，電力事業などの特定の経済目的のために利用され，水の放出に失敗してダム災害の原因となっている．自然破壊によって，水不足や長期的な災害の原因となっている．海水浴場を埋立ててつくった臨海コンビナートは，産業構造の変化とともに遊休化してしまったが，もはや，その地域をもとの美しい海岸に復元することはむつかしい．近年，ヨーロッパでは歴史的街並みの保存が進みつつ

ある．これはフィレンツェやヴェネツィアをみればわかるように，都市景観が最高の芸術作品として完成しており，かりに経済的に事務所機能をもつインテリジェントビルが必要であっても，その価値よりも環境を破壊する損失が絶対的に大きいことがわかってきたためである．たとえ，その街並みが封建制の産物であったとしても，それを保全することが，未来社会のための「革新」なのである．しかし，このような例は世界的にみれば一部の地域のことであって，多くの国では，臨海コンビナートやインテリジェントビルの立地という短期的な経済目的のために海岸や街並みをこわして，永久にアメニティを失う行為がつづいている．

つまり，変化の期間が長い環境を改造するためには短期的な利潤目的をもってうごいている私企業の原理は妥当しないのである．計画の原理が環境保全には不可欠であることが，この時間のちがいから明らかであろう．素材面からみて価値の大きい環境を破壊するのが私企業の自由な空間利用という体制の論理であるとすれば，環境を保全するのも，計画という体制の論理なのである．

時間の概念は被害についても指摘できる．公害には四日市ぜんそくのように急性の高濃度汚染もあるが，これは事故にちかいような深刻な事件であって，多くの公害は微量汚染物の長期の複合汚染[5]である．とくに個別の発生源の規制が強くなると，このような状況が多くなってくるであろう．この場合にはガンや内臓の長期疾患のような症状が多くなるであろう．アスベストによる影響の潜伏期間のように，原因物質の摂取と発病の間が10-20年，放射能は数世紀，水銀やアスベストは永久に汚染する．このような場合，たとえ微量の汚染物質の排出であろうとも，あるいは過去に原因がさかのぼるとしても，汚染源の私企業の責任は避けがたい．この場合，市場原理にみあうようにPPP(汚染者負担原則)で課徴金をとるといっても，長期微量複合汚染の被害の場合，効果はとぼしい．計画の原理を働かせて予防する国家の責任がどうしても要求されてくることになる．このように時間の概念の必要な環境問題は体制の論理をいれざるをえないのであって，時間概念は素材と体制とをつなぐ「中間システム」のひとつであるといえるであろう．

経済構造との関連

「中間システム」としての経済構造の性格は，環境問題の原因や対策に決定的なみをもっている．なかでも産業構造と地域構造は環境問題を規定する．人類はその歴史の大部分を農業を中心とした産業構造によって支えてきた．日本の場合においても，1世紀前には約4分の3の産業人口が農業に従事していた．江戸期には城下町が形成され，とくに江戸は100万人という世界最大の都市であったから，ここでは先端的な都市社会が形成され，環境問題はおこっていたというものの，工業化をともなっていないので国土全体としては農業社会であった．農業社会は日本の社会史の大部分の時代をしめるものである．つまり，この期間の環境の変化はきわめてゆっくりとしたものであり，環境問題は局地的にしか発生しておらず，それは重大な社会問題ではなかった．当時の農業は環境の枠の中にある産業であって公害はおこさなかった．産業革命にはじまる工業化と都市化が環境問題の爆発をよんだといってもよい．とりわけ，工業化の中でも，素材供給型の重化学工業の発展と，都市化の中でも大都市圏の形成は，環境問題に決定的な影響をもっている．このことは，体制をこえて共通の問題点であるといってよい．中国あるいは新興アジア工業諸国は，重化学工業化と大都市化によって，ちょうど高度成長期の日本と同じような多様で深刻な環境問題に直面している．

では，重化学工業化と大都市化にともなう環境問題が体制をこえてまったく同じ性格をもつかといえば，それは異なっている．もっとも大きなちがいは重化学工業の立地，都市計画，人口移動，資源利用の面である．資本主義社会では，高度成長期の日本を典型とするように，私企業の自由が原則であり，国家は私企業の発展を規制するよりは助成した．産業構造のあり方はそれぞれの業種の利潤率の競争の中で決まるのであって，アメニティや公害防止を目的として決まるのではない．都市化についても同様である．集積利益をもとめて企業が大都市圏へ自由に集中すると，人口も自由に集中をつづけた．産業構造の変化をうながしたのは公害反対の世論や運動によって環境政策が前進をはじめたこともあるが，それ以上に，素材供給型重化学工業の過剰投資による生産過剰，石油ショックによる原油価格の上昇と技術革新による軽薄短小といわれるハイテク産業や情報産業の発展によっている．他方，大都市化の抑制は革新自治体の都市政策の成果もあるが，地価上昇などの事業所立地の困難からはじまって

いる．現代の社会主義国は後述のように，資本主義国と相似の企業主義と国家主義を原理としているので，総合的な計画原理が十分に働いていない．

日本をはじめ先進工業国では低成長をむかえ，重化学工業化と大都市化という環境問題にとっての嵐の時代が終わろうとしている．この結果，「中間システム」からみれば，環境保全をおこないうる経済構造へ転換をはじめたといってよい．だが，私企業の論理がつらぬいているため，環境問題は発展途上国に輸出されて国際化し，他方，国内でもリゾート基地などによる自然破壊となって形をかえて現れはじめている．このことは後にとりあつかいたい．いずれにしても，環境問題の枠組ともいうべき経済構造は商品や貨幣と同じように経済体制をこえた広義の経済学の概念であり，独自の発展の論理をもっているが，体制的な規定をうけて資本主義社会では，その影響が極限にまで達するといってよい．

では次に環境問題を公害とアメニティにわけて，その政治経済学的な概念を吟味してみよう．

第2節　公害問題と資本主義

1　公害の基本的特徴

環境問題の性格は，公害にもっともよく表れている．公害には次の三つの特徴がある．

生物的弱者

第1は，被害が生物的弱者からはじまることである．先述の水俣病のように，公害の前史は汚染に弱い植物や動物の損傷や死滅からはじまる．そして，人類の場合，環境が悪化すると抵抗力の弱い病人，高齢者や子どもがまず健康を害する．公害健康被害補償法認定患者のピークの1987年3月末現在，日本の大気汚染認定患者9万8694名の年齢別構成をみると，14歳以下の年少者が33.9％，60歳以上の高齢者が28.5％で合計して62.4％になっている．これは水俣病の場合にも同様で，発病時には年少者(胎児性水俣病患者をふくむ)や高齢者が多かった．いまは圧倒的に高齢者でしめている．イタイイタイ病の認定患者は中年の経産婦の発病が中心であったが，これはカドミウムによる腎不全が

妊娠という生物的弱者の状況にあった時に発病の原因をみたといってよい．

　病弱者，高齢者と年少者に被害が集中するのは，生物としての性格によるだけではなく，社会的行動様式にも原因がある．これらの人たちは1日の行動圏が住居を中心とした学校区のような狭域社会に限定されている．汚染は食物連鎖や大気拡散などによって，地理的には汚染源とは離れた場所におこる場合もあるが，局所的な場合が多い．これらの生活行動が狭域に限定されている人たちは，24時間，汚れた空気を吸い，汚水を飲み，騒音・振動にさらされることになり，被害が深刻になる．この人たちと同じように「全日制市民」とよんでいいような，専業主婦や自営業者の場合も局地汚染の被害にあいやすい．このことは大気汚染認定患者のうちで，20代から50代の青壮年層の部分で男性より女性に被害者が多いことに表れている．たとえば，自動車大気汚染の被害は典型的に専業主婦に現れる．

　被害者が生物的弱者や専業主婦を主体とするということは，資本主義社会において公害が経済問題となりにくく，公害対策が遅れた理由のひとつである．なぜならば，病弱者，高齢者，年少者や専業主婦は企業に雇用されていないために，彼らの被害は企業にとって，なんらマイナスにはならない．個別企業にとって損失とならないだけでなく，短期的には資本主義経済全体にとってもマイナスにはならない．むしろ，公害患者の発生による医療費の上昇は医薬企業にとっては新しい市場を生みだし，GNPのプラスとなって表れる．この社会では，人間は商品として売買される労働力として評価されるのであるから，労働力を商品化していない生物的弱者は市場価値がなく，その健康問題は経済の中ではきりすてられてしまう．つまり公害は資本主義企業あるいは国民経済の損失とはならず，その点では労働災害とはちがうのであって，自動的に救済あるいは防止策がとられないのである．またこれは労働組合が企業内対策を労使交渉で要求できる問題でもない．したがって，資本主義の市場原理の外側から社会的正義あるいは人権の擁護という立場で公共的介入をしなければ，公害は社会問題化せず，また公害対策ははじまらないのである．

社会的弱者
　第2は，被害が社会的弱者に集中することだ．第2章でみたように，現代社会では企業とくに大企業が環境を独占する傾向がある．良好な環境をもつ住宅

地は高価となり，高額所得者が居住する傾向がある．たとえば，少しデータが古いが1991年大阪市内に立地する一部上場企業(大企業)常勤重役2647名中，環境の劣悪な大阪市内に居住する者は197名(全体の7.4%)にすぎず，高級住宅地として有名な西宮，芦屋，宝塚，神戸などの兵庫県に889名(33.6%)，他は大阪府下でも豊中などの環境のよい都市や京都・奈良両市に住んでいる．大企業は集積利益をもとめて大阪市へ集中し，ここは面積当たり日本一の製造出荷額をもっている(1999年東京都区部の1.6倍，全国平均の51倍)のだが，それから生ずる集積不利益も日本一で，みどりが少なく，大気・水汚染もひどいので，重役たちはその所得源の大阪市から逃避しているのである．大阪市は大阪府下33市中，1人当たりの個人市民税は19位(2005年度9万7086円)，兵庫県芦屋市の28万8115円にくらべ34%にすぎない．つまり，大阪市は日本ひいては世界の有数の商工業都市であるが，低所得者の街なのである．日本でもっとも人口当たりの公害病認定患者の多い大阪市の西淀川区，大正区などの臨海部は，その中でも，低所得者層の人口が集積している地域である．これは川崎市南部，尼崎市南部，名古屋市南部などの古くからの臨海工業地帯に共通している．しかも，これらの地域は，工場の汚染がひどかっただけでなく，幹線道路や高速道路が区域内に設置され，自動車汚染も相乗している．

　一般的にいって，汚染地域の住宅は事業所に隣接しているので，交通費が不要であり，環境が劣悪な反面地価や家賃が安く，また物価が安いので低所得者が居住している地域である．低所得者の住宅の質は悪いので，大気汚染や騒音・振動などの被害にあいやすい．低所得者は栄養条件も悪く，疾病にかかりやすい．彼らは公害が発生した場合に，対抗策として，自前で二重窓に改造し，エア・クリーナーをつけるというようなことはできず，また専門的な良い医療をうけたり，弁護士に依頼して法的救済をうけることも困難である．日本の場合は，医師，弁護士あるいは研究者が自発的に集団となって被害者の側にたって無料あるいはそれにちかい形で被害者の救済とそのための調査研究をしているが，アメリカのアラマゴールド水銀中毒事件と農薬キーポン中毒事件やカナダのインディアン水俣病事件の被害を現地で調べた経験によると，低所得の被害者は適正な医療をうけられず，また資金が不足するために裁判すら継続できない状況である．E.J.ミシャンは『経済成長の代価』の中で過去10年のイギリスの高速道路などの道路建設を例にとって，道路公害の被害者はつねに労働

者階級ないしは下層中産階級であるといっているが，欧米の場合も日本と同様に汚染の影響をうけやすく，また救済の困難なのは社会的弱者なのである[6].

　先に大阪市を例にとったが，公害の深刻であった川崎市南部，富士市，四日市市，尼崎市南部などの工場都市には，汚染源の社長・重役はもとより，工場の管理者とその家族は住んでいない．工場長はほとんど単身赴任をしている．その理由は現地にはよい学校や病院もなく，環境が悪いというのである．高額所得者は，居住の選択が自由であり，居住環境が汚染されても，住居は堅牢で騒音や振動にあわず，エア・クリーナーをつけ，汚染されていない食品を選択できる．かりに公害にあっても，専門の医師や弁護士をえらぶことができる．社会的強者たる大企業の経営者や有力な政治家のみが公害にあうとするならば，自主自責にまかせても解決は可能である．したがって，公害は，人道上の問題であっても，政治経済学がとりあげるべき問題ではないであろう．

　政治経済学が公害を重視するのは，被害が社会的弱者に集中し，貧困と相乗して生活困難を生みだすためである．公害の被害者は貧困な農漁民や労働者階級を中心とする下層市民であり，欧米ではとくに少数民族である．近年は多国籍企業の進出によって，産業公害の被害者は次第に発展途上国の社会的弱者になる傾向が出ている．このような経済的特徴をもっているために，ここにはM.フリードマンのいう「選択の自由」はない．自主自責という資本主義の原理にまかせれば，社会的不平等がおこり，被害は救済されない．どうしても公的救済と公的対策(所得保障，安全な住居，適正な医療などの総合的な対策)が必要となるのである．ローマクラブのいうように，汚染は終局的には地球人類全体の損害へとつながっていくのだが，環境破壊による損失，とくに健康障害あるいは死亡には経済的序列がある．環境破壊がはじまると，まず貧困者が犠牲に供されるのである．この社会では貧困者の被害は放置され，それが金持ちあるいは社会的地位の高い人たちにも恐怖を与えるようになるか，マス・メディアの手で社会問題化して，初めて本格的な対策がはじまるのである．

絶対的不可逆的損失

　第3は，公害をふくむ環境問題が，他の経済的損失とちがい，事後的に補償が不可能な絶対的不可逆的損失をふくんでいることだ．資本主義経済には補償原理があり，ある経済行為によって利益をうるものは，損失をうけたものにそ

の利益の一部で補償をすることによって，社会的公平が達成されるとされている．だが，公害・環境破壊には，この補償原理は十分に作用しない．たとえば，臨海コンビナート開発を例にとろう．海岸を埋立ててコンビナートが造成される場合，補償原理によって，コンビナートの企業(埋立て主体が支払う場合でも，補償金は地価にふくめて売るので，実質的には企業)から漁業権を喪失する漁業者には漁業補償金，海浜を利用していた海水浴場業者には見舞金が支払われる．しかし，このコンビナートが操業後公害を出した場合には，この補償原理は自動的に働かない．世論や運動の結果，公害の事実と加害の責任がみとめられた場合に，公共団体が条例あるいは法律をつくって行政的に補償するか，裁判や直接交渉で企業責任がみとめられて，初めて賠償がおこなわれる．

　資本主義社会では，人間の健康や生命の価値は，稼得能力(商品としての労働力の生涯価値)を基準にして貨幣に換算して評価する．被害者が金銭賠償をうけるのは当然のことであるが，問題はこれによって被害者が原状に回復しないということである．たとえば新潟水俣病患者今井一雄はエリート農民であり，余暇はギターを弾く気性の明るい青年であった．水俣病の結果，彼の手足は麻痺し，農業経営を創造するたのしみを失い，二度とギターを弾くこともできなくなった．この青年が裁判で900万円の賠償金をもらったが，それによって彼の健康は回復せず，彼の輝かしい農民としての人生はもとにもどることはない．

　このように，公害病は治癒できない場合が多い．ましてや死亡してしまえば，賠償をうけても，生命はもとにもどらない．

　このような不可逆的損失は自然や街並みの破壊についても発生する．ハイテク企業などによるシリコンバレーの地下水の汚染，工場・家庭排水による琵琶湖やアメリカの五大湖など閉鎖水面の汚染，あるいは開発による瀬戸内海の埋立てや奈良の歴史的景観のある丘陵地の宅地開発などは，とりかえしのつかない損失をまねいているといってよい．イタリアのヴェネツィアは，対岸の石油コンビナートの建設によって，大気汚染と地盤沈下が進行しているが，この中世都市の博物館といってもよいヴェネツィアをもう一度再生することは困難であり，いまの状況は人類史の遺産を失いつつあるといっても過言でない．

　絶対的損失とは，①人間の健康障害および死亡，②人間社会に必要な自然の再生産条件の復旧不能な破壊，③復元不能な文化財，街並みや景観の損傷などである．このような損失は事後的な補償では不十分であり，損失のおこる行為

図 3-2 社会的損失

を停止するか，予防しなければならない．かりに経済過程において絶対的損失が発生した場合には，ただちに，その生産，交通を一時停止し，危険商品の取引や消費を差止め，代替手段をさがし，もし代替手段がなければ，そのような生産，流通，消費は完全に停止しなければならない．このように，公害・環境破壊は賠償だけでは対策にならず，差止めが必要なのは，絶対的不可逆的損失が生まれるためである[7]．

　絶対的損失が発生して以後，どれだけ貨幣的補償をしても，社会的損失は回復しないとすれば，環境アセスメントなどをおこなって絶対的損失が発生しないように予防することが望ましい．開発行為にあたっては，費用便益分析がおこなわれることがあるが，それだけでは不十分で，環境アセスメントが必要な理由はここにある．したがって，アセスメントによって絶対的不可逆的損失が予測される場合は，開発の方法などを変更するか，対策がみつかるまで延期するか，あるいは中止すべきことになる．

　予防や差止めという対策は，他の経済政策とちがって，企業や個人にとってきわめて厳格であり負担が重くなる可能性がある[8]．そこで，政府や企業は絶対的損失の範囲をできるだけ小さくしようと考える．科学の未発達もあって，相対的損失と絶対的損失とは明確に区別できず，**図 3-2** のようにその中間に「薄明」の部分がある．たとえば，大阪空港や新幹線の公害事件では，騒音被害がこの「薄明」の部分とされた．政府や当時の国鉄は，騒音や振動は水俣病のように重症の病気はおこしていないので，相対的損失であるとして差止めをみとめず，損害賠償ですませようとした．しかし，被害者は騒音や振動に絶え

ずなやまされ，いらいらしたり，不眠になり，明らかに不健康な症状が現れて絶対的損失が生じているとした．そして，大阪空港事件では夜9時以降翌朝7時までの夜間航行の停止，新幹線事件では110 kmへの減速という差止めを要求した．裁判所は政府や国鉄の主張をみとめて，差止めはみとめなかった．騒音や振動による健康障害がつづけば，病気へと進行する可能性はとくに生物的弱者には大きい．また，かりに難聴のような明確な疾病にならなくても，正常で健康な生活や家庭の静穏な中での夜間の団欒がうばわれるというのは，絶対的損失と考えてもよいのではないか．アメニティの要求が切実になれば，絶対的損失の範囲が大きくなってくるであろう．この「薄明」の部分は，絶対的損失と認定して対策（差止めあるいは住居の移転）をたて，もし科学的な安全が保証されれば，その段階で相対的損失とすべきではなかろうか．科学的に100％証明されないからといって，絶対的損失をみとめず，差止めをのばしてきた失敗は，水俣病や四日市ぜんそくなどの過去の公害事件で経験ずみのことである．

2 公害とはなにか

定 義

庄司光と私は，『日本の公害』において，現代の公害問題を次のように定義した[9]．少し修正して再記しよう．

公害とは，①都市化工業化にともなって大量の汚染物の発生や集積の不利益が予想される段階において，②生産関係に規定され，企業が利潤追求のために環境保全や安全の費用を節約し，大量消費生活様式を普及し，③国家（自治体をふくむ）が公害防止の政策をおこたり，環境保全の支出を十分におこなわぬ結果として生ずる，④自然および生活環境の侵害であって，それによって人の健康障害または生活困難が生ずる社会的災害である．したがって，公害は自然災害とはちがって，経済政策や経済制度の改革や変革によって，制御または防止できる社会問題である．公害は現代社会に共通して発生しているが，国民経済の成長率が高く，企業の競争がはげしく，産業構造が汚染型であり，大都市化が急速で，大量消費生活様式が普及している国で，かつ基本的人権が確立せず，言論出版の自由や住民参加などの民主主義（とくに地方自治）の未発達あるいは総合的文化や環境教育の未熟な国ほど，深刻な様相を呈している．被害者は労働者階級，農漁民を中心に貧困階層や差別された少数民族に集中して現れるの

で，他の貧困問題と相乗して社会問題化するのである．

　この定義は都留重人の定義[10]をはじめとする1970年代初頭の論者の意見を参考にして，日本の実態をふまえてつくったものである．第1章でのべたように，素材から体制へという規定にプラスをして中間システムを総合したものである．基本的に修正をする必要はないが，その後の変化をふまえて，若干の説明をつけ加えたい．

現代社会主義と公害

　まず，この規定は現代資本主義の公害についてのべたものだが，社会主義の公害をどう理解するかである．20年前には，社会主義の公害をめぐる論争が重要であった．当時の私の見解は次のようである．旧東欧や中国では高度成長期の日本と類似のあらゆる公害がおこっている．この原因を考えてみると，現代の社会主義国は資本主義をのりこえた未来の社会形態としてとらえてよいかどうかという基本問題とかかわってくる．たとえば，中国が台湾にくらべて，著しく生産力が低く，かりに商品生産のみで表示すると，1987年度で台湾は1人当たり国民所得は5000ドルだが，中国は300ドルであり，他の生活水準でくらべても格差が大きいのはなぜかということである．台湾は大学への進学率は日本と同様で世界でも最高の教育水準をしめしている．台湾には貧富の大きな格差があり，社会保障が十分でなく，公害問題が深刻化しつつある．また国民党独裁政治を離脱してからの民主主義の歴史は短く，国際的には孤立し，アメリカとの関係など多くの問題がある．しかし，中国と台湾に著しい生産力や教育文化水準の格差があるのはなぜかということは，十分に検討すべき課題と思われる．

　今後の研究の発展をみねばならぬが，私は現代社会主義国について次のように考えるとのべた．現代の社会主義国の多くの国は，資本主義の十分な成熟の中から誕生したのでなく，いわば封建制末期か資本主義の未成熟な時期に，市民革命を経ずに，あるいは不完全な革命のままに誕生したという特殊な性格をもっている．このため技術水準などの生産力が低位であり，生産関係を未成熟なものにし，基本的人権，民主主義が確立せず，文化水準や自治能力を低位なものにしていることは疑いもない．つまり現代社会主義国は現代資本主義国にくらべて人類史の先進ではない．むしろ近代，とりわけ自由競争の過程が未成

熟なため，経済面では合理的な専門の経営技術や管理能力をもった経営者層が生まれず，他方，労資紛争の中で近代的労働条件を確立するのとひきかえに，商品生産者としての社会的責任をもつ労働者が誕生するような生産システムが未確立なまま社会主義国となったのである．また政治的には市民社会の個人の自我の確立，言論・思想の自由，基本的人権と民主主義の形成のための闘争が十分におこなわれなかった．したがって，政治から自立して自由な言論や思想の表現をもつジャーナリズムや大学・アカデミーが育っていない．三権分立が実質的には成立しておらず，管理能力をもった経営者や官僚が少ないので，戦時型あるいは革命中のような一党独裁でなければ，秩序が維持できない．つまり，現代社会主義国は，たてまえはともかく実質は資本主義国にくらべて，人類史上の完全な先進国(社会)とよべるに値しない．むしろ，近代化の道程としては後進的であって，かなりの長い期間，近代化を追体験せざるをえない状況である．もちろん，社会主義的計画経済をとっている利点は，宇宙・軍事技術のような特定部門が発達しており，低位の生産力のもとでも生活の安定が保障されていることである．しかし，全体として評価すれば，上述のように近代化の後追いをしているといってよいのでないか．かつてポーランドが生んだ偉大な経済学者O.ランゲは社会主義経済では社会的費用を内部化できるので公害は発生しないと考えていた．しかし，ポーランドや中国に招待されて私が調査したところでは，現在の社会主義国においては，公害防止の技術開発は日本より遅れ，環境アセスメントの実施や公害防止費用の事前コストへの組入れなどはできていない[11]．中国の場合も，これらの制度化をこころみてはいるが，この点では公害対策をとっている台湾にくらべ，けっして先進的ではない．しかも困難なことは本源的蓄積が不十分なために，慢性的に資本と有能な労働力の不足をまねき，そのうえ，軍事費が大きく，その条件のもとで資本主義に追いつき追いこせという急激な成長政策をとっているため，企業の環境保全支出や政府の公園・下水道などの社会的共同消費手段への投資はあとまわしとされがちである．つまり，国民経済全体が生産力を上げるために，国家主義的な競争を進め，極大の生産をあげることを目的とした企業主義の原理でうごいているので，生産と人間環境とのバランスのとれた計画を進めるという原理が不十分にしか働かないのである．

　このような国家主義と企業主義の条件で，しかも，一党独裁のもと，特定の

教義が全生活を指導する社会において生産手段が国有化されていると,公害問題は発生しやすく,また防止がむつかしい.公害を告発する世論や運動はおこるが,国有企業であるために,民事的な裁判が政治的になる場合がある.また,国有企業の過失を指摘し,基本的人権をもとめる運動が反政府運動のようにとられて発展しないといわれている.新聞の多くも国有化されて政府と一体化しているので,住民運動について十分な報道をしないといわれている.これらの現象は,非民主主義的な一部の資本主義国と同様である.日本では大企業と政府が密着し,三権分立の民主主義が弱く,つねに営業権・財産権が他の基本的人権より優位をしめ,昭和天皇重体時の自粛にみられるように,実質的に言論に偏向がみられるので,現代社会主義国の実情はおどろくべきことでないかもしれない.しかし,人類の未来をひらくと自賛してきた社会主義国が日本と相似の現象をひきおこしており,市民社会としてみれば日本より遅れているというのは,その体制に基本的な欠陥が内在しているといってよいのではないか.

　社会主義の公害について,これまで,生産力の低位,中央集権的官僚主義,一党独裁にみられる民主主義の未発達,人権や文化の未熟さなどに原因をもとめてきたが,おそらく,その原因は生産関係にもとめねばならぬのではなかろうか[12].生産力の水準の長期にわたる低さや上部構造の非近代性は現代資本主義と相似の部分の多い生産関係にもとめられるのではないか.いずれにしても,公害問題や環境政策からみるかぎり,現代社会主義は,マルクスの考えた「自由の王国」という未来社会へ向かう先進的な生産関係をもっているとはいえず,また,現代資本主義国と基本的にちがった未来の段階にあるとはいえない.むしろ「近代化」の過程にある「発展途上型社会主義」といってよいのでないか.さて,このように現代社会主義をみるならば,これらの国で公害が発生しているからといって,公害の本質は都市化工業化に必然的にともなうとして,体制的な原因,あるいは生産関係に由来することを否定し,政治経済学的考察を避けるのはまちがいであろう.かつてのソ連・東欧諸国や中国の公害は,現代社会主義の生産関係によっており,そのうえで中間システムに原因をもとめねばならないだろう.そのいみでは政治経済学の対象となりうる.ソ連・東欧の社会主義体制が崩壊したいまでも,この見解はかわらない.

　また,現代日本の公害は,まさに現代資本主義の生産関係,中間システムから説明して,それとともに日本の歴史的特殊性から明らかにされるのである.

公害は体制概念でなく機能概念であるという新古典派の考え方は，日本の現実をみればまちがいであることはすぐに明らかになろう．日本の公害問題ひいては環境問題は，水俣病，自動車の排ガス規制問題あるいは大阪空港公害事件のいずれをとっても，企業の利潤原理とそれを守る企業国家のごとき政府の政策からおこったものであり，瀬戸内海埋立や東京湾の改造のような環境問題は，一企業の失敗でなく，まさに資本主義の体制的な失敗なのである．消費者の責任のようにみえる自動車公害，都市再開発やリゾート開発による自然破壊も，自動車資本，不動産資本や観光資本とその意思にしたがう政府の行動を規制しないでは，基本的対策はとれないのである．公害を体制概念とせずに機能概念とする主張は，その主観的企図にかかわらず，公害の原因を説明できず，加害者たる企業・政府・自治体を擁護し，有効な環境政策を提示できぬことになってしまう．住民の世論と運動を背景にして資本主義的企業活動に公共的な介入ができねば，公害はなくならない．公害対策について市場原理あるいは企業間競争が有効に働いて，汚染物の削減が進む場合があるが，それはすでに公害防止の政策や制度ができていて，かつそれが厳格に働いている場合である．

公害とその他の災害との関係——災害論の全体像

公害は環境汚染・破壊にともなって生ずる社会的災害であるが，現代では類似の被害がふえている．産業公害の場合，労働災害・職業病との連続性がきわめて重要である．なぜならば，労働者は労働過程において，高濃度の有害物質に曝露し，いわば公害の実験動物とされているようなものである．この有害物質が煙突や排水口を通じて環境を汚染すれば公害となる．そこで，労働災害や職業病の経験が公害病の解明に役に立ち，また，労働災害や職業病の防止が公害の防止のいとぐちになるといえる．しかし，現実には先述のようにマルクスが『資本論』の中で，不変資本充用上の節約の一例として，労働災害・職業病の防止費用を企業が節約すると指摘したことが，いまなおつづいていて，この研究や対策が遅れているので公害の参考とされていない．かりに，深刻な労働災害・職業病がおこっていても，それが企業の外の公害対策にすぐに役に立つのではない．むしろ労災の事実が無視されているのが現状である．

たとえば，アセトアルデヒドの製造工程で有機水銀が使用されるようになったのは，1910年代であり，1937年にはその労働災害を報告した研究論文がド

イツで発表されている．また戦後，水俣病公式発表直後に調査にきたアメリカの公衆衛生官がこのことに言及している．にもかかわらず，第4章でのべるように，水俣病の原因解明は企業と政府の妨害もあって，熊本大学研究班は6年以上も血の出るような思いでとりくまねばならなかった．先にものべたが，アスベストの被害も非常に早くわかっていたが，発症までに 10-50 年かかるという潜伏期間があることもあり，完全な検証には長い年月がかかった．ニューヨーク市立大学医学部環境研究所のセリコフ所長らのグループによる，アスベストを使用した労働者の健康の悉皆調査というおどろくべき成果によって，ついにアスベストが肺ガンと中皮腫の原因となることがつきとめられ，1970 年代後半から，多数の裁判がおこなわれている．しかし，日本では 2008 年にようやく全面禁止となるが，1980 年代には年間約 30 万トンのアスベストが使われている．アスベストの労災についての解明は遅れており，その環境汚染の影響評価ははじまったばかりで，ようやく学校など公共施設の一部の補修がおこなわれた．先述のアメリカのヴァージニア州ホープウェル市で発生した農薬キーポン事件のように，化学物質による労災と公害との連関のような事件はこんご大きな問題となろう．だが，労災は資本主義企業にとって直接の被害を生みだすが，産業公害は先述のように企業外の住民の被害であって，企業の生産過程の損失とはならない．そのいみでは両者は異なる．

　また図3-3のように，近年商品の消費や廃棄にともなう公害が多くなっている．薬害・食品公害などは，「公害」ということばを使っているが，環境汚染ではなく，商品流通という資本主義の営業それ自体のひきおこす災害である．本来商品とは社会的有用性をもつものであって，それが反対に害悪を与えたといういみでは，薬害や食品公害は商品流通の基本的な性格を侵すもので，明確な犯罪であろう．

　薬害・食品公害は私企業の利潤追求による安全の軽視とそれをみとめた政府の規制の欠陥によっておこるという点では，公害と共通している．しかし，公害は正常な商品生産・流通・消費の過程でおこるのであって，薬害・食品公害のように商品そのものが有害なのではない．また水俣病などは食品を通ずる中毒であるが，森永砒素ミルクとはちがい，環境汚染を媒体にしているという点では異なる．食品公害や薬害は，そのいみでは環境問題とはいえない．アスベスト災害は，生産過程における労働災害，労働者家族や周辺住民の公害，商品

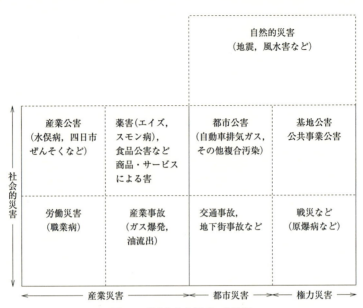

図 3-3 災害と公害(災害の全体像)

公害(3000種にのぼる商品の消費にともなう被害，とくに解体時の公害)，そして廃棄物公害という経済の全過程にわたる複合型ストック災害である．

　佐藤武夫らが明らかにしたように，災害は素因と拡大因がある[13]．自然災害では素因は自然的エネルギーだが，拡大因は都市の安全無視の構造や防災対策の欠陥など社会的なものである．またその社会的諸結果をみると，経済的弱者としての労働者階級などの都市の下層民や農漁民を主たる被害者としている．日本では，このいみで自然災害は人災といわれるように社会的災害ということができるかもしれない．広いいみでは公害は災害の中に包摂されうる．また，環境問題の中には，工業用水・ガスの過度くみ上げによる地盤沈下地域が風水害にあうというように，公害と自然災害が複合するものがある．おそらく，自然破壊や地球規模の環境汚染の帰結は自然災害であろう．そのいみでは，環境問題は自然災害をその社会的結果としてふくんでいるが，素因は必ずしも地震や台風のような自然そのものではない．人間の活動，とくに企業活動が素因である．むしろ拡大因が自然の影響といえる場合が多い．また，公害やアメニティの喪失は自然災害とはちがう独自の社会問題である．その対策や社会運動の

あり方も独自性をもっている．そのいみでは，公害の自然災害との共通性と同時に独自性を明らかにする必要があろう．

第3節　アメニティの政治経済学

1　アメニティとはなにか

イギリスの経済学者E.J.ミシャンは，『経済成長の代価』の中で，財産権とならんでアメニティ権(14)の確立の必要をといている．1970年代にはいって，日本でも公害対策が一定の前進をすると，アメニティをもとめる住民の世論と運動が大きくなった．しかし，戦後の日本ではアメニティにあたるような日本語がないほど，自然や街並みなどの環境が破壊されてしまった．それだけに，改めていまアメニティの再認識とその確立がもとめられているのである．

定　義

アメニティとは，市場価格では評価できえないものをふくむ生活環境であり，自然，歴史的文化財，街並み，風景，地域文化，コミュニティの連帯，人情，地域的公共サービス（教育，医療，福祉，犯罪防止など），交通の便利さなどを内容としている．その具体的内容は国や時代によってちがうが，「住み心地のよさ」あるいは「快適な居住環境」を構成する複合的な要因を総称しているといってよい．イギリスのCivil Amenities Actでは，アメニティを"the right thing in the right place"と定義している．この「しかるべきもの（たとえば住居，暖かさ，光，きれいな空気，家の中のサービスなど）がしかるべき場所にあること」という定義はイギリス人にとってはわかりやすい．ところが，戦後の日本の大都市住民はしかるべき住居，生活環境やコミュニティをもったことのない者が多いので，これはわかりにくい定義となってしまう．そこで少しくどくなるが，上記のように具体的内容を列挙して定義をしたのである．

自然や歴史的文化財はアメニティにとってはもっとも重要な要件だが，名鳥珍木や古文化財を鑑賞し保護すること自体が，アメニティを維持することではない．スラムの中に古墳がのこっていても，スラムにアメニティがあるとはいえない．あくまで人間の居住環境と関連して自然や歴史的文化財が保存されている場合にアメニティとなるのである．同様に，都市にすぐれた音楽家のよう

な芸術家が居住していることがアメニティではなく，市民が日常的に容易にその音楽などの芸術を享受できることがアメニティなのである．木津川計の分類にしたがえば，高度な芸術家の「一輪文化」が開花する基盤としての，それを鑑賞しうる多数の大衆の「草の根文化」があり，両者が結合しているような都市がアメニティをもっているといえるのである(15)．そのいみではアメニティは抽象的な自然や文化の概念でなく，生活概念あるいは地域概念といってよい．関　一のいう「住み心地よき都市」が日本でアメニティを最初に提唱した都市政策である．

アメニティの経済学的特徴

D. B. ダイヤモンドと G. S. トーリーは，アメニティは地域固有財（Location-specific goods）とのべたが(16)，これが経済学的にみた第1の特徴である．つまり，その地域に住むか，そこに出かけていかぬかぎり，アメニティは享受できない．地域に固着しているので，他の財のように商品として売買するのが困難なのである．そこでアメニティは地域的不均等があるといってよい．

アメニティは木原啓吉が強調しているように歴史的ストックをふくんでいる(17)．たとえば京都の白川べりの街並みは一朝一夕でつくりうるものではない．このため，需要がふえたからといって，他の商品のようには供給できないものをふくんでいる．アメニティを生みだす環境は，図書館，学校のような社会資本をふくんでいるから，フローとして短期的に供給され，あるいは再生産できるものもある．しかし，保存の対象となるような良い建物や公園は，歴史の中でつくられた人工的な装飾物あるいは自然（それはワルシャワのオールドタウンや広島の原爆跡のように人工の傷跡である場合もある）である．これらのものは長い歴史の中での人間の営みから生まれた愛着とむすびついている．歴史的ストックの中には，いったん破壊または喪失すれば復元できないものがある．たとえば汽水湖の霞ヶ浦や宍道湖の海への通路をふさいで淡水化した場合，湖の生態系がかわり名物の魚介類はとれなくなり，アオコの発生によって景観は一変する．あるいは高速道路が東京の日本橋や大阪の水晶橋をまたいでつくられると，これらの都市を代表する美しい風景は二度とよみがえらない．そのいみでは，先の公害概念でふれたと同じように，アメニティの喪失は不可逆的で絶対的な損失をまねくことがあり，このことが，アメニティにたいする欲求を強く

し，住民運動のおこる理由でもある.

　アメニティは本来は非排除性と集団消費性をもった公共財である．ことばをかえれば，非分割性や非独占性をもつものといってもよい．たとえば海・湖や河川とその沿岸の風景はだれもが享受でき，また容易に入場して楽しめる空間である．親水権あるいは入浜権の主張は，公共水面の利用に関するアメニティの要求といってよい．

　だが，土地の私有性とその土地を大規模な資本が自由に利用独占する営業権がみとめられている社会では，アメニティを商品としての価値をもつものにかえて，土地や空間の交換価値を高める傾向がある．またアメニティのある環境を企業や個人が所有あるいは利用独占する傾向がある．たとえば，ハワイのワイキキの浜辺の多くの部分はホテルによって占有され，宿泊客に優先的に利用されている．琵琶湖岸に高層ホテルが建ち，宿泊客は琵琶湖八景を満喫できるが，このホテルによって一般の県民は歴史的な風景を失ってしまったといえる．京都や奈良における建造物高度制限を解除すれば，このような問題を生みだすといってよい．

　つまり，この社会ではアメニティの享受に社会的不平等がおこるのである．アメニティの公平をはかるためには市場原理を規制する公共的介入がどうしても必要なのである．

2　アメニティの産業化と環境・公害問題

アメニティと企業

　戦後の経済発展，とくに工業化・都市化の過程でアメニティが喪失した．しかも，戦災復興をした都市あるいは新生したニュータウンは機能的ではあるが，美しさや親しみやすさのない住宅・公共施設・事務所や空間をつくった．このため，人々はオールドタウンや古い建造物にあこがれをもつようになった．大都市のドーナツ化現象の進行とともに，都心は営業空間になり，人々が郊外に離脱する結果，下町がなくなり，環境は悪化し，住宅は老朽化し，犯罪が多発するなどのインナーシティ問題がおこった．他方，郊外地区の住民は，都心へ通勤する交通が不便で，都心に集積した芸術や文化の享受は困難となり，「分散の不利益」をうけることとなった．こうして，大都市圏を全体としてみると，企業にとっての集積利益は極大化したが，アメニティのとぼしい空間となった．

これらの総合的な結果として，1970年代にはいると先進工業国の市民はアメニティをもとめるようになった．企業もこのニーズに応えざるをえなくなり，自治体もアメニティを重視した都市政策をとらざるをえなくなった．企業や個人が購入する建物や土地は，アメニティの多い場所をえらぶ傾向が出てきた．これまで開発の規制がかかり，風致地区や文教地区であったアメニティの多い地域は地価が上がりはじめた．

　他方，1970年代後半の産業構造の変化とともに，製造業などの過剰資本が不動産，観光，レジャー，文化，芸能，教育などのアメニティ関連の分野に進出するようになった．アメニティは商品化し，新しい投資対象となった．まず，大都市圏では都心が再開発され，豪華な高層コンドミニアム（分譲アパート，日本ではマンションという）の建設や芸術・芸能などの文化事業のパフォーマンスがおこなわれるようになった．ボストン，ニューヨーク，ヴェネツィア，フィレンツェ，ボローニャ，京都，奈良，金沢などの歴史的ストックの多い街並みや建物の価値がみなおされ，これらの都市に資本が投入されるようになった．

　美しい自然をもつ農山漁村は，観光・レジャー資本の新しい開発の対象となり，山では別荘地，ゴルフ場やスキー場などの建設が進み，海では海水浴場，フィッシング場，ヨットハーバーなどの施設とホテルをもつ総合的ウォーターフロントの開発が進むなどのリゾート基地の建設が全国的に進むようになった．こうして，戦後高度成長期の重化学工業化にかわって，1970年代後半以降，都心再開発とリゾート地域開発が国内外で進むようになり，これらは多国籍企業の手で，かつ金融資本や国家の助成を得ておこなわれるような大規模開発となった．また，たんに営業空間をつくるのでなく職住遊の総合された都市をつくる地域開発という傾向が出てきている．いわば，アメニティが商品化し，それを売り物にするアメニティ産業とでもいうべき分野が成長してきたのである．国立公園などの規制のきびしかった地域の開発もみとめられるようになった．

　もともと，先述のように，土地の私有性のためにアメニティが企業や個人の手で所有あるいは利用独占されることによって，社会的不公平がおこる傾向があったが，産業構造の変化と新自由主義によって，大企業がアメニティの産業化を全面的におし進めてくると，いっそうの社会的不公平が生じた．これを二つの地域でみよう．

第3節　アメニティの政治経済学

大都市のジェントリフィケーションとその矛盾

　第1は，アメニティのある地域の地価上昇とジェントリフィケーション(中産階級化)である．もともと古い大都市の都心は街並みが複雑で美しい古い建物が多く，芸能・文化・学術の組織や施設も集積し，交通も至便で，社会資本や公共サービスも質量ともに新興都市とはくらべものにならぬくらい整備され，供給されている．かつては深刻だった公害や犯罪の防止が進みはじめ，イタリアのボローニャ方式のように古い街並みを保存しつつ，現代的生活を営みうる都市政策がおこなわれるようになると，都心は最高のアメニティのある場所にかわっていく．

　1980年代以降，古い大都市の都心再開発が進み，高層化された事務所ビルや高価なコンドミニアムがつくられ，人口が復帰するようになった．東京は異常であるが，それほどでなくとも，各国の大都市の地価や家賃は上昇した．この結果，都心は中産階級以上の階層の居住空間あるいはセカンドハウスの所在地となった．ジェントリフィケーションが進み，都心のアメニティは向上するかにみえた．同じように，企業や中産階級以上の階層が，別荘地やリゾート基地を買占め，余暇をすごすという生活スタイルが生まれた．

　この点では1980年代に新自由主義と国際化の先端をはしったニューヨーク市のジェントリフィケーションが典型的である．80年代にはいってニューヨーク市が国際金融・観光・レジャー都市として再生し，治安が回復するにともなって，マンハッタンのアメニティをもとめ，内外の企業やホワイトカラーが事務所や住宅をもとめて集中したが，他方で地価や家賃の上昇で少数民族やブルーカラーはダウンタウンを捨てざるをえなくなった．ニューヨーク市はひとつはアメニティのある金持ちの街と，もうひとつは貧乏人のスラムとの二都物語になったといわれている．ニューヨーク市の市民団体の研究所の機関誌は次のようにのべている[18]．

　　市長はニューヨーク市で事業をすることはペイするようになったというが，小さな商店や製造業者は2-3倍になった家賃を支払えない．ジェントリフィケーションというが，それによる向上や改善は誰のためのものか．ニューヨークのコミュニティに根ざしたママ・パパ・ストアは分散せざるをえなくなっている．ニューヨークの下町的なよさはなくなりつつある．マンハッタンのイーストの下町にあった低価格のレストランは家賃が5倍にな

って放逐され，かわりに企業に支持された fast food のレストランと高価格の料理店がはいりこんでいる．免税によって不動産資本家が保護される一方で，低家賃の住宅は不足し，4万人の家のない市民が福祉ホテルにたむろしている．学校も二つのグループにわかれ，予算カットされて質の悪くなった公立学校に親は入学させるのをためらっている．市長自らもみとめるように高校の生徒の 45% がドロップアウトする．他の調査によれば，スペイン語系の 80%，黒人の 72% の生徒が卒業できずにドロップアウトしているという．

このように，近年の都心再開発によるアメニティの回復は，放置しておけば社会的不平等を生みだす．この是正のためにはどうしても，公共的介入が必要とされている．

ル・コルビュジエは都市計画には生きるよろこびがあるべきだといって，計画の5要素のひとつに「風景の単位」をいれている[19]．しかしこの「風景の単位」というアメニティは一部の特権階級のものではなく，すべての市民が享受できた時に，都市計画は目的を達するといえるのであろう．ジェントリフィケーションは都市計画からみると逆流現象である．

観光・リゾート産業の環境問題

第2は，農山漁村におけるアメニティをもとめる観光・レジャー産業の開発にともなう公害・環境問題である．この点では日本の開発が典型的な問題を発生させている．大都市圏のアメニティの喪失にともなって，1960年代後半から別荘の開発が進み，とくに第2次全国総合開発計画(1969年)とともに，東京圏にちかい北関東，山梨県や長野県の別荘開発が進んだ．次いで70年代にはいると，余暇の増大と産業構造の変化にともなって，山村ではゴルフ場やスキー場の開発が進んだ．80年代には，素材供給型産業の衰退にともなう臨海部開発の停滞，欧米におけるウォーターフロント再開発の成功，そして市民の親水権をもとめる運動とがあいまって，ウォーターフロントの開発が計画された．千葉の臨海コンビナートの予定地がディズニーランドにかわったことが，その象徴的な出来事であろう．この波にのって港湾管理の運輸省のみならず，通産，建設，農水省にいたるまで，ウォーターフロント計画をもった．第4次全国総合開発計画では，さらにリゾート基地構想を地方開発の柱とした．このため工

場誘致の可能性のない過疎地においては大規模な開発を望んで各県各市町村のリゾート基地誘致競争を生んだ．

　このような開発は重化学工業の開発とちがって，美しい環境を売り物にするだけに公害を出さないようにみえ，企業利益よりも余暇の有効な利用という点でアメニティを促進するようにみえるが，実はサービス関連の大企業の手にゆだねられて大規模な自然破壊を生みだしている．

　たとえば，ゴルフ場を例にとるとすでに大阪府では公園面積よりもゴルフ場が大きくなったため，規制をはじめているが，大都市圏のように規制のかかっていない地域は開発ラッシュである．すなわち，ゴルフ場が長野県の南佐久郡だけで12カ所，全県で50カ所（りんご園面積の80%）になっている．群馬県全体では42カ所がつくられ，この県はそれ以外に，24カ所が計画されている．これは東京に近いためにおこった乱開発である．全国では，ゴルフ場は約1600カ所にのぼる．1988年6月22日付『朝日新聞』夕刊によれば，「グリーン産業」といわれるゴルフ場は，広大な森林を破壊するだけでなく，芝生を維持するために大量の農薬と肥料を使う．滋賀県のあるゴルフ場は18ホールで100 ha あるが，1 ha 当たり年に殺菌剤37 kg，除草剤15 kg，殺虫剤16 kg，肥料110 kg，リン150 kgを使い，これはこの村の農協の取扱い全量より多いという．しかも，これらのゴルフ場は県や市町村の事業でおこなわれているものも多い．キャディやゴルファーに「労災」や「レジャー災害」を与え，水源地を汚染し，森林の喪失のために水不足や水田の用水不足を生む一方，雨がふると洪水の原因を生んでいるという．

　富山県の立山や岐阜県の乗鞍岳の観光にみられるように，頂上ちかくまで自動車道路を開発するため，ブナをはじめ原生林が破壊され，さらに野生の動物も死滅しつつある．スキー場の開発も過度に進められ，近年では高山部にまで開発が進む傾向がある．

　リゾート基地構想をみると，美しい自然をそのまま生かして観光地をつくるというよりは，大規模なリゾートマンションや，ヨットハーバーなどの大都市型の観光施設をつくり，ハワイかニースの海岸のようなものを計画している．このために，自然公園法の規制を緩和したので，森林の伐採，海岸の埋立てや景観の破壊が進み，自動車の大量乗入れや人口の集中によって公害問題がおこる可能性が強くなっている．

過疎地の雇用，とくに若年層の雇用は必要である．しかし，現在の別荘地やレジャー基地の開発は，進出する大企業の利益を生みだす一方，地元に与える社会的損失が大きい．自然や水資源などの破壊がおこり，観光シーズンが過ぎれば残されたごみの山の処理に追われたり，捨てられた飼犬が野犬化して被害を出すなど，これらの後始末のためのコストが地元市町村の負担になる．バブルの崩壊によって，リゾート産業は危機におちいり，政府の公共事業も抑制され，農山村のリゾート開発による環境破壊は下火になった．しかし，経済の自由化による農業の衰退と過疎化は里山の荒廃，農地の放棄など深刻な農山村環境の危機をまねいている．レジャー開発は国内にとどまらず，グアム，ハワイ，バリ島，オーストラリアのクイーンズランドなど国際化しているが，いまのままでは自然破壊をともない，社会的損失を国際的にばらまくことになる．

アメニティ権の不平等

先にものべたが，アメニティの産業化は，アメニティ権の不平等をいっそう進めるといってよい．たとえば，軽井沢のようなよい環境を享受しようと思えば，別荘を買うか，レジャー基地のホテルへ泊まらねばならない．瀬戸内海や湘南のウォーターフロントで親水しようと思えば，ヨットをもつか，漁船を借りねばならない．普通のサラリーマンは，ヨーロッパのようにヴァカンスをたのしむことは困難である．

いまや，企業がアメニティを産業化しようとする道と，すべての人々が安易なかたちでアメニティを享受したいという要求とがぶつかりあっているといってよい．いまのところ，日本の政府と自治体は産業政策として企業を助成しているが，住民のアメニティ権の保障にうごいていない．

第4節　社会的損失と社会的費用

1　カップの社会的費用論

私的企業の社会的費用

環境破壊を経済学の理論の中に最初に全面的にくみいれようとしたK.W.カップは，これを社会的費用とよんだ．彼の先駆的名著『私的企業と社会的費用』では次のようにのべている．

社会的費用という語は非常に多くの種類の費用要素について言われる．事実われわれの研究の目的のためには，この語は第三者或いは一般大衆が私的経済活動の結果蒙るあらゆる直接間接の損失を含むものとしてよい．これらの社会的損失の中には人間の健康の損傷という形で現われるものがある．またその中には，財産価値の破壊或いは低下および自然の富の早期枯渇として現われるものがあり，それほど有形的でない価値の損傷として現われるものもある．……要するに，社会的費用という語は生産過程の結果，第三者または社会が受け，それに対しては私的企業家に責任を負わせるのが困難な，あらゆる有害な結果や損失について言われるのである[20]．

社会的費用という概念は A.C. ピグー以来の厚生経済学で使われているのだが，カップはマルクスの社会的損失と同義語に使っている．そしてピグーら厚生経済学者が，社会的費用を市場経済の例外的現象あるいは一時的摩擦現象として発生するものとしているのと異なり，カップは社会的費用は量的にみて国民経済の重大な物的人的損失であって，資本主義の発展にともなって累積的循環的に損失がふえ，個別企業の営業に損失が生ずるだけでなく，将来は経済の再生産を不可能にするものであるとした．また，質的にみれば，多様でひろい範囲に及ぶものとしている．この本でカップがあげた実例は，労働災害，職業病，大気・水汚染などの公害，動物・エネルギー・土壌等の資源枯渇，技術的変化にともなう物的人的被害，失業・資源の遊休，独占・配給や輸送による社会的損失，科学の失敗，過密現象などの広領域に及んでいる．

カップによれば，この原因は個別企業ごとにたしかめられなければならぬが，競争を通ずる私企業の営利追求によるだけでなく，政府をもいれた現市場経済制度の欠陥として指摘している．A. マーシャルは公害のような現象を「外部不経済」とよび，社会資本や教育のような社会的便益のあるものを「外部経済」とよんだ．これにたいしてカップは，「外部性」というのは個別企業の立場にたった概念であって，国民経済全体からみれば，被害はだれかが負担しているのであり，かりに下水道事業などで，工業廃水などの水質浄化を公共事業・サービスがおこなえば，結局は自治体が行政主体として処理をするのであり，その費用は国民が負担しているとしている．

したがって，いままでの経済学が安易に公害などを例外視して汚染者からチャージを徴収する一方，社会的便益のある私学教育などに補助金を流せば解決

するとして理論を構成したことにたいして，カップは痛烈な批判をした．また公害などを古典派経済学以来外部性として理論の外に放置したことを経済学の破産と考えたのである．カップの著作は，1950年代のアメリカ資本主義を主たる例証として，公害のような社会的損失が明らかに私企業の生産活動の結果であり，資本主義体制の矛盾の必然的な表れであることを明らかにしている．また古典派以来の経済学が，社会的費用や社会的便益の存在を部分的に気づきながらも市場原理の解明に走って体制的な矛盾に目をつぶったことを白日のもとにさらして，新しい政治経済学の道をしめしたという点では，20世紀の経済学の中では古典になりうるものといってよいだろう．

しかし，このような画期的な仕事は，オリジナルであるだけに，概念の不明確さがつきまとう．とりわけ，具体的な実例を広げると，抽象度の高い理論との乖離は避けがたい．また，彼の方法論が制度学派を基底としながらも政策論ではマルクス主義経済学にちかい提言をするというように，あいまいなところがあったために，その後いろいろな学派から批判をうけ，また彼自身も修正するところがあった．

私はすでに『社会資本論』の中で，カップの理論を詳細に紹介して，その積極的な私企業制度批判の点はとりいれ，しかし，価値論とくに剰余価値論あるいは国家論からみた彼の理論の限界を指摘し，批判をした[21]．批判の一部はカップ教授も受けいれられている．まず社会的費用と貨幣的に計測できぬものをふくむ社会的損失を区別すべきことは，1975年の日本学術会議主催の国際会議のプレシンポジウムの席上で同意された．また後述のように，国家は私企業の社会的費用を防止するという中立的立場にたつのでなく，汚染者を擁護し，また公共事業自体が社会的費用を生みだすという指摘についても，その後同意されている．ここでは細部にわたる点は避けて，基本的な問題点だけを指摘しておこう．

社会的費用の二つの異なる定義

第1に，カップは社会的損失と社会的費用とを同義語としている．これは他の経済学者も同様である．私は国際的に議論を進めるうえでは，社会的費用という一般的に通用している概念を使うが，これは社会的損失としたほうがよく，価値論からみると問題があることをのべてきた．寺西俊一，吉田文和らは，私

の企図を一歩進め社会的損失を使用価値概念として，社会的費用と別個に規定した．さらに寺西俊一はカップの積極面である防止費用と補償費用を企業に負担させるための概念を提唱している[22]．本書ではこれらの意見をとりいれたい．社会的損失は資本主義経済活動によって発生する社会的な被害をさすものであって，すでにのべたように絶対的損失をふくむものである．企業はこの社会的損失にたいして金銭的な賠償をする義務はあっても，これをすべて償うことはできず，したがって社会的損失のすべてを事前あるいは事後に内部化することはできない．

　ところで，拙著『社会資本論』で指摘したように，カップは社会的費用という場合，社会的損失をさす第1定義と社会的損失の防止費用をさす第2定義と2通りの使い方をしている．すなわち『私的企業と社会的費用』の水汚染についてのべたところでは，社会的費用は社会的損失としての水汚染による被害額でなく，下水道建設などの水汚染減殺費用としている．カップはこの前著の改訂版 *Social Costs of Business Enterprise* の序文では，社会的費用とは安全で健康な社会的福祉水準(social minima)へ現実水準を改善する費用あるいは引上げる費用であるとしている[23]．つまり第2定義を明確化している．しかしこの改訂版の具体的な内容の中では，第2定義についてふれているところは少なく，第1版と同じように，第1定義の社会的損失を例証することに多くを割いている．その後のカップの2著作でも，社会的費用は2通りに使われている．カップは私と同じように，社会的損失の補償や公害防止費用などすべての環境破壊関連費用を原因者，とくにこの社会では私企業に原則として負担させるべきだと考えており，かつ社会的費用には貨幣的に表示できぬものもあるので，内部化はできぬとしている．その点では明快だが，具体的な環境政策を論ずるときには，いったいどちらの定義をもって社会的費用と認定するかについては明らかにしていない．

　宇沢弘文は『自動車の社会的費用』の中で，東京都を例にとって，自動車が事故や公害などの「社会的損失」を発生させないように，現状の道路を改造すると仮定して，その費用を都民所有の自動車台数で割ると，1台1200万円になるとして世論に衝撃を与えた．この場合の宇沢の理論は第2定義であろう[24]．

　第1定義の社会的損失は絶対的損失をふくむために，貨幣的に計量しうる損

表 3-1 堺・泉北コンビナートの社会的費用
(単位: 億円/年)

項　　目	金額
1. 生活基盤破壊・生活費上昇による直接損失	
(1) 大気汚染による健康被害	
7700 名(被害者推計)×500 千円	38.5
(2) 大気汚染による家計部門の損害	
全世帯数 229 千世帯×22.3 千円	51.1
(3) 海水浴場喪失による負担	
堺・高石市人口数 794 千人×20 千円	158.8
2. 既存産業の基盤破壊による直接損失	
漁業被害	8.2
3. 公害対策費(間接損失)の増大	
(1) 大阪府　1973-74 年度平均対策費	43.1
(2) 堺市　　1972-74 年度平均対策費	12.7
(3) 高石市　1971-74 年度平均対策費	0.4
合　　計	312.8

出典　遠藤宏一『地域開発の財政学』(大月書店, 1985 年)78 頁より.

失だけを表示すると，どうしても現実の被害の大きさよりも小さくなってしまう．たとえば，私たちの堺・泉北コンビナートの共同研究の成果の中で，遠藤宏一は，コンビナートの社会的費用は，**表 3-1** のように 1974 年水準で年 313 億円と推定した．これは同年の堺・泉北立地企業全体の付加価値額 2970 億円の約 11%，粗利潤 2450 億円の約 13% にのぼっている．1973-74 年度立地企業からの府税収入は 41 億円，堺・高石両市の税収入は 75 億円であったから，これとくらべてみると，この社会的損失額はきわめて大きく，コンビナートによる開発が経済的にみて失敗であったことを証明している．しかし，これには開発による海水浴場の埋立てなどの自然の破壊，人間の死亡・健康破壊，古文化財の損傷などの絶対的損失の評価を貨幣的に表現できぬものとしているから，使用価値的に実物で表示すると社会的損失はまだまだ大きくなる．

　次に，第 2 定義をとって，社会的損失が発生しないようにコンビナートを改造する費用を考えると，これは気の遠くなる数字になる．かりに最低限の公害防止のために，堺・泉北臨海工業地区に沿って幅 2 km の緩衝地帯を造成するとすれば，2500-3000 ha の地域にすむ住民 9 万世帯 35 万人の集団移転が必要となる．この経費は 1977 年当時の地価で約 10 兆円以上かかる．進出企業の投

下資本は1970年の建設終了時で約6000億円，年間生産額1兆円にすぎない．第2定義による試算がいかに巨額かがわかるであろう．この他にも企業が環境基準を満足させるための公害防止投資などが社会的費用としてはいってくるであろう．つまり，住民の安全を考えて社会的費用を推計すれば，このような大都市圏の人口密集地域においてコンビナートをつくることはいかに経済的にもマイナスで事実上不可能であったかは明らかであろう[25]．

社会的損失はいうまでもなく，GNPのマイナスとしては算入されない．むしろ，表3-1の7700人の大気汚染患者が健康を害して医療をうけ，薬をのめば医療産業のプラスになる．人々が遠く日本海へ海水浴にいけば，鉄道やホテルなどの交通業やサービス業の収入になる．府や市の公害対策費によって公害防止産業の生産が上がり，公害対策の公務員の人件費がふえると，GNPはふえるのである．この場合，公害健康被害補償法によって，7700人中約3000人にたいしては当時17億円の補償給付がなされ，また漁業者には漁業補償がなされ，これは企業のコストになっているが，先述の絶対的損失はまったく評価されないのである．

第2定義の社会的費用については，コンビナートの企業は当初まったく考えてもいなかった．しかし，相次ぐコンビナートの事故によって，堺市はまず500mの緩衝地帯をつくろうとして，企業と交渉をはじめた．しかし，幸か不幸か，産業構造の転換によってコンビナートの操業は低下し，不況産業と化して危険の度合いが小さくなったために，この交渉は中止された．むしろ，それ以後は貴重な臨海部の土地が遊休化したためにおこる社会的損失のほうが大きくなったといってよい．

政府事業の社会的損失──「企業の欠陥」

カップは『私的企業と社会的費用』では，先進資本主義国の私的企業の制度の基本的な欠陥を批判することを中心においていたので，計画経済制度における国有企業の社会的費用，あるいは両体制に共通した国家の公共活動にともなう社会的損失については指摘していない．むしろ，社会的損失に反逆する人民大衆の運動の圧力などの民主主義の前進によって，国家が公共事業をおこなえば，私的企業の社会的損失を除去できるとしていた．

しかし，カップはインドの現実をみて後，改訂版の*Social Costs of Busi-*

ness Enterprise では，その題名の変更にみられるように，公共部門の場合でも，私的刺激，たとえばボーナス制度を経済発展の動機とした場合や，計画者の錯誤で社会的費用を内部化できない場合には，社会的損失が発生するとしている．とりわけ，発展途上国の場合には私的部門と公的部門が結合してつくられた発展計画が不完全な結果，社会的損失を発生するので，原概念の修正を次のようにしている．

> こうした「システム・ミックス」の場合，すなわち，このように私的部門と公共部門が共存し，市場と公的規制とが組み合わされている場合には，より一般的な意味における社会的費用とは，単に企業家の行動だけから生ずる結果ではなく，むしろ(私的ならびに公的な)経済的意思決定から生ずる損害や有害な諸影響のことであると定義しなおさなければならないであろう[26]．

また，政府の地域開発が公害をひきおこすというような日本の四日市コンビナートの経験をみて，公共機関の社会的費用について次のようにのべている．

> もしも市当局や公的機関ないし計画機関が，たとえば起こりうるマイナスの影響を無視し課税収入を増加するために産業を誘致して環境破壊をひき起こすとすれば，これらの諸機関は収入を得るためにみずから好んで環境の質を犠牲にするのである．つまり，こうした諸機関の行動は，営利性原理に「強制」されて動いている私的企業の行動と同じである．両者とも，開発による社会的費用を無視することによって，作為的で純形式的，短期的な金銭的解決を続けようと試みるのである[27]．

これは日本のように高度成長政策をとった公共機関の社会的責任を追及した痛烈な批判である．カップはまた，現代の新潮流である新自由主義を意識していたかのように，公共部門が民間部門と同じような効率原理でうごくことへの危険を次のように指摘している．

> 現在，市場の費用と収益によって公共の意思決定をより「合理的」なものにしようとする試みがなされているが，これらのいくつかの試みによれば，このような意思決定のマイナスの影響が多少ともあるいはまったく無視され，そうした傾向がいっそう一般的かつ典型的になる危険があろう．こうした試みは，環境破壊と結びついた社会的費用の発生を減少させないで，むしろ増大させるであろう[28]．

さて，このようにみてくると，カップは私企業の利潤原理が公共部門の中にまで貫徹することによって，公共部門そのものが社会的費用を発生させると考えたのである．このことは今日の資本主義国の国公営事業や公共事業が汚染源となっていることのいみを明らかにしている．

　社会主義国の場合は企業が国有化されているのだが，公害防止費用をコストに算入しないので，公害を発生させている．公害を発生させる理由には，先述のように社会主義計画経済の欠陥があるのだが，同時に，資本主義企業と同じような企業という独立組織に固有の欠陥があるといってよい．資本主義国では，企業城下町ということばがあるように，企業が地域の資源や環境を独占し，自治体の公共投資や公共サービスの受益を独占する傾向があり，こういう都市では，公害が発生し，かつそれにたいする公害反対の市民運動がおこりにくい．社会主義国の場合には，たとえば中国の国営企業のように，学校，住宅などの「公共的なサービス」まで各企業あるいは大学のような単位が独立に供給する形態をとっている．この場合には，従業員にたいする社会サービスのコストまで内部化されねばならぬこともあって，それ以上に公害防止投資をコスト化する動機は法的に強制されねば働かない．J.K. ガルブレイスが指摘するように資本主義の大企業の場合には，需要による市場原理で価格をきめるのでなく，計画原理によって長期のコスト計算で価格をきめている．この場合に大企業は法的根拠がないと公害防止費用をコスト計算の中で省略するか小さく見積もる．社会主義的大企業の場合には，計画原理は個別企業だけでなく国民経済的に働くのだが，近年は生産力の量的質的上昇をうながすために競争を奨励し，独立採算制が強化されると，資本主義企業と同じように，利潤原理と相似の利益の追求を前提にして，個別企業のコストによって価格を決定する傾向が出ている．このために，コストを引下げようとして，企業とは直接関係のない社会的損失にたいする対策費や公害の予防費などを削減するのである．大企業は社会内組織であるにもかかわらず，社会を律しようとする．それぞれの企業はコスト計算をして合理的な計画をするのだが，おたがいに競争するので，社会全体としてはきわめて無計画で非合理となる．このように資本主義国と現代社会主義国とを問わず「企業の欠陥」とよべるような問題をひきおこすといってよいだろう．日本では，企業の行動に絶大な信頼があり，さいきんでは，あらゆる活動の原理（たとえば教育や文化などの精神の分野にも）にまで企業の論理を徹底させる

ような「企業社会」が理想とされているが，これは「企業の欠陥」としての公害やアメニティ問題をより深刻にするのではないか．

2 現代的貧困としての社会的損失

社会的費用と社会的損失の関係——安全の経済学

K.ミハイルスキーが指摘するように，経済学では社会的費用は多義的に使われ，国や人によって定義も応用範囲も異なっている[29]．かりに公害あるいは環境破壊にかぎっても，カップのように二つのいみで使っている．したがって，この概念を使用するときには，そのいみを限定しないと混乱をまねくかもしれない．私は先述のように，社会的損失と未然防止費用を分けたいと考えている．通常，社会的費用として議論されているのは経済活動の結果としての社会的損失についてである．これは絶対的損失をふくむので，社会的費用とよばずに社会的損失としておきたい．そして，このような社会的損失が発生する原因は，公害防止費用を私企業あるいは国家（自治体をふくむ）のそれぞれか，あるいは双方が負担しないためである．この場合の公害防止費用は私企業のミクロの個別費用だけでなく，カップや宇沢のいうように体制全体の社会的福祉・安全水準達成費用まで拡大する必要があろう．この安全を目的とし，いわば環境権の確立をいみするような公害防止費用は先の社会的損失とは区別しなければならない．次に，社会的損失の補償費用や被害以前の原状に回復するための費用が問題となる．先述のように，絶対的損失は補償金で回復できないが，人的損失の場合には，本人の生活費・医療費や遺族の生活費は金銭賠償されねばならない．また損害の中には財産権や人格権の侵害のように金銭賠償の対象となりうるものもある．次章にのべるように，この費用についても市場メカニズムの中で自動的に補償されるのでなく，行政や司法の公共的介入がおこなわれて，初めて原因者が支払うのである．つまり，賠償金も現在の制度のもとでは，原因者が負担していない．これも，通常は社会的費用とよばれている．だが，この場合には社会的損失と社会的費用はイコールでなく，貨幣的に賠償されるはんいのものだけが社会的費用となっているのである．そこでこれら二つの概念の関係を，それらが発生する時間的関係を無視して，並列的に明確にすると図3-4のようになるであろう．

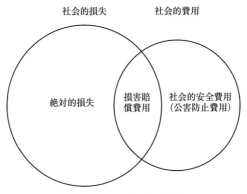

図 3-4　社会的損失と社会的費用

社会的損失と現代的貧困

社会的損失は使用価値概念だが，資本主義体制のもとでは体制的規定をうける．これまでにのべたように，環境問題は広くすべての人民に影響を与えるが，その被害はまず労働者階級や農漁民などの社会的弱者に集中する．資本主義社会では社会的損失には明らかな階級性がある．また現代社会主義では，多くの国が国家資本主義とよべるような状況のもとにあって階層的な経済的不平等があり，また，政党や行政機構などに特権階級が存在するので，環境問題の影響は資本主義の階級対立とはちがうが，被害は社会的弱者に集中している．

所得や財産(所有権のあるものだけでなく利用権のあるものをふくめて)の不平等による貧困問題は，環境問題からおこる生活困難や生活の質の悪化によって相乗される．したがって，環境問題は現代的貧困とよんでよい．社会的損失ということばは，環境破壊が資源の枯渇など社会一般の再生産を阻害する損失をふくんでいるが，同時にそれは人的損失をふくみ，それは社会の不平等を反映するのである．

これまでのべたように，現代資本主義の環境問題は資本制蓄積の法則に規定されている．したがって，これを貧困問題の一形態として現代的貧困とよんでおきたい．環境問題と同じような社会問題は都市問題であろう．これを現代的貧困として，古典の貧困と区別した理由は次の点にある．

第1は，所得水準や雇用と一義的な関係がないためである．所得水準が上昇すれば古典的貧困は解決するが，いまのように都市化と大量消費生活様式がつ

づくかぎり，現代的貧困は深刻となる．たとえば，所得水準が上がっても人々が自動車を買えば，公害はなくならない．耐久消費財やプラスチック製品などの大量消費によって，廃棄物の処理は破局的になっていくのである．

第2は，現代的貧困は福祉国家や現代社会主義国の政策では解決がつかず，ましてや新自由主義国家ではますますひどくなるだろう．そのいみでは環境問題や都市問題の解決こそ未来の体制をきめるといってよい．

第3は，現代的貧困は従来のような職場内の労働運動では解決せず，生活の場での住民運動あるいは自治体運動で解決しなければならない．そのいみでは新しい社会運動がもとめられているのである．

第5節　経済のグローバリゼーションと環境問題

1　国際的環境問題の2類型

1980年代多国籍企業による経済のグローバリゼーションとともに，地球環境問題が具体的な政策課題となった．初期においては，地球環境問題は影響が一国をこえている環境問題を総称していた．たとえばいち早く問題を提起した寺西俊一は『地球環境問題の政治経済学』において，地球環境問題を次のように整理している．

① 越境型の広域環境汚染……酸性雨や国際河川の水質汚染．
② 公害輸出による環境破壊……民間企業の海外進出による公害やODA（政府開発援助）による開発にともなう環境破壊．
③ 国際分業を通じた資源と環境の収奪……熱帯雨林の伐採など．
④ 貧困と環境破壊の悪循環的進行……砂漠化など．
⑤ 地球共有資産の汚染と破壊……オゾン層破壊や地球温暖化問題など[30]．

現象形態としてよく整理されているが，③と④は統合して南北問題としての資源略奪と環境破壊といってよいだろう．また米本昌平『地球環境問題とは何か』では三つの群に問題を分類している．

第1群は地球規模に影響を及ぼすが，対策は現地政府が明確に対応策をとりうる環境問題……砂漠化や森林の減少．
第2群は被害の事実と汚染源は明確で，技術的な対策は可能にもかかわらず，両者が国境をまたいでいて国益の壁によって対策が困難な問題……酸性雨

や国際河川・港湾の汚染．これには地域性がある．
第3群は被害が全地球に及ぶもので，この影響の時期，程度についてはまだ明確でないが放置すれば重大な影響がある問題……地球温暖化，フロンガス問題[31]．

これは政策主体からみた分類である．この二つの分類を参考にして，これまでの国内環境問題と区別しうる国際環境問題は大きく三つに分けうる．

ⓐ 越境型環境問題A……多国籍企業・先進国政府の活動による「公害輸出」・環境破壊．
ⓑ 越境型環境問題B……特定国の経済・政治行為による国際的な被害．酸性雨，森林火事などによる汚染．
ⓒ 地球環境問題……地球温暖化問題，フロンガスによるオゾン層破壊，生物多様性の破壊など．

これらの国際環境問題は国内環境問題とちがいがあり，独自の分析と対策を必要とする．とくに市場原理による投資と貿易の自由化がWTOや世界銀行などによって進められていてそれを規制する国際協力機関がないので，第1章で紹介したサマーズの主張がそのまま通ってしまっている．このため，多国籍企業のコスト極小・利潤極大などの市場原理が貫徹し，市場の欠陥としての公害・環境破壊がまともに発生する．それに加えて，発展途上国・地域では開発独裁あるいは成長優先の政府が支配し，市民の基本的人権と民主主義が保障されず公害にたいする抑制力が働かないので，「政府の欠陥」が環境問題を生みだしている．天野明弘の指摘のように[32]，このような新古典派経済学の論理がもたらす地球環境問題を抑制する論理的判断がもとめられる．究極的には先進工業国をふくめた社会経済システムの革新がもとめられている．その点では国内の公害・環境問題のシステム的解決と連続しているといってよい．とはいえ，国際環境問題は独自の深刻な社会問題をふくみ，政策上も独自の困難をかかえている．

ここに分類した越境型環境問題Bの責任は発生源の企業・個人と国家にある．したがってそれは国内環境問題の責任と同じといってよい．間接的には寺西俊一の指摘のように南北問題からくる貧困の克服のための乱獲という要因があろう．1997-98年におこったインドネシアの森林火災は近隣諸国を長期にわたって汚染し，健康被害さらに航空機事故までひきおこす大事件となった．こ

の森林火災については「火災の原因は貧困な焼畑農民である」と政府筋が当初説明したが,井上真によれば,それは問題のすりかえで,「カリマンタンやスマトラで,アブラヤシ農園やパルプ用植林地を造成するために樹木が伐採され燃やされたことが火災の最大の原因である」という.つまり「開発による環境破壊」である.井上の定式化した「開発→環境破壊→貧困化」こそが,いまの南アジアの現実(33)であるとすれば,多国籍企業の進める開発→環境破壊が国際環境問題の中心といってよい.そこで次には越境型環境問題Aの「公害輸出」について,私が現地調査した三つの典型的事例をあげたい.

2 越境型環境問題——「公害輸出」

ボパールの災害

20世紀最大の化学産業災害はインドのボパール(人口70万人)における多国籍企業ユニオンカーバイドの事故である.1984年12月2日,農薬剤製造工場(1969年設立)のメチルイソシアネートの貯蔵タンクに水が混入し,温度が急上昇して数時間にわたって有毒ガスが漏出し,40 km^{2}の人口密集地帯に煙となって広がった.公式死亡者数は最初の1週間で2500人(ユニオンカーバイドは1408人と発表),影響をうけたものが約50万人,重症者4000人,約8万人の住民はとくに肺などに深刻な影響をうけた.生存者の2分の1から3分の1がガンで苦しんでいる.工場は生産工程の内容や有害物について適切な情報を流さなかったので,毒性メカニズムの解明に時間がかかった.

インド政府はニューヨーク南区の連邦裁判所に30億ドルの補償要求をしたが,インドの法廷に差しもどされ,1989年の和解で約4億7000万ドルの支払いが決定した.この金額が少ないので被害者が提訴し,最高裁で85億ルピーがさらに32万人に支払われた.また160万ドルが医療費として支払われることとなった.この賠償については不明なところもあるが,1人当たり死者9万ルピー(当時のレートで約30万円),生存者2万5000ルピー(同約8万円)であった.もしアメリカで同じような事故がおこったら,100億ドル以上の賠償が必要であったろう.国内的にもインドの鉄道事故の補償にくらべて低額であるといわれる.

直接間接に仕事を失った60万人の被害者に仕事の機会を提供するために,当初50カ所の施設がつくられたが,たった月6ルピーしか支払われなかった.

当時の正規雇用労働者の給与は月3000ルピーであったので，被害者とくに女子労働者はこの改善のためにボパールからデリーまで700kmを歩いて政府に陳情した．2001年8月に私が訪問したところ，まだ具体的対策は進まず，印刷包装工場のみが残っていて，86人の被害者女性が月1931ルピー(他の工場の正規職員ならば5000ルピー)で働いていた．国内外の民間の寄付によって，サムバブナ・トラストが1995年に設立され，96年9月から活動している．ここでは17人のスタッフによって生存者の無料治療，健康チェックや調査研究がおこなわれている．

工場内にはまだ4000トンの化学物質が放置され，土壌と地下水は汚染されており，この処理が望まれている．1999年11月ユニオンカーバイド社の責任追及の訴訟がおこなわれたが，2000年8月門前払いとなった．このように，いまだに被害の全貌が不明で，企業も責任を果たしていない．被害者と支援の婦人たちは毎週土曜日に数百人もあつまって，抗議集会をつづけている[34]．

カナダ先住民の水銀中毒事件

多国籍企業の公害事件は先進国内部でもおこっている．1970年代にカナダの北西オンタリオ州の先住民の居留地で水銀中毒事件が発生した．発生源はイギリス系の多国籍企業リード・インターナショナルが所有するドライデン市のパルプ工場であった．パルプ工場が苛性ソーダをつくり，1962年から69年までに3万ポンドの水銀を流し，それがイングリッシュ川とワビグーン川の水系，川と湖の入り組んだ地域で魚介類を汚染した．カナダ政府は住民のうったえから漁獲を禁止した．このため，魚を主たる食材としていた先住民はハドソンベイ・カンパニーが設置したスーパーで食材を買わねばならなくなった．州政府は観光のためのスポーツフィッシングは禁止しなかったが，良心的な観光業者バニーが観光施設を閉鎖したために，ガイドを主たる職業としていた先住民は失業した．汚染のひどかったグラシーナローズ(登録人口1214人)とホワイト・ドッグ(登録人口1649人)の先住民は，かつてダムをつくるために狩猟やワイルド・ライスを採取して生活をしていた地域を追われ，居留地に移住させられていた．それが，水銀汚染事件で失業し，自給自足的な生活スタイルの変化から，生活の希望を失い，生活保護者やアルコール中毒患者がふえていたのである．

1975年，私を団長とする日本の調査団は2度にわたって調査をした．そこ

で89人を対象とし，四肢の痛み40例，しびれ感28例，こむらがえり16例などを診断した．この結果，私たちは軽症水俣病が発生していることを国際会議などで発表した．しかし，カナダ政府は水銀汚染はみとめても水俣病とはみとめず救済をしなかった．1977年，たまりかねた被害者は日本の教訓に学んで訴訟を提起した．裁判は以後約10年ちかくつづいたが，先住民には立証してくれるカナダの研究者がそろわず，白人の弁護士は次々とやめてしまい，成果をあげぬまま終わってしまった．

　この裁判の過程で，リード社はパルプ工場をカナダのパシフィックオーシャン鉄道系のグレイトレーク製紙に売却して撤退した．原因者が消滅したのである．1985年政府は二つの居留地にたいし，裁判をとりさげることを条件にグレイトレーク社と共同で地域復興案を提示し，翌86年に両居留地はこれに同意した．この際に Mercury Disability Fund がつくられた．総額は1667万ドル．グレイトレーク社は600万ドル，リード社575万ドルを拠出し，残りの約500万ドルはカナダ政府とオンタリオ州が負担した．

　この基金を運用する Mercury Disability Board は臨床検査の項目として，四肢末梢優位の感覚障害，視野狭窄，運動失調，言語障害，振顫，聴力障害，腱反射消失をおこない，それを症例により4段階にして0点から8点までの点数に換算して，6点以上あれば認定して月250ドル，最高800ドルを限度として救済金を出している．これは事実上，水俣病をみとめた補償金といってよいのだが，依然として，政府も委員会も水俣病とみとめていない．

　2002年と2004年の2回にわたり，1975年に調査をした原田正純を団長とし，藤野糺ら医師を加えた熊本学園大学グループは，両居留地187人の検診をおこない，「水俣病」60例，「水俣病＋合併症（糖尿病など）」54例，「水俣病疑い」25例，合計139例を診断した．これを委員会の救済措置と比較すると「水俣病」60人中認定21人，「水俣病＋合併症」54人中27人，「水俣病疑い」25人中5人であった．また，1975年に調査したホワイト・ドッグの住民の半数近くは死亡していたが，27人を再検査した．その結果，「水俣病」13例，「水俣病＋合併症」11例，合計24例(88.8%)に達した．委員会の認定は21人で救済金を払っている．

　「その結果，異常といえるほど高率に四肢感覚障害や失調，視野狭窄など水俣病にみられる症状が確認された．水銀汚染の存在を背景に考察するならばこ

れらは水俣病と診断せざるを得ない．27年前に軽症で診断に確信がもてなかったものが，今回ほぼ典型的な水俣病の症状をしめしていた．したがって1975年の時点で著者らが指摘していたように軽症だが水俣病がすでに発症していたことになる」と原田は結論している．

約30年の月日を経て，まったく不便な地域の再調査ができたというのは「奇跡」に近いが，まちがった水俣病の政治的判断が国際的に水銀中毒の対策を誤らせている状況を変えたいという原田・藤野たち医師の執念と良心の素晴らしい業績である．しかし，おそらく政府そして委員会は水俣病とみとめないであろう．救済制度があるといっても未認定患者は多数いる．これは原田によれば日本の行政水俣病基準のコピーと考えられ，わが国の認定基準の欠陥がグローバル化した典型といえるという．現地の実情を知っている私は救済制度がかりに改革され湖水が浄化されたとしても，この地域の環境問題は終わらないと思う．インディアンの伝統的な生活様式や文化をどのように復興し，安定した仕事や教育を再生していくのか課題は大きい[35]．

沖縄米軍基地の環境問題

都留重人は，日本の米軍基地は米国政府による「公害輸出」であると規定している[36]．とくに沖縄の米軍基地は典型的な「公害輸出」といってよい．沖縄県の米軍基地は37施設2万3681 ha（県土の10.4%，本島の18.8%をしめる）で日本の米軍専用施設の75%がここに集中している．国際政治学者C.ジョンソンは『アメリカ帝国への報復』の中で，日本はアメリカ帝国の衛星国で沖縄は本質的にペンタゴンの軍事的植民地になっているといっている．アメリカ軍が沖縄にいまなお駐留しているのは，沖縄の基地がアメリカのパワーをアジア全体に浸透させ，アメリカの覇権を維持強化する壮大な戦略のためであるが，同時にこの軍事植民地が母国でもほとんど望めぬすばらしい生活を与えるからだとのべている[37]．沖縄の基地の中は，快適な住宅，学校，医療施設，ゴルフ場，娯楽施設などが完備されている．在日米軍経費の70%，在日米軍1人当たり約1500万円，総額約6500億円（国有地地代相当額をふくむ）の「思いやり予算」が出ている．しかもこの基地にたいする県民の反対を押しきるかのように，基地関連の交付金・補助金を基地所在自治体に支出している．1972年復帰とともに沖縄開発振興計画がはじまり，主として道路などの公共事業にたいして

第3章 環境問題の政治経済学

約8兆円の予算が使われた．当初の目的では戦争と米軍占領で受けた損害を補償し，経済の復興自立のための計画であったが，実に30年以上もつづいている．沖縄の経済自立が困難というのだが，いまでは明らかに軍事基地を存続するための補助政策となっている．基地存続のために補助率100%(第4次といってもよい新しい振興計画以降90%，本土では平均50%)の補助金によって公共事業を長年進めたために，沖縄の産業構造は建設業を中心に公共土木事業依存経済となり，現存の経済構造を改革することができなくなっている．自立性のとぼしい政治経済界は基地の存続をみとめざるをえないという状況となっている[38]．

沖縄の米軍基地は主要な環境破壊の原因となっている．日常的に発生しているのは環境基準値をはるかに上回る深刻な騒音である．とくに嘉手納空軍基地と普天間空軍基地の騒音による被害人口は沖縄県の調査では11市町村約52万人(県人口の39%)に及んでいる．県は1995年から98年までの4年事業で「航空機騒音による健康影響調査」を実施したが，それによると嘉手納飛行場周辺地域では，長年の航空機騒音の曝露による聴力の損失，低出生体重児の出生率の上昇，幼児の身体的，精神的要観察行動の多さなど住民健康への悪影響は明らかとなっている．忍耐の限界にきた住民は1982年に国を相手どって第1次嘉手納基地騒音訴訟をおこした．その要求は，①午後7時から午前7時までの間の夜間飛行エンジン作動の禁止，②午前7時から午後7時までの間の日中の爆音を65デシベル以下におさえる，③現在，過去にわたる損害賠償として1人当たり115万円支払うこと，および①②の基準達成までの将来の損害賠償を支払うこと，④住民居住地域上空での発着や演習をふくめて飛行を禁止すること．

これにたいして那覇地裁の判決は国に米軍機の飛行差止めの請求はできないこと，将来請求は不適当であることとして，WECPNL(うるささ値)80以上の地域について受忍限度を超えているとして損害賠償約8億円のみをみとめた．原告は不服として上訴したが，上告審では損害賠償はみとめたものの，差止めや将来請求はみとめていない．このような住民の公害反対によって，1996年3月には，日米合同委員会において，「嘉手納飛行場及び普天間飛行場における合同委員会合意」がおこなわれ，在日米軍の任務に支障をきたさないはんいで航空機騒音による望ましくない影響を最小限にする規制措置を決めた．しかし，飛行禁止時間は午後10時から午前6時に制限するにとどまり，これも守

第5節　経済のグローバリゼーションと環境問題

られていない．県が設置した両飛行場周辺の測定局の WECPNL は依然として70以上80に近い値がつづいている．この合意による規制措置では進入および出発経路をふくむ飛行場の場周経路は，できるかぎり学校，病院をふくむ人口稠密地域上空を避けるように設置するとしている．しかし，2004年8月13日，普天間基地のヘリコプターが沖縄国際大学に墜落した事件に明らかなように，規制措置が厳格に守られているとはいえない．

　米軍基地の環境問題はこの他にも，PCB等有害廃棄物による汚染，基地建設や演習などによる恩納村や名護市における赤土流出などの自然破壊，原子力潜水艦の寄港や劣化ウラン弾の鳥島射撃場使用による汚染，キャンプコートニー（具志川市）の鉛汚染などの事件がおきている．このような公害と演習事故そして兵士による事件は基地の周辺地域の安全をおびやかしている[39]．それだけでなく，現在の基地は占領中に米軍の軍事的目的でつくられ，沖縄の経済や社会の発展のための土地利用計画とは無関係に，本島南部のもっとも人口稠密で経済的機能の集中している地域につくられている．これが戦後沖縄の経済自立を阻む原因であり，同時にまたアメニティのある地域をつくれない原因でもある．

　米軍の環境問題は企業などの経済活動にともなう環境問題とは異なる．この問題は日米安保条約にもとづく日米同盟といわれる軍事戦略にともなう問題である．このために米軍は排他的な特権をもっている．占領下では米軍司令官は民政府長官であり裁判権をもち，沖縄の帝王といわれていた．復帰後は米軍の行動は行政協定によって制約されている．しかし，ドイツやイタリアなどのヨーロッパの行政協定とくらべて，米軍の権限が大きい．たとえば，米軍基地にたいしては日本環境管理基準が1995年に初めて設定され，その後も改定され，排出ガス，廃水，有害物質，有害廃棄物，自然資源と絶滅危惧種，史的・文化的遺産などについて国内法と同じ環境基準がつくられている．しかし，実際には日本政府が監査したり，立入り調査をすることはできず，違反した場合に規制したり，処罰する権限はない．米軍の自主的な守護義務にまかされている．沖縄県にたいして，常時情報が公開されねばならないという義務はない．また，今後基地の再編にともなって，土壌汚染など廃棄物の処理が大きな課題となる．しかし，アメリカ本土のスーパーファンド法の適用がない．この点では明らかにダブル・スタンダードになっている．

ジョンソンによれば，アメリカ帝国の地域支配戦略は，旧帝国主義国家のように占領地域で領土を要求しない．それにかわって，必ず巨大な基地を存続させ，それによって事実上その国・地域を植民地あるいは衛星国にしているという．ここでは沖縄の基地をとりあげたが，現在進行中の米軍再編は「本土の沖縄化」といわれるように，日本全体がジョンソンの指摘する米国の世界戦略にくみいれられる危険がある．このような危険を避けるには，日米安保体制の廃棄あるいは根本的修正と新しいアジアの安全保障体制の確立以外にない．この基本的な改革のためには，少なくとも日米行政協定をドイツなみに改定することからはじめなければならない．環境問題では日本人は被害者であるが，日本の米軍基地からはベトナム戦争やイラク戦争などに軍隊が派遣された．国際的には加害者に加担している．戦争は最大の環境破壊であり，日本人はその加害者に加担していることを自覚しなければならない．

社会経済的特徴

「公害輸出」ということばに象徴されるように越境型環境問題には被害と加害に独自の特徴がある．

被害の特徴は国内の公害と同じように，生物的弱者と社会的弱者を中心として，絶対的損失が生ずることは同じだが，人種的民族的差別があることだ．ボパールの被害者は工場に隣接した先住民の「スラム」に住んでいた者が中心である．カナダの二つの居留地の住民は，カナダ・インディアンとよばれていた先住民である．カナダの真の土地所有者は狩猟民族であった先住民である．この地域を侵略した英仏人が鉄砲とアルコールをもちこむことによって，先住民の自立性を失わせ土地をとりあげたのである．アメリカのようにインディアンを武力で屈伏させたのではないが，同じように先住民を居留地に囲いこみをして，同化政策をとったのである．事件が発生しても，先住民が自力で被害をうったえることは困難であった．先にあげた二つの居留地は幸いにして外部の日米科学者の援助で事件が明らかになったが，ケベック州の水銀中毒事件は，白木博次によれば政府の手で隠蔽され，居留地そのものが放棄されたという．沖縄の場合は軍事的圧制がつづき，復帰後は日本国憲法体制にはいったのだが，日米安保条約が日本の国法よりも優先して，被害がつづいている．ここでも民族的差別あるいは戦前からつづく沖縄差別があるといってよい．

第 5 節　経済のグローバリゼーションと環境問題

　この国際的環境問題の被害は，伝統的な生活習慣・文化やコミュニティそのものを崩壊させる．第1章でのべたような森林伐採による森の民の共同体の崩壊は典型だが，カナダ先住民の被害も，水俣病の発生にともなって目の前でタダで採取できた常食の魚が食べられなくなり，スーパーで食料を買うという市場の網の目にまきこまれている．これでは伝統的な仕事や生活習慣が維持できない．若者は伝統的な歌や踊りよりもロックを好み，学校教育を受けた後，居留地を出て早く都市へ出ていくことを望んでいる．居留地の崩壊は公害によって促進されている．沖縄の場合には軍用地地代が1972年の126億円から，現在は822億円にふえている．これでは基地を返還されて，もとの農業に復帰する経済的な理由はなくなり，基地返還は望まなくなる．それどころか，軍用地の所有が有利な投資先となり，不動産投機の対象となっている．このように越境型環境問題は経済的損失だけでは測りきれない社会の崩壊をもたらすことが特徴である．

　加害者である多国籍企業や外国軍隊は定住性がなく，流動するために，責任の逃避や拡散がおこる．ボパールもカナダのドライデンの企業も，いずれも事件が裁判沙汰になると本国へ引上げてしまった．前章でも紹介した，マレーシアのイポー市にあるAREの放射性廃棄物事件でも，裁判がはじまると会社は撤収解散している[40]．国内の場合でも，昭和電工鹿瀬工場は水俣病を発生させて裁判になると撤収し，鹿瀬電工に衣替えをして証拠湮滅が問題となったが，多国籍企業の場合はより責任の逃避がおこなわれるといってよい．また軍事同盟による外国軍基地の場合，直接の交渉相手が自国の政府となって，真の責任がかくれてしまう．

　環境政策の点では，なによりも問題は環境基準が本国よりも緩和されるダブル・スタンダードであることだ．そして，事件が発生して，責任を明らかにして補償させる場合でも，本国にくらべると格段に安い金額になることである．経済のグローバリゼーションは南北問題という貧富の格差を進めるが，環境問題はそれを促進している．pollution haven（公害逃避地）が生まれるといってよい．

　こんご地球環境の保全をもとめる発展途上国の世論や運動が大きくなり，その国の政府の環境政策が強力にならぬかぎり，投資と貿易の自由化を進めるグローバリゼーションとアメリカの覇権をもとめる軍事行動によって，越境型環

境問題は広がっていくであろう．

3 地球環境問題

地球温暖化問題の「正当性」論争

地球環境問題は，オゾン層問題などがふくまれるが，ここではもっとも国際政治の課題として重視されている温暖化問題をとりあげたい．第1章でのべたように，地球温暖化問題について壮大な実験を試みているIPCCの第4次評価報告書が発表され，温暖化の原因の人間活動による可能性が，第3次評価報告書の66%から90%にされた．そして六つの将来シナリオのうち，省資源で環境に配慮した循環型社会を実現すれば，21世紀の平均気温が80-99年にくらべ約1.8℃(シナリオによって1.1-2.9℃)上昇，化石燃料に依存して高い経済成長を実現すれば約4℃(同2.4-6.4℃)上昇と予測し，同様に海面上昇については18-59 cm上昇と予測した．これは第3次評価報告書とくらべると数値が若干異なっているが，危険の予測とシナリオは同じである．そこで，ここではすでに論争がおこなわれている第3次評価報告書をもとに，その正当性を検討してみよう．

IPCC報告の中心は気象学など自然科学の領域に属し私の判断を超えるので，以下ではこの問題の専門家で第3次評価報告書をわかりやすく紹介し評価している松岡譲・森田恒幸「地球温暖化問題の構造と評価」の骨子をかんたんに紹介する[41]．

第3次評価報告書では，1750-2000年に温室効果ガス増大にともない発生した放射強制力(気候変動の原因力の大きさを表す尺度．正の放射強制力は地表気温を上昇させ，負の放射強制力は冷却させる)は2.43 Wm^{-2}(1 m^2当たりのワット数)で，CO_2 60%，メタン20%，ハロ・カーボン14%，亜酸化窒素6%の寄与があったとする．1910-45年および1976年以降にみられる気温上昇のいずれも再現できるのは人為的起源と自然的起源の放射強制力の両方を考慮した場合のみで，1976年以降の急激な気温上昇は人為的起源の強制力が主因だろうとしている．第3次評価報告書では，気温上昇の21世紀末予測を1.4-5.8℃としており，この幅は大きく，1.4℃と5.8℃では影響の内容や地域は大きく異なるが，確率づけをすることはむつかしいとしている．

予測される温暖化の影響は次のとおりである．

ⓐ 気候変化の影響をうけつつある弱い種と地域への影響……半乾燥地域(アフリカ・サヘル)への影響, 沿岸, 湿地帯の劣化や珊瑚の白化.
　ⓑ 極端な気象の頻度と強度の変化……洪水, 台風, 熱波などの増加による生命・財産の損壊, 異常気象に弱い地域の被害の増大.
　ⓒ 影響の不均等……途上国あるいは先進国に選択的に発生するが, 温度上昇ほど途上国に深刻な被害.
　ⓓ 温暖化による世界全体のネットの総影響値……産業にたいする被害など市場価値で測れるのは一部で, それ以外に多くの被害が予測される.
　ⓔ 熱塩循環の停止, 西南極氷床の崩壊, 森林の大枯死などの不可逆的現象の発生.
　このうち, 異常気象についての研究に力がそそがれているが, いまのところ定性的分析にとどまっている. 以上の影響の経済的損失は途上国で GDP の 2-9%, 先進国で 1-2% とされるが, 数十年先には途上国の状況は大きくかわると予測されるので, 適当な数値はあげられない.
　第3次評価報告書は, 今後 100 年の世界像を価値観と世界協調の観点にもとづいて描いた四つのストーリーにおける六つのシナリオをしめした.
　価値観に変化なく高度成長, 3% 成長が 100 年間つづき, 2050 年 1 人当たり所得世界平均 2 万ドル以上, 技術革新は大きく進むというストーリーでは,
　① A1FI……石炭のクリーン利用や石油や天然ガス関連の技術革新をともなう化石燃料依存型高成長シナリオ.
　② A1T……原子力をふくむ新エネルギー開発をみこんだ高度技術指向型高成長社会シナリオ.
　③ A1B……これらの技術革新がバランスのとれた高成長シナリオ.
価値観は現状維持, 国際協調については各地域の保全をみとめ, 政治のブロック化が進み, 顕著な技術革新は期待できないストーリーでは,
　④ A2……多元化社会シナリオ.
環境にたいする価値観は高揚し, 緊密な国際協調下で環境や社会への高い関心にもとづき環境の保全とバランスのとれた経済発展をはかるストーリーでは,
　⑤ B1……循環型社会シナリオ.
地球規模の問題への関心や国際的問題の解決という方向に向かわず, 地域の問題と衡平性を重視するストーリーでは,

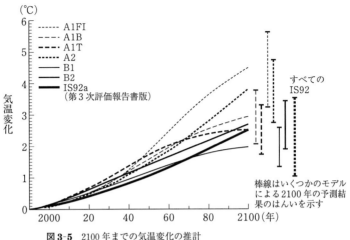

図 3-5 2100年までの気温変化の推計
注 「IS92」とはIPCCが1992年に作成した排出シナリオである．
出所 前掲松岡・森田論文，44頁の図を簡略化した．

⑥ B2……地域共存型社会シナリオ．

松岡・森田はB1・B2をえらべば温暖化対策はしやすいとしている(図3-5)．温暖化緩和の具体的内容は温室効果ガスの排出を削減し，温室効果ガスの大気中濃度を気候システムにたいする人為的干渉にならない程度に安定化をはかることである．六つのシナリオで必要となる削減量は表3-2のとおりである．2100年気温上昇を最大3℃にするためにCO_2濃度550 ppmを安定化目標とすると，A1FIで54%も削減しなければならない．しかも，削減時期が遅れれば遅れるほど削減量はふえると予測される．これをみると，モデルによって削減量が大きく異なるし，達成手段(原料転換や技術開発)も大きく異なってくる．450 ppmを目標とする緩和シナリオは著者によれば技術的に十分可能としている．しかし，これまでの目標550 ppmから450 ppmに削減するとなると，社会経済システムの変革が必要となるという．温暖化緩和による経済的影響は，B2シナリオで目標値を550 ppmとした場合，最大でGDPの変化は1.4-1.8%，2100年で1%程度の損失となるとしている．

日本の場合，国内対策のみで京都議定書の削減目標を達成する時のGDPの損失は0.19-1.20%で平均値で0.64%としている．それは2010年で約2兆5000億円(1990年価格)となり，これは環境産業の発展で1兆円，環境保全技術

表 3-2 緩和シナリオで必要となる削減量

シナリオ	排出量 (SRES)	削減量			
		450 ppm	550 ppm	650 ppm	750 ppm
A1FI	2105	1470(70)	1135(54)	975(46)	869(41)
A1B	1415	820(58)	499(35)	298(21)	
A1T	985	419(43)	68(7)		
A2	1780	1175(66)	856(48)	738(41)	334(19)
B1	900	352(39)	99(11)		
B2	1080	418(39)	273(25)		

注 2001-2100年の累積量,単位は10億炭素トン.2150年を
目標到達年とする.( )はベースラインからの削減%.
「SRES」とは六つのシナリオの総称.
出所 前掲松岡・森田論文,55頁(表タイトルは変更した).

の効率化で 5000 億円,環境にやさしい商品の購入によって 3500 億円,全体で 75% の回復が可能とのべている.

日本の環境経済学の研究者,政府関係者やマス・メディアは,この IPCC の報告について,大筋では肯定して,これを前提に政策を議論している.しかし,一部には強い反対論もある.一部の社会科学者の反対論の根拠となっているのは,デンマークの統計学者 B. ロンボルグ『環境危機をあおってはいけない』であろう.以下かんたんに趣旨を紹介する.

ロンボルグは「一般に二酸化炭素の気候に対する影響は決して無視できるものではないけれど,思われているよりは小さいことを示している」[42]と考え,IPCC とそれをもとにする政策に反対している.まず彼は予測について次のように疑問を呈した.「1世紀も未来の予測をするなんて,過去の予測を見ればわかるけれど地雷だらけの仕事だ」[43].第3次評価報告書が,21世紀末の温度上昇を 1.5-4.5℃ と幅をもたせたことは,モデルが不適切で感度がはっきりせず,エアロゾール,水蒸気のフィードバック,雲の表現について問題が残っているためだとし,地球温暖化について気象災害をすぐにもたらすものでないとしている.

ロンボルグはいまの世界の社会経済システムは地球環境論者ののべるような危機に瀕したものでなく,むしろ貧困を解消し,豊かな社会をつくっているという.したがって,先の六つのシナリオの中では現状維持で化石燃料を使う高度成長の A1 シリーズのシナリオがよいとしている.このシナリオならば,B よりも所得が 50% 増大し,発展途上国の所得は 75% 増大し,温暖化コスト

5兆ドルの20倍以上の総追加便益106兆ドルをうる．温暖化は2-2.5℃ぐらいで，これだと先進国には影響がないか，プラスの影響があり，世界が豊かになれば自衛手段もふえて，被害の出る途上国の救済もはかりうるとのべている．彼は京都議定書についても否定的で，現状のCO_2排出量5%削減では，気候に与える影響はほとんどなく，2100年の温室効果ガスの値を6年遅らせるにすぎない．このために1500億ドル使うぐらいならば，ユニセフは年700-800億ドルあれば第3世界の全住民に健康，教育，上下水道を供給できるといっているので，それに使ったほうがよいとしている．

ロンボルグは，IPCCは政治プログラムに偏向していると結論している．IPCCのシナリオのうち，もっとも推薦されているB1は，「資源にあまり依存しない，工業化していない，商業化しておらず，生産志向でもない分散型社会をさしている」[44]としている．これだと豊かさの低下は107兆ドルで気候変化の5兆ドルの20倍の損失で，発展途上国が所得の75%を失うことになるがそれでよいのかといっている．そして彼はこの大部の著書のさいごに「ぼくとしてはこんなかなりどうでもよいような保険に2-4%も保険料を払うことに意味があるとは思えない」[45]と結んでいる．

ロンボルグの指摘するように，いかにモデルを細密にし大型コンピュータを使って計算をしたといっても，100年先のことを正確に予測することは不可能である．気候変動の自然的原因について不明な問題はあり，社会的原因になるといっそう複雑な予測は生まれる．技術の発展，社会経済システムのあり方，戦争などの国際紛争，国内政治のあり方など，20世紀をふりかえっても，いやこの20年だけでもおどろくべき変化がおこっている．そのいみでは，地球温暖化の予測だけで未来の選択はできないことは明らかである．

しかし，地球温暖化問題の重要性は，毎日の人類の生産・生活が地球の危機を自動的に進めているということである．IPCCの成果は，温暖化の原因として，この人間の経済活動が否定できないことを明らかにしたことである．とくに近年の地球の温度上昇は明らかに人為的な原因であり，その影響は放置できない状況を生みだしつつあるということである．温度上昇の予測に幅があることは，いまの科学では当然のことである．しかし，かりに2℃の上昇としても，ロンボルグのように放置できる問題ではない．とくに島嶼地域をはじめ，南の発展途上国にとっては，不可逆的な地理的影響が生まれる．都市化した社会で

は，1日1時間たりとも物や人の流れが狂うことが，絶大な損失をもたらす．先進国の場合には，少しの自然の変化も大きな影響をもたらすことはこれまでの事故，公害や自然災害で明らかである．複雑で精密な相互依存でグローバルなネットワークが形成され，それが年ごとに緻密になっていく社会では，微小な気候変動などの自然変化とそれにともなう社会変化は，100年前とは異なる重大な影響をもつことを考えるべきであろう．

ロンボルグの批判の欠陥は，いまの市場制度をもとにして，IPCCの予測の5兆ドルあるいはGDPの2-4％の損失を前提にして費用便益分析をしていることであろう．途上国の経済成長は中国・インドの現状をみてもおどろくほど早くそれだけに環境負荷は想像を絶する．そして地球温暖化は，不可逆的絶対的損失をもたらす．このために予防をいそぐのである．またロンボルグはいまの市場制度による高度成長の中で経済が自動的に貧困問題や環境問題を解決すると考えているが，それは現実に反している．なんらかの公共的介入がなければ，これらの問題は解決しない．技術の発展も問題がおこれば自動的に進むものではない．再生エネルギーをはじめ環境関連の技術は，市民の世論によって環境政策が進みはじめて，市場化したのである．

J. E. スティグリッツの指摘のように，経済のグローバル化は，格差（貧富の格差，地域格差など社会的不平等）問題と地球環境問題を生み出している[46]．地球環境対策には大国主導のナショナリズムでない国際的連帯による，国際的政治を生みださねばならぬが，その壮大な実験が地球温暖化対策といってよい．もちろん，効率的な対策を考えねばならぬ．しかしこれは市場価格で衡量できるものではないであろう．

ロンボルグの批判で正当なものは，いまの社会の未来を地球環境の危機だけで判断するのは偏狭だという点であろう．戦争，核問題，食料，水など資源の枯渇，途上国の貧困など未来への課題は多くあり，政策の選択を一元化してはならぬであろう．どのようにして，維持可能な発展そして維持可能な社会をつくるか，温暖化問題はその手がかりであって，すべてではない．

地球環境問題の政治経済学
地球環境問題は国内環境問題の政治経済学に追加する新しい理論をもとめている．

まず地球環境問題は地球規模で影響を与えるストック公害(広くは災害)である．それは人間活動による有害物質や有害行為が長期間の歴史の中で蓄積した後に発生し，その影響は全世界に及び，未来世代まで長期にわたって継続する．それは賠償や復元の不可能な不可逆的絶対的損失を生みだす．このために予防が最優先の政策目標となる．

このような社会的性格があるために，次のような原理が必要である．

第1は国際性である．ナショナリズムでは問題の解決とはならない．アメリカのネオコンの政権のように国際的な関心がなく，一国の利害を優先しては地球環境問題は解決しない．スティグリッツの指摘のようにアメリカは私益と私見を追求する行動に明けくれて世界の民主主義の土台にひびをいれた．経済のグローバル化を制御するグローバルな政治機関はない．WTOは先進国内の特権のために動いている．どのようにして環境政策の国際性を確立するかが問われている．これは第4章以下の課題である．

第2は南北問題の公平性である．地球環境問題は温室効果ガスに典型的に表れているように，産業革命以来の先進工業国の経済活動によっている．したがって，政策にともなうコストについて先進国と途上国が同一の負担をするのは不公平である．中国はすでにアメリカに次ぐCO_2排出国であるが，これまでの蓄積にたいする寄与度はとるに足らない．現状で判断する場合でもエネルギーや原材料の節約技術のちがいが問題になる．CO_2の場合はエネルギーにふくまれる炭素量を基準にすれば比較的公平をはかることはできるが，それでも問題はのこる．

第3は世代間の負担の公平である．現世代の負担が軽いと被害は未来世代に重くなる．IPCCの提言によれば，対策を遅らせれば遅らせるほど単位当たりのCO_2の削減コストは大きくなる．しかし，現世代にとっては直接の被害がない時に負担をする論理をつくらねばならない．

このように予防原則を具体化するには新しい原則が必要である．

地球環境問題は国内環境問題以上に市場原理で解決するには限界がある．このことは先述のサマーズの理論の欠陥で指摘した．スティグリッツは，共有地の悲劇論から，国内の環境問題の解決に共有地(広くはコモンズ)の私有化を主張する者もいるが，これは所得分配の不公平をまねく．それでも国内問題ならば一定の解決を考えられるかもしれぬが，国際漁業や地球温暖化に私有化論を

適用できない.世界規模の天然資源にたいして唯一実行可能な方策は,政府自らが世界規模で共有資源を公的管理することだとしている(47).

地球環境問題は国内環境問題以上に社会経済システムの革新をもとめている.その場合,ロンボルグの批判のように環境問題の解決に一元化するのでなく,平和,貧困,健康,教育(知識)などをふくめて対策を考えうるシステムを構築しなければならないだろう.これを私は「維持可能な社会」として第5章で総括したい.このようなシステムは革命によって成立できるのでない.そのためにどのような手段をとればよいのか.第4章ではその政策手段として都留重人の指摘によるフローの社会化による改革,そしてスティグリッツや天野明弘のいう環境民主主義による革新などを検討しなければならないだろう(48).

(1) アメリカの年次環境白書(*Environmental Quality*)では,大気汚染,水汚染,有害物質汚染,エネルギー,自然資源,居住環境,土地利用,さらに地球規模の環境などが対象となっている.旧ソ連が英語版で発行していた "Environment Management Abstracts" では,大気汚染,水汚染,土壌汚染,廃棄物,騒音・振動,放射能,鉱物資源,野生生物,自然災害,景観などが対象となっている.またイタリアの DOCTER(Istituto di Studi e Documentazione per il Territorio, 英名 International Institute for Environmental Studies)はヨーロッパ全体を対象として,英伊両国語で EC の援助により隔年に年次報告書を出しているが,その対象領域は次のとおりである. Agricultural and Rural Land, Cartography, Coasts, Cultural Heritage, Environmental Policies, Energy, Environmental Education, Environmental Impact Assessment, Environmental Information, Fauna and Flora, Land Reclamation, Leisure Planning and Recreation, Mines and Quarries, Organizational Structure, Parks and Nature Reserves, Air Pollution, Water Pollution, Noise, Waste, Sea Protection, Town and Country Planning, Toxic and Hazardous Substances, Urban Renewal, Water Supply and River Management. DOCTER, *European Environmental Yearbook*, London: DOCTER International U.K., 1987.
(2) これは1963年に八幡市(現北九州市八幡区)を調査していたときに考えてつくった概念である.庄司光・宮本憲一『恐るべき公害』(岩波新書,1964年)参照.通産省も石油ショック後の不況の救済のための法律を「企業城下町救済法」などと俗称していた.
(3) 1973年第1次水俣病訴訟判決直前の NHK の世論調査はこのことを明らかにしている.宮本憲一編『公害都市の再生・水俣』(講座『地域開発と自治体』第2巻)筑摩書房,1977年,272-273頁.
(4) 白木博次「水俣病の医学的検討──全身病,とくに全身の血管損傷と関連して」『公害研究』第13巻第1号,1983年7月.
(5) 作家の有吉佐和子は抜群のセンスで公害問題をとらえていた.彼女の『複合汚染』(新潮社,1975年)は世論への重大な衝撃を与えたが,複合汚染はますます強まるであろう.
(6) 「過去約10年の経験から一般化できることだが,高速道路建設や道路拡張計画が増加し,結局は交通を混雑させ,大気汚染を悪化させる傾向によって,もっとも被害を被るのは,労働者階級ないし下層中産階級の人びとであることは間違いがない」.E. J. Mishan, *Growth : The Price We Pay*, London: Staples Press, 1969(都留重人監訳『経済成長の代

(7)　差止めの法学的考察については，沢井裕『公害差止の法理』(日本評論社，1976年)．
(8)　差止めについては第4章第3節でのべるが，差止めにもいろいろあり，賠償金が巨額になれば，差止めのほうが加害者にとって負担が軽くなる場合がある．
(9)　庄司光・宮本憲一『日本の公害』岩波新書，1975年．
(10)　都留重人の定義は次のようである(『公害の政治経済学』岩波書店，1972年，29-30頁)．
　　　公害とは——
　　A　技術進歩がますます生産の社会的性格を強めつつある段階において，したがって，一経済主体の外部から受ける影響が大きく，それが外部に与える影響も大きい段階において，
　　B　経済主体の私企業的な自主自責の原則を貫くかぎり，
　　C　集積の便すなわち外部経済を利用しようとする積極的動機も手つだって，集積傾向はおのずから強まることだし，
　　D　外部に及ぼす悪影響は，最小限の防除がおこなわれるだけで，周辺地域に集積して，量の質への転化を生むが，
　　E　その結果については，個々の経済主体との因果的結びつきが実証困難な場合が多くて，個々の経済主体は責をのがれ，
　　F　「外部」すなわち通常は不特定多数の企業ないし個人，例外的には特定の企業ないし個人にたいし，実害を生む事態．
(11)　本書旧版が刊行された1989年，ポーランドは軍制下にあった．それ自体が社会主義体制として異常なことだが，このためこの時点で環境政策を評価するのは適切でないかもしれない．そこで1979年ポーランド科学アカデミー「人間と環境」委員会などに招待されて調査した結果が読者の参考になろう．塚谷恒雄・宮本憲一『公害——その防止と環境を守るために』(東研出版，1982年)125-132頁．汚染の状況は，大気と水に関しては日本にくらべははるかに深刻である．SO_2の環境基準を超える工業都市の地点が56あり，そこに人口の21%が住んでいる．ポーランドの京都とよばれるクラコフ市はその近くに世界でも最高の大気汚染をしているシレジア地方の工業都市カトヴィチエ市があるので，SO_2が75年の年間12万5000トンから79年には83万トンに達した．水質汚染では，水質汚濁度を表すために4段階に分けられているが，優良Ⅰ段階が1967年31.6%あったのが，79年には10.1%，基準以下のⅣ段階が67年の40.8%から77年には57.3%になっている．クラコフ市では水質の水銀汚染も報告され，79年で都市の共同井戸の41%，農村の52%が失格している．グダニスク市の面するバルチック海は，この市の下水道の処理場がないこともあり，ウナギが何十万トンも死ぬ事件がおこっている．廃棄物では37物質が対象となっているが，環境汚染企業のうちで25%しか処理されず，現在，8億トン以上の廃棄物のストックができている．大気・水汚染による動植物や人間の健康被害については，その後調査が進んだが，死亡率の上昇や健康障害がみられるといわれている．ポーランドは1976年，憲法改正で「環境権」を制定したが環境汚染は深刻であった．

　　　たとえば803都市のうち，350の都市にしか廃水処理施設はない．首都ワルシャワですら，処理施設が十分でない．O.ランゲののべたことと反対に，ポーランドの企業経営者の多くは社会的費用を内部化するために公害防止投資をするよりは，その資金を生産力を上げるための設備投資や従業員のボーナスにまわしがちである．基本的な対策として，汚染のひどい古い工場をスクラップして，最新の公害防止設備をもつ工場をビルドする計画をもっているが，新しい生産方法をみとめぬ労働組合の反対にあって進まない．

　　　このような状況を生むにあたって，アカデミーの経済学者から集権的官僚制の弊害が指摘された．また社会学者は，国有企業であるために住民運動が困難なこと，国有企業の公害に

ついてはマス・メディアが十分な報道をしないこと，裁判も十分に機能していないことなどをあげていた．また当時の「人間と環境」委員会ミハイロフ委員長の話ではクラコフ市で世論調査をして，「きれいな大気がよいか，自動車を増産したほうがよいか」というアンケートの結果，空気がよごれても自動車がほしいという意見が多かったという．ミハイロフ委員長はポーランド人の文化水準の上がらぬかぎり，環境政策はむつかしいとのべていた．

2006年，ひさしぶりにポーランドを訪問した．EU加盟によって，EUの規制をうけ，クラコフ市の大気汚染はかなりの改善をみて街も美しくなっていた．しかしまだ石炭と鉄の工業地域の公害は残っている．

(12) 1973年，すでに長砂実は，私が当時社会主義の公害を主として低生産力，官僚制，非民主主義的な政治や文化にもとめたことに反対して，その原因を「生産関係」にもとめるべきだという注目すべき理論をのべている．長砂実「社会主義ソ連の「公害」問題」『公害研究』第2巻第4号，1973年4月．その後の実態調査を経て，私もここに書いたように，生産関係にもとめたいと考えている．ただし，長砂は現代社会主義の生産関係が資本主義の母斑をもっていることに公害の原因をもとめている．私はそれとともに，後述のように「政府の失敗」といわれるような「官僚制」を生産関係としてとらえられないかという仮説をもっている．もちろん，本書全体で展開しているように，公害・環境問題を単純に生産関係という基底に還元してみることには反対であり，素材からはいり，政治経済構造という中間システム全体の性格を検討しなければならぬことはくりかえすまでもない．しかし，このことも，実は生産関係と密接な連関をもっているのである．いずれにしても現代社会主義，あるいは高度な社会主義(共産主義)生産関係とはなにかについて，抽象的な政治主義ではなく，現実による経済学として解明することがもとめられているのではないか．

(13) 佐藤武夫・奥田穣・高橋裕『災害論』勁草書房，1964年；佐藤武夫「災害の科学」，庄司光編『公害と災害』(講座『現代日本の都市問題』5)汐文社，1971年．ただし，佐藤武夫は公害を労災と同じ産業災害の中にくみこんで独自概念としていない．この点では私とはちがっている．

(14) 前掲訳書では，「amenity right」を「便益権」と訳している．現在の状況ではこの訳語は理解をあやまるので，そのままアメニティ権としたい．

(15) 木津川計『文化の街へ――大阪・二つのアプローチ』大月書店，1981年．

(16) D. B. Diamond, Jr. and G. S. Tolley, *The Economics of Urban Amenities*, N. Y.: Academic Press, 1982, p. 3.

(17) 木原啓吉『歴史的環境――保存と再生』岩波新書，1982年．なお，拙稿「環境の思想・アメニティの政治経済学」(拙著『都市をどう生きるか――アメニティへの招待』小学館，1984年)がこの項の原型であり，参照のこと．

(18) D. D. Dikins, "New York Today: Two Unequal Cities", Citizens Budget Commission, *Quarterly*, Vol. 4, No. 1. また，ニューヨーク市の全体像をつかむには，W. K. Tabb, *The Long Default: New York City and the Urban Fiscal Crisis*, N. Y.: Monthly Review Press, 1982(宮本憲一・横田茂・佐々木雅幸監訳『ニューヨーク市の危機と変貌――その政治経済学的考察』法律文化社，1985年)．

(19) Le Corbusier, *Maniére de Penser l'Urbanisme*, Paris: Editions de l'Architecture d'aujourd'hui, 1947(板倉準三訳『輝く都市』鹿島出版会，1968年．ただしこれは，ル・コルビュジエの有名な古典『輝く都市』の翻訳ではなく，その考え方を著したものを同題で出版したものである)．

(20) K. W. Kapp, *The Social Costs of Private Enterprise*, Cambridge, Mass.: Harvard U. P., 1950, p. 13(篠原泰三訳『私的企業と社会的費用――現代資本主義における公害の問題』岩波書店，1959年，15-16頁)．

(21) 拙著『社会資本論』有斐閣, 1967 年, 改訂版 1976 年.
(22) 吉田文和『環境と技術の経済学——人間と自然の物質代謝の理論』青木書店, 1980 年; 寺西俊一「公害・環境問題研究への一視角」『一橋論叢』第 90 巻第 4 号; 同「社会的損失問題と社会的費用論」『一橋論叢』第 91 巻第 5 号を参照.
(23) K. W. Kapp, *Social Costs of Business Enterprise*, Bombay: Asia Publishing House, 1963, p. ix. カップの社会的費用論再評価が 2002 年 11 月にイタリアのトロントで「社会科学のヒューマニズム化とエコロジー化」というテーマでおこなわれた. 最近その記録が出版された. W. Elsner, P. Frigato and P. Ramazzotti eds., *Social Costs and Public Action in Modern Capitalism: Essays Inspired by Karl William Kapp's Theory of Social Costs*, London; New York: Routledge, 2006.
(24) 宇沢弘文『自動車の社会的費用』岩波新書, 1974 年.
(25) この試算は宮本憲一編『大都市とコンビナート・大阪』(講座『地域開発と自治体』第 1 巻, 筑摩書房, 1977 年)に発表されたものだが, 後に遠藤宏一『地域開発の財政学』(大月書店, 1985 年)に収録されたものである. なお, この時期には同じような被害評価の試算が発表されている. OECD, *Environmental Damage Costs: Record of a Seminar Held at the OECD in August 1972*, Paris: OECD, 1974; K. G. Maler and R. E. Wyzga, *Economic Measurement of Environmental Damage: A Technical Handbook*, Paris: OECD, 1976. また法的な損害算定としては, 鈴木潔他編『公害による損害の算定』(新日本法規出版, 1977 年)がある. いったい, 社会的損失をどこまでのはんいでとるのかはむつかしい. たとえば, 沼田真は右図のような因果を描いている. このような生態の変化のどこまでを原因者が責任をとり, さらに補償の負担をするのか. 興味のある因果関係図だ.
(26) K. W. カップ/柴田徳衛・鈴木正俊訳『環境破壊と社会的費用』(*Environmental Disruption and Social Costs*), 岩波書店, 1975 年, 248 頁.
(27) 同上, 296 頁.
(28) 同上.
(29) ミハイルスキーは社会的費用は次の四つの語義に使われているとしている. ①生産の国民経済的費用, ②社会経済的最適が実現されないときに生ずる国民経済的損失, ③第三者の非市場的な負担(経済主体はこの第三者を顧慮しない), ④経済政策的諸措置の実施の費用. ミハイルスキー自身は社会的費用を次のように定義している. 「企業によって惹き起こされ, 第三者としての家計, 企業または社会全体によって出費または支出の増大の形で, あるいは実物的な損害または被害の形で負担されるところの, 本来的に技術的に条件づけられた外部負担のすべてである」. W. Michalski, *Grundlegung eines Operationalen Konzepts der "Social Costs"*, Tubingen: J. C. B. Mohr, 1965(尾上久雄・飯尾要訳『社会的費用論』日本評論社, 1969 年, 96 頁). これはカップを意識した批判である. これにたいしカップは,

引き金要因　大気汚染(SO_2 など)
↓
樹木の健康度の低下
都市化におけるさまざまな因果関係　← 騒音, 煤塵, 大気汚染
← 昆虫食の野鳥の減少
樹勢低下, 野鳥の減少
← 害虫の異常発生
害虫の発生, 光化学スモッグ
← 異常落葉
都市化による不透水地の増加
← 地下水位の低下
まずい都市計画
← 高層ビルによる風系の変化
結果　樹木の枯死

自然教育園における樹木の枯死の進行と, これにかかわる要因, 因果関係の模式図
(沼田真『都市の生態学』岩波新書, 1987 年, 213 頁)

第3章・注

判している.前掲カップ『環境破壊と社会的費用』139-149 頁.
(30) 寺西俊一『地球環境問題の政治経済学』東洋経済新報社,1992 年,参照.
(31) 米本昌平『地球環境問題とは何か』岩波新書,1994 年,参照.
(32) 天野明弘「地球環境問題の社会経済的側面」,森田恒幸・天野明弘編『地球環境問題とグローバル・コミュニティ』(岩波講座『環境経済・政策学』第 6 巻)岩波書店,2002 年.
(33) 井上真「環境保全を前提とした地域発展を求めて」,寺西俊一・大島堅一・井上真編『地球環境保全への途――アジアからのメッセージ』有斐閣,2006 年,8-9 頁.
(34) Sambhavna Trust, *The Bhopal Gas Tragedy*, Bhopal People's Health and Documentation Clinic, 1998; M. P. ドウィベディ「ボパール農薬工場のガス漏洩事件」『環境と公害』第 30 巻第 1 号,2000 年 7 月.その他現地での取材による.
(35) 1975 年の調査報告は,都留重人編『世界の公害地図』(岩波新書,1977 年)の原田正純と私の共著論文参照.また,原田正純・中西準子・飯島伸子が次の報告書に論文をのせている.HESC, *Science for Better Environment: Proceedings of the International Congress on the Human Environment*, Tokyo: Asahi Evening News, 1977.また 1977 年私が調査した報告は次のとおり.K. Miyamoto, "The Case of Methyl Mercury Poisoning among Indians in Northwestern Ontario, Canada", *Hannan Ronsyu*, Vol. 15, No. 23.
　第 4 回日本環境会議では次の報告がなされた.ラファエル・フォビスター,ジョン・オルンス「カナダインディアン居留地の水銀汚染問題」(日本環境会議編『水俣――現状と展望,第 4 回日本環境会議報告集』東研出版,1984 年).2002 年と 2004 年の調査は,原田正純ほか「長期経過後のカナダ先住民地区における水銀汚染の影響調査(1975-2004)」(『環境と公害』第 34 巻第 4 号,2005 年 4 月).2006 年 9 月熊本市でおこなわれた「環境被害に関する国際フォーラム――水俣病 50 年の教訓は活かされたか」にアンソニー・ヘンリとガブリエル・フォビスターの 2 人のカナダ先住民の水俣病被害者が参加して,現状を報告した.白木博次によれば,ケベック州でも先住民の居留地で水俣病が発生していたが,居留地そのものが撤去されて,事件はうやむやになったという.北西オンタリオ州の場合には,日本の研究者の長期にわたる調査と交流が,事件を顕在化させ,対策をとらせたのであろう.そのいみで日本の教訓を世界で生かす道をしめすものとして紹介した.
(36) S. Tsuru, *The Political Economy of the Environment: The Case of Japan*, Athlone Press, 1999, pp. 216-219.
(37) C. Johnson, *Blowback: The Costs and Consequences of American Empire*, New York: Metropolitan Books, 2000(鈴木主税訳『アメリカ帝国への報復』集英社,2000 年).
(38) 宮本憲一・佐々木雅幸編『沖縄 21 世紀への挑戦』岩波書店,2000 年,4-18 頁.
(39) 沖縄の公害問題の公式文書として,沖縄県基地対策室「沖縄の米軍基地」(2003 年)から引用.
(40) 日本弁護士連合会公害対策・環境保全委員会編『日本の公害輸出と環境破壊――東南アジアにおける企業進出と ODA』(日本評論社,1991 年);「イポー州,マラヤ高等裁判所判決」「ARE 事件最高裁判所判決」(野村好弘・作本直行編『発展途上国の環境法 東南・南アジア』〈開発と環境シリーズ 6〉アジア経済研究所,1994 年)を参照.なお,日本の公害輸出をふくめて次の拙著を参照.『環境政策の国際化』実教出版,1995 年,第 3 章.
(41) 松岡譲・森田恒幸「地球温暖化問題の構造と評価」(前掲森田恒幸・天野明弘編『地球環境問題とグローバル・コミュニティ』所収).
(42) B. Lomborg, *The Skeptical Environmentalist: Measuring the Real State of the World*, New York: Cambridge U. P., 2001(山形浩生訳『環境危機をあおってはいけない――地球環境のホントの実態』文藝春秋,2003 年,445 頁).

第3章　環境問題の政治経済学

(43) 同上訳書, 454頁.
(44) 同上訳書, 524頁.
(45) 同上訳書, 534頁.
(46) J. E. Stiglitz, *Making Globalization Work*, New York: WW Norton & Company, 2006(楡井浩一訳『世界に格差をバラ撒いたグローバリズムを正す』徳間書店, 2006年).
(47) 同上訳書, 253頁.
(48) 前掲天野明弘「地球環境問題の社会経済的側面」参照.

第4章　環境政策と国家

第1節　環境政策の原理と現実

1　環境政策とはなにか

定義とその領域

　環境政策は公害を防止し，環境を保全・再生することによって，人間の生命・健康を守り，アメニティを確保し，各国と協調して国際的な環境保全を進め，さらに地球環境の保全に資する総合的な公共政策である．それは都市計画や国土計画，ひいては地球全体の発展計画の枠組となり，最優先すべき政策である．前章の図3-1(111頁)でしめしたように，環境問題は公害からアメニティ問題さらに地球環境問題までの広い領域にわたり，公害自体も大気汚染，水汚染などたくさんの種類があり，かつ地域や国によってその態様が異なるので，環境政策は一元的に論じるのでなく，それぞれ専門領域による個別の政策が必要である．しかし同時にそれらの専門化した個別の対策はつねに総合的な環境計画の中に位置づけられていなければならない．また当面公害を防止する政策であっても，アメニティを確保する都市計画，国土計画，国際政策さらに地球政策という目標を見とおしておいたほうがよい．たとえば大気汚染防止の高煙突対策が国際的に酸性雨をもたらすような転位効果を生み，かつ高い煙突自体が地元の景観を破壊しているが，これなどは個別発生源の公害対策が総合的な計画を失っている典型的な例である．

　環境政策の主体は，現代では法制上国民国家が中心となるが，その政策決定は民主主義にもとづかねばならぬ．このためには，理論的にも経験的にも住民の世論と運動を背景にした自治体の政策が土台であり，そして行政をチェックしうる司法やジャーナリズムの力が重要である．第5章にのべるように，維持可能な社会をめざすには，国連のような国際組織の確立が必要である．しかし，

第4章　環境政策と国家

地球環境問題といえども，足もとから政策をつくらねばならないのである．環境政策は環境保全の法と行政・司法制度とそれを執行する行財政を中心としているが，実際には環境保全法・制度が形成されるまでのポリシー・メーキングの過程，さらに行財政をめぐる諸階級・階層（とくに加害者と被害者）の対立・交渉と結着の過程が重要であって，それらが法・制度のたてまえよりも現実の環境政策の性格を決定しているといっても過言でない．したがって，この章では法・制度と行財政だけでなく，ひろくポリシー・メーキングや政策をめぐる諸階級・階層の対立を視野にいれて論じたい．

さいきんでは地球環境保全のために，国際的なクライテリアの決定が国内の環境政策に影響を与えている．さらに，グローバル化の効果として積極的な環境政策をとった国の制度が貿易や海外投資を通じて日本にも強い影響を与える．また日本の環境政策の経験がとくにアジアに影響を与えている．経済的な相互依存だけでなく，政策形成の国際的相互依存が，とくに新しい公共政策としての環境政策では重要である．情報の大量流通が進んでいるが，公害・環境破壊・環境再生に関する情報は依然として，重要であればあるほど現場にいかねばわからない．そのいみでは環境政策の形成には現場で活動する住民・NGOや自治体の情報が重要である．

環境政策の公準

環境基準などの政策目標は現行技術水準や経済制度の制約を考えずに，生命・健康の安全，エコロジカルな調和，歴史的文化的な価値など基本的人権の確立と安全を土台とした基準によって設定すべきであろう．新古典派経済学のように現行技術を前提に環境基準を最適汚染点できめれば，被害はなくならない．ルーズな基準を法制化すれば企業がその基準で全国を汚染することを合法化してしまう．日本の場合，1962年のばい煙規制法や67年の公害対策基本法が企業に妥協的な環境基準や排出基準を設定したために，それが免罪符となって，汚染が全国にひろがったという苦い経験をもっている．環境政策の採用にあたって，費用便益分析を主体とするような公共経済学の手段は，「不可逆的絶対的損失」が発生しないことを前提に，副次的な政策選択手段として使うべきである．人間の健康と安全，環境それ自体の保全を目的として政策決定をおこない，そのうえで経済効率による手段の選択を考えるべきである．

生命・健康の安全やアメニティの立場から環境政策を決めた場合に，現行の技術では困難であったり，経済的に不可能なために実現できないのでないかという批判がある．かつて水俣病の原因をチッソの廃水ではないとした清浦雷作はその後，経済の現実にたって実行可能な政策の検討が必要だとして，きびしい環境基準の設定などに反対した[1]．しかし，公害対策の歴史をふりかえってみると，公害をなくすことを目的にきびしい環境対策を要求した時に，公害防止技術は画期的な発達をとげている．1920-30年代の住友金属鉱山四阪島煙害事件(愛媛県)や1970年代の自動車排ガス規制のように，当初企業が技術的に不可能といったり，費用便益分析で実行が不可能といったものを被害者や市民が妥協せず，きびしい条件で改善を要求したために，短期間で世界最高の公害防止技術の開発に成功した．そして住友の場合，廃棄物を資源として新しい化学産業を生みだした．また自動車産業の場合には，燃費節約をはじめ画期的な生産技術の上昇によって日本の産業を世界最高レベルにのしあげた．環境政策は先の公準のような目標を設定し，その実現に努力したほうが技術は開発され，産業は発展するのである．

　つまり，技術や経済は生命・健康やアメニティとちがって，変数であって絶対的限界はない．また短期間には環境政策が実現しないというならば，その企業の活動を制限したり，代替の生産方法を考案したり，それでもうまくいかぬ場合は操業を差止めればよいのである．そのいみでは環境政策は自然災害対策にくらべて発生源を規制できるのであるから，はるかに政策選択の弾力性があるといってよい．この問題をめぐって，近年にも重要な経験をしている．ひとつはアスベスト問題である．アスベストは経済的にきわめて有効であり，代替の技術や製品は困難として，危険を知りながら数十年以上にわたって使用をつづけ，いまとりかえしのつかぬ被害を出している．1970年代にアスベストの使用を全面禁止して，代替方法を探すべきであったのである．いま全面禁止をしている国がふえているが，経済が崩壊することがないことは証明された．もうひとつは，CO_2の削減対策である．温暖化は「不可逆的絶対的損失」を生みだす可能性があり，このため，IPCCとそれを支持する研究者は現行の技術水準や経済効率に妥協せず，現在の地球環境を守るために，21世紀末の大気中CO_2濃度の環境基準を550 ppm，できれば450 ppm以下を目標としている．これを達成するにはおそらく，技術的開発では実現できず，社会経済システム

をかえるという大きな努力を要求するかもしれない．しかし，環境政策の公準は科学の予測が正当ならば安易な妥協点はないことをしめしている．ここに他の公共政策とは異なる環境政策の特徴がある．

環境政策と科学技術——日本の教訓

環境に影響を与える具体的な手段は環境の科学技術であるが，その発展とそれが政策として具体化されるかどうかは政治・経済・社会に規定される環境政策あるいはその基底にある企業活動をはじめとする人間活動によっている．私には，環境科学とくに環境制御の技術について評価する能力はないが，環境政策を進めていくうえでの技術のあり方，それを支える科学の思想について，日本の経験から生まれた問題点をあげておきたい．

① エネルギー政策

公害対策から地球環境にいたるまで，中心的な問題のひとつはエネルギー政策である．1970年代の公害への世論や運動の圧力，それから生まれたSO_XとNO_2など大気汚染物質にたいする政府の規制強化は，原材料の効率とくにエネルギー効率を高めた．これに加えて1973年の石油危機を契機とした1次産品の価格高騰が，資源節約の技術開発と経営に拍車をかけた．その効果は**表1-3**(61頁)にみられるように，1985年の政府予測を大きく狂わせた．石油輸入は実に40%に削減され，用水需要も計画量の30%になった．そして，鉄鋼，石油精製，石油化学という素材供給型重化学工業中心の産業構造は，自動車，電気機器産業などのハイテク産業と情報・サービス産業へと大きな転換をした．これは環境政策とともに環境改善の技術の成果といってよい．

いま地球環境問題からCO_2の削減という環境政策がエネルギー政策に大きな影響を与えようとしている．ここでもエネルギーの節約と効率(たとえばコージェネレーション)の技術の開発が進むことが期待されているが，同時に二つの対立する政策選択が主張されている．ひとつは化石燃料のようにCO_2を排出しない原子力発電の強化であり，各国とくに日本やアジアがその選択をしている．もうひとつは自然エネルギーの推進である．たしかに原子力は当面する温室効果ガスの削減には効果があるかもしれぬが，操業時の事故は避けがたく，また長期的には廃棄物の処理という大きなツケをのこすことになる．放射能廃棄物の安全についてはまだ未解決の問題が多く，2007年の高知県における紛

争をみるように，処理場設置について住民の同意は得られない．自然再生エネルギーの供給の不安定さやコストの高さは解決しなければならぬが，長期的にみて放射能廃棄物のストック公害をおこすような選択をしてはならぬと考える．

② 自動車交通問題

いま公害問題の焦点は自動車公害と廃棄物公害・アスベスト公害などのストック公害である．自動車公害対策は従来の人間の健康に影響を与える NO_2 や SPM の除去に加えて，CO_2 の削減が加わった．いまの技術対策はディーゼルエンジンの改良，ハイブリッド車の普及，バイオ燃料使用自動車さらに水素ガス・エンジン車の実用化に向けてうごいている．しかし，これでは自動車の利用はふえ，大都市の交通問題(公害，交通事故，交通渋滞)，さらに年間500万台の大量の自動車廃棄物の処理といった「自動車の社会的費用」は減るどころか，ふえる可能性がある．ここには環境政策における技術の限界は明らかである．大量公共交通輸送機関をどのように普及するか，交通それ自体を節約する都市計画あるいは国土形成をどうするのかといった総合的な環境計画が必要である．しかし市場原理が優先する経済システムでは，自動車産業の「持続的発展」のための技術の開発が優先している．

③ 廃棄物処理

廃棄物の処理は，包装材などの製品の節約，リサイクリング(再資源化)によってかなりの改善がはかられている．しかし，この問題の公害防止技術には多くの問題点がある．まず日本の廃棄物処理の特徴である焼却方式である．国土の狭い日本では大陸諸国のように埋立てを中心にすることはむつかしい．焼却による廃棄物処理技術では，日本は世界最高であろう．世界の清掃工場の約70%は日本にあり，廃棄物の輸送の安全をふくめた焼却までの公害防止，工場のエネルギーの再利用，とくに福祉・スポーツ施設などの併設で周辺住民との協調などは徹底している．しかし，焼却にともなう大気汚染や残滓の処理が問題である．ダイオキシン問題の処理のために，日量100トン以上焼却の大規模清掃施設で解決をはかるという現行の技術は批判されるべきであろう．これによって安全は確保できたかもしれぬが，大規模工場の新設，大量のごみの常時収集投入という体制が必要になった．それはごみが排出された地域で自家処理をするという清掃自治主義の原則を破った．それは焼却にともなうコストを下げたかもしれぬが，リサイクリングによってごみ減量を進めるという住民参

加の環境政策の原則をくずし，大量消費－大量廃棄というシステムを進めることになった．

廃水処理については，かねてから広域下水道の普及が問題となっている．広域下水道はその建設に時間と費用がかかり，また下水を1カ所に集めて放流するために中間地域の水不足などの問題，さらに多種類で大量の汚染物を処理するための高いコストなど問題が指摘されている．これとならんで農村下水道の施設が進んだ．しかし，下水道は本来，住居や事務所・事業所が集積している都市の産物であって，農村の場合は広域に住居や事務所・事業所が分散しているので，その普及には単位当たり高いコストがかかる．このため，農家は施設のために大きな負担をしている．農村の自治体にとっては，下水道建設は大きな補助金のつく公共事業で雇用もふえるために，国の政策にしたがって導入を進めた．しかし，いま農村の財政赤字の大きな部分が，この公共下水道の建設費と管理費によるものである．

1985年9月のメキシコ大地震の直後，メキシコの哲学者I.イリイッチが私たち公害研究委員会との会見を申入れてきた．彼は地震による下水道の破壊と伝染病の蔓延を例に，安全を考えるならば，またし尿を肥料にするという資源完全循環政策を考えると，下水道よりもためこみ式のほうが有益であるとのべていた．そして彼は，江戸期以来，日本が都市の便所のし尿を農村の肥料として完全循環方式をとったことは偉大な発明である，なぜこういう方式をやめたのかと質問をし，私をはじめ公害研究委員会の研究者を絶句させた．

ためこみ式の便所の衛生的改良による存続と，し尿の肥料化，バイオマス燃料化は改めて検討してもよいであろう．また，そこまでいかなくても合併浄化槽の普及など家庭のし尿・廃水の処理は，大規模開発の技術とは異なる技術の適用があったはずである．

環境ビジネスが環境政策の未来図として賞揚される．たしかに環境政策のための直接規制や環境税などの負担で産業の市場や雇用が減少した分は環境ビジネスで埋めあわせできる．環境ビジネスの発展のための上述のような技術の開発は進むであろう．しかし，環境政策のビジネス化ではけっして「維持可能な社会」をつくりうるものではない．北九州市がかつての重化学工業地帯をリサイクリングを中心としたエコタウンに改造している．これはたしかに新しい環境の時代の地域開発である．しかし，エコタウンを維持するためには，大量生

産・消費によって大量の廃棄物が国際的国内的に排出され，それらを大量流通システムで収集できることが前提にある．私はすでに『恐るべき公害』で公害対策の企業化によって，公害はなくならず，質をかえ拡大再生産されて持続するという批判をした[2]．このことはいまも重要な問題点である．

④ end of pipe

吉田文和は，これまでの環境政策が構造的変化をともなうよりは技術的選択肢をもとめ，また環境技術の供給者は政策の支援をもとめてきたと批判している．そしてM.イエニッケの「エコロジー的近代化」の理論をもとに，エコロジー的構造改革を進める技術のイノベーションを主張している[3]．これまでの日本の公害防止技術の開発は，一定の成功をおさめた．とくにエネルギーや水の節約技術は，産業構造の改革や都市の水不足の解決などに貢献した．それは中間システムの改革と連動した時に大きな成果を生んだといってよい．

しかし，いままでの技術の成果は，ひとくちでいえばend of pipe（プロセスの終末処理）の技術であって，システムをかえるのでなく，システムをそのままにして，生産や流通のプロセスの最終段階で汚染物を除去した．たとえば，脱硫装置は90%以上の脱硫をおこない，SO_Xの減少に貢献した．日本の場合は公害反対の世論の強い時には，各工場は公害防止管理者を配置して，終末段階にいくまでに，プロセスの各段階で汚染物を少なくする努力をしたので，他国よりはend of pipeの精度は高かった．しかし，それによって，一部の有害物は除去できても大量生産・流通・消費・廃棄の構造はかわらなかった．このため，生産や流通の拡大によって公害は防止できなかった．また，微量の汚染物も複合し，あるいは蓄積されて，新しい公害を生みだすことになった．end of pipeを否定するのでないが，end of pipeをふくめて構造的なイノベーションを進める技術の進歩がもとめられる．

科学・技術は公共財であり，高度の公共性をもっている．科学・技術は特定の権力，企業・研究機関や個人が独占せず，競争の過程で発展する．その成果は万人が自由に利用できなければならない．しかし，同時に科学・技術の成果を独占することにより，企業や個人が利益を上げうる．あるいはある国家が軍事技術を独占することによって，軍事力を上げうる．また大規模な投資や人員を必要とする大きな技術は，小さな集団や個人では開発ができない．そこで技術者とその集団は産官学共同あるいは産軍官学共同によって開発を進めること

になりがちである.つまり,公共性の喪失がおこる可能性がある[4].環境ビジネスが新しいビジネスとして発展してほしいが,同時にそれが環境という公共財を保全するのでなく,利潤の拡大のみに向かうと,環境技術の前進は公害防止や「維持可能な社会」をつくることにはならない.近年の日本の大学の産官学共同はそのおそれなしとはしない.

環境政策の変容と選択

すでにのべたように,1970年代末からはじまった福祉国家を批判した新自由主義の潮流は環境政策に大きな影響を与えた.民営化と規制緩和の傾向が表れ,環境政策の主体を政府から民間にうつす傾向が表れた.環境改善を民間企業の自主性にまかせ,対策の基準を民間企業に選択させ,対策の評価は政府ではなく民間の第三者にまかせようというのである.ISO 14000シリーズや環境会計や環境報告書の公表などが進んでいるのはその表れである.この企業の社会的責任は政府の強制ではなく,自主管理である.同じ傾向は政策主体を中央政府から自治体に委任し,自治体はNGOの参加をもとめ,行政の一部を委任する.NGOには経済団体がふくまれている.「環境ガバナンス」はその現象を定義したものである.

このような環境政策は正義や公平よりも効率を重視している.後述するように,政策手段は行政・司法による直接規制よりは経済的手段を重視する.経済的手段では課徴金よりも環境税,環境税よりも排出権取引を重視する.近年のJ.フリーマンとC.D.コルスタッドの編集した *Moving to Markets in Environmental Regulation* などには経済的手段の優先が明確にのべられている[5].

現在の経済システムからみれば,このような市場原理をもとにした環境政策の変化は当然といえよう.だが,かつてH.バーブルゲンがなげいたような環境政策の危機[6]が,市場原理による効率重視の環境政策によって解決できるとは思えない.上記の環境政策の市場原理への移行を強調したフリーマンらの業績でも,経済手段だけでは環境問題が解決できず,直接規制と経済手段は総合され,対象によって力点をかえるようなハイブリッド型の環境政策がとられているとしている.すなわち,この20年間の経済手段の成果は大気汚染にみられるが,湿地の復元のような自然回復政策ではその効果はあがらないのである.

多国籍企業が支配し,市場原理による投資と消費の自由化を進めるグローバ

リゼーションから生みだされたもっとも大きな社会問題は環境問題と南北問題といわれる経済格差(貧困問題)である[7]．地球環境政策と国際的社会政策は，この新自由主義的な流れに影響されているが，同時にこの流れをくいとめる力でもある．

この地球環境政策をめぐって，はっきりと二つの流れがみられる．ひとつはアメリカ型の新自由主義＝新保守主義で，国際協調よりも自国の社会経済システムを維持する．環境政策や社会政策はできるだけ企業の自由にまかせる方向である．これにたいして EU とくにヨーロッパの北欧と中欧は，新自由主義の流れにのりつつも，環境政策については積極的に公的責任を果たしつつある．このちがいは国民総支出における公私両部門の分担をみると明らかである．すなわちアメリカは公共部門が GDP にしめる割合は 30% 台だが，ドイツやフランスは 40-50% 台，北欧諸国は 60-70% 台である．これは環境や福祉について，ヨーロッパ諸国が「福祉国家」の伝統を継続し，市場の欠陥を抑制して，公私混合経済のバランスをとっていることを表している．

これにたいして，日本は GDP にしめる公共部門の割合は，アメリカとならんで 30% 台の前半で，もっとも「小さな政府」である．政府の欠陥，とくに官僚主義を是正することは必要だが，環境行政や社会サービスを削減して，市場原理に委ねては，深刻な社会問題が発生する．日本はリオ会議の後に環境基本法をはじめ多くの環境法制をつくった．1997 年には COP3 の主催国の役割を果たした．しかし，それ以後の市場原理にもとづく「構造改革」はアメリカ型の道を歩んでいる．地球環境問題と国際的貧困問題の解決という 21 世紀の人類の最大の社会政策について，アメリカ型をえらぶのか EU 型をえらぶのかが，いま各国に問われている．

環境政策の基本的内容

環境政策は次の五つの内容を総合したものである．
① 被害の実態の把握と原因の究明，責任の明確化．
② 被害の救済，経済的補償，健康・生活の復元．
③ 公害防除のための規制，社会資本や土地利用計画による環境の保全．
④ 地域(環境)再生．
⑤ 予防(環境アセスメント，費用便益分析，地域・国土計画，国際協定など)．

第4章 環境政策と国家

　この環境政策の五つの側面は総合されなければならない．これらは相互に関連し，重複して段階的に進むというよりは，らせん型に進むものである．政策の手順や重点は問題によって異なる．これから経済開発をはじめる場合や危険が将来に予測される場合は予防からはじめるが，その場合には過去の環境政策とくに①から③までの経験が重要となる．被害が発生している場合には，①から⑤の順序で進めていかねばならない．ここでは，まず世界の環境問題に重大な影響を与えた日本の経験をもとにして，公害対策の原理を明らかにしたい．次いで，具体的ケースをあげてアメニティ対策をとりあげる．そして，今日重要な関心がもたれている予防と地域(環境)再生についてのべたい．

2　公害対策──日本の経験

　第1章でのべたように公害は終わっていない．また中国をはじめ発展途上国では，日本の公害問題と同じ現象が発生している．そのいみでは改めて，日本の公害対策の教訓が生かされなければならない．

　H.ワイトナーは日本とドイツの環境政策を比較して，日本は下からの住民の世論と運動によって法制や環境行政をつくってきたのにたいし，ドイツは上から政党や政府が法制や行政をつくったとのべている[8]．そのとおりであり，環境アセスメント，環境規制の制度，環境基準，総量規制，被害の救済，疫学などの主要な公害対策，さらに景観保全，自然保護については，住民の世論と運動の成果といってよい．どのようにして環境政策を創造・前進させたかといえば，それは日本独特の方法であった．すなわち，公害反対の世論と運動が強く，その住民が多数派をしめるところでは，自治体を改革して，国よりもきびしい条例や規制をおこなった．1969年の東京都の公害防止条例がその典型で，政府はこれを公害対策基本法(旧)に違反しているとしたが，世論の支持で都はこの条例をかえなかった．1970年，国は公害対策基本法を全面改定した．また，住民とくに被害者が孤立して，公害反対の世論が少数派の地域では，公害裁判を提起した．とくに60年代後半にはじまる四大公害裁判は，いずれも被害者が完全勝訴した．このことによって政府は，環境基準を改定したり，公害健康被害補償法を制定せざるをえなかった．

　この二つの方法は憲法に保障された民主主義の権利が十分に発揮されたものである．ここではその日本の教訓の具体例をしめしながら，公害対策の原理に

ついてのべたい.

(1) 被害の実態把握, 原因の究明と責任の明確化

被害にはじまり被害に終わる

　日本の公害裁判では公害問題は被害にはじまり被害に終わるといわれた. 公害裁判だけでなく, 環境政策はまさに被害の実態の解明あるいは予測と, その原因をどのくらい把握し, それを公開し, その教訓を生かすかにつきるといってもよい. いまや環境問題はグローバル化, 多様化し, 数万種の原因物質, 肉体だけでなく精神に影響を与えるような経済行為がおこなわれている時に, 過去あるいは進行中の環境問題がすべて解明できるわけではない. しかし, 水俣病などの公害の原点の中に, 公害問題の本質と対策のかぎがふくまれている[9].

　公害対策は被害の実態を知ることからはじまるが, これは容易なことではない. 水俣病は今日なお患者数すらつかめておらず, いつはじまり, いつ終わるかもわからない. この環境政策のイロハすら解明できていないのは, 直接に病像を確定できない医学界に問題がある. 2004年10月の最高裁判決によって, 水俣病は, 有機水銀中毒であり, 汚染された魚を一定量食べた疫学的条件をもつ住民で, 四肢末梢の感覚障害など水俣病の判定条件のひとつが確定できればみとめられることとなった. この司法判断は, かねてから原田正純をはじめ水俣病患者を診察してきた医師によって確定していた. ところが, 1977年に政府の水俣病診査会は, 判断条件として, 四肢末梢の感覚障害以外に視野狭窄など複数の条件が必要とした. この行政的判断のために, 多くの水俣病患者が認定を受けられず, これが今日まで水俣病問題を未解決にする原因となっている. つまり, 行政認定のあり方が医学の判断を狂わしているのである.

　水俣病の被害が明らかにならないのは, それだけではない. その半世紀にわたる歴史をふりかえれば, 公害が明らかになるのは医学の問題ではなく, 政治経済的な問題で, ここに環境経済学の基本問題のひとつがあることがわかる. かんたんに被害解明の歴史をみよう.

　水俣病が公式発見されたのは1956年5月1日だが, 有機水銀中毒症であるとされたのは1959年であり, 学界でその原因がアセトアルデヒドの製造工程で発生する廃水によることが確定したのが1963年であった. しかし, チッソも政府もこれをみとめず, 水俣病がチッソによる公害として政府発表されたのが1968年である. つまり, まず学界で水俣病がみとめられるのに7年間かか

っている.このように研究がみとめられるのに長期間かかったのは,チッソが自らの生産工程や研究の成果を公表せず,熊本大学研究班の立入り検査を許さなかったことも一因である.また当時の東京工業大学教授の清浦雷作がアミン説を出して,それをチッソや通産省が採用して学界を二分しようとしたことも社会的な認定を遅らせた原因であった.だがそれだけではない.公式認定されても患者が隠蔽され,潜在していたのである.1960年代の平凡社の『国民百科事典』には「水俣病」という項目が事典としてはじめて登場したが,そこには,水俣病は1953年頃発生し,1957年に大量の患者をみて,1960年に終わり,患者数220名と書いてあった.しかし,熊本大学医学部の「10年後の水俣病」の研究発表で潜在患者が352人いることがわかった.これと前後して地元医師団などの患者発掘運動がはじまると,不知火海沿岸の広いはんいで水俣病患者が発見された.潜在患者が大量に顕在化するのは,1973年の第1次水俣病判決によって原告が完全勝訴し,はじめてチッソの犯罪的行為が法的に糾弾され,その責任で正当な賠償金が支払われることになって以降である.判決後のチッソとの交渉で補償協定が決まり,さらにこれが公害健康被害補償制度にくみこまれて行政認定が受けられるようになって,患者は大きく顕在化した.1995年の政治結着によって,水俣病とはみとめられないが総合対策医療事業の対象者として約1万1000名の住民が救済された.しかし,これで終わらない.先の最高裁判決で国の責任が明らかになると,約3700人の住民が水俣病の認定申請をし,そのうち約1000人が国の責任を問う裁判をおこしている.

　つまり,このことは公害の全体像は被害の原因が明らかになり,賠償が決まり,チッソと国・県の法的責任が確定しないと顕在化しないことをしめしている.これは当然のことである.被害救済制度が確立しなければ,水俣病と診断されても正当な賠償や医療費などの救済は受けられない.それどころか自らの失業などの社会的差別が生ずるだけでなく,兄弟などの家族も水俣病の疑いをもたれて結婚や就職に支障をきたしてしまう.「かくれ水俣病」といわれた患者が,判決後に正当な救済が受けられることが確定して姿を現したのは日本の社会の現状から当然のことである.また国の責任が明らかになると最終的な救済をもとめて,さらに顕在化してきたのである.

　被害者が自らの被害を自由に発表し,救済をもとめることができるのは,基本的人権がみとめられ,民主主義の確立した地域社会においてである.チッソ

の「企業城下町」であった水俣市では、被害者は孤立していた。第3章でものべたように、1973年の判決直後にNHKがおこなった意識調査でも、市民は裁判に無関心であるか、チッソの立場に同情し、チッソを支持する者がいる状況であった。水俣市民は水俣病患者が出るまでは、汚染魚を食べていたのだから、初期の患者の犠牲によって漁獲が規制された結果、多くの市民が死をまぬかれ、あるいは重症にならなかったのである。そのいみでは患者と市民は一体であって、初期の犠牲者には同情してしかるべきであった。しかし、1990年代にはいって水俣市や熊本県が水俣病患者の保護、「もやい」といって、患者と市民の連帯などをはじめ、水俣市をエコ・シティとして再生する運動をおこすまでは、患者は差別されていたといってよい。このような状況のもとでは、初期に患者がチッソを裁判にうったえることはむつかしく、判決後も半世紀の間、救済をもとめて運動しなければならなかったのである[10]。

　このようなことは大気汚染患者をはじめ公害問題に共通している。1974年11月に東京が大気汚染地域に指定されるまでは公式には東京には公害患者はゼロであった。川崎市医師会の調査によれば、公害病認定患者は実際の被害者の10分の1にすぎないとしている。2005年6月、機械メーカー・クボタ旧尼崎工場周辺に住む中皮腫患者3人が支援団体とともに、クボタ本社をアスベストの公害でうったえたことによって、初めてクボタのみならず全国のアスベスト災害が明らかになり、翌年、ようやく政府は救済のための法律をつくった。被害が明らかになって初めて公害(広くは社会的災害)対策は進み、その進行によって被害の実態もさらに明らかになることを、これまでの歴史がしめしている。

　公害は医学が診断を確立すれば、すべて明らかになり、患者が救済できるのではない。被害者が主体的に公害をうったえねば社会問題化しない。そして、第1に被害の救済制度が確立し、加害者の法的責任がみとめられること、第2に患者の人権と民主主義が保障されている市民社会であることという条件がなければ、公害の全体像は明らかにならぬのである。

疫学が公害対策の出発点

　被害の実態が明らかにならぬのは、客観的には政府が疫学調査を怠っているためである。元公衆衛生院長曾田長宗によれば、「疫学とは集団現象として、傷病の発生、分布、消長、およびこれに及ぼす自然的社会的諸要因の影響、あ

るいはまた逆に傷病の蔓延が社会に及ぼす影響を研究し，この知識に基づいて疫病の蔓延を防止制圧し，その社会生活に与える脅威を除去しようとする学問である」(11)．水俣病に関していえば，もし政府が事件の直後あるいは早い時期に不知火海30万人の全員健康調査をおこなっておれば，被害の実態は明らかになっただけでなく，大量発生は防げたであろう．そして全国に散在していた同一事業の営業を止めて，周辺地域の疫学調査をおこなっていれば，第二水俣病は防げたであろう．政府はいまだに不知火海全域や阿賀野川流域全員の健康調査はおこなっていない．このような疫学調査はストック公害についても必要なことである．アスベスト公害を明らかにするには，アスベストを使用していた時期の工場周辺住民の疫学調査が必要である．すでにクボタ工場周辺の疫学調査で170人以上の中皮腫患者がみつかっている．アスベスト公害は発症までに10-50年かかるので，その間にアスベストに曝露していた住民の調査が必要である．クボタ旧尼崎工場周辺で，青石綿が使われていた時期に住んでいた市民は10万人以上といわれている．この人たちの疫学調査が必要である．日本の疫学調査は大気汚染対策では効果を発揮している．四日市公害裁判は疫学によって被害を確定した．大阪の堺・泉北コンビナートの場合も当局は「公害はない」といっていたが1969年に大学の研究者有志が新日鉄周辺住民の疫学調査をして高率の大気汚染患者を発見したことによって公害の発生をみとめさせ，対策をとらせている．

　ワイトナーが指摘するように，日本の環境政策の特徴は疫学調査を軸にして健康被害対策を進めてきたことにある．西ドイツでは1962年にルール地方で大気汚染の疫学調査をし，過剰死亡156人という報告があるが，以後進んでいない(12)．アメリカの場合もロサンゼルスのスモッグが有名だが，この地域ですら疫学調査による健康対策が進んでいるとはいえない．中国の公害対策が遅れているのは，前述のように疫学や被害調査が不十分で，かつ公表されないからである．農作物の被害などはとりあげられるが，健康被害の対策は遅れている．疫学の遅れ(それも机上の統計調査でなく，実態調査による)が中国をはじめアジアの大気汚染対策を停滞させている主要な原因といってよい．

　アメニティについても自然や文化財の被害についての調査が対策を生む契機になるが，欧米にくらべ日本は遅れている．このことは次項でのべたい．

責任の明確化

　被害の実態把握は原因の究明と一体である．被害の救済には救済主体の責任を確定しなければならない．責任はいうまでもなく法的責任であるが，それを問えないにしても社会的責任が問われる．法的責任は被害の因果関係を明確にして，差止めあるいは客観的な賠償の義務を負う．社会的責任は主体的な行為で，公害対策をとるか，賠償ではなく見舞金あるいは救済金を支払うことになる．この場合加害者の支払い能力が問題となる．水俣病の場合は，チッソは破産せず，公的な救済措置がとられた．国と県は2004年までは法的責任を問われなかったが，社会的責任は明らかであって，当初，県債のちに財政投融資によってチッソの賠償金を援助した．このような非常措置もあるが，法的責任は支払い能力とは関係なく決定しなければならない．

　責任を明確にして救済などの対策をとらせることが公害対策ではとくに重要である．責任をとらせるには原因が究明されねばならないが，このことはいまの社会経済システムのもとでは容易なことではない．それはひとくちでいえば，水俣病に象徴されるように，産官学複合体(癒着)が既存利益のために真実の解明を妨害するためである．

　水俣病は最高裁判決で法的責任の確定は終わった．しかし，社会的責任を考えるとまだ終わったとはいえない．ここには原因究明のむつかしさがあるといってよい．アセトアルデヒドの製造工程で有機水銀中毒による労災が発生するというのは，ドイツでは1930年代に明らかになっている．1959年，熊本大学研究班が有機水銀中毒説を発表した時に，チッソは附属病院長細川一の猫の実験によって，アセトアルデヒドの製造工程の廃液によることをたしかめているが，これを秘密にした．実はチッソの内部資料によれば，すでに1947年に現場の技術者はアセトアルデヒド製造過程で有機水銀が排出されることを論文にして発表していた．このようなことがあったにもかかわらず，チッソは1959年の段階で有機水銀説をみとめず，反対に被害者の運動をきりくずすために見舞金契約(死者1人30万円)を患者とのあいだに結んで，事件を終結しようとした．この年に厚生省食品衛生部会が有機水銀説を答申していたにもかかわらず，通産省は先の清浦説を支持して政府部内で意見が対立し，その結果，研究を続行することにして事実上は中止して，原因不明にした．すでに1958年には水質二法が制定されていたが，先述のように1968年まで適用しなかった．

第 4 章　環境政策と国家

　1964 年第二水俣病が発生した．これは明らかに政府の失敗であった．学界では水俣病の原因がアセトアルデヒドの製造工程から排出される有機水銀であることは確定していた．通産省もアセトアルデヒドの製造工程に疑いをもち，同工程をもつ工場の調査を命じていたが具体的な対策はとらなかった．昭和電工はチッソ同様に電気化学から石油化学への移行を急ぎフル操業したために，汚染物を多量に出した．ここでは新潟大学医学部によって水俣病であることが明らかにされたが，原因説は二つに分かれた．ひとつは昭和電工鹿瀬工場の廃水説である．ひとつは昭和電工の支持した農薬説である．原因工場が阿賀野川の河口部から上流 60 km にあり，当初，河口部の漁民に多発したことから，因果関係をめぐって二つの説に分かれたのである．前者は工場廃水による有機水銀中毒が，水コケ－プランクトン－小魚－大魚－人間という食物連鎖と生物濃縮によって発生するとした．後者は新潟地震の際に信濃川沿岸にあった倉庫が倒壊し，そこから農薬が流出して日本海に出て，塩水楔によって阿賀野川河口に流入し，それが魚を汚染して摂食した漁民に患者が発生したというのである．これを横浜国立大学の安全工学の北川徹三教授が主張した．この事件では，政府の調査団は工場廃液説をとったが，通産省の圧力で工場廃液を原因とせずに，「基盤」というあいまいな表現に変更させた．昭和電工はこの政府調査団の報告書にも同意しなかったので，絶望した被害者が戦後最初の公害裁判をおこしたのである．新潟県は農薬の流出を否定したが，二つの学説が裁判で対立し判決を長引かせた．

　幸いに判決は門前立証説をしめし，すでに破棄されていた鹿瀬工場内部の製造工程にふれず，有機水銀の排出の事実があれば，食物連鎖・生物濃縮説で説明がつくとしたのである．判決後，上流部でも患者がみつかったので，河口部の被害を説明した農薬説はまったく机上の空論であったことは明らかだが，当時はそれを反証するために多くの時間が割かれたのである[13]．

　この二つの公害事件で明らかなように，責任をとらせることはそれほどかんたんなことではない．ここには企業の秘密主義があり，企業を擁護する政府の失敗があり，そして科学者の責任がある．実はまだ企業は水俣病の原因に関する工場内部の資料の公開，技術上の問題などを公表していない．科学的責任を果たしていない．政府も当時の行政官の失敗について，明確な責任を明らかにしていない．そして，研究者の責任は学界でもいまだにとられていない[14]．

ハイテクや原子力にともなう公災害の原因の解明は，企業の秘密主義の厚い壁につきあたる．また公共事業には公務員の守秘義務があり，軍事基地の公災害については，軍事秘密が国家の最高の機密とされているので，原因の究明や責任の追及は困難をともなう．

いずれにしても，環境は公共財であり，人命や健康は最高の人権である．情報公開がなければ公共政策は進まない．軍事上，産業上，行政上の秘密は，環境保全とくに人間の生命・健康の保護のためには公開されなければ，環境政策は前進しない．

(2) 被害の救済と復元
司法的救済と行政的救済

環境の復元は主として行政の分野であるが，個人の生命・健康，あるいは財産の被害にたいする補償や復元は民事訴訟裁判によって処理されてきた．吉村良一は『公害・環境私法の展開と今日的課題』の中で，日本とドイツの司法の役割のちがいを指摘している．すなわち，「日本では環境問題が健康被害を中心とする市民の利益に対する侵害(公害問題)として現れ，その結果，対策も，そのような被害の救済と防止に力点を置かれたのに対し，ドイツでは，むしろ，大気や水，自然環境それ自体の保護が環境問題において主要な部分を占めた」．このこともあって，日本では私法上の損害賠償請求権が問題となって公害裁判が展開され，それが環境法の形成――環境政策に大きな影響を与えた．これにたいしてドイツでは私法の対象になりにくい大気・水・自然環境といった公法的性質をもつ環境財の保全が中心的課題で，私法の役割は限定的であったとされている．このちがいは戦後の西ドイツと日本の経済成長のちがいによる環境問題の深刻さの度合いにあるが，それ以上に日本の被害者とそれを支えた弁護団や研究者の運動のちがいにあるであろう．ワイトナーが指摘するように，ドイツは政府や議会が上から環境法制をつくりあげたのにたいして，日本は被害者を中心とする市民運動と自治体によって，下から環境法制がつくられたのである．ドイツの場合，前述のように疫学の調査のような公害による健康被害調査がほとんどされておらず，これが市民の公害にたいする関心が日本にくらべて弱かった理由であろう．吉村によれば，このようなドイツの状況は新環境責任法(1990年)によって，環境汚染による民事責任がとりあげられ，広いはんい

で無過失責任をみとめ，従来私法的救済で無理とされてきた生態系破壊の損害補償もとりあげられるようになったという[15]．

アメリカは自由主義の原理によって，企業も個人もその活動は自主自責を原則とする．したがって救済は裁判によっておこなわれる．原告に立証責任があり，このために裁判には長年月がかかっている．アスベスト裁判を例にとると，裁判が提起されて20年ちかくたった1983年3月現在で，1万4000件の訴訟が申請され，原告2万人以上，このうち解決したのは3800件にすぎず，平均して2-3年かかっている．この頃からアスベスト裁判はビジネスとなり，2006年現在約6万件，8400の被告企業，原告60万人，これまでに支払われた賠償額は650億ドルだが，被害者原告にわたるのはその40％程度である．つまりJ. A. シュンペーターのいう「所得介入」がおこっているのである．訴訟費用が大きく，弁護士と保険会社にとっては大きなビジネスだが，これほど多くの企業が関係し，被害者が多い場合に，果たして裁判による司法的救済が合理的で被害者にとって望ましい方法かどうかは疑問となっている．

日本の公害裁判が大きな役割を果たしたのは，アメリカなどと異なって，初期の公害裁判では弁護士が手弁当（無報酬か，それにちかい条件）で訴訟に参加し，証人になる研究者も無償奉仕あるいはそれに近い献身をしたことによって，アメリカのような「所得介入」が少なかったことによっている．それでも長年月かかる裁判の支援運動の費用は労働組合などの民主団体の援助がないとなかなか進まない．また日本では戦前の裁判が権力的官僚的なもので，庶民にとっては，江戸時代の「お白州」のようなものであった．水俣病や四日市ぜんそく事件でも，庶民は裁判を信用できず，なかなか被害者が原告になろうとしなかった．四大公害裁判の勝訴があって，公害裁判もようやく市民社会の正常な権利擁護の手段であることがみとめられたのである．

戦後初期の司法的救済が役割を果たすと，それに代わって行政的な救済が望まれるようになった[16]．公害健康被害補償法は妥協の産物といわれる．すなわち，汚染企業にとっては裁判できびしく糾弾され，それが報道されて企業イメージが著しくそこなわれることを回避したいという要求があり，他方，被害者にとっては長年月の訴訟維持のためのエネルギーと資金が大きな負担となっているという双方の理由から成立したものである．行政的救済は手続きがかんたんで，弁護士費用がいらぬだけ支払い効率が高く，また政府は企業のように

倒産による支払い不能という心配はない．しかし，行政的救済では民事的な責任は不明確になり，因果関係を明確にして負担を決めず，加害者は法人税あるいは保険料を支払うという態度で補償費を負担する．このため，裁判のように，判決によって過失が明確にされ，報道にさらされるという社会的な処罰を受け，公害対策を急がねばならぬという刺激は相対的に小さくなっている．

　行政的救済の判断の主体は行政認定機関になる．この機関に専門家がはいることができるが，水俣病の審査会のように専門家といいながら水俣病患者の診療に関係ない人たちが中心になると，医学的な判断というよりは行政的判断におちいる．もともと公害健康被害補償法は司法的救済を代行するものであるから，弁護士などの法律専門家をいれて判断すべきであるが，現在の認定審査会は医学専門家だけで構成されているので正当な法的判断ができない．このために審査会の判断が政府の意向に左右されて，第三者機関としての役割を果たしていない．裁判官は水俣病に関しては素人かもしれないが，原告と被告の提出した証言や参考資料を審査し，公開の場で議論をつくすので，合理的な判断をする．先述のように公害は医学だけの問題でなく，政治経済社会の問題である．診断にあたっては，被害者の状況を総合的に観察しうる能力が必要なのである．

　日本の場合は，水俣病をはじめとする公害やアスベスト災害では，政府や地方自治体の責任が重い．このような責任は，企業と同じように民事訴訟によって判断されてきた．水俣病のように行政の不作為による過失が裁かれるのだが，問題はそれによる損害賠償の資金は国民の税金から支払われるということである．過失をおかすような政治家や行政官をえらんだのは国民であるという論理である．しかし，過失をおかした政府や行政庁の責任があいまいなまま国民の責任となって税金が支出されてよいとは思えない．ここに企業と政府・自治体の賠償のあり方のちがいがある．まず政府や自治体が過失をみとめ，責任者を処罰することが必要なのでないか．

被害救済の原則

　公害ひいては環境破壊の被害を救済するための原則の第1は原状回復である．被害救済は金銭賠償にとどめないで，被害を受けた人体の健康回復，破壊された自然・街並み・景観の復元によって，被害前の状態にもどすことである．市場経済制度のもとでは，損害は交換価値に換算して(死亡の場合には生涯賃金を基

礎に算定する）金銭賠償するのが通例である．金銭賠償をこえて原状回復しなければならぬというのは使用価値的な視点がはいっている．人間の健康障害の救済では労働力の価値の損失補償だけでなく，健康の回復・生命の維持を考えねばならない．土壌汚染やヘドロによる港湾汚染などの救済は農漁民や市民への経済的補償だけでなく，土壌の復元による農業の回復や安全な住宅環境の造成，ヘドロ除去による航運，漁業，レジャーの回復までを考えなければならない．また原状回復は被害の発生以前にもどすのでなく，二度と損害がおこらない安全な状態にもどすということである．

第2は救済は生涯救済であり，「永代救済」でなければならない．人体への影響の場合には被害者が生存するかぎり，加害者の責任は存続する．胎児性水俣病のように，被害者本人が健康でも子どもに影響があるような場合，あるいはベトナム枯葉作戦のダイオキシンの被害や原発の放射能被害のように遺伝的な影響が幾世代にもつづく場合，加害者の社会的責任は健康への影響がなくなるまで免除されない．

第3は環境問題は公害からアメニティの損失まで連続しているので，救済は総合的でなければならない．原状回復の課題は公害の頂点にある被害者への慰謝料と生活費を賠償することを出発点とし，医療や福祉などの社会サービスをおこない，被害者が健康を回復した場合には，通常の市民として雇用され，安心してコミュニティの中で生活できるような安全な住宅と生活環境を配慮しなければならない．大阪市西淀川公害裁判の被害者原告が裁判に事実上勝訴し，賠償金の一部を寄付して環境再生を提言しているが，これは救済事業の新しい局面をしめすものであろう．

第4に被害救済の内容と方法は，被害者の意思を尊重して決定すべきである．救済の方法として裁判をえらぶか行政の審査会をえらぶかの決定権は被害者にある．原状回復の内容も被害者の意思を尊重すべきである．たとえばイタイイタイ病の発生した富山県の土壌汚染地域の復旧は当初1500 haを予定していた．しかし，このうち工場・住宅の転用予定地575 haは除いて，残りの農用地を浄化している．これは経費節約のためにおこなったのだが，そのことについて住民が同意したかどうかが問題である．

第5は被害の救済はつねに公害防除や予防と一体でなければならぬ．公害がくりかえしおこるような状況では，高額の補償がされても真の救済とならない．

救済の負担については，第2節の日本型PPPで検討することにする．

(3) 公害防除・環境保全のための規制
規制の方法
公害を防除し，環境を保全するための規制には大きくわけて次の方法がある．
ⓐ 発生源対策
　① 汚染物の全部あるいは一部分を環境に発散させぬように除去あるいは回収したり，原料・燃料を転換する方法．騒音・振動の場合はそれらを除去あるいは軽減する方法．
　② 自然の力をかりて処理する拡散あるいは稀釈という方法．
　③ 緊急時対策として，生産や交通を一時的に停止あるいは縮小させたり，原料・燃料をかえて汚染物を少なくする一時的方法．
ⓑ 工場立地規制と社会資本造成という地域的計画
　このような規制の原理は，日本の場合，明治以来の深刻な公害により，大正末期にはほぼ確立しており，住友金属鉱山四阪島精錬所・日立鉱山の煙害対策や大阪市の公害対策としておこなわれていた．その結果，まずⓐの①をできるだけ進めて，ⓑが計画的におこなわれれば効果のあることが四阪島の経験で明らかになっていた．しかし，戦争中から戦後にかけて，その教訓が忘れられた．戦後，1950年代に東京，大阪，神奈川，福岡の各都府県で公害防止条例が制定され，規制がはじまり，政府も1958年水質二法，1962年ばい煙規制法をつくったが，実際に公害対策がはじまったのは，厚生省公害課が発足した1964年以降である．この当初の対策としてとられたのはⓐの②③であった．企業は大気汚染対策としては高煙突による拡散を主とし，水汚染対策としては海水や淡水の大量使用による稀釈をおこなっていた．高煙突は戦前の日立鉱山のように周辺に都市がなく，汚染源が少ない場合には効果があったが，コンビナートのように汚染源が集中した四日市や1万本を超えるような煙突群のある阪神や京浜葉地域では，かえって被害が広域にひろがった．また有機水銀やPCBのような有害物質の場合，稀釈しても生物濃縮をおこすために防除策とはならず，かえって稀釈したために下水道による汚染物の除去が困難となる結果をまねいた．規制がⓑの全体計画の中でⓐの①を中心に進められるようになるのは，1971年に公害防止計画が四日市と水島に適用されて以降のことである．

日本の環境保全は1967年の公害対策基本法以来,環境基準を設定し,その達成を目標にして進められている.各国とも,環境基準を定めているが,その政策のいみは日本とは異なっている.日本の場合は環境基準はすぐに守らねばならぬ標準ではなく,目標(ゴール)である.この目標値は他国にくらべてきびしく,それを一定期間に達成することが環境政策の至上命題とされ,また住民運動などの要求とされている.OECDの『日本の環境政策レビュー』では,「日本では環境基準が非常に重要なものとして扱われている.……一般的で重要なことは,政策手段が環境基準を達成するために利用されていることである」[17]とのべている.イギリスでは必ずしも環境基準が重視されず,それぞれの地区の特性に応じて有効な規制方法がインスペクターにまかされているのとくらべると,この全国画一化は日本の特徴である.

発生源対策

日本の制度では,国の法律,自治体の条例,自治体・住民と企業との間でむすばれた公害防止協定によって,発生源規制の内容や手段が決められている.一般的には環境基準が決められ,それを達成するために個々の発生源の濃度あるいは汚染量の排出(廃水)基準が定められている.大気汚染の場合,汚染地区では排出口ごとの濃度あるいは汚染量を工場と自治体との間で協定で決めている.また,1973年の大阪のビッグプラン(環境管理計画)以来,総量規制がおこなわれるようになった.これは従来のような濃度規制ではなく,各工場ごとに汚染物の量を割当てるもので,大都市圏では有効な方法である.現在,大気汚染に関しては大都市(東京23区等)のSO_XとNO_X,水質汚濁に関しては閉鎖水域のCOD,窒素,およびリンについて,総量規制がおこなわれている.

日本の環境基準を発生源規制の基準とする場合の第1の問題点は,これがもともと社会的妥協の産物であり,環境保全のための計画の産物ではなかったことにある.すなわち当初の公害対策基本法では,産業の発展を阻害しないという方針であったので,汚染物質を限定し,きわめてルーズな基準であった.たとえば,大気汚染の場合,1969年総合指標としてSO_Xのみを基準として定め,24時間平均,1年平均値0.05 ppmというものであった.この最初の環境基準の決定にあたって,専門家の答申は1日平均値0.05 ppmであったが,いつのまにか1年平均値にすりかわったのである.これは疫学的に検証されたもので

なく，0.05 ppmという数値だけが，もっともらしく残ってしまったにすぎず，専門家の答申より3倍以上も汚染をゆるすものであった．この環境基準の適合地は当時の東京都新宿区新大久保，北九州市戸畑区であり，慢性気管支炎患者が人口の5％は発生する可能性をもっていた．当時の大企業はこの環境基準を達成するために，硫黄分の少ない燃料にかえ，高煙突方式をとった．このルーズな基準は四日市公害裁判のきびしい判決によって変更せざるをえず，1973年にようやく，今日の1日平均値0.04 ppm以下に変更された．しかし，この間に多くの大気汚染患者が発生することになった．

すでにのべたように1970年代の環境政策の到達点として，環境基準は経済学の最適汚染点で決めるのでなく，正常な人間の健康に障害のない環境としての閾値で決めるべきであるという思想が確立した．しかし，現実には閾値の決定は企業にとっては達成困難ということになり，きびしい環境基準を決めると，その達成は無期限になる．そして，絶えずきびしい環境基準そのものを緩めようとする．NO_2の環境基準がその好例である．日本は世界一きびしい環境基準(1日平均値0.02 ppm)を定めたが，自動車社会になったためにほとんどの地域が達成できなかった．1978年，政策上の強い要求によって，それを0.04-0.06 ppmにまで緩和した．これによって，東京・大阪・名古屋3地区の一部をのぞいて，大部分の地域は基準を達成できることになった．それでも，いまのまま自動車交通を放置しては，3大都市圏の汚染地区において，この基準達成はきわめてむつかしい．

このように環境基準は現実妥協的性格をもっているので，事件をおこした物質，そして企業が比較的対策のとりやすいものからえらばれている．現在，大気汚染では，SO_2，CO，SPM，NO_2，光化学オキシダント，ベンゼン，トリクロロエチレン，テトラクロロエチレン，ジクロロメタンが規制対象となっている．鉛，炭化水素，フッ素，アスベスト，ダイオキシン，その他化学物質・重金属などの特定有害物質については，一部が監視されているだけで規制の対象ではない．水汚染では，カドミウム，シアン，鉛，六価クロム，砒素，総水銀，アルキル水銀，PCB，その他が対象になっている．

騒音・振動などは，明らかに現実妥協的であって，新幹線，道路，空港などは別個に基準を定めている．これは閾値とは関係ない．しかも，これらの基準はいずれも裁判により，国や国鉄(現JR)が被告となって世論の糾弾をあびて

初めて設定したのである．

　第2の問題点は，経済学でいう集積不利益の観念がなく，現実には複合汚染しているものを個別に規制していることである．現代の都市の汚染は無数といってもよいほどの発生源から排出される汚染物の複合汚染である．人間は特定の汚染物質を選択して呼吸したり飲食したりしているのでなく，総体としての空気，飲料水や食品を摂取しているのである．たとえばSO_XとNO_Xがそれぞれ単体として被害を与えるよりも，両方が相乗した汚染効果のほうが大きい．こんごは，単体では微量であっても，有害物質が複合し，かつ長期にわたって汚染した場合に生ずるガンなどの疾患が問題になるであろう．アスベスト災害のように，この場合の規制や公害認定の方法は確立していないといってよい．

　第3にアメニティを考慮した場合に，現行の規制には多くの欠陥がある．先述のように公害防除は閾値の達成にあったが，閾値が達成されたとしてもアメニティは満足されない．たとえば名古屋新幹線の公害問題は，110 kmに減速すればある程度解決する．しかし，もともと新幹線が名古屋市域を二つに割って走るような構造に問題があるのである．第4節でのべるようにヨーロッパの大都市では，駅はターミナルになっていて，歴史的街区を横断するような路線はない．それは街並み保全を考えれば当然であろう．そのいみでは，新幹線の公害は街並み保全という都市計画なき路線設定に端を発しているといってよい．もし新幹線がいまのような名古屋市の中央部にのりいれるとすれば，地下に駅をつくるべきであったろう．あるいは新大阪駅のように市街地からはなれた郊外につくるほうが望ましかったであろう．そのいみでは公害はアメニティの欠如の延長線上におこったといってよい．このようにみてくると，こんごの公害防除のための規制は総合的な街づくりと連関しなければならないだろう．

社会資本と土地利用計画

　わが国の社会資本充実政策は高度成長を目的として，道路，港湾，空港，鉄道，通信，ダム，埋立て・干拓などの社会的一般的生産手段を優先したので，環境保全というよりは，それ自体が環境破壊の原因となった．しかし，公害や事故のない街路，街路樹などの緩衝緑地，公園，下水道，人工湖沼などの社会的共同消費手段を計画的につくれば，公害防除だけでなく，アメニティのある街づくりが可能なのである．

四日市公害裁判の判決では「立地上の過失」がきびしく指摘された．四日市コンビナートは，工場に隣接して学校や住宅があり，また海水浴場であった海岸のほとんどが埋立てられて工場用地となった．大気汚染・水汚染・騒音・悪臭というすべての公害が，隣接部に集積した市民の生活環境を汚染したのである．この経験にもかかわらず，その後の京葉，名古屋南部，堺・泉北の地域開発，そして第1次全国総合開発は四日市型拠点開発方式を進めたために，全国とくに3大都市圏と瀬戸内地域に深刻な公害をもたらした．

　もともと産業革命以来，企業の立地は自由であったから，工場は都市の中心部に立地し，公害など都市問題を発生させた．イギリスでは1830年代から公害対策法や公衆衛生法による規制がはじまったが，十分な成果はあがらなかった．そこで20世紀にはいってから，福祉国家による都市・農村計画がつくられ，労働者のための低家賃公共住宅が大量に建設されるとともに，大都市の分散と不況地域の再生のためのニュータウン建設が進められた．この福祉政策としての国土計画は，1970年代末のイギリスのサッチャー政権による福祉国家の崩壊までつづいたといってよい．ヨーロッパではイギリスと同様に国土計画は福祉国家の社会政策の一環であったといってよい．

　これにたいして，日本，韓国，台湾の国土計画は経済成長を目的とした地域開発であって，企業国家的な通産政策である．それは重化学工業のちにはハイテク産業，ついで観光産業などの事業所の立地基盤整備と交通・通信ネットワークの形成による国土の効率的利用という地域開発が主流である．このため環境保全や住民福祉の向上は二次的になるか，開発の犠牲にされる傾向がある．1980年代後半からはじまった中国，インド，タイ，インドネシアなどのアジアの国土計画は，この日韓台の高度成長型の拠点開発方式をそのまま模倣している．とくに多国籍企業の立地が起動力になっているところに特徴がある．日本にくらべて開発地域の面積が広大なために都市問題が拡散しているとはいえ，各地に深刻な公害がおこっている．

　日本の失敗とくに四日市の工場立地の失敗を教訓としたのは，フィンランドの国営石油コンビナートのネステであろう．私は，1970年代にはじまる建設を調査した．ここでは四日市コンビナートが既存の市街地に隣接して，しかも一挙に短期間に各種の化学施設を結合させて公害を深刻にしたことをみて，まったくその逆の立地をした．すなわち，人口40万人の首都ヘルシンキから約

45 km 離れた松林 625 ha の土地を 15 年にわたって周辺の生態系の調査をしながら，まず石油精製工場をつくった．四日市コンビナートは集積利益を短期間に上げるために急いで多くの工場をつくり，そのために複雑な大気汚染物質の複合大量汚染という集積不利益を生んだ．その教訓のもとに，新しい技術の安全性はわからないことが多いので，ゆっくりとつくって経験的に安全性を確保しようとしたのである．石油精製工場の安全性が確保されたあとで発電所，そして次に石油化学工場がつくられた．四日市の工場が高煙突で汚染を拡散させた失敗に学び，松林にかくれるような低煙突にした．石油タンクは災害にそなえて岩を掘りこんで埋めこみ，排水は処理したあとに魚をいれた池を通してフィンランド湾に流す方式をとっていた．このような対策はバルト海沿岸が国際的にきびしい環境政策をとっていたこともあるが，四日市の立地の失敗がみごとに克服されていた[18]．

これは典型的な例だが，公害防止さらに環境保全は公害・環境政策だけでなく，地域開発・国土計画のあり方によって決まることがしめされている．現在日本では，公害防止計画をこえて，環境基本計画が進められている．しかし，それは政府全体の国土政策の中で最優先しているのでなく，あくまで国土政策の一環である．また日本の土地利用計画は都市計画をみてもわかるように，地主や不動産資本の権利が最優先するために，公害防止や景観保全のような市場原理をこえた対策の実現がむつかしい．住民参加を前提にして，都市計画あるいは広域計画をどのように私権に優先させるかが，環境政策の課題である．

3 アメニティ政策

環境保全・創造と私有権・営業権

アメニティのための環境保全・創造は，森，湖などの自然や景観・文化財など環境全体をそのまま残すあるいは創る政策である．つまり，公共財としての環境全体を扱うのであるから，公共機関の責任が大きい．しかし，現実の市民社会では，土地，森林，鉱物資源，水辺環境，建物，社会資本，芸術作品，芸術組織などは私有財産化されており，その多くは企業によって利潤や地代(賃料)を目的とする営業行為のための資産とされ，その行為は法的に保護されている．したがって，アメニティの保持あるいは創造のための公共政策は，この私有権や営業権をどのように規制するか，公共目的と私的利益をどう調整する

か，あるいは権利を買上げて国公有化するかという複雑な課題に直面する．このことは公害対策でもあるのだが，アメニティ政策は国土や都市の長期的な骨格をつくるものだけに，よりむつかしい問題がある．

　国土あるいは都市は公共空間であるので，地主や資本家は国民の合意を得た国土利用計画や都市計画には服すべきである．この市民社会の論理というものは，必ずしも各国で同じではない．土地の絶対的所有権という点では，ドイツも日本も同じであるが，ドイツの場合には都市計画によって地価が規制できるほど計画当局の権限が大きいのにたいして，日本は地価は市場の自由にまかされている．したがって住宅地域に指定している地域でも平均的な市民が購入できないような地価が実現する．また計画にたいする住民参加についても各国に相違がある．アメニティ政策には，思想的には計画と自由の相克と調整，政策的には公共政策と市場経済との秩序をどうつくるかという経済学の基本問題がある．ここでは日本の実例だけでなく，もっともアメニティ政策の進んでいるヨーロッパの例と比較して，原理を模索したい．

景観保全

　景観はドイツ語の Landschaft を植物学者柴田学が翻訳したといわれる．この歴史的風土に根ざした景観という概念と同じような思想は，日本でも「風景」として日常的に使われてきた．西村幸夫の大著『都市保全計画』にあるように，戦前の日本には古社寺保存法と地区制による保存があり，国宝保存法，史蹟名勝記念物保存法，風致・美観地区の設定がおこなわれてきた[19]．都市計画においても大阪市の御堂筋のように，広い5線道路の銀杏並木と調和するように，100尺(33m)で高さを制限した2kmにわたる美しい街並みがつくられていた．

　しかし，戦災によって多くの都市の自然や歴史的街並みが破壊された．戦後の復興は自動車道路，高層ビルディングによる画一的な街並みをつくった．都市は風景や美観を考えず，自由空地，高さや色彩は所有者の自由な建設にまかせた．戦後の都市計画法は1968年にようやく制定されたが，それは効率的に営業空間と社会資本をつくることを目的として，アメニティを無視し，景観は二次的に考えた．このため，美意識の高い日本人がどうして，このように乱雑で汚い都市をつくったのかと欧米人に批判されている．いま都市の名前を聞い

て，独自の景観を思い浮べうるのは，京都，金沢，奈良，松江など戦災にあわなかった都市である．

　第1章にふれたようにイタリアの憲法第9条はこの規定があるにもかかわらず，戦後の経済成長の過程で，多くの景観が工業開発や観光開発で失われた．しかし，80年代にはいると，イタリア人の生活感に変化が生まれた．たとえば余暇の観光のあり方が，団体による短期のものから個人や家族による長期のものへかわり，そのために観光資本の開発した地域ではなく，日常的に自然とふれあう総合的な環境がもとめられた．

　1985年，上院議員で文化財環境財省の政務次官，ナポリ大学歴史学教授のJ.ガラッソが起草した景観保全法が制定された．この法律は観光開発などによって失われた自然の景観を回復するために，前述の憲法第9条の趣旨によって制定されたものである．この法律は各州が景観の詳細計画を樹立するまでは次の地域についての開発は一切禁止するなどのきびしい規制をしいている．

① 国土のすべての海岸線，水際線からの距離300m以内にある地区，および水際線から海上に突出した，または海上にある地区

② すべての湖沼岸の水際線からの距離300m以内にある地区，および湖沼上にある地区

③ 河川，水流，疎水と発電施設などすべての水流において，その両岸の水際線から，また堰堤が設けられている場合はその陸地側麓線から，それぞれ距離150m以内にある地区

④ アルプス山系の海抜1600m以上の地区，およびアペニン山脈系，島嶼山岳部の海抜1200m以上の地区

⑤ 氷河とカール

⑥ 国立公園，州立公園，および自然保護特定地域に指定された地区，国立公園，州立公園に外接する環境保護指定地域にふくまれる地区

⑦ 森林に覆われた地区，森林火災にあった地区，伐採，植林がおこなわれている地区をふくむ

⑧ 農業大学の実習地および公共団体によって所有される農地

⑨ 共和国大統領令によって指定された湿地地区，（鳥類魚類の）保護生息地

⑩ 火山

⑪ 考古学区

第1節　環境政策の原理と現実

　イタリアでは景観の美を保存の対象とする考え方は，環境保護政策の基本であった．宗田好史によれば，ガラッソ法の意義は自然や文化，歴史といったものを景観という名で保存する．それは国立公園，博物館，観光地といった限られた場所で保存するだけでなく，日常生活の環境として確保することに意義があるとしている．またこれは「適正な計画理念によって，土地利用を規制し，美しい状態を後世に伝えることが，国家の文化行政であり，国民の文化の育成であるという理念である．それはいうまでもなく，公共の利益たりえ，個人の財産権を制限する根拠である」[20]としている．1990年代に調査をしたところでは，各州や市が景観計画をつくっているが，それはこの法にしたがい，なかにはこれよりも広いはんいで自然や文化財を保全しているボローニャ市と周辺地区の例もあった．
　ヨーロッパでは歴史的街並みをのこす計画が進んでいる．ポーランドのワルシャワ市のようにナチによって徹底的に破壊されたオールドタウンをまったくもとのように，汚れたところは汚れたように復元した有名な景観再生の例がある．次章で紹介するように，歴史的街区を現代生活と共存できるように再生したイタリアのボローニャ市が有名である．このボローニャ方式はヨーロッパの歴史的街区保存の教科書となっている．
　都市の景観保全だけではない．ドイツでは「美しい村づくり」政策が進んでいる．これは日本の「棚田」保存のように点的な景観保全ではない．街並み全体を歴史的な農村の建築や街並みに再生するものである．私は1984年デルチンゲン村を見学したが，ここでは農村では珍しい土地利用計画をもち，州は生産補助金ではなく，建物や街並み保全に補助金を出している．道路は都市のように自動車の便利を考えた直線でなく，人々が歩いて楽しむように曲がりくねった道を再生している．ヨーロッパの農村の風景は美しく，農家も魅力的で，エコ・ツーリズムで都市の住民が農作業を手伝い，長期滞在をするアメニティがある．これにたいして日本の農村の風景は都市化し，農家も伝統と関係のない乱雑な家屋にかわり，エコ・ツーリズムを進める魅力を失いつつある．
　日本では景観保全を提起したのは市民である．そのよい例は大阪を代表する景観の中之島地区である．ここには大正初期の名建築である日銀，市役所，府立図書館，公会堂があり，水辺環境の豊かな公園であった．ところが1960年代にこの四つの建物をこわして高層建築物に建替える計画が進められた．日本

建築学会は反対し，財界人では当時の佐治敬三サントリー社長や学界では私などが代表で反対組織をつくった．しかしまったく市民の支持が得られなかった．歴史的文化財保存の意義がわからなかったこともあるが，大阪で働く多くの市民は衛星都市に住み，都心の事業所に通勤するので，中之島の景観を楽しむ機会を失っていたのである．そこで，有志が人件費だけで3億円以上かかる「中之島まつり」をするためのボランティア活動をはじめた．この祭りはゴールデンウィーク時に30年以上もつづけられている．毎年30万人以上の市民が参加するが，参加者は次第に中之島の景観を保存する必要を自覚するようになった．この結果，世論が開発から保存にかわりはじめ，日銀の古い建物は博物館として保存され，府立図書館は重要文化財として保存が決まった．市役所は東京都庁のような超高層ビルへの改築計画を改め，中層のビルに建替えた．さいごの攻防戦となった中之島公会堂は当初劇場に改築する計画があったが，市民の世論に支えられて，現在のように内部を改修して公会堂という歴史的建造物として保存された[21]．

このように景観保全に成功した例もあるが，多くは失敗している．景観保全裁判のトップをきった1989年12月提訴の和歌の浦景観保全訴訟では，小説家津本陽，歴史学者の直木孝次郎，犬養孝のような万葉集の研究者などが県の「新不老橋」建設事業を歴史的景観破壊として反対する証人にたつなど市民運動が盛り上った．1994年11月判決は「文化的歴史的環境の保護は行政の一つの目標」としてみとめつつも「政策判断の当否は行政の裁量に委ねられる」とした[22]．2001年3月には国立市の住民が，高さ20mの桜とイチョウ並木の美しい大学通りに明和地所が建てた高層マンションが景観を破壊するとして提訴した．2002年12月，東京地裁は「景観利益」を全面的にみとめ，すでに建設された高層マンションの20mを超す部分(7階以上)の撤去を命ずる画期的な判決を下した．この判決では「景観利益は法的保護に値し，これを侵害する行為は，一定の場合には不法行為に該当する」と判示したのである．しかし，控訴を受けた東京高裁は2004年10月，「景観権・利益は国民の私法上の個別具体的な権利・利益として良好な景観を享受する地位を持つものではなく，個人の人格的利益とはいえない」として請求棄却，住民側の逆転敗訴の判決を下した．これは環境権が依然としてみとめられていない日本の状況を表している．

同じ時期に滋賀県豊郷町で，建築家ヴォーリスの建設した豊郷小学校を廃棄

して新築する計画が発表され,住民の反対がおこり,全国の多くの景観保全運動家などが旧小学校の維持を支持した.しかし,町長選挙では建設派の前町長が再選され,小学校は新築された.反対運動の力もあってヴォーリスの建築物はいまなお残っているが,校庭の景観は新しい建物で一変した.ヴォーリスの教育の理念でつくられた学校の景観は失われた.

このように,景観保全は行政・司法上必ずしも定着した理念ではない.しかし,これまで,日本の行政による総合開発や都市政策が産業優先で,重化学コンビナート,ハイテク工業,リゾート産業の誘致政策であったことによる景観,みどりなどの自然の破壊の深刻さから転換すべきだという世論は高まっている.地方公共団体では 27 の都道府県と 450 市町村が景観保全条例をつくっているが,真鶴町のような一部の例を除いて効果は十分にあがっていない.2004 年 6 月,景観法は都市緑地法と野外広告法の一部改正とともに制定され,施行された.これはイタリアのガラッソ法に遅れること 20 年,遅きに失したといってよいが,新しい可能性がある.

景観法は具体的な施策は地方公共団体の施策に委ねている[23].注目されるのは歴史的都市である.京都市は 2007 年 3 月,景観条例を制定した.この内容は画期的なもので,地区に応じて景観を指定し,工場・事業所などを除いて,従来の 31 m の高さ基準を 20 m にし,デザインも検討して,屋外広告の規制を厳格化する.とくに町屋の集中した中心部の「田の字地区」は職住近接地区として整備するとしている.これによって,これまでの景観保全をもとめ高層ビルの建設などに反対してきた住民の要求が実現したといってよい.「田の字地区」では,すでに「姉小路界わいを考える会」が,景観保全を枠組にコミュニティの再生を考えて「姉小路界わい式目」をつくり,これに賛同する住民による街づくりが進められている.率直にいって,もうすでに京都は美観を多く失い,この条例は遅きに失した.おそらく,高層建築物を計画している業者や高層マンションに居住している住民から反対がおこるであろう.こんご京都市がこれ以上の破壊を許さず,「田の字地区」だけでなく,全市域をイタリアのフィレンツェのように歴史的パルコとして保全できるかどうかは市民の文化と環境保全の力にかかっていよう.

ガラッソ法ができた時期に日本ではリゾート法が制定され,観光開発のために国立公園の一部などの環境保全地域が解除され,景観地域が開発の対象とな

った.このように景観政策がヨーロッパにくらべて著しく遅れているのは,都市計画や農村計画という地域政策の欠陥にある.景観条例や景観法ができたが,それは依然として景観という公共財の価値を保全,あるいは価値を高め住民のアメニティを豊かにするよりは,観光資源として観光客を集客し,観光産業などの経済的利益や公共団体の財政的利益を上げることが主目的になっていないだろうか.

みどりの保全

　地球環境保全のために,みどりの保全は重要な課題となっているが,ここではアメニティ政策として検討したい.みどりとひとくちにいうが,それは農地と森林をふくんでいる.またそれも地域的にはその形態や政策は異なっている.

　日本の農用地(農地と採草牧地)は急速に減少し,とくに休耕地が多くなっている.農用地は1975年,576万ha(全国土の15.3%)であったが,2003年には482万ha(12.8%)と94万ha減少している.これは都市化にともなって宅地(住宅地,商工業用地など)化し,あるいは道路など公共用地となったためである.工業化など産業構造の変化によって,農家戸数は高度成長期にひきつづいて減少し,1990年383万戸から2005年には284万戸に減少している.GNPにしめる農業総生産の割合は,1970年の4%から2003年に1%に減り,市場価値の喪失から若年労働者が農業をはなれ,農業経営者の平均年齢は62歳となり,39歳以下の農業経営者は1.8%になっている.後継者がいない農家は半数に達している.このこともあって,耕作放棄面積は1995年16万haから2005年22万haになり,急増しつつある.政府は2006年に農業農村政策を産業政策に転換し,従来の一般的な価格補助政策をやめ,大規模経営農家や集落農家にかぎって補助金を支出するとしている.先進国の中では日本の農業・農村は異常な状況である.カロリーで測った食糧自給率は,1970年の60%から,2004年40%に激減している.ヨーロッパの先進国ではイギリス74%,ドイツ91%,フランス130%,イタリア71%とくらべてみると,果たして日本は自立のできる先進国といえるのか疑問となろう.こんごの発展途上国の急激な工業化・都市化や地球温暖化によって,食糧需給が大きな社会問題となる.この食糧問題での日本の危機は経済政策として重大問題だが,同時にこのような農業の相対的衰退と農村の過疎化——集落の解体は,環境政策の危機でもある.

農地がもつアメニティ問題は，ヨーロッパでは都市農業政策として重視されている．もっとも有名なのは，ドイツの市民農園である．ドイツは戦乱の経験から都市は農作物を自給すべきだという考えもあって，1919年にクライン・ガルテン法をつくった．現在は自給政策ではないが，市民のアメニティのために，都市は美しい市民農園にかこまれている．ドイツは市域の3分の1が緑地だが，市民農園が50万区画もある．ニュータウンを計画する時も，かならず市民農園を設置している．市民は法にもとづいて，住居から10 km以内のところに，240 m^{2}内外の農地を借りている．野菜，果樹，花卉の3種類を栽培することが義務づけられているが，高所得者は花卉，低所得者は野菜が多くなる．ドイツ人はバラが好きなので，都市がバラで包まれたようになる．
　ドイツだけではない．欧米では市民農園が流行である．イタリアの都市では市民の購入する野菜の4分の1が市民農園から供給されているという．アメリカでも農地の宅地化は進んでいるが，シアトル市やニューヨーク市の近郊では，農民が農地を宅地として分譲することを防止するために開発権を一括して自治体が買上げていた．つまり，事業所・住居などの用地として売買する価格 D と農地価格 A との差額 $(D-A=G)$ を開発権の価格として自治体が買上げ，この差額 G を農民に農業補助金として支払う．こうして指定された土地は農地として残る．シアトル市近郊では農園をもつ宅地の価格は相対的に高い．
　このように市民が農地をもとめるというのは，ロボットやコンピュータなどが主役でものづくりをやめた職場にいると，人間の本性であるものをつくりたいという自然の欲求が湧いてきて，それが市民農園という余暇の生活の場で代償されているといえる．日本とちがって，ヨーロッパでは労働時間が守られているので，余暇を子供たちと農業で過ごすことが可能であり，それは環境教育にもなっている．この市民農園によって都市は実に魅力的なみどりの地域となっている．
　日本では，一般的ではないが，市民農園にたいする需要はふえている．しかし，ほとんどの市民農園は一坪農園で狭く，付帯施設も乏しく，農民が市民に農作業を指導する教育をしているところは少ない．ドイツの市民農園のように広く，炊事場，シャワーなどの付帯設備のある小屋をもち，農協の指導もある制度とくらべると，粗末である．1980年代は都市農業をめぐる最後の攻防戦がおこなわれた時代であった．政府は都市農業をみとめず，市街化区域内の農

地を宅地化するために宅地なみの課税をしいた．しかし，農地は農業目的だけでなく，日本では唯一の都市のオープンスペースとして，災害の際に重要な避難所，火災遮断地となる．1988年全国農協組合中央会は，都市農業を保全するために，研究会をつくった．この会は農業専門家でなく都市政策の専門家をあつめた．ここでは宅地なみ課税をやめ，積極的に都市農業を維持し，それをドイツの市民農園のように美しい都市のみどりとして維持する方針を提案した．残念なことに，バブルによって地価が上昇したために，当初この案を支持していた都市の農協の中に，都市農業を維持するよりは宅地として売買したいという要求をもつ組合員や幹部がふえ，ついに提案はみのらなかった．1985年，全国の市街化区域内農地は19万haで全面積の約14%をしめていた．いまはその3分の1にまで減ってしまった．都市のみどり保全政策の失敗である[24]．

日本はアジアの各国同様に欧米に学んで法律をつくることでは進んでいるようにみえる．都市緑地保全法は1973年にできている．しかし，70-80年代に森林が破壊された時にこの法律は限定的にしか使われなかった．当時は1ha以上の大きな緑地で，かつ歴史的文化的な意義をもつものを保全対象とした．大阪府下では5件しか指定されていなかった．堺市ではわずかに残る緑地を保全しようとして，市民が「コミュニティ・グリーン条例」の請求をしたが挫折した．当時の自治体は公園をつくるという建設事業はおこなうが，現存するみどりを残す事業部局はなかったのである．都市圏では，みどり基金をつくって森林を買わねばならないが，千葉市の「緑と水辺の基金」や「仙台市緑地保全基金」が，85年当時，それぞれ全国最高の50億円ぐらいであった．みどりの保存は，松戸市のように地主が自主的に保存組織をつくらぬかぎり，むつかしい状況であった．2006年の都市緑地保全法の改正で，地方公共団体が計画をつくることができるが，実際には市街化区域内で残っているのは，寺社林，屋敷林などであり，緑化をしなければ，みどりは保持できないであろう．

造園学の高橋理喜男によれば，数十ha以上の大規模な自然をもつパークと施設を中心にした小規模なガーデンは区別すべきだとしている．たしかにヨーロッパでは，両者は区別している．ウィーンの森やベルリンの中心部のティゲルはパークであろう．日本の公園はほとんどガーデンであって，パークがない．イタリアのパルコには，自然と市民の生活とが共存するような新しい思想があるようだ．ミラノ大都市圏に広がる北パルコ造成と南パルコ計画は，都市の中

に公園をつくるのではない.都市全体を公園化する計画である.パルコの中には軍事基地,住宅,学校,工場などの事業所,広大な水田などの農地,廃棄物の処理場が現存しているのだが,その都市地域を全体として美しい景観をもつパークにかえようというのである.市は北パルコ 600 ha のうち 250 ha を農地として残し,280 ha をパーク化する計画で,そのうちで 120 ha は市有化している.パルコの景観にマッチするように,都市施設は改造され,歴史的な散歩道などがつくられている.農地は原則としてこのパルコの中で住民が出入りできる緑環境として残されている.都市全体をパルコ化するというのは夢の多い環境政策である.日本でも奈良県全県をパルコ化して,多くのすぐれた歴史的遺産,柔かい自然と居住環境を共存させる地域政策をつくれるのではないか.

都市の中に自然を再生する事業は,これからの課題である.イタリア最大の環境団体であるイタリア・ノストラ(「われらのイタリア」の意)は,ローマ郊外のアッピア街道ぞいに,実に 2000 ha にわたる土地を古代の風景を保存するために政府に指定させ,一切の開発を禁止させたことで有名である.このノストラのミラノ支部は第 5 章にみるように,荒廃した農地 36 ha を借りて,それを環境教育の場とした.週末に市民が森と人工湖,市民農園をつくる自発的な作業をしている.いまでは 500 ha に広がっている.このように自然を再生させる創造的な仕事が,環境政策のガバナンスとなる.日本では,里山の回復が各地でおこなわれているが,市民が自発的にサービスする事業として,こんごの環境政策のひとつのあり方をしめすものとして注目される.

水辺環境の維持と再生

都市(広くいえば人間の集落)は河川,湖沼,海岸などの水辺環境にある.自然の水辺環境のない都市では,運河・堀・用水路や湖・池などの人工的な水辺環境がつくられた.水環境政策は治水,利水(生産・生活・エネルギー用水としての利用),保水(水量・水質・底質の維持・保全),親水(水辺環境を日常の散策・レクリエーションとして親しむ)という四つの内容がある.これらを総合して,水辺環境を維持・再生・創造するために,人類は集落形成以来,巨大な資本と労働を投資してきた.水環境政策は社会資本論などの財政学・公共経済学の中心課題であり,資源経済学や環境経済学の重要課題である.ここでは環境政策の現代の課題を,具体例をしめしてのべたい.

第 4 章　環境政策と国家

① 河川環境

　京都市を流れる鴨川と桂川，金沢市の犀川と浅野川は古くから文学の舞台にもなる歴史的都市景観である．ところが名古屋市の都心を流れる川はない．木曾三川は市外にあり，庄川は周辺部を流れている．名古屋市は日本における近代的都市計画を代表する都市であるが，これら二つの街とくらべると白く乾いた街という印象をもつのはそのためである．名古屋を中心に江戸期に城下町をつくったのは，当時の築城の天才といわれた加藤清正などによるといわれるが，彼らはこの欠陥をおぎなうために，名古屋城から伊勢湾に連絡する「堀川」をつくった．江戸期の錦絵をみると堀川の土堤には桜並木があり，町民は舟を浮べて花見に興じている．城下町はこのように，川がなければ堀や運河をつくって，水辺環境を生活と密着させていたのである．

　戦後高度成長期には，この堀川はドブ川となり，花見の伝統など消滅してしまった．名古屋市だけではない．東洋のヴェネツィアと宣教師に唱われた水の都大阪の河川も同じ状況であった．高度成長期の堂島川の京橋付近は，BODが 50 ppm（生活環境としては 5 ppm 以下）を超えてドブになっていた．このように戦後の都市が水辺環境の価値を失っていた中で，それを鮮やかに再生したのは福岡県柳川市である．

　柳川市は北原白秋の生地で水郷として名高いように，市全体で 470 km，2 km 四方の中心市街地だけで 60 km に達する水路をもつ水都である．この水路は戦後の高度成長によって，事業所や家庭の廃水が流れこみ，ドブ川になってしまった．悪臭と蚊の発生など衛生的に不潔となったので，これをコンクリートで埋立てて，かわりに下水道計画がつくられた．下水道計画は環境行政の中心として多額の補助金の出る大土木工事なので市はとびついた．もしこれが実行されていたら，水郷柳川市は，「水の都」であった東京や大阪が原風景を失ったように，歴史のうえから消えるところであった．幸いなことに当時この事業の担当係長であった広松伝がこの計画に疑問をもち，調査研究した結果，地盤沈下のおこりやすい地質をもつ柳川市が掘割を失うと大災害にみまわれる可能性があることがわかった．彼は，住民の同意が得られるならば下水道建設を中止してもよいという市長の支持を得て，100 回以上も集会をひらいて，掘割再生をうったえた．幸いにして昔の美しい水路を覚えている老人たちが賛成し，やがて市民の同意をとりつけた．しかし，中心部だけで 60 km もある掘

割の再生は容易ではない．年に1回は水門をしめて，市民が徹夜で泥まみれになってヘドロをかきださねばならない．岸辺の掃除，ごみ拾いや水草の刈入れなど日常的な市民の無償奉仕が要求される．まことにわずらわしいことである．しかし，この水環境との「わずらわしいつきあい」を市民がはじめた時に，掘割だけでなく，柳川市はよみがえったのである．いまでは水郷は市民の生活基盤であるだけでなく，観光の資源である．この共同の浄化作業を通じて，市民の連帯も生まれ，水路を使った祭りや結婚式などのイベントも復活した．水辺環境の再生が市民の自治を生み，都市を蘇生させたのである．このような水都再生は小樽運河の保存などの例が出てきている．外国で有名なのは，フロリダ州のエバグレイズである．この川は地域計画によって，真っ直ぐな水流にかえられたが，水辺環境の自然な美しさを失っただけでなく，水害が頻発するようになった．そこで研究者の調査と住民の同意を得て，過去の川筋のように蛇行する自然の流れにかえたのである．

　戦後の日本の河川行政は治水と利水を中心にして，上流のダムとコンクリートの護岸で自然の姿を失わせた．このことは，土砂の流出をなくし，海岸の浸蝕をまねき，高潮ダムの建設で海岸の風景もなくしてしまった．国内外の水辺環境の維持や再生の成功におされて，政府もようやく1997年3月河川法を改正して環境保全を管理目的にいれ，地域住民の意見をもとめることとした．河川にコンクリートの壁をつくるのでなく，できるだけ自然にもどす，あるいは擬似自然をつくるようになった．都市の河川も市民の親水ができるように川岸の散歩道などがつくられているが，まだそれは生態系や景観の維持よりも新しい土木工事の対象にとどまっている．

　② 湖沼環境

　湖沼のような閉鎖水面は汚染物が蓄積するので，周辺地域の工業化・都市化が進むと急速に汚染され，復元は不能になるか，きわめて困難になる．湖沼の清浄度や生態系は開発が環境を保全しながらおこなわれたかどうかの尺度になる．湖沼は水資源であり，豊かな生態系をもちレクリエーションの場であるが，それだけに周辺の開発が進んだ．湖沼の環境政策は戦後高度成長の時期には世界全体でも遅れた．アメリカの五大湖やロシアのバイカル湖の汚染は有名である．その中で，日本の琵琶湖の環境政策は国際湖沼政策の先鞭をつけたといってよい[25]．

戦後の滋賀県は大阪圏の公害や都市問題の解決のために，工場や人口が急速に分散する影響を受けて，工業生産額や人口の伸び率では，国内のトップであった．自動車社会の成立により，名神・北陸自動車道などの建設によって大阪圏からの分散は加速化した．戦後の開発は臨海型コンビナートや機械産業のクラスターのように集積を促進し，また人口も大都市圏に集中集積したが，滋賀県の発展は集中集積でなく分散であった．滋賀県には日本の代表的な企業の工場が進出しているのだが，コンビナートやクラスターはほとんどない．大工場が全域，とくに東部の道路に沿って分散している．また，大都市圏はない．県庁所在地の大津市が30万人であり，京都市大津区と批判されるように，都市的機能の集積が少ない．つまり，分工場基地とベッドタウンとして成長した．したがって，局地的な公害とくに大気汚染は少なかった．しかし全県に分散した工場と住居から流出する汚染物は，100を超える河川を通じて琵琶湖へ集積した．1977年に赤潮が発生した．他の地域の公害対策がすでに前進している時に，遅れてはじまった典型的なストック公害であった．琵琶湖は関西1200万人の飲料水源である．この汚染は関西全域の市民に衝撃を与えた．

1972年，阪神地域の都市用水需要の増大に対処して，琵琶湖開発がはじまっていたが，これは水位をコントロールして毎秒40 m³の確保をする水資源開発であった．また地元の対策は洪水防止という治水が中心であった．ここで初めて水質保全という環境政策が加わった．この事業1兆4593億円の30%近くが下水道建設に投入されることになった．赤潮の発生は周辺住民の琵琶湖を守れという運動に火をつけた．汚染の主因となる窒素とリンを抑制するために，合成洗剤の使用を禁止する市民運動が広がった．代替物をつくるために婦人団体は天ぷら油を回収する石鹸運動をはじめた．この環境保全運動を背景に武村正義知事が革新統一候補として当選した．知事は富栄養化防止条例をつくり，合成洗剤の回収を進めた．そして1984年，住民運動団体をふくめた世界湖沼会議をひらき，これを国際的に発展させ，閉鎖水域の環境保全の国際協力の道をひらいた．また国内では大阪都市環境会議の提案もあって，1985年水郷水都会議が誕生した．

住民運動に支えられた滋賀県の環境政策は重要な成果を生んだ．1985年，国はようやく湖沼法を制定した．県は独自に琵琶湖研究所をつくり，生態学者の吉良龍夫を所長として，科学的な調査研究にもとづいて環境政策を進める体

制をつくった．さらに，1996年琵琶湖博物館をつくり川那部浩哉を館長に淡水地域の生態系の研究と環境教育の拠点をつくった．この施設は後にUNEPの研究所を誘致してタイアップし，ユニークな研究を進めている．先述のように琵琶湖総合開発は関西地域の水資源開発であるので，下流の自治体に事業費分担をさせた．これは当時としては異例のことで，環境行政のような広域行政の財政負担のあり方をしめした．しかし，総合開発が終了した現在では，下流の自治体の分担金はなくなっている[26]．このように琵琶湖の環境政策は，科学研究や環境教育を土台に住民の自発的なリサイクリング事業をふくむ公害防止運動を背景にして，広域自治体の財政協力をもとめて独創的な前進をしたという点では，戦後日本の環境政策の到達点のひとつといってよい．

しかし，ではこの政策によって琵琶湖の保全に成功したかというといくつかの問題がある．先述のように広域下水道事業によって，排水処理施設は全国なみとなり，リンやCODの流入は減ったはずだが，依然として湖内のCOD濃度は増加傾向をしめし，窒素はやっと増加に歯止めがかかった程度で，明確な水質改善から程遠いと評価されている．湖岸堤などの開発による人工化は生態系の機能などを低下させた．これ以上の琵琶湖の改善を進めるには周辺の開発の抑制とともに自然の再生がもとめられている．それは湖岸の植生の復元，ヨシ帯の保全，さらに次項でのべる内湖再生である．

琵琶湖の次世代の環境政策は，過去の干拓地を内湖に復元することであるが，いまなお全国的には干拓はつづけられている．戦中から戦後にかけて，食糧増産のための大規模干拓事業が進められた．琵琶湖の内湖は1940年に29 km^{2}あったが，いまは7分の1の4 km^{2}にまで干拓された．

戦後，八郎潟の干拓に次いで，河北潟干拓事業がおこなわれた．石川県河北潟は湖岸27 km，面積2248 ha，内灘の砂丘を経て日本海につながり，しじみ，わかさぎなど数十種の魚介類が棲み，金沢の景観をなす美しい汽水湖であった．1952年干拓計画がたてられ，1963年度着手，1356 haを干拓し，1079 haの農地を造成した．当初の計画では干拓地は米作地とし周辺農家に分配する予定であった．ところが干拓の終わった1970年に米は過剰となり，米作計画は中止，畑作さらに酪農事業に目的をかえた．このため米作のための灌漑施設を一転して，排水施設に変更した．このため当初事業費51億円が完成時の1985年度には283億円(利子をいれると335億円)にふくれあがった．

当初干拓に期待していた米作農家は畑作への転換で意欲を失い，農地の購入を辞退する者が続出した．県は全国に農作希望者を募集したが，4分の1が売れ残り財政負担がふえることとなった．入植した畑作農家は湿地のため生産性は低く，1戸平均年生産高400万円（所得は半分），自立経営とはいえない．酪農家も初期投資に約1億円かかり，毎年約1000万円の返済で苦闘している[27]．

私は干拓計画のはじまった頃に金沢大学の教員であったので，この美しい水辺環境の干拓に反対したが，当時は県民の賛成を得られなかった．今になって，この干拓計画は失敗であり，河北潟を残しておけば，金沢市の景観あるいはレクリエーションの場として価値が大きかったといわれるが，あとの祭りである．

環境政策の歴史のうえで重要なことは，この河北潟の失敗の教訓に学ばずに，宍道湖・中海の干拓が進められたことである．ここには次の予防の政策への重要な示唆がある．幸いにして宍道湖・中海干拓はしじみなどの湖の七珍を守る漁民の運動と水都の景観を保全する観光業者の反対と保母武彦などの研究者による干拓にともなう環境問題の科学的研究成果の裏づけもあって，670億円を投資していたにもかかわらず，中止に追いこんだ．これは公共事業の環境破壊を止め，以後の公共政策に重大な影響を与えた最初の成果である[28]．しかし，その後も諫早市の干拓問題などが発生している．

③ 海・海岸の環境

日本の国土は3万3889kmという長い海岸線に恵まれた海洋国家である．この海岸は日本人にとってもっとも豊かな水辺環境である．しかし，この恵まれた海岸は戦後高度成長期に工場用地や都市用地として埋立てられた．1950年から2004年までの埋立ては1085 km^2 にのぼっている．現在，もっとも埋立ての大きかった東京湾の自然海岸は10％，現存干潟は16.40 km^2，大阪湾は江戸期以来130 km^2 が埋立てられ，自然海岸は4％，干潟は0.15 km^2 しかない．大阪湾と一体的な瀬戸内，また伊勢湾の状況も同じである．戦後の土木技術の発達によって，京葉地域のようにこれまで遠浅であった地域が掘込み港湾の造成が可能になり，その土砂を盛土にして，埋立てが進んだのである．良好な港湾をもっていた神戸市の場合には，六甲山系を掘りくずし，ニュータウンを造成し，その土砂をパイプによって輸送して埋立地をつくったのである．

この大規模な埋立てによる臨海コンビナートやニュータウンの造成は日本の地域政策の特徴である．それは，地価が高く土地所有が細分され権利関係の複

表 4-1 神戸市と大阪府の埋立事業財政の比較

	埋立面積 (ha)	全体 事業費 (億円)	売却収入 (億円)	売却 平均単価 (円/3.3 m²)	事業収益 (億円)	単位面積 当たり収益 (円/3.3 m²)
神戸市	543	311	389	23,641	78	4,739
大阪府	1,704	1,004.1	1,048.7	20,309	44.6	864

注　神戸市は第1期工事決算，大阪府は1975年度企業局決算．
出所　佐野雄一郎「公共デベロッパー論」(神戸都市問題研究所編『都市経営の理論と実践』勁草書房，1977年)146頁，宮本憲一編『大都市とコンビナート・大阪』(筑摩書房，1977年)128-130頁より作成．

雑な都心部の開発は資金と手間がかかるのにたいし，海面の埋立ては漁業権の補償さえおこなえば安く造成できたからである．K.W.カップが日本経済の特徴として指摘するように，原料・エネルギーの輸入が多く，輸出振興型の重化学工業にとっては，大都市の臨海部に立地できることは大きなメリットである．地域独占利潤を上げえたといってよい．80年代以降の産業構造の転換のために，重化学工業の立地は止まり，かわりに臨海部はホテルなどのサービス業，医療産業やファッション産業が立地する多目的産業用務地と住居地域が混合するニュータウンにかわりはじめた．幕張メッセ，東京副都心，大阪南港，神戸ポートピア，六甲アイランドなどが典型である．さらに関西，中部，神戸などの空港が騒音対策のために沖合いを埋立ててつくられている．工業用地から多目的な都市用地にかわりつつあることは，公害問題という点では改善したが，アメニティを向上できたかどうかは疑問である．さいきんの造成はフェニックス計画以降，廃棄物の埋立てであり，沿岸の90％以上が直立型護岸となっていて，市民が海と親しむ海浜ではない．

臨海部の埋立ては，神戸株式会社といわれた神戸市が都市経営の目玉としたことで有名である．神戸市はこの臨海部開発事業であげた収益で，福祉を増進するという計画であった．表4-1のように，初期では大阪府にくらべて，埋立地を時価にあわせて高く売ったために，単位面積当たりの収益は大阪府の5.5倍になっている．たしかに，収益を上げたことはわかるが，90年代以降は土地の売却がゆきづまっている[29]．神戸空港も経営が困難となっている．大阪南港開発でも同様の売行き不振である．

現在，臨海部は遊休地が多くなっている．大阪湾をふくむ東瀬戸内地域では空地が1210 ha，低未利用地の総量は3120 haとなっている．尼崎市の臨海部

空地に松下電器の工場が進出するなど,財政危機の折から低未利用地に工場誘致する傾向が強まっている.自治体は50年前にかえり,巨額の補助金を出して工場誘致運動をはじめている.政府も大阪湾臨海地域開発整備法を制定している.しかし,これはかつての臨海部の開発と同じように環境問題の配慮を欠き,補助金政策の大きさにくらべて,雇用効果はあがっていない.戦後地域開発の失敗の教訓を再検討してほしい.

　海域の保全では瀬戸内の環境政策が重要である.瀬戸内海は世界でも稀にみる美しい景観をもっているが,戦後の重化学工業化と都市化を進める拠点開発の中心地域となった.瀬戸内地域には,古くから日本一の工場集積をした阪神工業地域があったが,戦後それに隣接した堺・泉北地域,さらに播磨,水島,周南,新居浜などの工場地域がつくられた.これにともなって産業運河のようになり,巨大なタンカーなどがこの海域を航行した.この海域は100年に1度しか水の循環がないような閉鎖水域である.このため,急激に汚染が進み赤潮が毎年のように発生した.1974年水島の三菱石油が爆発事故をおこし,最初の大規模石油流出事故で多くの損害を出した.このため瀬戸内海を守る市民運動が活発化した.1965年出光興産の石油精製所建設反対をはじめとして,1971年に播磨灘を守る会ができて運動が広がった.1973年日本最初の広域的な環境保全をめざす瀬戸内海環境保全臨時措置法ができた.これは日本の環境政策が住民の要求に応えてでき上がったという点では画期的な法律であった.しかし開発志向型の政府の法律なので基本的欠陥があった.それは汚染物の総量規制がないこと,タンカーなどの大型船の航行規制がないこと,埋立禁止がないことなどであった.その後,1978年瀬戸内海環境保全特別措置法(以下「瀬戸内保全法」と略)と改正され,COD,窒素,リンについては総量規制がおこなわれた.しかし大型タンカーの航行規制や埋立てについては規制が不十分である.埋立てについては公共的な目的があるものについてはみとめられている.図4-1のように,埋立事業は高度成長期の1950-73年度にくらべれば,瀬戸内保全法制定以後は減っているとはいえ,106 km^{2}も埋立てられている.1993年,播磨灘を守る会は,埋立禁止と同時に未利用地の磯浜復元を提唱した.これは1975年の「入浜権宣言」のように,市民が自由に海浜への接近と利用ができるように,工場専用地域へのアクセス権を得て,コンクリート護岸を撤去して磯浜をつくろうというものである.いまだ実現していないが,環境

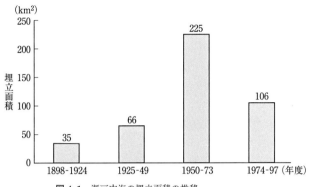
図 4-1　瀬戸内海の埋立面積の推移
出所　国土交通省と環境省の資料により作成．

再生のひとつとして検討してよいのでないか．

瀬戸内保全法はこのように課題はあるが，他の東京湾や伊勢湾ではこのような保全法はない．このため大都市圏のアメニティの重要な環境である海岸の破壊をとめる規制法がない．

4　予防と環境再生

ここでは今後の環境政策の中でもっとも重要な予防と環境再生の二つの課題をとりあげたい．

未然防止と予防原則

まず予防の原理からはいろう．水俣病の歴史をふりかえれば，予防がいかに重要かは明らかであろう．アセトアルデヒドの製造過程で有機水銀による被害が発生することは，前述のように 1930 年にドイツで発見されており，戦後チッソの内部の技術者の研究でも有機水銀の排出は報告されている．1956 年の水俣病公式発見以前の 1949 年頃生態系に異常があり，その状況から人間への被害が予見できて，差止めができれば公害は防げたのである．しかし予防はまったくおこなわれておらず，1968 年まで有機水銀の流出はつづけられていた．

水俣病や四日市ぜんそくのような回復困難な健康障害や埋立てなどによる不可逆的な自然破壊が予測される場合には，なによりも予防が環境政策の中心になるということは，多くの失敗を経験した公害史の最大の教訓である．1991

表 4-2 汚染防止費用と損害費用の経済評価による比較

(単位: 100 万円)

公害損害事例	年平均化した汚染防止費用	年平均化した損害費用 ( )は,もし現行の初期対策がないとき	注
四日市公害	9,347	1,322 (49,648)	防止対策が比較的早期に実行された. (患者 1,231 人)
水俣病(熊本)	94	1,196	認定患者 2,248 人 申請者約 2,000 人 1991 年 3 月末竣工事業
イタイイタイ病	54	251	認定患者 129 人 土壌汚染回復事業対象と指定された農地 1,500 ha

出所 橋本道夫『環境政策』(ぎょうせい, 1999 年)87 頁より.

年,環境省は表 4-2 のように,公害の損害を例にとって,汚染防止費用と損害費用の評価をしている.この試算では防止対策が比較的早く実行された四日市公害を除き,他の熊本水俣病やイタイイタイ病では,汚染防止をしたほうが,被害による損害費用よりはるかに少ないことを報告している.これは経済的にもこんごの有害物の予防を優先しなければならぬことを教えるデータである.しかし,人間の健康障害や死亡は貨幣に換算できぬ絶対的不可逆的損失である.また四日市公害の場合のように,コンビナートの工場用地のために埋立てられて消失した白砂青松の海岸は二度と復元できない.社会的損失の計上が抜けている.そのいみでは貨幣で換算できぬ不可逆的な損害を生みだすような開発は予防しなければならぬ.このような場合に経済的な損得計算は誤りであろう.

このような日本の公害のきびしい経験はその後,化学物質のリスクアセスメントや地球温暖化対策の予防原則あるいは,それよりもルーズな対策ではあるが予防的アプローチに生かされている.予防原則や予防的アプローチが国際的に広く取り入れられるようになったのは,リオ宣言の原則 15 である.「環境を保護するために,予防的アプローチは各国によってその能力に応じて広く適用されなければならない.深刻なまたは回復不能な損害のある場合には,科学的な確実性が十分にないことをもって,環境悪化を防止するための費用対効果の大きな対策を理由として使用されてはならない」.これは地球温暖化対策のように,科学的に不確実性が残る問題でも,深刻な被害が予測される場合には,国際的な予防をおこなうべきであることをしめしたもので,以後の国際的予防

原則の原理となった．

　髙村ゆかりは国際法上予防原則がどのように扱われてきたかを適確に整理して，次のようにのべている．「予防原則は科学技術の発展と，他方でその結果を予測できる科学の能力が追いつかなくなっているという，科学の2つの局面の間の緊張の高まりの中で，潜在的リスクに予防的に対応すべきとの社会的要請の中で登場してきた．同時に潜在的リスクからも人の健康と環境を保護し，人の健康と環境に従来以上の重きを置くという法的枠組を求める社会的要請に裏打ちされたものである」[30]．たしかに地球環境問題はいまの世代の人間には，公害のように明確な被害はおきておらず，また異常気象による台風の被害なども温暖化によるものとは明確に証明されていない．しかし，明らかに温室効果ガスによる気候上の変化はおきており，それが次の世代に重大な被害をひきおこし，不可逆的絶対的な損失となるおそれが予測されている．このような場合に予防する義務が国際的国内的に生じてしかるべきなのである．

　髙村によれば「現時点では，予防の原則の慣習法性や立証責任を転換する一般的効果を原則が伴うことについて国際社会の合意はないが，多様な定式に共通する予防原則の中核的理念については，国際社会における行動規範として浸透している」[31]としている．

　このように予防原則は環境政策の規範となってきた．村山武彦は予防原則適用のフレームワークイメージを図4-2にわかりやすく説明している．リスクアセスメントの進行にそって対策を強化していく5段階の道筋をしめしている．そして，有用な物質であれば，被害の原因が究明される度合いに応じて失われる便益が大きくなるとしている[32]．つまり，被害の因果関係がまだ十分にわからない場合に禁止あるいは強い規制をすれば，その物質がもたらしたであろう便益が少なくなる．そこでアセスメントの進行に応じて対策をかえていくというのである．これは常識的にはわかるが，アスベスト対策の失敗にみられるように，不可逆的な被害が予測される場合は費用効果（便益）分析をすべきでないことは明らかである．微量複合汚染の場合，いったいどの程度アセスメントが可能なのかどうか，また個体差，年齢差など，人間の個体に差異がある場合に，確率的な判断が正しいかどうかは疑問である．インフルエンザに有効なタミフルが死亡事故をおこした事件などは，リスクアセスメントの限界を告げているのではないか．リスクアセスメントは必要だが，それを対策に応用する場

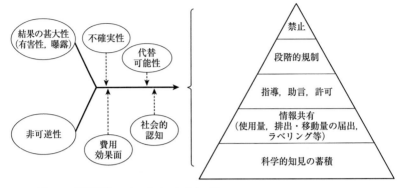

図 4-2 予防原則のフレームワークイメージ
出所 村山武彦「環境政策における予防原則適用のための枠組みに関する一考察」
『環境と公害』第 34 巻第 2 号, 2004 年.

合には,費用便益分析にとらわれず慎重でなければならないだろう.

予防原則を基底にすえるとして,環境政策でもっとも重要なのは環境影響事前評価——アセスメントである.

環境事前影響評価制度(アセスメント)

環境問題は不可逆的損失をともなうので,事前の調査によって,そのような損害を未然に防止する必要がある.相対的損失についても,もっとも影響の少ない事業をえらび,さらに地域の社会や景観などに適合した開発をおこなう必要がある.このような予防を目的とした環境政策として重視されているのは,環境事前影響評価制度(アセスメント)である.この制度は1969年アメリカの国家環境政策法(NEPA)によって採用され,ヨーロッパやアジア諸国などにおいても制定されている.日本の場合,さいしょのアセスメントは1964年の三島・沼津のコンビナート誘致問題で通産省の依頼により,黒川調査団がおこなった.実はこの政府のアセスメントというのは,住民が開発の是非を問うために,自主的におこなった松村調査団のアセスメントに対抗するものである.つまり,日本のアセスメントは法律や条例のない時代に,住民が独創的におこなった環境影響調査からはじまったのである.この二つのアセスメントは結論が対立した.黒川調査団は「公害のおそれがない」といい,松村調査団は「公害のおそれがある」と結論した.両者は通産省において科学論争をした.その経

過をみて，住民は松村調査団の結論が正しいと判断し，石油コンビナートの誘致に反対した．この住民の判断が正しかったことは，この日本でも有数の風光明媚な東駿河湾地域の景観をコンビナートで一変しなかったという一事だけでも明らかである．

1972年，四日市公害裁判判決では「立地の過失」が指摘され，アセスメントをおこなわずに地域開発を進めて公害を発生させた企業や政府の責任が指摘された．三島・沼津の市民運動の勝利以後，各地で地域開発に反対する市民運動はアセスメントを自らおこなって計画の不備を指摘したり，あるいはアセスメントをおこなわぬ開発計画に反対するようになった．四日市公害裁判判決と前後して，大規模公共事業に関してアセスメントをおこなうことが閣議決定された．環境庁は1976年以来，6回にわたってアセスメント法案の提出をはかったが，業界そしてその後押しによる通産省，建設省，国土庁などの反対にあって失敗に終わった．この間に地方自治体は独自に条例をつくり，政府も閣議決定のアセスメントをおこなってきたが，開発にお墨付きを与えるための手続きにすぎないのでないかという批判(「アセスメント」でなく「アワセメント」)が強かった．アメリカのNEPAに遅れること実に30年，環境影響評価法は1997年6月制定，1999年から施行された．しかし，依然として日本のアセスメントについては批判が強い．環境保全に成功するのは，宍道湖・中海干拓，川辺川ダム，吉野川河口堰のように，アセスメントではなく，住民の開発反対運動などの政治的決定によっている．これは主要工業国でも同様である．

先進国のアメリカの場合は年間2000件以上のアセスメントがおこなわれているが，行政の段階では修正あるいは延期がおこなわれても，中止できる例はほとんどない．むしろ司法の段階ではアセスメントを省略するなど手続き的に瑕疵のある場合には事業を差止めるケースが出ている．レーガン政権以後，公共政策の計画はアセスメントとならんで費用便益分析をおこなうことが義務づけられた．1989年連邦環境保護庁はアスベストの全面禁止をもとめる法案を出したが，裁判所は代替手段など費用便益分析に瑕疵があるとして却下．このためアメリカ政府はいまだにアスベスト使用の全面禁止をせず，他方被害者救済法もない．さいきんではモンタナ州リビィでアスベスト災害が発生している．リスクアセスメントの先進国であるが予防がうまくいっていない典型であろう．

日本の環境影響評価法は，すべての事業を対象とするのでなく，公共性のあ

る社会資本と土地造成関連の次の13事業を対象としている．

道路，河川工事，鉄道，飛行場，発電所，廃棄物処分場，埋立て・干拓，土地区画整理事業，新住宅地市街地開発事業，工業団地造成事業，新都市基盤整備事業，流通業務団地造成事業および宅地造成事業．また特例として，重要港湾にかかわる港湾計画．

民間の工場・事業所は発電所を除いてふくんでいない．アセスメントを必ずおこなわなければならぬのは一定規模以上の事業であり，それ以下の事業は個別に認定される．この法律の最大の問題点は，事業計画決定後の事業アセスメントであり，実体法でなく手続法であることだ．アセスメントの実施主体は事業者である．この法のメリットは，市民は誰でも調査項目の選定や準備書段階で意見をのべることができることであり，参加の機会は従来よりふえている．

2007年3月に環境省の研究会がひらかれ，一部の事業について，事業決定以前にアセスメントをするという戦略的環境アセスメントを導入することになった．しかし発電所は除外された．これによって，制度的にはNEPAと同じような内容となったが，発電所をはずすという問題を残した．しかし果たして，予防原則が実現できるかどうかはまだ未知数である．以下ではアセスメントがなぜアワセメントになったのか，これまでの問題点を明らかにしておきたい．

環境アセスメントの問題点

これまでのアセスメントが成功しなかったのは，事業者の利益が優先して，基本的人権や環境の評価が低い結果であるが，アセスメントそのものにも問題がある．

まず第1はアセスメントの哲学の貧困である．先進工業国はわずか300年たらずのうちに，人類史の大部分をしめていた農業社会から工業社会にうつり，そして近年の十数年のうちに工業社会からも離脱をはじめ情報やサービス産業を中心とした脱工業社会へ移行している．つまり，ものをつくり，売買することから切りはなされた社会ができあがりつつある．しかもこの先進国の経験は市場経済のグローバリゼーションとともに，発展途上国に及んでいる．この人類が経験したことのない世界に急激に進んでいるために，環境の哲学ができていないのである．封建時代は人間関係のうえでは領主への農奴の隷属というような非人間的関係をもっていたが，主産業が農業であり，人々は自然をはじめ

環境を生産の内的条件と考えざるをえず，環境と共存し，時間の変化はきわめてゆっくりしたものであった．この時代につくられた森林，庭園，教会，学校などの公共建築物や街並みは，封建領主や町人貴族などの支配者の意思によるものとはいえ，L. マンフォードが中世都市を評価したように，調和のとれたものであった．しかし産業革命以降の都市，とくに工業都市では，本来人間にとって内的条件である環境は科学技術を利用すれば無限に改造できる外的条件であると考えるようになった．このため第2章でのべたように近代の工業都市はまったく無計画につくられ，美的景観を失った．今日，ヨーロッパやアジアの美しい街並みの多くは，封建的遺産の継承に成功したところである．封建的遺産としての街並みや公園の継承は封建制を擁護することではなく，あるいは近代社会における人間の解放を否定するものではない．近代以降の都市の街並みが乱雑なのは，人類史の中で生じた産業構造と環境との関係の変化と無計画な資本主義の経済活動との結合が生みだした結果なのである．産業革命以降とくに20世紀にはいってからの経済成長は自然や歴史的街並みを評価する哲学を失わせたといってよい．環境の哲学をどのようにしてつくり上げるか．アセスメントはそれを問うているし，その成否はそこにかかっている．

　第2はアセスメントの科学や技術が遅れているためである．新しい生産方法の安全性や有害物質の人体や自然への影響などが十分に解明されていない．かりにひとつひとつの生産工程や個別の有害物質の安全対策が明らかになっていても，大規模開発のようにこれらの危険が相乗した場合の予測ができないのである．技術はそれ自体の生産性上昇や軍事力増大の目的で開発を進めるが，それがどのように人体や環境に影響を及ぼすかを決定する安全の科学を常にともなっているのではない．たとえばナノテクノロジーはすばらしい科学と技術の成果であるが，それが人間の健康や環境に悪い影響をもたらす可能性について，十分な研究がされているとはいえず，近年その影響が問題となっている[33]．

　自然の変化についての予測は天気予報や地震の予測をとってもわかるように，十分解明されているとはいえない．環境問題が局地的現象から越境現象さらに地球全体へと拡大するにつれて，経済活動や軍事活動などの人為的活動が自然に与える影響は，シミュレーションをしても正確な予測はむつかしい．とくに社会的な変化は，株価の予測がつかないように科学的な予測は困難である．そこでどうしても短期的な予測にならざるをえない．このような課題があるにせ

第4章　環境政策と国家

よ，アセスメントのリスク予測の絶対基準は，第3章でのべたような人間の健康障害・死亡，復元不能な自然の破壊，貴重な文化財や景観の損傷という絶対的不可逆的な損失が生じない程度に予測がおこなわれねばならないだろう．そのためには，これまでの開発とアセスメントの関係の歴史をふりかえってみて，制度と行政の欠陥を明らかにしてその改革をしなければならない．

　制度と行政の改革の第1は原科幸彦が指摘するように，事業アセスメントではなく，戦略的環境アセスメントを導入することである．これまでのアセスメントは事業決定をして以後のアセスメントであったので，かりに深刻な環境への影響がわかっても，事業を変更あるいは中止できなかった．実例は大阪空港，長良川河口堰など枚挙にいとまがない．成功例は名古屋の藤前干潟の保存などであろう．そこで政策段階や計画段階という意思決定の段階から行うアセスメントが必要になる[34]．前述のように，2007年3月，環境省は戦略的環境アセスメント導入を決めたが，電力業界の強い反対で発電所は除外された．いまのアセスメントは原則として公共性のある事業にかぎっているのだが，環境に影響を及ぼすのは私企業の事業やマンションなどの建築物である．唯一対象となっていた発電所が実施できなくなったことをみても，アセスメントが有効な力を発揮するには，私企業にたいする政府の規制力にかかっていることが明らかであろう．もちろん戦略的環境アセスメントが万能ではない．法制定前だが，関西新空港の場合は，事前に三つの案(明石沖，淡路島，泉南沖)がしめされ，もっともマイナスの少ない泉南沖がえらばれた．これは当時大阪空港公害裁判があり，大阪空港存続について住民のみならず周辺自治体がすべて反対するという緊張した情勢の中で新空港建設を進めるには，戦略的環境アセスメントのとびらを開かざるをえなかったのである．しかし，それによって予防に成功したかといえば，その後の関西空港は地盤沈下がひどく，また公営ではなく最初の株式会社経営であるための問題が生まれている．

　第2は科学的予測をおぎなうのは経験である．日本の地域開発をはじめとする政策の失敗はモニタリングをしないことである．大きな計画を例にとろう．もし第1次全国総合開発計画の拠点開発方式が目的どおりに地域の財政・経済を豊かにし，環境を保全し，住民福祉を向上し，地域格差の是正に成功したかどうかをモニタリングすれば，先述のように目的とは異なる社会的マイナスが大きいことが明らかであり，以後の全国総合開発計画をつくることはできなか

ったはずである．個別のプロジェクトについても，過去の同一あるいは相似の事例のモニタリングの結果は，アセスメントの重要な資料となる．たとえば長年にわたって建設ができない沖縄県石垣新空港のサンゴ礁問題は，すでに同じ条件でサンゴ礁を埋立てた鹿児島県新奄美空港の状況をモニタリングすれば結論は出ているといってよい．ここではサンゴ礁は壊滅しているのである．

第3は住民参加である．アセスメントの科学は遅れているので，正確な判定ができるだけの資料がととのわぬ場合がある．その場合には複数の計画や事業をしめし，最後の決定は住民の判断をもとめるべきであろう．環境影響評価法では住民にたいする情報の公開など住民参加の道がひらけている．そこで，アセスメントは住民に理解と判断ができるようなものでなければならない．空港などのアセスメントの報告書はあまりに膨大すぎて短時間で住民が解読し判断できないようなものが提出される．住民の判断が必要な部分については，影響の不明な部分は正直にそれを不明と書き，その説明と住民との討論を十分に時間をかけておこなわねばならない．日本の公聴会はアメリカなどと異なって，「聞きおく会」で，意見をのべる住民の数と時間は制限される．そしてそこで反対の意見が出てもそれを取り入れる努力をしない．これでは住民参加といっても形式的で住民の同意をうる儀式にすぎない．

アセスメントは現地主義でなければならない．コンピュータにシミュレーションモデルをいれて既存のデータをあてはめ，かんたんな現地視察で結論を出すのでなく，長期にわたって現地調査をしなければならない．とくに地元の住民は現地の状況を知る専門家である．たとえば海の気象条件，海流，生態系などは漁民がもっともよく知っている．地元住民をアセスメントに参加させた三島・沼津の歴史をもう一度参考にすべきである．

アセスメントは事業者がおこなうが，第三者の評価が必要である．長野県阿智村の廃棄物処理場の社会アセスメントは専門家がおこなったものであり，こんごのアセスメントのあり方をしめす材料であろう．

費用便益分析

アメリカでは公共政策の決定にあたって，費用便益分析がもちいられる．日本では環境アセスメントのように義務となっていないが，瀬戸大橋のような大規模プロジェクトでは参考資料として提出されている．費用便益分析(Cost-

Benefit Analysis: CBA) あるいは，費用効果分析 (Cost-Effectiveness Analysis) は，次の式で表される純便益の大きさによって，プロジェクト受入れの条件を決める．

$$\text{純便益} = \sum_{t=0}^{t=T}(B_t - C_t - E_t)(1+r)^{-t} > 0$$

B_t: 時間 t における便益
C_t: 時間 t における非環境的費用
E_t: 時間 t における環境被害 (環境改善であれば $-E$ は $+E$ になる)
r: 割引率

$(B_t - C_t)(1+r)^{-t} = P_t < 0$ の場合には，中海干拓や東京湾横断道路のようにコストが大きすぎて環境影響評価をするまでもないということになる．つまり不必要ということだ．CBA はプロジェクトの計画策定にあたっておこなうべきだが，価格として表現できないものがふくまれている．とくにアセスメントをして E_t については絶対的不可逆的損失が生じる可能性があれば，分析をするまでもなく，プロジェクトの変更または中止となる．また一定の資金をちがった行政目的に使う場合の選択のために，この分析を使う場合がある．しかしそれは慎重にすべきである．たとえばダムをつくることと老人介護をすることの効果を比較するために純便益で優先順位を決めることはできない．ダムと道路のような同じ公共事業の優先順位については条件つき (住民の意向調査など) で使う場合もありうる．

さらに将来世代のことを考えると割引率は低くすべきであろう．将来世代には投票権がないので割引率は恣意的になる．割引率は政治的選択の問題である[35]．このように市場制度にのらない事象が多いため，CBA は欠陥があり，便益と費用 (損失) の具体的な事例を並列して判断の材料にすればよいという意見もある．しかし日本のように客観的なデータや過去の事例の評価などの資料が公開されない状況のもとでは，計算の条件を明示し，行政の判断資料として提出することはおこなわれてもよい．

長良川河口堰問題は CBA を考える良い例である．長良川河口堰は 1960 年に工業用水需要，のちには都市用水需要を加え，利水目的で計画された．石油ショック以後，水需要が大幅に削減されるとともに，61 年以降副次目的となっていた治水が目的の中心にかえられた．当局は長良川の治水のためには大量の浚渫が必要だが，そのために河床の突起部をなくすと塩水遡上が拡大して，

塩害が発生する可能性が大きくなるので，その防止のための潮止め堰が必要という理由で河口堰をつくった．つまり長良川河口堰には洪水防御の目的はない．むしろ堰で流水を止めれば洪水の可能性がふえる．この堰はあくまで塩害防止目的である．かんたんに考えても，あの長大な堰は利水の必要がないとすれば，塩害防止のために必要があるかどうか疑問となり，他の方法が考えうるはずである．地元の反対は強かったが，とくに日本有数の水環境の良い長良川が河口堰によって汚染されることを懸念する声が全国の環境研究者やNGOからよせられた．しかし，1988年水資源公団は実質最終事業費1833億円で建設を強行した．河口堰試験湛水から5年の調査による結果を日本自然保護協会は，長良川河口堰事業モニタリング調査グループによる報告書『長良川河口堰が自然環境に与えた影響』として発表している[36]．それによれば，堰の上流部にヘドロが堆積，メタンガス発生，ヤマトシジミの全滅，天然鮎の減少，天然記念物のサツキマス遡上の大幅な遅れ，アシ原の消失，藻類の繁殖，水鳥の減少など，水環境の劣化と生態系の変化がみられる．明らかに当局の事前のアセスメントに失敗があったのである．

　宮野雄一は当局の資料をもとにCBAがいかに錯誤の産物であるか，そしてこの計画は正確な分析をすれば，便益Bよりもはるかに費用Cが大きくなるとしている．すなわち，塩害防止という長良川河口堰の単独目的では次のように治水・利水とも採択不可となる．

　　塩害防御目的 $B=1〜76$ 億円 $< C=1371.2$ 億円

　　利水 $B=115.9〜223.9$ 億円 $< C=1833.2$ 億円

　かりにこの堰が治水・利水の多目的堰として費用便益分析をしても，次のようにマイナスが多く建設できない．

　　全体の $B=116.9〜299.9$ 億円 $<$ 全体の $C=1833.2$ 億円

　宮野は膨大な分析の結果としてこれが制度的・理論的に忠実な方法の結果としている．このような結果が生まれるのは，もともとの計画が利水から出発し，水需要が大幅に変化して便益が喪失し，他方で建設費用が大幅に増大し，環境コストや補償・水源対策費が必要になったにもかかわらず，それがCBAに反映しなかったためだといっている．このため，この事業費の最終負担者である愛知県，三重県，岐阜県では水道料金で建設費の負担をまかなえず，一般会計からの支出を余儀なくされている．

宮野雄一はこの CBA の失敗について次のような結論をのべている．第1は公共事業複合体の利害を優先するために「費用便益分析の歪曲・空洞化とアロケーションの不公平化をもたらした．第2に $B<C$ で環境破壊型であっても事業中止が不可能になった」．そして，この経験から CBA について次のような課題をのべている．「第1に評価対象を環境被害等の社会的費用を含めて拡大し，被害が深刻な場合は事業を中止する．このためには環境権の確立が必要である．第2に費用便益分析原則を徹底して，運用中も含めた主要事業を再点検し，便益・費用（社会的費用も含む）の階層別，地域別帰着の分析も新たに導入することである．第3に評価主体と評価手続きの民主化である」[37]．

CBA は公共部門の事業決定の評価のために発展させなければならぬが，現行では政府の恣意が大きい．この宮野論文はその改革のための重要な課題をしめしているといえる．

社会的総合（事前）評価制度

公共政策の作成過程は図4-3のようである．問題設定後，現場調査を中心に住民をいれた実態調査をし，素案を作成する．そのうえで，社会的総合評価をする．それは，①環境影響事前評価制度，②社会・経済的評価制度，③美学・文化的評価制度の三つの構成要素からなっている．

この評価にあたっては①がもっとも重要で最優先する．それはすでにのべたように環境破壊には絶対的不可逆的損失がふくまれているからである．②の中心は CBA である．これはすでにのべたように，日本では経済的便益や効果が少ないのに政治的に決定されることが多いので，計算の条件を明示して行政の資料とすべきであろう．

美学・文化的評価は今後きわめて重要になる．アメニティ対策でのべたように，これまでの日本の都市・農村計画や地域・国土開発ではあまりにもこの評価が欠けていた．この評価は専門家の調査と評価を公開したうえで，住民の意向調査あるいは投票によって価値をきめるのがよいであろう．また日本では住民投票をするまでもなく中止の判断ができる場合でも工事が強行される場合が多い．たとえば，京都で論争になり保留されたポン・デ・ザール計画は，鴨川にセーヌ川と同じ形の橋をかけるという計画であった．しかし，もしパリのセーヌ川に三条大橋と同じ形の橋をかけるとなったら，パリ市民はそれを許すだ

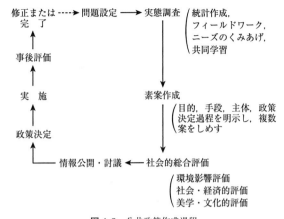

図 4-3 公共政策作成過程

ろうか．日本ではこういう計画に固執する当局者がいるので，文化のイロハからの学習が必要なのである．

環境再生
① 鉱山地域の再生

環境政策は環境保全を目的としているが，すでに公害によって破壊された環境を修復・復元・再生するのは最終的な課題である．20世紀にはいって，先進工業国では鉱山地域や工業地域などで環境再生事業がはじまった[38]．日本において公害地域の復旧が全国的問題として政策化したのは石炭鉱業の福岡県である．1951年10月の現地調査では，石炭業による農地の陥没などによる被害は約1万町歩(約1万ha)に及び，その他の宅地，家屋，墓地，道路，鉄道，橋梁，水道，学校などの陥没による利用不能の被害も合わせて復旧見込み額は234億円にのぼった[39]．この鉱害による地盤沈下の復旧は，戦前には1926年に三菱鉱業が，耕地整理組合の17町歩の福岡県喜穂郡飯塚町鯰田陥落耕地復旧事業に1万5000円の寄付をしたことにはじまる．1929年6月には内閣総理大臣と関係大臣宛の「石炭鉱業に依る荒廃地復旧に関する陳述書」の中で，鉱業被害地とくに農業地の被害が深刻なので，荒廃地復旧補助の例にならって，事業費の6分の5の補助金を出してほしいと要望している．その理由は民法による裁判では強大な炭鉱業者にたいして貧弱な農民原告が対抗できず，泣き寝

入りとなるので,公的復旧費補助が必要というのであった.その後一時少額の補助がみとめられたが,1934年に打ち切られた.

1939年3月,鉱業法が改正された.この法律では鉱業の賠償は金銭賠償を原則とし,一定の場合に原状回復をみとめるというものであった.この原状回復をふくむ地域再生の費用はPPP(汚染者負担原則)にもとづく事業者負担であった.すべての事業でなく一定の条件をつけたのは石炭業にとってすべての復旧の費用を負担するのが重すぎるという判断であった.このため地域の復旧はあとまわしにされた[40].

戦争中,石炭の需要が急増したために,鉱害防止の規制を破って乱掘がつづき,地盤沈下などの荒廃地が広がった.戦後,1950年から58年にかけて特別鉱害復旧臨時特別措置法によって「特別鉱害地」が復旧された.工事費105億円のうち,法による事業者納付金は36億円にとどまり,残りは国庫補助金(全体の52%)や地方公共団体の負担(同7%)であった.

1952年8月臨時石炭鉱害復旧法が制定された.これは先の戦時中の乱掘による特別鉱害対策ではなく,一般鉱害地の復旧をするもので,10年間の時限立法であった.対策地域は6076町歩,建物227万坪で復旧予算234億円であった.この法律では鉱業法による賠償義務者にたいしてPPPは部分適用であった.事業復旧の主役として鉱害復旧事業団が設立され,公共事業としておこなわれた.事業者の負担は対象事業によって異なり,農地・農業用施設については事業費の35%であり,地盤等復旧費は50%などとなっている[41].

戦後の汚染地域復元としては,イタイイタイ病問題で明らかとなった重金属の土壌汚染を除去するために,1970年の公害国会で「農用地の土壌汚染防止等に関する法律」が制定された.これは第2節のストック公害でのべる.

これら戦前からつづく環境再生は原因者が明らかで,汚染地域がかぎられているが,1970年代以後の環境再生は原因者は特定企業でなく,そのはんいも広く,地域全体の再生を目的としている.

② 公害地域の再生

1995年,西淀川公害裁判の和解にあたり,原告は被害者救済のみならず,日本一の大気汚染の公害地域を安全で健康な社会に再生する事業を汚染企業10社にもとめ,賠償金のうち地域再生事業に15億円を支出させた.そして公害地域再生センター(「あおぞら財団」)という環境再生を目的としたNPOを設立

した．賠償金を個人に分配せず，環境再生という公共目的に支出しようという崇高な行為は社会に大きな影響を与えた．またこれは理論的にも第3章の被害のピラミッドでのべたように，環境政策の共通の根底をなすものである．以後，公害裁判で勝訴した川崎，水島，尼崎，名古屋南部などの公害患者団体が同じように賠償金を拠出して，環境再生事業にとりくんでいる．

1972年の四日市公害裁判の判決では，コンビナートの立地の過失が指摘されていた．しかし，その後の自治体と企業は大気汚染対策は進めたが，判決で指摘された地域開発の失敗を改める都市再生は進めなかった．大気汚染対策で工場に隣接した住宅の移転や西部丘陵ニュータウンの開発という郊外開発はおこなったが，臨海部を市民に開放し，都心をこの海岸と連帯させて再開発するという事業にはまったく手をつけなかった．このこともあって都心部の人口は4万人から2万人に減少し，駅前にあったジャスコ第1号店は閉鎖され，一等地が完全に空地になっている．ジャスコがこの発祥の地という歴史的記念碑を捨てていかざるをえないほど，都心部が衰退している．また臨海部は三重火力発電所が廃業し，三菱系3社も統合して未利用地域が拡大している．

日本の代表的な臨海工業地域は，共通してアメニティのある水都とはいえない．四日市市は海があり，山があり，温泉地もあり，万古焼や紡績業などの地場産業もあって，日本の典型的都市形成をしめす長い街の歴史をもった都市である．にもかかわらず，戦後の開発は工業都市ではなく工場地域をつくり，市民の人権とアメニティを侵害する「企業都市」となってしまっている．このコンビナートの街をアメニティのある水都に再生した時に，四日市公害問題は最終的に解決したといえるのである．三重県は臨海部の産業構造がかわりつつあるので，素材供給型重化学工業から高付加価値型産業にかえたいと考えている．そこで国が奨めている「特区」に申請し，2003年に第1号として「技術集積活用型産業再生特区」に臨海部が指定された．いま，石油コンビナート施設のレイアウト規制等の緩和を四日市市が補助政策で進めている．しかしこの臨海部再編計画には，市民の親水権の考慮がない．四日市市民に臨海部の未利用地の状況や今後の利用計画の情報すらしめしていない．都市計画への住民参加といっても，臨海部は「治外法権」である．

環境行政については先駆的な業績を評価されている川崎市の場合も同じような問題がある．1990年代以降，臨海部の素材工業の再編・合併が加速し，川

崎市もそれを積極的に支持する政策をとっている．1997年，川崎区産業道路以南の臨海地区がエコタウン地域に指定され，NKK(旧日本鋼管)跡地8.4 haにゼロ・エミッション工業団地を造成する計画がたてられた．しかし佐無田光によれば，「事業選定の段階になると，産業行為のゼロ・エミッション化という理念よりも，収益性のあるリサイクル事業が重視されていく」という．つまり，素材系重化学工業コンビナートを環境保全型・需要管理型・地域資源循環型に転換させるというのでない．首都圏で発生する膨大なごみを資源化し，原材料の安定確保とコスト節約のために，従来の素材工業の設備を生かしたリサイクリング産業の基地にかえていくというのである．これはリサイクリング施設が都心にはつくれないということもあって，臨海部の再利用となっている[42]．この傾向は北九州市のエコタウンも同じである．たしかにリサイクリング産業は環境産業として，今後の発展が望まれる．しかし，リサイクルがビジネスとして利益をあげるためには，常時大規模な資源廃棄物の集積が必要である．つまり大量生産－廃棄というシステムが持続しないとエコタウンは持続しない．リサイクルが重視され世間から評価されると，第1章でふれた石原産業のように，有害廃棄物をリサイクル製品と偽るようなビジネスも生まれるのである．

③ 水都再生

川崎市の場合には市民は市の目標として健康を第1にあげ，臨海部に「公園」の設置を要求している．しかし，臨海部の工場用地は転用がなかなかむつかしい．工場用地として補助金事業で造成した土地を他の目的に変更することに障害がある．四日市市の場合には，すでに長く市民は海に接触したことがなく，水都としての再生を夢みることもできなくなっている．

1991年，ヴェネツィアで国際水都センターとイタリア政府共催の「ウォーターフロント──新しい都市のフロンティア」がひらかれた．この会議では，ウォーターフロントの開発は今日の都市政策の中心課題として，世界18カ国から53の報告がおこなわれた．日本の東京，大阪，神戸の大規模開発は，エネルギーと水などの資源浪費型開発であり，水辺風景との調和のとれた景観の視点を欠き，地球環境破壊をともなっていると批判された．この会議の基調となったのは，カリフォルニア大学都市計画学のR.ベンダー教授の講演「都市はいずこにて海岸に出会うや」であった．ベンダー教授は大規模開発でつくられるのは超高層ホテルやマンション，巨大会議場，それに必要な社会資本，遠

距離パイプ輸送の上水道,巨大な流域下水道,マンモス清掃工場,大規模な高潮堤などである.いずれも自然を活用するような施設をつくることや美しい水辺風景を維持することは二の次となっている.ウォーターフロントは公共のために開放されず,特定の高所得階層の住民や大企業に独占されていると批判した.そして,ベンダー教授は19世紀にニューヨークのセントラルパークを設計したF.オムステッドがボストンのウォーターフロント開発で自然を保全し,どのような市民も賛同する美しい地域をつくった方法に学ぶべきだとしている.教授が参加しているサンフランシスコのミッション・ベイの再開発計画はまことに魅力的である.産業や流通業の変化から荒廃したミッション・ベイの再開発地域は当初,ニューヨークのバッテリーパークのように高層化した金融街と高級マンション街にする計画であった.この計画を住民参加で変更させ,低中層の事務所,住宅街にし,海岸に誰でもが接近できるように,自動車交通を制限し,文化的な街づくりを進めるというのである.マンハッタンナイズを拒否してサンフランシスコ独自の街をつくるという理念を市民がつくりあげたのである.いまこのとおりすべてが実現できているとはいわないが,ここで進められている文化的な親水都市をつくるという目標はこれからの公害地域再生にとって,大きな示唆を与える[43].

西淀川のあおぞら財団は創立10年を超え,環境教育,エコドライブ(自転車通勤),福祉事業などで成果をあげているが,臨海部をふくめて「まちづくり」という点では,大きな成果はあがっていない.その理由は大阪市がこの事業に積極的でないこと,地元の住民に内発的な水都再生のうごきがとぼしいことである.先述の水辺環境でものべたのであるが,海洋国家であるはずの日本が,臨海都市の再生について,まず公害地域からはじめるべきではないか.

④ 自然再生

1980年にはいり,欧米では大規模な自然再生事業がはじまった.ここでは日本に大きな影響を与えたポーデルタ・パルコ(公園)を紹介しよう.これはポー川流域の干拓地6万haの一部を湿地にもどし,地域再生をする計画である.このパルコはエミリア・ロマーニャ州のフェララ県とラベンナ県に属する地域で,九つのコムーネからなり,州が1年3億リラ,県とコムーネが3億リラを支出して,その他の環境基金をいれて経営している[44].後者ではアドリア海最大の石油コンビナートをもつラベンナ市の臨海部と干拓農地の環境修復がお

こなわれている．ラベンナ市は 1960 年代に石油コンビナートの深刻な公害や人口増加にともなう無計画な住宅や高速道路などの社会資本の建設によって，歴史的街区が破壊されるなどの環境問題が発生した．市民は「生活の質」を向上させるために，公害反対運動をおこし，革新自治体を誕生させた．この自治体はこれまでの大規模な重化学工業化や都市の巨大化を制限し，職人企業と観光業を中心として，文化と芸術の都への再生を計画した．もともと市はビザンチン帝国の首都であり，ヨーロッパ随一のモザイクのある寺院やダンテの墓などの歴史的文化財があり，織物などの職人企業の伝統もあった．この 1982 年の都市計画による転換とあいまって，農協の協力を得て，干拓地を海にもどし，養殖漁業やカヌーなどの観光地をつくり，後背の農地もグリーン・ツーリズムや狩猟の基地にすることにした．この計画は現在成功しているといってよい．

　美しい湿地と森林がつくられ，野生の生物もよみがえり，ラベンナ市のパルコは六つのステーションで管理されている．ラベンナ市の人口は約 14 万人だが，このパルコ内には三つの居住区があって約 1 万人が住んでいる．もともと住民は農民とハンターであって，最初はパルコ化に反対したが，いまは彼らのほうからも協力をしている．パルコは環境学習の場となり，またエコ・ツーリズムの拠点となっている．石油コンビナートは拡張を止められ，廃棄物の処理については 1997 年に新しい公害防止協定が結ばれ規制を受けており，ボローニャ大学と共同でリスク管理を受けている．1987 年に調査をした時には，歴史的街区は閑散として，名物のモザイクを見にくる観光客もほとんどいなかった．1998 年の調査では，街並みは整備され，モザイクの寺院やダンテの墓は観光客であふれかえっており，市の再生は成功したといってよい．

　このラベンナ市より北のフェララ地区では 120 億リラを投入して，デルタ州立公園が造成されている．この地域の農地は大量の農薬や化学肥料の投入によって土壌汚染だけでなく，河川や海の汚染が深刻であった．このため農業の生産力も落ち，漁業にも被害が出て地域全体が衰退し，干拓事業の失敗は明らかになった．そこで自然復元をおこない，エコ・ツーリズムを導入したパルコにする計画をたてた．法の制定が遅れたために事業は必ずしも成功せず，当初の期待がみのらなかったとして農民の中には反対が生まれた．このため，パルコ化したのは 2 万 ha で残りはプレパルコとして，EU の 5b といわれる条件不利地域援助資金を使って，有機農業を進めるために農家の協力を得ようとしてい

る．現地の調査をしたが，エコ・ツーリズムのために拠点をつくり，現地の生産物を使ったレストラン，宿泊施設，スポーツ施設があり，また農業体験のための民泊施設が整備されていた．全体として，進行中であって，農民との共存がうまくいくかどうかは今後の事業の成果によるであろう．

　これほど壮大な環境再生計画ではないが，日本でも環境政策の先進県である滋賀県で内湖(湿地)再生が進められている．琵琶湖周辺の湿地は明治大正時代には，2110.6 km² あったが現在は 821 km² にまで減少している．琵琶湖には1級河川が 120 本，準用河川 14 本の 134 の河川が流入している．工業化・都市化とともに汚染物が流入するが，それは内湖でいったん蓄積し，ヨシ群落などの浄化作用を経て，本湖にはいっている．このため汚染物の自然浄化がされていたのである．また内湖は動植物生態系，とくにヨシ群落や魚類の保全と再生をしていた．内湖は変化をつづけているが，大小四十数カ所存在し，1920 年には 32.4 km² あった．戦争中とくに戦後の米の増産のために大規模な干拓が進み，1951 年までに 1062 ha，1971 年に米作過剰から中止となるまでに 1459 ha が干拓された．さらに総合開発のために湖岸堤がつくられた．現在の内湖の面積は 4.25 km² と激減してしまった．

　琵琶湖総合開発は先述のように下水道整備など環境整備はしたのだが，水質浄化は限界にきており，琵琶湖の生物多様性は危機的状況といわれている．このため内湖の復元・修復はその危機的状況の改善につながると期待されている．滋賀県は 1992 年，日本で初めて生態系保全を目的に「滋賀県琵琶湖のヨシ群落の保全に関する条例」をつくった．そして水質保全の他に水源かん養，自然的環境と景観保全の三つの柱をかかげ「琵琶湖保全整備計画」(マザーレイク 21 計画)を策定している．これは従来の琵琶湖総合開発計画に継続するものだが，内容は開発から環境，それも湖をふくめた流域全体の自然再生という新しい目標をかかげている．なかでも中心になるのが，湿地＝内湖再生である．すでに県は 17 ha の水田を借り上げ，それを湛水し，89.1 ha の早崎干拓地ビオトープネットワークを実験的に経営して内湖再生の手法を検討している．

　生物多様性豊かな内湖再生にはまだ多くの技術的課題がある．干拓地は農薬や肥料によって汚染されている．これをどう浄化するのかという問題や経済的な課題がある．干拓地は農家に所有されており，それを内湖に復元した場合に，補償をどうするのか，農業をやめても観光で収入を上げうるのかなど経済振興

策についても課題がある．内湖再生の研究者西野麻知子は国が2003年に施行した自然再生推進法について次のようにのべている．「「自然再生基本方針」にも自然再生事業を進める上での理論的・方法論的指針は十分に示されておらず，「自然再生」という美名のもとに新たな自然破壊が進むのではないかという懸念も大きい」．実際に日本の環境法の多くは主体や財政についてまったく考慮していないので，果たしてこの法律が内湖再生にどのくらい役に立つかは疑問であり，むしろ滋賀県のこれまでのとりくみが全国の再生問題に方向づけをするのではないか[45]．

環境社会学の佐野静代は，内湖は里山と同じように二次的自然であって，住民の生活や生産と一体となった「里湖」といってよく，したがって，それを再生するためには日常的な住民の維持管理がなければならぬとしている[46]．干拓地を湿地＝内湖にもどすことについては，農民の同意を得，そしてヨシ群落を育て，生物多様性を維持し，水質浄化をするなど，その後の維持管理を自発的におこなう努力が必要である．農民からこの力をひきだすためには，EUの環境保全型農業政策とくに補助金事業と同じような制度が必要である．先述のポー川干拓地をパルコにする事業に学ぶことが必要なのではないか．

第2節　PPPとストック公害

1　政策手段の選択

環境政策の手段は大きく分けて，四つある．
① 国公有化
② 経済的手段の導入
③ 公共機関による直接規制と誘導
④ 環境情報公開や環境教育による自発的な環境保全活動

これらの環境政策の歴史をふりかえってみると，日本の環境政策の原動力は④の住民の世論と運動である．公共機関が環境政策をおこなう場合も，住民の参加なしには進まない．そのいみでは，環境情報の公開と住民の自発的な運動が環境政策の根幹といってよい．この④の問題は第5章のむすびとし，ここでは，それ以外を扱う．

国公有化

　国公有化は稀少資源利用，自然独占の対象となる事業，あるいは効率よりも福祉，安全や環境保全などの公共性が優先されなければならない場合におこなわれる．安全な真水のための公共水道や自動車公害除去のための公共交通の充実などが典型例である．発展途上国の場合には，エネルギー，通信，交通などの社会資本の分野が国公有化されているが，これは環境政策だけでなく，経済成長政策の目的でもある．

　また国立公園，国有林あるいは都市公園のように，環境保全を最優先しなければならぬ地域では国公有化が必要である．一般的にいって資本主義社会では国公有化は例外的にしか進まない．ストックの社会化よりも，次にのべる経済的手段のようなフローの社会化によって同じ効果をもとめる方法が主体である．しかし，環境の危機が深まった場合には，民主的な所有権の管理がもとめられるかもしれない．それは国有あるいは私有といった従来型の所有でなく，日本の入会権のような社会的所有もおこなわれるかもしれない．

経済的手段

　経済的手段は次節でくわしくのべるが，補助政策（補助金，財政投融資，特別減税，公共事業サービス），課徴金・租税制度，そして排出権取引制度などがある．公共機関が直接おこなう前2者の財政的介入と公共機関の規制のもとで民間企業がおこなう排出権取引などがふくまれている．いずれも市場メカニズムを利用するものであるが，経済主体が自動的に導入できるものではない．公共機関が直接介入する経済手段である補助政策と課徴金・租税制度は国・地方の予算制度であって，議会が補助対象，補助率あるいは課税対象と課税標準を政治的に決定する．排出権取引は，汚染物(bads)を商品化するものであるが，それは国際・国内の条約や法律によって排出量を権利として割当てるもので，政治的商品である．排出権取引市場が確立すれば，株式のように売買されるとはいえ，民間の商品とは異なって，国際機関や政府の規制をまぬかれない．経済的手段としては，個別の民間企業にとっては課徴金・租税よりも補助政策とくに補助金が望ましいが，環境政策としては，補助金よりも財政投融資，財政投融資よりも減税（租税補助金），さらに課徴金・環境税のほうが効果がある．

直接規制

直接規制は議会によって法や条例を定め，それにもとづいて行政や司法の手でおこなわれるのが原則だが，環境問題は新しい事件が多いので，法や条例にもとづかぬ行政指導や裁判所の新しい解釈による判例が大きな力をもっている．すでにのべたように日本では環境行政の第一線にいた自治体の創造的な行政と下級裁判所の判決が中央政府の行政を改革したといってよい．このような経験から，三権分立が明確で，司法が行政のあやまりを正しうる時に，あるいは住民の自治能力があって，地方自治体が創造的な環境行政をおこないうる時に，直接規制は有効であるといえる．日本の公害対策の成功は，強い直接規制のもとで，企業への財政投融資や公害健康被害補償制度による課徴金などの経済的手段が有効に働いたといってよい．

水俣病のような緊急な対策を必要とする公害は，経済的手段では間に合わず直接規制が効果がある．近年では，環境政策によって公害対策費や環境保全関係の費用が企業の会計，個人の家計や国・自治体の予算の中に内部化されてくると，直接規制よりも経済的手段のほうが選択されるようになる．また経済的手段のほうが費用効果の判定が容易なので効果的だといわれる．しかし，環境問題は多様化し新しい現象が次々と発生するので，経済的手段では制度の確立に時間がかかり，事後的対策になる可能性もある．営業権よりも人権を優先させる公正な直接規制のもとで経済的手段を使うポリシー・ミックスが経験的には望ましいといえる．

2　PPPの理論と現実

OECDの指導原理

環境政策，とくに経済的手段の原理はPPP(Polluter Pays Principle)である．PPPが国際的指導原理となったのはOECDがおこなった次の二つの勧告によっている．「環境政策の国際経済面に関する指導原理」(1972年5月26日．以下「指導原理」と略)，「汚染者負担原則の実施に関する理事会勧告」(1974年11月14日．以下「理事会勧告」と略)．

OECDの指導原理は次のようにのべている．

　　稀少な環境資源の合理的利用を促進し，国際貿易および投資におけるゆがみを回避するための汚染防止・制御装置にともなう費用の配分のために用

いられるべき原則が，いわゆる PPP である[47].

　つまり OECD の PPP は資源配分の適正化という環境政策と同時に，各国間の負担の均等——イコール・フィッティングをもとめるという貿易政策であったといえる．この二つの勧告，それに関連する研究などをあつめた *The Polluter Pays Principle* の「まえがき」はさらに次のような基本的考え方を説明している．

　PPP をみとめた場合，汚染者がその費用の全部を負担するか，一部を負担するかどうかということは，あまり問題ではない．公害防止費用が価格として消費者に転嫁されようとも，PPP が破られたとはいえない．PPP は汚染者が第 1 次の負担者であればよいのであって，これをどのように処理するのかという意思決定は汚染者にまかされている．

　では汚染者はいかなる公害対策費用を支払わねばならぬのか．PPP は被害にたいしての補償の原則ではない．公害防止費用をただ支払えばよいというのでもない．PPP は政府当局〔自治体当局をもふくむ——引用者注〕が必要と判断した公害防止と制御装置にたいして費用を賦課されるべきだということを意味している．それが防止装置であろうが復元装置であろうが，その二つの組合せであろうが，それは問わない．もしある国が自分の国では公害規制に加えて，汚染者が残されている被害を補償すべきだと決めた場合，これは PPP に反しないが，PPP はこの追加された条項を義務づけてはいない．つまり PPP は公害の費用を全部内部化する原則ではない[48].

では一体，PPP はどのような効果をもつのか．

ベッカーマンの経済的手段の原理

　この OECD の指導原理を補強したのが，W. ベッカーマンの "The Polluter Pays Principle" という論文である．ベッカーマンは PPP は汚染防止の費用が，その第 1 段階で企業によって負担されるということをいうだけで，費用が最終的にだれによって負担されるかということは無関係であり，またこの原則は汚染者が費用の一部または全部を価格の引上げによって転嫁させるかどうかということは無関係だとのべている．では汚染者が第 1 次に負担すれば，なぜ資源の効果的配分になるのか．当時，OECD に出向していた加藤三郎は次のように解説している．

それは汚染防止費用が，汚染者がつくりだす(あるいは利用する)製品やサービスの価格に反映されることによって，市場メカニズムによる"見えない手"が作動しはじめ，汚染の防止費用がより高くつくものは長期的には，国内または国際市場から次第に淘汰されてゆき，かくして有限で稀少な資源をもっとも有効に使用することができるもののみが生きのこることになるはずである．

企業が汚染防止費用を商品の価格に転嫁し，利用者あるいは消費者が最終的に負担することになるという意味で，加藤三郎はPPPは「消費者負担原則」(Consumer Pays Principle)であるといっている[49]．

ベッカーマンはPPPを政策手段としてえらぶ理由を次のようにのべている．

もっとも重要な政策上の実際的論旨のひとつは，ある種の形態の価格メカニズムをもちいた政策手段か，直接規制かどちらを選択するかという問題であろう．価格メカニズム方式は安上りであるが，最適な課徴金を正確に知ることが不可能であること，汚染を正確に監視できないことなどの障害が指摘される．このような問題は直接規制にも同様にあてはまる．さらに課徴金方式は直接規制よりももっと体系的で規制的な汚染管理へ導くであろう．直接規制はしばしば実際において，法律上の遅れや不確定性のために後から取り立てられ，通常少なすぎる(過度の汚染に対する)税金以外のなにものでもない．汚染課徴金は公害の免罪符になるという議論には，本質的なものは何もない[50]．

ベッカーマンは価格メカニズムを利用して最適汚染量(これ以上防止費用をふやしても，その削減効果が社会が享受する便益を上回らないという水準)を導くためには次の三つの政策手段があるといっている．

① 汚染にたいする課徴金(環境税)
② 汚染の除去量に応じた生産者への支払い(賄賂)
③ 一定量汚染する権利を売買すること

短期的にみれば，三つの政策手段のどれをとっても資源配分への影響はまったく同じであるが，公平という見地からみると，②の賄賂という手段は望ましくないとベッカーマンはのべている．

汚染防止にあたっては共同汚染防止がとられる場合がある．上水道，下水道，廃棄物処理施設によって対策がとられた場合にだれが費用を負担するかである．

この場合には共同利用施設に支払う価格と排出しつづけている残りの汚染量の課徴金とが同額とならなければならない．もちろん，この共同利用施設の仕事の中に公共的なものがあれば，課徴金の対象とはならない．このように，共同利用施設の課徴金が正当に働けば，私企業は自ら防除施設をつくって運用するか，あるいは共同利用施設を使って料金を支払うか，適切な選択をする．

ベッカーマンは政策手段としては，直接規制よりは価格メカニズムの利用，価格メカニズムの利用の中では課徴金〔環境税——引用者挿入，以下同〕に優先順位をおいて検討している．この課徴金〔環境税〕を使う場合の問題点については次のように指摘している．

> 価格メカニズムの作用によって，最適汚染状態に到達しても汚染による被害が出てくる場合がある．この場合には，公平の見地からいって，課徴金〔環境税〕収入を被害者への補償に使うこともありうる．課徴金〔環境税〕をとると所得分配や雇用問題に影響が出てくる場合がある．

そこでベッカーマンは三つの対応を考えている．第1は公害防止施設の導入に補助金を出して改善を進めることである．第2は関税の軽減のようなかたちで経過的措置をとることである．第3は雇用その他に与える影響を和らげるために，たとえば代替産業の導入などの地域開発政策をとる．このうち市場メカニズムを攪乱しないという点では第3の追加的政策が望ましい．このように課徴金(環境税)のような公害防止対策はミクロ的にみると経済的に影響を与えることはあるが，マクロ的にみれば公害対策による汚染の減少と生産減少や雇用の減少とが直接対応するわけではない．公害対策が前進すれば，より多くの資源が汚染との闘いにふりむけられ，これまでの最終生産物に向けられた資源が減少し，生産や雇用のパターンの変化が生ずるだけであると，彼はのべている．

このベッカーマンの理論は，新古典派の環境政策の原理の核心をみごとにまとめている．その後の環境税の理論，環境税の導入からくる経済的影響についても，ほぼ言いつくされている．これ以後，リサイクリング産業など環境産業が発展したので，課徴金(環境税)の導入がより容易になったといってよい．

3　日本の独自のPPP論

環境政策とPPP

日本は明治以来多くの公害を経験し，独自の公害対策をつくりだした．それ

は第1節でのべたように被害の救済から環境の復元にいたるまで，広いはんいで汚染者に責任をとらせ，その費用を負担させてきたのである．戦後，水俣病，イタイイタイ病そして四日市ぜんそくでは裁判で汚染者の責任を明確にして，その被害救済費用を負担させてきた．この歴史の経験から，日本はOECDのPPPを受入れたのだが，その内容はかなり異なったものであった．OECDのPPPはこれまでみてきたように，資源配分の合理性と国際貿易上のゆがみを是正することを目的としたもので，その中心は費用便益分析による「最適汚染水準」までの公害防除費を課徴金によって徴収するもので，被害の補償費は例外的に補償するものであり，ましてや環境復元まで考慮にいれていなかった．つまり，OECDのPPPは市場メカニズムの利用による政策に限定された経済理論で，そこには正義の理論や倫理的な判断は除外されている．しかし日本は，公害による健康被害や死亡など絶対的不可逆的損失に直面し，しかも加害責任があいまいなために同種の事件がくりかえされたという経験から，PPPは加害者の責任を追及し，その責任は賠償だけでなく，全環境対策の領域までに拡大する理念であった．このためOECDは1977年に日本の環境政策をレビューした時に，日本の公害対策は反企業的態度に立って，PPPは経済的目的というよりは「汚染者が有罪であり，したがって処罰されなければならないという意味しかもっていない．要するに，この原則は「汚染者処罰原則」(Punish Polluter Principle)として理解されているのである」[51]と皮肉った．OECDでは被害の救済＝賠償については民事的責任の問題であり経済とは関係のないものとして，PPPから除外するか派生的なものとして扱ってきたのである．しかし，第1章でみたように日本だけでなく他の国でも環境問題の責任を明確にして，その負担を負わせなければ，環境政策は進まないし，完成しない．OECDは日本のPPPを皮肉ったが，これが有効であったことをみとめざるをえず，公害健康被害補償制度は「OECDによって定義された汚染者負担原則を越えるものではあるが，それに反するものではない」とのべている．

都留重人のPPP論

都留重人は「PPPのねらいと問題点」の中で，公害関連の費用を4種類にわけている．

① 防除費用

② ダメージ救済費用
③ ストック公害除去費用
④ 監視測定・技術開発・公害行政等の間接費用

都留はOECDのPPPは①にだけかかわっていて,限定性が強いと批判している.ベッカーマンは必ずしも限定的でないというが,OECDがこれまで①に限定してきたことは間違いない.またカップは①②はみとめているが,③にPPPは適用できないと考えていた.このように限定してよいかどうかは,PPPのねらいがどこにあるかによって決まるであろう.都留重人はPPPのねらいについて,次にようにまとめている.

(1) 公害を出す経済活動は,稀少財である環境を使うことを意味するから,それだけ高くつくということを表に出し,かくして,そのような経済活動の製品にたいする消費を抑える効果をもたせること.
(2) 公害を出してしまって高額のダメージ救済費用を出さざるをえなくなるよりも,防除に金をかけるよう,企業を誘導する効果をもつこと.
(3) 各公害企業の個別的責任を明らかにする効果をもつこと[52].

私は都留理論と同じようにPPPはこの四つの全側面について汚染者の責任を明確にして,その責任のはんいで費用負担をすべきであると考える.この場合の費用のはんいはすでにのべてきた政策のはんいといってよい.損害賠償は原型復旧を目的とし,できるだけそれにちかづけなければならない.公害の防止と制御の分野では,日本の環境基準はこれまでは最適汚染水準ではなく健康保持の視点で決められているので,OECDのPPPと異なっている.OECDのPPPは現行の生産過程や産業構造を前提に静態的に考えて課徴金をとるとしているが,日本の場合にはあくまで人権の立場で重い負担をかけ,その重さのために技術が開発され,産業・地域構造がかわるような動態的な考え方である.また,ストック公害の除去――環境復元・防止などの費用についても,原因者あるいは開発予定者の負担原則が明確でなければならない.

4 日本型PPPの制度化と評価

日本政府のPPP

中央公害対策審議会費用負担部会「公害に関する費用負担の今後のあり方について」という答申では,先述のようにPPPを広いはんいで適用するという

考え方を受けいれ，『環境白書』(1975年版)に掲載されている．ここではPPPは「健康および生活環境を阻害する物質を発生した者が，その結果について当然責任を負うべきであるとの社会的倫理的通念」だとしている．「負担すべき費用の範囲」についても次のようにのべている．

> わが国においては，環境復元費用や被害者救済費用についても汚染者負担の考え方が採りいれられている．これはわが国における深刻な公害問題の経験と反省に基づくものであり，今後とも，汚染者が負担すべき費用の範囲は，汚染防除費用に限定することなく広く理解すべきである．水銀，PCBによる汚染等，ストックとして問題になっている汚染も元をただせばフローとしての汚染の集積に他ならない．汚染を発生させる者は今現在において汚染防除に最善を尽すことはもとより，過去において汚染発生に関与しているときにも原則としてその責任を免れない訳であって，こうした蓄積性汚染を防除するための環境復元費用も基本的には，汚染者が負担する必要がある．また同様に被害救済費用についても基本的に汚染者が負担すべきである[53]．

ここでは，OECDの見解ではなく，日本の経験をふまえて，先の都留重人や私の意見同様に広いはんいの費用負担をもとめている．とくに欧米では否定されていたストック汚染防除費用をPPPの中にいれたことは画期的である．これは間もなくアメリカでおこったラブ運河事件以後のスーパーファンド法にとりいれられ，その正しさが証明された．これについては次項でとりあげたい．

また「汚染者の範囲」については，中公審の答申は間接汚染者にまで広くとって考えるべきであるというきびしい判断を次のようにしめした．

> 費用を負担すべき汚染者として，まず汚染物質を第1次的に排出している直接的汚染者(生産活動の場合は生産者，輸送活動の場合は輸送者等になろう)があげられうる．被害救済費用について直接的汚染者の範囲を判断する際に，被害の原因となった汚染者が明確には特定できない場合には因果関係等について制度的な割り切りを導入して汚染原因者の範囲を確定する必要も生じるが，この場合には，このような割り切りを行なうについての社会的合意があらかじめ十分に得られておく必要がある．
> また，直接的汚染者のほかに，汚染物質の発生に係る財やサービスを提供あるいは消費し，間接的に汚染の発生に関与しているいわば間接汚染者に

その費用を負担させることも可能である．

環境保全に係る費用は他の一般的な財やサービスのコストと同様に生産,流通,消費を通ずる経済の連鎖の過程において各経済主体に波及していくものであるので,このような経済の連鎖に着目して環境保全に係る費用を負担すべき者を幅広く把握することも是認されるところであって,要は汚染の形態に応じどの段階で誰が負担することが国民的合意の下に最も環境改善の効果を発揮できるかという観点に立って費用を負担すべき者を判断することが必要なことである[54]．

これはOECDよりもはるかに現実の汚染をみたすぐれた提案である．つまり,付加価値税のように経済過程の各段階における「付加汚染税」をかけること,また自動車公害について自動車産業などの間接的な寄与度もみとめようというものである．汚染者との経済的妥協でなく,被害をなくすという人権の立場にたってそれにふさわしい経済制度をもとめようという目的がつらぬかれている．住民の世論と運動を背景にして環境政策が前進していた時代の画期的な提言である．この提言は1976年3月であるが,それ以前にこの趣旨で日本の政府も環境政策を進めており,公害健康被害補償法や公害防止事業費事業者負担法などの世界に先がけた制度が樹立されていたのである．この提言はそれらの制度をPPPとして理論的に正当化したものであろう．

このように日本型PPPはOECDのそれにくらべて異なっているが,とくに二つの点に特徴がある．第1は被害者の救済費用をPPPの中でもっとも重視していることである．第2はストック公害についても,最初の汚染物投棄者に被害救済費用や有害物を除去して清浄な環境へ復元する費用を負担させる原則を主張していることである．

公害健康被害補償制度——日本の経験

被害の救済と復元に関して,日本は先駆的な制度を二つもっている．ひとつは公害健康被害補償法であり,もうひとつは公害防止事業費事業者負担法である．まず公害健康被害補償制度の性格についてかんたんにふれておこう．

行政的救済制度は四日市からはじまった．1965年四日市医師会の提案によって,市独自の公害病患者にたいする医療費補助制度が発足した．これをもとにして1969年12月,政府は「公害に係る健康被害の救済に関する特別措置

法」を発足させた.これは公害認定患者の医療費の自己負担分を補償するもので,その費用の2分の1を企業負担とするものであった.

　その後,被害者組織は医療費のみならず生活保障をもとめて運動し,1972年の四日市公害判決は複数企業による大気汚染の共同不法行為をみとめるという決定的な内容だったので,救済制度は一挙に前進した.1973年以降,尼崎,川崎,大阪の各市で生活保障や福祉事業をもふくむ自治体独自の救済制度が誕生した.また被害者組織との自主交渉になやまされた四日市市の被告企業は自治体の勧告もあって,公害対策協力財団をつくり,判決の80%の補償をめどに主要企業から基金を拠出させて,生活年金や医療費の支給をはじめた.

　四日市公害判決によって,日本の大気汚染地域のすべての企業が共同不法行為者として訴えられる可能性が生じた.裁判が重ねられるにつれて企業責任はきびしくなるため,財界は企業イメージをこれ以上悪くしないために,公害裁判を止める方法はないかと考えるにいたった.一方,被害者の側も先の自治体条例の策定にみられるように,裁判のように時間と費用がかからない,簡便に認定される全国的な行政救済制度をもとめた.こうして,両者の利害が妥協して,民事的救済にかわるものとして,1973年に公害健康被害補償法が成立して,74年9月から実施された.

　「補償法」は対象地域,疾病,居住条件を限定した救済制度である.第1種が大気汚染による非特異性疾患,第2種は特異性疾患として水俣病,イタイイタイ病,慢性砒素中毒を対象としている.救済の内容は,医療費,生活補償給付費をふくむ補償関係と公害保健福祉事業となっている.補償費は逸失利益と慰謝料とをあわせた性格とし,基準の特徴は平均賃金と社会保障制度の中間であって,障害補償費は全労働者の男女別年齢別に12段階あり,最高額(特級または1級)は平均賃金の80%とし,2級は40%,3級は24%,級外はこの障害補償費はなく,医療費のみ支給となっている.この他の補償関係費は医療費とその関係費,遺族補償費(平均賃金の70%),児童補償手当,療養手当や葬祭料である.

　この制度でもっとも重要なのは,いうまでもなく第1種地域の補償制度である.1988年2月末でもって,この地域指定はうちきられたが,最終段階におけるこの制度の概要は図4-4のようである.疾病の内訳では気管支ぜんそくがもっとも多く78%,慢性気管支炎17%,肺気腫3%,ぜんそく性気管支炎2%

第 1 種地域（＝呼吸器疾患）の概要

被認定者 10 万 3296 人
（1988 年 2 月末）

① 指定地域(41 地域)
　・著しい大気汚染
　・疾病の多発

② 居住(通勤)期間

③ 指定疾病
　慢性気管支炎
　気管支ぜんそく
　ぜんそく性気管支炎
　肺気腫

賦課金を払っている事業所
（1986 年度）

（単位：100 万円）

	事業所数	賦課金額
指定地域	1,650	25,720
その他地域	6,750	50,423
計	8,400	76,143

補償制度のしくみ

〔制度の発足〕 1974 年 9 月
〔制度の趣旨〕 本来当事者間で民事上の解決がはかられるべき公害健康被害について，本制度によってその迅速・公正な救済をおこなおうとするものであり，その費用は汚染の原因者が負担する．

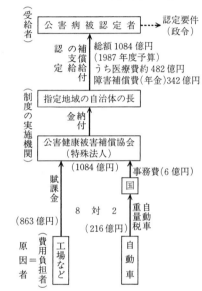

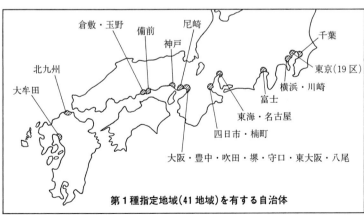

第 1 種指定地域(41 地域)を有する自治体

図 4-4　公害健康被害補償制度のしくみ(1988 年 2 月まで)

表 4-3 汚染負荷量賦課金業種別徴収件数(上段)と徴収金額(下段)

(単位: 100万円)

	1976	1977	1978	1979	1980	1981	1982	1983	1984	1985	1986
電 気	112 8,187	120 12,597	116 12,206	118 15,854	119 17,129	123 15,516	124 17,651	124 20,979	127 23,118	125 23,310	125 22,782
鉄 鋼	468 7,864	480 9,498	486 8,028	482 8,216	474 8,616	468 8,761	460 9,440	437 10,922	421 10,935	398 11,547	387 12,353
化 学	772 5,318	773 7,493	790 6,286	787 7,352	785 7,940	779 7,483	774 7,949	768 9,485	758 10,272	734 10,330	736 10,791
その他	6,512 9,676	6,622 14,805	6,762 14,067	6,842 17,900	6,967 19,833	7,063 19,047	7,177 19,769	7,316 11,670	7,303 25,785	7,104 26,616	7,143 30,217
合計	7,864 31,045	7,995 44,393	8,154 40,587	8,229 49,322	8,345 53,518	8,433 50,807	8,535 54,809	8,645 65,419	8,609 70,110	8,361 71,803	8,391 76,143

出所 環境庁調べ(1986年6月30日現在).

である.地域的には東京都区部3万9909名,大阪市1万9064名,名古屋市5285名など3大都市圏に93.7%の認定患者が居住していた.年齢別では第3章でのべたように年少者と高齢者に集中している.障害等級別でいえば,1987年3月末で,特級と1級で0.7%,2級11.8%,3級52.8%,その他34.7%となっている.年々重症の特級と1級が減り(76年には4.6%であった),級外であるその他がふえている(同20.7%).

1987年度の補償給付費は1033億円,公害保健福祉事業費3億円,合計1036億円となっている.このうち汚染負荷量賦課金が864億円となっている(図4-4は当初予算額のため,この実績とはあわない).企業負担と国庫負担の割合は8対2である.これを業種別に徴収金額の推移をみると**表4-3**のように,電気をトップに,鉄鋼,化学のいわゆる汚染御三家で76年度69%,86年度で60%を納付している.また,これを規模別の賦課金申告状況でみると,1億円以上の高額納付企業は**表4-4**のように全体の63.5%を納めている.

この制度の企業負担は,被害救済としてみると次の点に問題があった.

第1は,個別業種の賦課金が公表されず,一種の公害税であったために,汚染源の責任が不明確であった.これは裁判による民事的な責任を企業がまぬかれようとしたためであるが,このため社会保障的な性格として被害者が受けとってしまう効果をもった.これは後述のように指定区域外の企業負担が大きいこととも関連した問題点である.

第2は,平均賃金の80%を最高額(特級・1級)としたために,同じ障害をもつ男女に大きな格差ができたことである.**表4-5**のように1988年度障害補償

表4-4 汚染負荷量賦課金申告額階層別内訳

階層区分	件数	%	金額 (100万円)	%
5億円〜	24	0.3	20,610	27.0
1〜5億円	131	1.5	27,820	36.5
5000万円〜1億円	126	1.4	8,944	11.7
1000〜5000万円	491	5.6	10,790	14.1
500〜1000万円	399	4.6	2,847	3.7
100〜500万円	1,664	19.1	3,884	5.1
10〜100万円	3,567	40.9	1,393	1.8
〜10万円	2,326	26.6	61	0.1
合 計	8,728	100.0	76,349	100.0

出所 環境庁調べ(1986年度).

表4-5 障害補償標準給付月額
(単位:千円)

年齢階層 (歳)	1988年度		2006年度	
	男	女	男	女
15〜17	89.8	83.2	121.9	111.2
18〜19	118.6	99.5	154.0	133.7
20〜24	144.2	116.6	184.7	160.8
25〜29	177.6	134.1	223.0	185.2
30〜34	216.1	139.9	263.6	202.3
35〜39	248.2	139.9	309.2	213.8
40〜44	274.4	137.6	335.4	213.6
45〜49	284.9	136.4	352.8	209.5
50〜54	276.7	137.3	353.1	204.2
55〜59	240.3	143.9	338.8	199.9
60〜64	193.8	135.2	252.3	172.0
65〜	169.8	128.9	231.1	175.7

出所 環境庁調べ.

標準給付月額では45-49歳では男28万円強にたいし,女は14万円弱で,半分にしかならない.先述のようにこの最高額をもらえる人は全体の0.7%約700名にすぎず,35%の人は医療費だけで,この給付は受けていない.種々の問題をふくみながらもこの制度ができて以後,被害者の加害者追及のはげしい運動は下火となったが,その後の政府の公害対策の後退を契機に,公害裁判は川崎,名古屋南部,西淀川,尼崎,水島,東京で自動車汚染問題をいれてつづけられ,いずれも原告勝訴あるいは和解をみた.

日本型PPPの評価

ところで1988年度からこの制度は全面改正され,大気汚染は終わったとして指定区域をうちきった.しかし,過去に認定した患者への支払いはつづけることとし,賦課金の徴収の方法を変更した.すなわち過去分による負担をみとめ,その負担を20%(以後毎年10%ずつふやして,1992年度以降60%)としたことである.また,健康被害予防事業の拠出金ができた.この制度は公害の行政的救済制度としては世界最初のもので画期的であるが,大気汚染被害補償制度としてみると次のような問題点があった.

① 大気汚染のPPP

この課徴金の第1の問題点は四日市公害裁判の影響をうけてSO_Xの排出量

表 4-6 汚染負荷量賦課金の賦課料率

ブロック名		1987年度				1988年度			
		賦課料率区分	料率格差	賦課料率	伸率	過去分賦課料率	現在分賦課料率		
							賦課料率区分	料率格差	賦課料率
旧指定地域	大阪	A	1.90	5,362円90銭	29.5	45円76銭	A	1.85	4,573円59銭
	東京	B	1.15	3,245円97銭			B	1.15	2,843円04銭
	千葉	C	1.05	2,963円71銭	36.0		C	1.05	2,595円82銭
	神戸								
	名古屋								
	富士	D	0.75	2,116円94銭	29.5		D	0.75	1,854円16銭
	四日市								
	福岡								
	岡山				38.7				
その他地域				313円62銭	29.5				274円69銭

注 SO_X 1m³ 当たりの賦課料.

を賦課料率の基準にしたことである.このため,SO_Xの減少にもかかわらず,NO_Xの影響で認定患者がふえるという矛盾にぶつかり,**表 4-3** のように毎年賦課金はふえていくこととなった.このため財界は公害防止努力が賦課金の減少に反映しないのでPPPに反するとした.これはNO_Xを賦課基準の中にいれていないためである.

第2は,このことと関連しているが,各地域の認定患者にたいする補償金と汚染者の賦課金とのあいだに著しいアンバランスができたことである.**図 4-4** のように賦課金は指定地域外が全体の3分の2を負担している.また賦課料率は**表 4-6**のように4-5クラスに分けて,汚染のはげしい大都市ほど高くなっている.1987年度のAとDの格差は2.5倍である.これは汚染源の集積不利益をみとめて,単位汚染量当たりの負担を重くしたのである.このような大都市の汚染源ほどハンディを大きくするという傾向は年々強まっている.すなわち,表にはないが,1977年度ではAとDの格差は1.75倍であった.このような方法をとったにもかかわらず,自動車公害の増大をはじめとするNO_2の影響が大きくなった.たとえば1986年度で,大阪市の汚染者の賦課金申告額は約14億円だが,補償給付費と公害保健福祉事業費の納付額は255億円になって

および料率格差の変化

過去分賦課料率	2005年度 現在分賦課料率			過去分賦課料率	2006年度 現在分賦課料率		
	賦課料率区分	料率格差	賦課料率		賦課料率区分	料率格差	賦課料率
80円14銭	A	1.70	1,921円68銭	77円14銭	A	1.70	1,895円21銭
	B	1.15	1,299円96銭		B	1.15	1,282円05銭
	C	1.05	1,186円92銭		C	1.05	1,170円57銭
	D	1.00	1,130円40銭		D	1.00	1,114円83銭
	E	0.75	847円80銭		E	0.75	836円12銭
			125円60銭				123円87銭

いる．これにたいし，北九州市は申告額が29億円で，納付額は20億円となっている．先述のように全体の負担でいえば，指定地域以外からの申告額が大きいから，この比較は問題があるにしても，地方の汚染者からみれば大都市の汚染者を援助しているという不満は当然出てくるといってよい．これではPPPでなく，SO_Xを出している工場総懺悔のような賦課方法である．

公害健康被害補償制度は，明らかにNO_Xや煤塵などの他の大気汚染物質を指標にいれて賦課方法をかえ，これにしたがって自動車公害のPPPを明らかにする必要があったのである．しかし，この制度の成立のときから，自動車メーカーの負担にたいしては業界の強い抵抗があり，また他の業界の場合もNO_Xを基準にいれることについては反対が強く，改革は困難であった．改革どころか，制度そのものの廃止へ向かってうごいたといってよい．1988年の改定による唯一の変化は，新規患者認定打切りの代替として採用された健康被害予防事業(500億円の基金を7-8年で拠出)について自動車メーカーの拠出が決まったことである．これは全体の1割で金額はまことに少ないが，製造業者の法的責任論やPPPによる負担についての長年の宿願の道がひらけたといってよい．2006年度は汚染負荷量賦課金が480億円に減っているので賦課料率も

大幅に減っている.

② 蓄積性汚染（ストック公害）の PPP

イタイイタイ病の教訓から生まれた「農用地の土壌の汚染防止等に関する法律」(1970年) とその考え方を広く公害地域の環境浄化に広げ，1975 年 12 月成立した公害防止事業費事業者負担法はストック公害の除去にたいする PPP を制度化したものとしては，世界で最初であろう．この法律は，国または地方公共団体が実施する河川や港湾等の公共水域における汚泥の浚渫事業，農用地の客土事業等の公害防止事業について，汚染原因者である事業者にその原因となるとみとめられる程度に応じてその費用の全部または一部を負担させる制度である．これによって水銀，PCB 等の有害物質の蓄積によって生ずる汚染の除去をおこない，環境を復元すること，その費用は原因者が原因に応じて支払うという PPP が制度化された．この制度には緩衝緑地帯の造成などがふくまれているが，中心は蓄積性汚染の除去である．この制度は PPP の新分野をひらいた点で評価できるが，法律に規制された有害物質が主たる対象になっていて限定的であること，産業への被害の除去を中心にしていて，住民の生活環境の保全や復元という課題が十分にしめされていないこと，産業廃棄物による公害の除去であるにもかかわらず，企業負担が低率で，とくに環境政策の後退期には PPP がつらぬかれなくなるなどの欠陥をもっている．たとえば裁判にもなった田子ノ浦ヘドロ処理事業などは典型的である．ヘドロ処理は公害の除去という目的をかかげていたが，直接の理由はヘドロの堆積で船舶の航行に障害が生じたためである．このヘドロは明らかにパルプ工場の廃液によるものだが，事業者の負担は 82% であった．その理由はヘドロの一部が富士山系の土砂くずれによっており，港湾機能の回復は公共性があるので，18% は公共負担でよいというのである．徳山湾や水俣湾の水銀ヘドロ処理事業は，水銀が拡散するという安全性からみた問題点があるが，汚染物を埋めこむとともに，この事業によって埋立地が造成され，工業・港湾施設用地が造成された．汚染企業にとっては一挙両得となっている．したがって 100% 負担でもよいと思われるが，汚染者負担は 65% となっている．

事業の状況は表 4-7 のとおりである．事業者の負担は 47% であり，この負担率は年々減少している．重金属の蓄積が明確な場合の浚渫は，水俣湾をのぞいて汚染者の負担が 70% となっている．しかし，客土事業は 45% をわってお

表 4-7 公害防止事業費事業者負担法の適用状況
(1997 年 3 月末現在)

(単位: 100 万円)

事業種別	件数	公害防止事業費	事業者負担額	負担割合(%)
浚渫事業	32	81,729	59,862	69.6
客土事業	40	84,664	37,674	44.5
緩衝緑地帯	31	119,740	40,153	33.5
特定公共下水	2	5,012	2,172	43.3
合　計	105	291,145	139,861	47.0

出所　環境庁企画調整課資料.

り，とくに近年のカドミウムの客土事業についての旧三井金属神岡鉱山の負担の割合は 30% にとどまった．これは自然界におけるカドミウムの存在をみとめたからだが，自然的な堆積にプラスして産業廃棄物の流出があったからイタイイタイ病が発生したのであって，この配分方法は PPP に反するといえる．

この他，この法律にもとづかないが，各地方でストック公害の処理に PPP が適用されている．東京都八王子市沖電気の地下水汚染，滋賀県草津市高砂製作所の地下水汚染，横浜市保土谷化学工場跡地の水銀汚染などである．とくに重要なのは東京郁の日本化学工業六価クロム鉱滓による土壌汚染対策であろう．

東京郁の「六価クロムによる土壌対策専門委員会」の報告書によれば，1977 年 8 月現在の汚染箇所 172 カ所，約 33 万 2100 m^2 と推定されている．このうち住宅敷地は 54 カ所で，件数では全体の 31% であるが，面積では約 2 万 3660 m^2 で 7%，もっとも大きいのはグラウンドその他の諸用地である．所有別にみると，民有地が 113 カ所 16 万 6480 m^2 で約半分，ついで都有地が 29 カ所 15 万 3860 m^2 となっている．クロム鉱滓の処分量は古い時代は不明であり，1965 年以降 1973 年に生産停止するまでは約 32 万 7500 トンが処分されたと推定されている．このうち陸地埋立量は約 25 万 7370 トンとみられている．この地域の公害は顕在化しておらず，医学的に断定できる影響は出ていないが，過去の職業病の経験からみると健康障害の出現は否定できず，現在の非特異的症状の住民に注目し，こんごの発ガンについて継続的観察が必要と結論している．

この環境汚染防止のために専門委員会の出した対策は四つである．

① 鉱滓をふくむ汚染土壌を完全に閉鎖する．鉱滓をふくむ汚染土壌を除去し，搬出できるものは搬出して特定箇所に封じこめる．

② 技術的対策をおこなった後，土地利用をする際に地下水利用は禁止する．
③ 大気，水，土壌，植物などの長期的なクロム汚染のモニタリング．
④ 住民の計画的健康管理による健康被害の早期発見と予防．

これらの措置はまもなく発生したニューヨーク州のラブ運河事件の失敗からみると，完璧といってもよいほどの対策であった．日本の環境政策が革新自治体の手で世界最高の水準に到達していたことをしめす典型例である．しかも東京都はPPPによって日本化学工業を裁判と直接交渉によってうったえた．そしてついに，これらの社会的費用のうちの①の費用について全額を日本化学工業に支払わせたのである[55]．

日本型PPP制度の欠陥

このようにOECDの原則からみると逸脱していたかもしれぬが，日本型PPPは公害防止に有効な働きをしめした．しかし，全体としてみれば，これによって企業が社会的損失をつぐない，社会的費用を負担したとはいえぬ．四日市公害裁判判決では，原告および弁護士や支持者の苦闘の末，1973年，もっともむつかしかった共同不法行為がみとめられ，被告6社は8名の原告に9619万円の賠償金を支払った．しかし，他方で同年度のコンビナート3社の公害防止にともなう固定資産税の免税額は，9709万円にのぼっている[56]．いかにPPPによって加害者の責任を追及しても，他方でこのような過度の保護がされているかぎりにおいて，PPPは公害防止の経済的刺激とはならぬのである．PPPがもっとも注目された時期(1976年度)に，行政制度としてのPPPによる企業負担と企業の公害対策にたいする補助金とを比較したのが，**表4-8**である．たしかに日本は裁判所や自治体の努力で，PPPをあらゆる局面で進め，他国よりははるかに汚染者にきびしい経済的負担をさせた．しかし，同時に日本は「企業国家」であって，政府が汚染企業を援助することによって，企業経営の安全と成長をはかっていたことが，これで明らかであろう．1980年代になっても，この日本の環境政策の企業保護的性格はかわっておらず，法制度は整備されたものの本質はかわっていない．

企業立地・地域開発助成のPPP

汚染者の公害対策を促進するためのPPPが，日本的企業国家の中では汚染

表 4-8　企業保護的環境政策(1976年度)
(単位：億円)

PPPによる企業負担		補助政策	
補償法による汚染負荷量賦課金	356	公害関連減税	619
公害防止事業企業負担	483	(a) 国税	370
		(b) 地方税	249
		公害防止事業公費負担	438
		特別融資による補助	343
合　計	839		1,400

注1)　公害防止費にたいする政府の特別融資による補助額算定方法はOECDの計算方法によった.
　2)　公害防止事業費は1977年12月末現在の実績であるため総額となっている.

者の立地を促進するための役割へと変身する例を次にしめしたい．公害反対運動を阻止するために，公害健康被害補償法と車の両輪のようにしてつくられた電源三法がそれである．これはいま発展途上国，とくにアジアの新興工業国に導入されている．

　1973年12月，田中角栄内閣は電源三法を提案し，同法は国会を通過，翌74年10月から施行された．かつて田中角栄は自動車関係税を財源として，道路の建設を促進するために道路法をつくったが，同じ考え方のもとに，住民の反対でゆきづまっていた発電所の立地を一種の電力税を促進剤につかうことによって進めようとしたのである．しかも，公害反対を利用し，PPPによって汚染源たる電力会社から徴収した電源開発促進税を汚染のおそれのある発電所周辺の自治体に散布するというものである．この電源立地促進対策交付金は，一部分は環境保全や災害対策にまわるが，大部分は周辺自治体の道路などの公共事業や産業振興などの補助金にまわるものである．同時に9電力の申合せでほぼ同額の協力金が周辺住民の町内会などの地域組織に散布されていたのであって，交付金という公的なよそおいをもっているが，明らかにベッカーマンのPPP論にある「賄賂」の一種であり，住民の反対の世論や運動を抑止する「買収資金」あるいは「迷惑料」であったことはまちがいがない．しかも，PPPというが，電力会社は電力料金にこの税をこめて徴収しているので，実質的には消費者が負担する．電力会社は地域独占であるから，PPPでA社の電力料金が高くなっても消費者は，他の公害を出さないエネルギー供給社Bを選択できないから，PPPによる汚染抑制効果は電力消費の節約以外にない

というういみでは，天につばきするようなものである．

電源三法が消費者負担のPPPによって発電所立地を促進しなければならぬ理由について，資源エネルギー庁の「電源三法の概要」には次のようにある．

> 電源立地難の二つの大きな要因のうち，第1の電源立地に伴う環境保全問題及び原子力発電所に対する安全問題については，公害対策基本法をはじめとする公害防止関連法の整備，原子炉等規制法及び電気事業法による厳しい指導監督によって解決が図られるものと期待されるが，第2の発電所の立地が他の産業と比べて雇用効果等が小さく地元振興に対する寄与が少ないこと，また，そこでできた電力の大部分は遠隔の大都市や工業地帯に運ばれ消費されてしまい，地元は何らのメリットもないということに関する住民の不満に対策らしいものがとられていなかったので，この法案は電源立地難の要因のうち，第2の要因に対して対策を講ずることを目的とした．

まことに明快にその目的が「買収」であることが書かれている．ただし，電源立地難の第1の理由が従前の安全対策で十分に住民を納得させえず，国内外で原発事故が発生するので，この法律によって徴収された資金は原発の安全対策に重点配分されている．また電源立地促進功労者(地元自治体の首長など)への表彰もおこなわれている．本来これらの費用は電力会社や核燃料サイクル関係社の経費でまかなうべきものであろう．

電源三法の趣旨は先の引用で明らかなように，電源開発が雇用その他の地域開発効果にとぼしく，他方，公害や災害の不安があるので，その代償として交付金制度がつくられたのである．その財源は9電力および沖縄電力などの一般電気事業者から，販売電気1000kW時当たり445円の割合で徴収する電源開発促進税である．これは急激に率がふえており，このための市民の負担は年間1015円となっている．その主たる負担者は大消費地の消費者である．『市民のエネルギー白書1984』では計画にくらべて実績がおちているときに税率を上げるのはまちがいとしている[57]．この電源開発促進税は主として，工業集積度の低い指定地域の発電所設置市町村および隣接市町村の公共施設費として配分されている．

この法律が施行されてから約30年間(2003年3月末現在まで)の交付状況をみると，表4-9のように，事業費は8627億円，実績は6756億円にのぼっている．

表 4-9 電源開発整備計画承認状況(施設別)

施設区分	件数	事業費	交付実績	構成比(%)
道　　路	2,981	157,624	136,300	20.2
港　　湾	21	1,240	736	0.1
漁　　港	60	3,552	2,688	0.4
都市公園	57	8,449	6,512	1.0
水　　道	319	44,298	35,458	5.2
通信施設	150	25,167	18,166	2.7
スポーツまたはレクリエーション施設	683	110,296	84,535	12.5
環境衛生施設	588	59,846	43,277	6.4
教育文化施設	1,536	209,934	159,302	23.6
医療施設	167	44,549	29,396	4.4
社会福祉施設	303	47,271	37,044	5.5
消防に関する施設	366	12,762	10,170	1.5
国土保全施設	126	10,704	9,650	1.4
道路交通の安全に関する施設	65	1,136	876	0.1
熱供給施設	0	0	0	0.0
産業の振興に寄与する施設	1,320	125,879	101,518	15.0
農林水産業にかかわる施設	1,020	70,172	57,296	8.5
観光業にかかわる施設	225	42,003	33,955	5.0
商工業その他産業にかかわる施設	75	13,704	10,267	1.5
合　　計	8,742	862,706	675,629	

注1) 2003年3月31日(第59回)までに同意された整備計画(変更同意を受けた場合には，変更後の計画)の累計.
　2) 事業費と交付実績の単位は100万円. 単位未満は四捨五入したので，施設区分ごとの積み上げが合計値に一致しないことがある.
　3) 交付実績の合計には，未計画分(施設区分に属さない)をふくむ.

その内訳をみると，教育文化施設1593億円(23.6%)，道路に1363億円(20.2%)，スポーツまたはレクリエーションに関する施設845億円(12.5%)，産業振興1015億円(15.0%)となっている．これは予算書のうえでは補助金事業である．各市町村がすでに計画していた公共事業がこの交付金によって促進されるものと，これにより新しく計画されるものとがある．地域別では原発の集中している福島県や福井県に多く配分されている．未交付地域は東京，神奈川，埼玉，三重，香川の5都県である．

　この電源開発促進制度は初期において，住民の反対の世論や運動を緩和するのに成功し，発電所の設置が進んだ．しかし，さいきんはこの交付金制度の効果に疑問が出ている．このことは，この制度以前に誘致した発電所の地域開発の決算書ですでに明らかであったのだが，交付金制度の実績で増幅したといっ

てよい．この交付金制度の問題点は，一時的に交付市町村の財政規模を増大させるために，不要不急あるいは必要以上の施設をつくり，財政規模を拡大させてしまうことであろう．たとえば，予算を消化することをいそいで農村部に都市公園をつくっている例，各地区に同じような集会施設をつくっているところもある．後年度にその施設維持管理費(たとえば人件費や光熱費)が負担できないために，近年では新税として発電税(案)などの経常的財源の要求が出ているほどである．発電所設置市町村の場合，交付金や協力金以外に，発電所の固定資産税の収入が大きい．しかし，固定資産税の中で償却資産税は年を追うごとに減収する．このこともあって，発電所所在市町村の財源はほぼ10年ごとに歳入が最低となり，財政危機におちいる傾向がある．

発電所からの収入を利用して，これによって地域開発を進めて成功した例は少ない．人生と同じで，一攫千金のような偶然的な収入に依存する性向のできた市町村は，地道に地場の産業を発展させる創意性を失ってしまう．したがって，10年おきに財政危機がおこると，根本的な行財政改革や「内発的発展」を進めるのでなく，ふたたび新しい発電所，エネルギー貯蔵基地の誘致や公共施設などの国家的プロジェクトの導入をもとめるのである．

1978年度からはじまった石油貯蔵施設立地対策等交付金もまったく同じような目的であり，その社会的諸結果も似ている．福岡県白島の石油貯蔵基地のように，当初のアセスメントが杜撰なために防波堤が決壊し，巨額の国費を海に捨てたような状況も生まれている．またさいきんの核燃料廃棄物処理場に関する交付金も同じく「めいわく料」によって，過疎地域への立地を進めるものである．

エネルギーを消費する大都市の市民が，地域開発の恩恵に浴さずに公害や災害におびえる地方の住民のために開発費用の資金負担をするという制度は，社会的公平を達成するかのようにみえる．しかし，この考え方には過疎化を生みだしたと同じ地域的差別，あるいは農漁業蔑視が底に流れている．本当に安全ならば，東京の新宿や大阪の中之島に原発基地をつくったらどうかという批判が出るのは，この差別を見ぬいているのである．また，内発的発展を進めているような地域は，交付金のような「賄賂」をもらうよりは，地道に汗を流して開発する道をえらんでいる．電源交付金制度はゆきづまった立地を推進するための名案のようにみえて，地元のコミュニティを札束で賛成と反対に二分して，

深刻な対立をひきおこしているのが現実であろう．ここからは住民が連帯して自らの郷土を自発的に開発するという正道は出てこないのではないか．

5 ストック公害

日本は足尾鉱毒事件以来，産業廃棄物の公害で深刻な被害を出し，戦後もイタイイタイ病による土壌汚染で健康被害が発生したので，先述のように，このようなストック公害にもPPPを適用している．これにたいして，欧米ではストック公害の責任は，土地所有者あるいはその汚染された土地を開発・管理している業者にあると考えていた．私が国際会議で，東京都の六価クロム事件で廃棄物の投棄者日本化学工業の責任についてのべた時に，カップ教授はストック公害については，その汚染された土地を所有している者に有害物除去をふくめ被害救済の責任があるのではないかと反論されていた．一般的に当時，日本のストック公害のPPPについては異議が多かったのである．

Super Fund法

1977-78年のアメリカ，ニューヨーク州のラブ運河事件は，この欧米の常識をくつがえした．この運河は水力発電所と化学工場などとの交通路として開発されたものだが，高圧送電の技術開発によって，発電所と需要者とが近接する必要がなくなり，放棄されていたものであった．1942-53年にかけて，化学会社フッカーがここに2万1000トンの有害廃棄物を埋立てた．これが覆土して開発され200戸以上の住民と学校に被害が出た．一時は対策の遅れにいきりたった住民が環境保護庁職員を監禁し，州兵が出兵するという大事件となった．1978年にカーター大統領は国家緊急事態法を発令し，1980年に「総合的環境対策，補償および責任に関する法律」(Comprehensive Environmental Response, Compensation and Liability Act of 1980)を制定した．この法律を実行するために有害物質対策信託基金(Super Fund)をつくったので，以後「スーパーファンド法」とよばれている．この基金は表4-10のように石油税，化学製品税，法人環境所得税などで基金の83％，残り17％を一般歳入でまかなっている．環境保護庁は全国を調査して4万6000候補地をえらび，国家的優先地リストで1547地域にしぼり，そのうち309地域を浄化した．先のラブ運河地域もこのファンドによって900家族を永久移転させ，2004年9月30日に修復を終え，

表4-10 スーパーファンドの財源構成

	（100万ドル）	（％）
石油税	2,800	25.4
化学製品と輸入化学部品税	1,327	12.1
法人環境所得税	3,121	28.4
原因者からの課徴金	901	8.2
罰金	11	0.1
投資の利子	1,003	9.1
トラスト・ファンド収入計	9,163	83.2
一般歳入	1,845	16.8

注　法人環境所得税は化学，石油，石炭，電気機器，自動車，印刷などの製造業から23％，電力，ガス，エネルギー，交通から15％，保険，銀行，証券，警備保障などの金融サービスから28％を徴収している．
出所　Congressional Research Service, "Super Fund: Overview and Selected Issues", March 15, 2006.

このリストから削除し，新しい住宅がたてられている．この法によって9.11で破壊された世界貿易センタービルとペンタゴン，さらにスペースシャトルの事故地，カトリーナなどの台風災害の浄化作業，アスベスト関連ではマンビル工場やモンタナ州のリビィなどの汚染地の除去と修復，代替の上水供給などもおこなっている．これは軍事施設や海外施設についても除去・修復をしている．

　環境保護庁は汚染地の汚染責任者がわかっている場合は自主的に浄化することをすすめ，裁判によって責任をとらせたり使用の差止めをおこなっている．責任企業や個人が除去できなければ，環境保護庁が浄化をする．さいきんの大きな問題は，ブッシュ政権が2003年予算付託事項でスーパーファンド税の更新をみとめず，それが2007年度予算までつづいていることである．このため，ファンドは2004年度以降赤字になっている．さいきんの事例では年間の事業費は17-18億ドルが必要だが，13億ドルしか適用されていない[58]．

　ブッシュ政権の環境政策の後退によって，スーパーファンド事業がどうなるかは予断を許さない．しかし，このスーパーファンドは世界に大きな影響を与えた．すなわち，第1に，ストック公害についてPPPが原則となることを明らかにした．日本の研究者の多年の主張がみとめられたのである．第2は，ストック公害の性格として，原因者が不明の場合が多く，このために公共事業とならざるをえないが，基金をつくって，今後の汚染に関連する企業もいれて，環境税をとったことである．第3は，事件のおこった地域だけでなく，予防のため全国土を対象とし，アセスメントをおこなって，優先順位を決めて進めたことである．第4は，軍事施設や海外施設も対象にいれたことである．第5は，有害物の除去だけでなく，当該地域の修復をおこなっていることである．事業

費をみると，有害物除去費の2倍の修復費がかかっている[59]．

このスーパーファンド法の影響をうけて，ヨーロッパでもドイツやオランダで土壌法がつくられ，そこにも PPP が原則として採用された．

土壌汚染対策法の問題点

2002年5月，スーパーファンド法に遅れること22年，ようやく日本で土壌汚染対策法が成立した．すでに農用地土壌汚染防止法はあったが，各地で農用地以外の土壌や地下水の汚染が社会問題化しており，東京都や神奈川県をはじめ都道府県レベルでは対策が進められていた．理論的にはストック公害のPPPを提唱し一部制度化していた日本としては，遅きに失したといってよい．これはアメリカのスーパーファンド法で多くの裁判がおこり，その経験から日本でも企業の浄化の負担が大きくなることをおそれ，また土地所有者の資産価値が下がるなどの批判があったためである．

この法は他国の土壌汚染防止の法律とくらべて，きわめて欠陥が多い．第1は対象地域がせまいことである．すなわち第3条では「使用が廃止された特定有害物質の製造，使用又は処理をする水質汚濁防止法の特定施設に係る工場・事業場の敷地であった土地」となっている．農用地については先の法律があるので除外したのだろうが，市街地しかも廃止工場用地に限定したのは，当面の対策にすぎないことになる．産業廃棄物処理場設置に反対して重傷を負った岐阜県御嵩町の町長暴力事件にみるように，農用地以外の全国の山林・原野などに廃棄物処理場があり，それは廃棄物処理関係法では対応できぬ問題をおこしている現状からすれば，全国を対象とすべきであった．対象物質を重金属や揮発性有機化合物の特定有害物質に限定せず，油類や硝酸性窒素類などの生活環境物質も対象にし，また水道水源以外の地下水汚染による土壌汚染も対象とすべきであった．

第2は，他の国の法律は予防原則にたって，未然防止のために全国の調査をおこなっている．先のスーパーファンド法では，全国4万6000事例を対象に，その中から国家的優先順位1547件をえらんで，対策を進めている．日本地質学会では，日本でも約3万件の汚染地域があり，緊急な調査と浄化をすべき地域があるとされている．この法律の名前は「対策法」で「防止法」となっていないのは，この未然防止の目的がないためであろうか．

第3は，土地汚染調査と汚染除去措置の責任を土地所有者としているが，PPPにもとづいて，原則は汚染原因者とすべきである．もちろん，このようなストック公害では，原因者が不明の場合や支払い能力を失っている者もある．したがって，スーパーファンド法のように基金制度が必要だが，そこでも石油，化学企業などの有害物質を排出する企業あるいはそれを資金的に支持する金融機関などが拠出すべきである．この法により国と企業が基金に拠出した金額は年間10億円にすぎない．全国調査などの未然防止を怠っているために，状況を軽視していること，国としての安全対策の姿勢の弱さを表している．

　第4は，都道府県知事に調査対象・区域指定や汚染除去措置の命令権を与えていることは正しいが，住民の発議権などの参加をみとめるべきである．スーパーファンド法では，原則は住民参加を主体としている[60]．

　近年，大阪の三菱マテリアルの跡地の汚染や東京の築地市場の汚染など，大きな事件が発生している．『環境白書』(平成18年版)では，法第3条により有害物質使用特定施設の使用廃止件数は2134件で，そのうちの379件だけが調査され，指定区域は104件，そして人の健康に被害が生ずるおそれがある(法第4条)として都道府県が調査命令を出したものは4件，指定区域は2件となっている．他国の実態とくらべて，事件がかくされているのではないか．この法は早晩改正すべきであろう．

複合型ストック災害──アスベスト災害対策の検討
　第1章などでのべたように，アスベスト災害は世界的な規模ではじまっており，史上最大の産業災害になる可能性がある．

　アスベスト災害の特徴は第1に複合型社会的災害である．すなわち，労働災害(職業病)，大気汚染公害，商品消費(住宅・事業所の使用，自動車・船舶・鉄道などの交通機関の利用，その他のアスベストを使用した商品の利用)にともなう公害，そして廃棄物公害を複合している．これまでの公害も労災と公害を複合しているので，公害としてのみ捉えてはならない．しかし，アスベスト災害はこれまでにもない問題である．それは3000種類に及ぶ商品に使われており，しかも日常的に住民が居住し，労働している空間に存在する．もっとも危険な建物の解体をおこなえば，その粉じんは解体関係労働者だけでなく居住者にも影響する．これまでの森永砒素ミルク事件，薬害や欠陥自動車の災害と同じような商

品公害である．さらにアスベストは超高熱溶解をしないかぎり無害化できぬが，その処理をおこないうる施設は全国に6カ所しかなく，完全処理はむつかしい．大部分はこんご埋立てられるか飛散することになる．廃棄物公害として周辺に被害を及ぼす可能性をもっている．

　このように生産・流通・消費・廃棄の経済の全過程にわたって，健康障害をひきおこす可能性がある複合型災害である．したがって，それぞれの段階における健康障害の因果関係とそれにもとづく責任が問われるであろう．しかもこれから少なくとも半世紀にわたって被害が発生し，商品輸出による海外からの責任追及問題も出てくるであろう．アメリカの場合，新法で救済基金をつくる場合には，上院案の1100億ドルでは不足で，1400億ドル以上といわれている．つまりこれまでの公害とは比較にならぬ規模の被害とその補償が必要となるところに複合型災害の特徴があるといえる．したがって，この場合，労災や公害の責任は発生源者としての生産者・企業にあるが，商品公害については拡大生産者責任論を原則としながら状況に応じて判断することになろう．建物の解体の場合，アスベスト含有の建材などの商品が明らかである場合には，生産者が回収あるいは除去する費用を負担することが考えられるが，多くの場合，過去の建材については生産者の確定はむつかしい．多くが解体業者の解体コストの増大になり，それは建物所有者の負担となる可能性がある．また小規模住宅の解体については規制がむつかしく，被害を完全に防げない可能性がある．

　第2の特徴はストック公害であることだ．これまでの大気汚染公害などのように比較的短い曝露期間で発生するものをフロー公害とよぶとすれば，アスベストの災害はストック公害である．アスベスト災害は曝露してから発病までの期間は実に10-50年かかっている．しかも生産・使用を完全に禁止してもアスベストの蓄積のあるかぎり，被害が発生する可能性がある．こういう過去に人体・商品・環境に蓄積した有害物が長期間を経て被害を生む現象をストック公害とよんでおく．このストック公害は，アスベスト災害以外にも廃棄物公害，さらに地球規模の環境破壊をひきおこす温室効果ガスやフロンガスのような歴史的な蓄積性汚染があり，こんご増大する公害である．

　すでにのべたように，アスベスト公害にもPPPを適用すべきである．先述のようにクボタは周辺住民の公害については因果関係が不明なので，賠償でなく救済金として労災なみの補償をした．しかし中皮腫はアスベスト以外に原因

は考えられない．奈良県立医科大学・車谷典男教授らの疫学調査(101人の中皮腫患者・遺族を対象)では，クボタの尼崎工場の周辺住民の中皮腫発生率は工場に近くなるほど異常に高くなっている．すなわちSMR(標準化死亡比)で，500m以内男性9.8，女性18.1，1km以内では男性5.3，女性12.1となっている[61]．クボタは過去の労働過程，周辺環境状況や白石綿・青石綿の年別使用状況について詳細なデータを出していないが，クボタによる公害は明らかである．クボタは法的責任をみとめて賠償しなければ，かりに労災なみの金額を救済金として払っても問題の解決をしたとはいえない．

先述のように，政府はいち早くアスベスト新法を出し，社会紛争を早期に避けることに成功したが，ここでも責任を回避した．新法は公害健康被害補償法のように民事的賠償にかわるものでなく，あくまで救済金である．この点では水俣病の行政的救済と同じである．これまでの経過からみて，政府の失敗は明らかなのであって，改めて政府の法的責任を問うべきである．先述のように新法では救済の対象が限定され，救済金額も労災にくらべてきわめて少額である．新法の施行状況をみると，**表4-11**のように死亡統計とくらべて申請者が少なく，また受付数にくらべて認定数も少ない．申請が少ないのは新法の宣伝がゆきとどいていないことにあるだろう．茨城県のように積極的に患者ほりおこしをしないかぎり，被害の実態は明らかにならない．また認定数が少ないのは，アスベスト災害の医学の遅れもあって，認定が困難なことがある．すでに大阪府泉南地区では石綿肺の患者が訴訟をおこしている．石綿肺は公害としてみとめられていないが，こんご裁判で救済が問題となろう．

新法による救済基金は，2007年から2010年にかけて，90.5億円が必要と見込まれ，事務費のうち国が負担する分7.5億円，地方公共団体の負担分9.2億円として，事業主負担73.8億円とした．この事業主負担は特別事業主負担と一般事業主負担にわけている．特別事業主は石綿使用量1万トン以上，所在地の中皮腫死亡数が全国平均以上，石綿業務による肺ガン・労災認定件数10件以上という条件によって，4社をえらび，3億3800万円を課し，残りの約70億円を労災保険適用事業主と船舶所有者から徴収することにした．この金額は全体として少額であり，またその徴収方法は必ずしもPPPにもとづいていない．公害健康被害補償法は一般徴収についてもSO_X排出者とし，国の負担は自動車重量税によっている．この新法では，アスベストが産業全体に利益を与

表 4-11　石綿健康被害救済法にもとづく認定状況(2007年2月末現在)

	療養者				施行前死亡者遺族			
	中皮腫	肺ガン	その他	計	中皮腫	肺ガン	その他	計
受　付	1,088	488	77	1,653	1,765	348	24	2,137
認　定	539	155	―	694	1,474	30	―	1,504
不認定	61	53	51	165	9	22	2	33
取下げ[1]	104	55	16	175	114	52	0	166
判定保留[2]	145	97	―	242	0	46	―	46
判定中[3]	78	31	―	109	0	64	―	64
計	927	391	67	1,385	1,597	214	2	1,813

注1)　主な理由は，労災保険等支給，医学的資料が整わない．
　2)　医学的判定において追加資料が必要とされたもの．
　3)　医学事項にかかわる判定の申出をおこない判定中のもの．

えたとして汚染寄与度を問わず，全企業からとっている．また国と地方の拠出金も特定税源でなく一般税源から徴収している．公害健康被害補償法にくらべて PPP という原則からみると責任の追及が弱いといってよい．

こんご新法の改正とならんで，もっとも重要なことは，疫学調査である．アスベストの労災の認定が死亡統計とくらべて少なすぎるので，関連事業所の従業員や事業主の健康調査がもとめられる．またクボタ周辺など石綿関連工場周辺の住民の疫学調査をおこなわねばならない．財政危機を理由に，公害関連の予算や人員が不足し，また住民票のコンピュータ化によって資料の作成が困難であるなど，疫学調査はむつかしいと国も地方公共団体も表明している．しかし，問題が表面化し，住民が関心をもっている現在を除いて，疫学調査の機会は少ないといってよい．こんご 10 万人以上の中皮腫死亡者が推定されており，未然防止のために，疫学調査はどうしてもおこなうべきであろう．

社会的災害論を ── 複合型ストック災害の教訓

アスベストは，中国やインドなど工業化都市化を急速に進めている国々において大量に使用されている．これらの国では代替品が高価なので，全面禁止はおこなわない方針であり，多数の被害の発生が予測される．すでに禁止をした韓国では，最高時年 10 万トンのアスベストを使用し，地下鉄の駅ではいまだに吹付アスベストが残っている状況で，環境部はいま対策を検討している．ヨーロッパの場合は，EU は全面禁止を定めたが，対策は必ずしも十分とはいえ

ない.フランスは旧植民地国にアスベスト鉱山をもっていたので対策が遅れた.2005年に救済法を制定し,政府はこれまでの不作為をみとめ,日本の新法よりは救済資金の大きい基金をつくった.これにたいし,アメリカは新自由主義の自主自責の原則にもとづいて,救済は裁判によっている.しかし,裁判では弁護費用などが大きく,勝訴をしても,原告が入手できる賠償金は40％になっている.裁判は長期にわたっており,なんらかの公的救済制度が必要とされる.2006年,議会で救済法が否決されたが,被害者団体も手続きが繁雑なのと,金額が少ないというので反対にまわっている.

ストック公害は原因者が特定できず,PPPの適用はフロー公害のようにストレートにはいかない.そこで,どうしても未然防止が遅れ,救済資金も基金制度になる.これまでみてきたように,スーパーファンド法が未然防止にしても,基金制度についても,もっとも予防原則を守りPPPに近い方法をとっているといってよい.

日本でアスベスト災害の対策が遅れた原因のひとつは,政府のセクショナリズムにある.労働災害は厚生労働省,公害は環境省,商品公害は経済産業省,建築災害は国土交通省に分かれ,アスベストの危険についての情報は共有されず,バラバラの対策がとられていた.アスベスト新法についても,環境省が中心になっているとはいえ,総合的な責任体制が十分とはいえず,各省が分担しているといってよい.このことは学界も同様で,アスベスト災害は労働災害として,環境部門の研究者で関心をもつものは少なかった.しかし,社会的の災害は生産から廃棄あるいはリサイクルまで連続しておこり,それは共通したシステムの欠陥として発生する.そのいみでは,現象を分断せずに社会的災害論として総合する必要があることをアスベスト災害は教えている[62].

第3節　経済的手段

ここでは主な経済的手段とその問題点をのべたい.

1　補助政策

1920年代以降,各国とも私企業・個人にたいする補助政策がふえている.環境政策の場合も,企業や個人が自発的にとりくまないために,経済的刺激策

として戦後のかなり早い時期から補助政策がとられている．補助政策をとりうる根拠は，対象とする汚染者としての私企業・個人の社会的損失が大きく，その対策を推進することによって社会的便益が大きいこと，あるいは中小企業のように公害対策をとるには経営的困難があるが，公害対策の緊急性が高いことなどがあげられる．同時に，補助政策は政治的な行為でもあり，政権党と政府が政治的効果の大きいグループにたいして，選択的におこなっている．企業にとってみれば，補助金は贈与であり，追加利潤のようなものである．環境政策を目的としているといっても，補助は全業種一律でなく汚染業種ほど多いので，輸出振興政策など他の特定業種にたいする産業保護政策と類似の効果をもっているといってよい．

OECDの最初の国際比較では，1975年において主要国における民間公害防止投資にしめる補助金相当額(財政投融資や減税もふくむ)は，日本は2.6％でオランダ1.1％に次いで少なく，アメリカ4.5％，西ドイツ9.1％，スウェーデン5.3％にくらべて少ない．OECDは次のように評価している．「公害防止投資費用は公害防除費用のほんの一部でしかないし，公害防除費用は生産費用の一部にすぎない．助成制度が生産費に与える影響は小さい．つまり，日本での公害防除費用は，概して汚染者負担の原則にのっとって負担されていると結論しても差支えないであろう．助成制度は有効な刺激剤となっているが，貿易に大きな歪みをもたらしていない」[63]．

OECDの推計の内容が不明であり，本文からみるかぎり，地方税の減税分がぬけている．公害防止投資とは関係ないが，ヘドロ除去などの公害防止事業の公共負担や公害健康被害補償制度の公共負担という大きな金額がぬけているように思える．日本の公害防止投資は1975年に異常に大きくなり，以後激減し，1977年以降80年代になると最盛時の3分の1から半分になっている．この間，当然公害対策の財政投融資も減税も減少しているが，それでも公的補助策の減少は民間設備投資の減少ほどではない．したがって，日本の2.6％という推定は1975年という異常な時代の産物で過少にすぎており，アメリカかスウェーデンなみの補助と考えてよいと思われる．

補助政策は以下のように大きく四つに分かれる．

補助金

　環境政策をおこなう企業・個人にたいして，その費用の全部または一部を財政支出により補助する方法である．公害防止技術の開発あるいは公害防止投資などの公害対策費を支出した場合に，現物（土地をふくむ）または補助金で援助する．1966年から大型工業技術研究開発制度として，排煙脱硫・電気自動車などの研究費の補助としてはじまり，1970年代には重要技術研究開発費補助金制度，技術改善補助金制度として，公害防止技術研究開発の経費の一部を補助していた．これらは整理され，さいきんは地球温暖化対策，省エネルギー，新エネルギー，土壌汚染対策基金，アスベスト救済基金などへの補助金が支出されている．2007年度予算で金額が大きいのは，エネルギー使用合理化事業者支援事業298億円，太陽光・風力・バイオなど新エネルギー事業者支援対策事業329億円，省エネルギー技術開発プログラム530億円，新エネルギー技術開発プログラム542億円などとなっている．その他の補助金は多様化されている．消費者よりも企業向けに多く，公募制となっている．費用対効果を重視するとしているが，細分化しすぎて繁雑であり，前例にもとづいて追加修正するという増分主義(incrementalism)をまぬかれていない．近年は歴史的街並み保全や森林整備などアメニティ対策に補助がおこなわれている．NGOに委任して環境保全事業への補助金がふえている．国家財政の危機により，補助金の削減が進んでいるが，代財源として交付金へ転換するケースが出ている．2005年，廃棄物処理の補助金整理にともなって循環型社会形成推進交付金がつくられた．これは補助金より使用目的の自由があり，また技術の前進に寄与するといわれているが，効果は未知数である．

財政投融資（低利長期の国家資金の貸付）

　日本では膨大な郵便貯金と社会保障基金を主たる財源として，1990年代までは財政投融資計画が第2予算といわれるように，ほぼ一般会計の半分に達する規模の活動をおこなってきた．1970年代以降は，社会サービス部門の事業は一般会計から財投計画へ移っている．とくに民間銀行が公害対策にたいして積極的な融資をしなかった時期には，財政投融資は重要ないみをもった．すなわち，1987年度予算では一般会計および特別会計の公害対策予算は9783億円であるが，財政投融資対象機関の公害対策事業費は1兆4582億円であった．

第3節　経済的手段

小泉内閣の構造改革によって，財政投融資機関が整理され，郵政事業が民営化されたので，こんごはその役割は大きくかわるであろうが，現在は次のような機関が財政融資をしている．小規模企業設備資金制度による公害防止施設への融資，中小企業金融公庫および沖縄振興開発金融公庫による産業公害防止施設への融資，中小企業基盤整備機構による公害工場の団地等への建設譲渡事業，日本政策投資銀行による京都議定書達成計画促進事業や公害防止施設整備への融資，農林漁業金融公庫による家畜排せつ物処理施設等に要する融資，石油天然ガス・金属鉱物資源機構による鉱害防止事業などへの融資である．また地方公共団体も独自の融資制度をもっている．企業の公害防止投資が1970-95年にかけて，約10兆7298億円にたいして，財政投融資計画からの融資は約4兆5960億円であった．市場金利より1-2%低利であるので，直接補助としては460-920億円程度となる．同時期の25年間の公害関連法人税の減税は約6000-7000億円と考えられるから，金額的には小さいが，インセンティブとしては財政投融資が公害防止投資の補助政策として果たした役割は大きい．構造改革によって財政投融資からの助成が減少することから，民間金融機関からの中小企業の環境保全投資やNGOの環境団体への低利融資がおこなわれるようになっている．また地方銀行などがグリーン融資としておこなっている．好況期になって，一般投資需要がふえた場合に，環境保全融資とくにNGOへの融資がつづくかどうかは不明だが，アメリカのCommunity Developmentへの融資のような制度ができてもよいだろう．

減税制度

近年のアメリカ財政は租税政策によって公共政策を進める例が多い．たとえば，従来公共事業あるいは補助金として支出していた低所得者向け住宅事業をやめ，開発業者が低所得者用住宅を一部併設してマンションを建設した時に，減税措置をとる．ニューヨーク市の巨大不動産業者トランプが，ウエストサイドに建設した高級マンションは，低所得者用住宅を一部併設することによって，景観侵害で建設反対していたコミュニティ・ボードを説得しただけでなく，巨額の減税をうけている．

日本では，公害防止用設備の特別償却制度，固定資産税の課税標準の特例などが数十年にわたってつづけられている．たとえば四日市公害裁判時の調査で

は，被告3社(昭和石油，中部電力，石原産業．それ以外の3社は情報を提供しなかった)の1972年度公害防止関係費の減税額は16億7619万円にたいして，裁判による被害者への補償金9600万円，その後の公害認定患者への補償金は5億6900万円であった．つまり，12年の苦闘の末の補償金よりも被告3社の1年度の減税額のほうが10億円以上も大きいのである．減税措置がいかに企業にとって有利であったかをしめしている．

現在は自動車の低公害化，低燃費化について，一定の排出ガス性能を有する低燃費車にかかわる自動車取得税の課税標準の特例，ディーゼル車にかかわる自動車取得税の免税，オフロード車の固定資産税の減税措置がおこなわれている．また，エネルギー需要改革推進投資促進税制およびリサイクルのための再商品化設備等の特別償却制度があり，それらが，新しく措置の必要なバイオマス活用やアスベストの処理などに適用されている．その他土壌汚染対策や自然保護についての減税がおこなわれている．

こんご補助政策はアメリカのように，補助金から租税特別措置へ転換する傾向が促進すると思われる．それは投資誘因を生むかもしれぬが，税体系を複雑にし，租税情報を不透明にし，負担の不公平を生むであろう．

李秀澈は日本と韓国の環境補助制度を綿密に分析し，環境補助金のもつ積極的な側面の評価をしている．彼によれば，**図4-5**のように民間企業の公害防止投資にしめる公的融資は70年代には40-50％に達し，租税優遇措置では6-10％の法人税減税になっているという．財政投融資と減税が，高度成長期に企業の公害防止投資のインセンティブになったことは明らかであろう．李の指摘のように，アジアの国の初期の公害対策を進めるには補助政策が有効であろう[64]．李の業績を評価したいが，企業の公害対策は補助政策があったから進んだのではない．企業の公害対策はこれまでのべてきたように，市民の激しい公害反対の世論と運動を背景にした革新自治体の対策や公害裁判の成果として進められたのである．直接規制と環境法・条例そして公害防止協定などと総合して，企業の公害防止投資や技術開発がはじめられたのである．補助政策は長期にわたると技術開発の動機を失うので，時限つきでなければならない．李は補助政策をすべて補助金としているが，それらは区別すべきである．補助政策の諸制度は市場経済制度のもとでは序列がある．すなわち，補助金よりは財政投融資，そして減税(租税政策)が望ましいといってよい．また，アジアの各

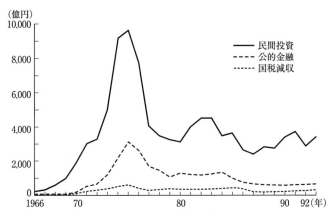

図 4-5 公害防止投資と金融・租税特別措置の推移
出所　李秀澈・植田和弘「環境補助金と技術」『日本機械学会誌』第100巻第947号，1997年．

国が政策金融をおこなうためには，日本の郵便貯金制度のような独自の地方貯金網による公的貯蓄制度の資金が確保されないと，不可能である．

2　課徴金と環境関連税

経済的手段導入の提案

1991年1月，OECD環境委員会閣僚会議は経済的手段を効率的かつ広いはんいで採用することをきめた．この決定では先に紹介したPPPにもとづく課徴金に加えて，環境税や取引可能な排出権など広いはんいの経済的手段にわたってその導入を推奨した．とりわけ地球温暖化対策としてはじまった環境税の導入がその中心となっている．その後，OECDは93年，2001年，2006年と，くりかえし環境関連税の導入を推奨し，そのための問題点の解決についての提案をおこなっている[65]．

OECDの経済的手段導入の理由は次の4点である．
① 汚染源としての企業などの情報が政府側に不足しているために，直接規制は環境税制などの経済的手段よりも情報収集コストが高く，効率が悪い．
② 直接規制のために政府が企業と交渉し，また企業情報を入手しようとして，政府と企業が癒着する可能性があり，官僚の介入には限界がある．
③ 企業の限界汚染削減量に差があるので，環境税制などの経済的手段のほ

うが，直接規制にくらべて汚染量削減のインセンティブが大きい．とくに環境税・課徴金や排出権取引制度は技術開発の刺激が大きい．
④ 環境税・課徴金は直接規制とちがって，「二重の配当」として政府に収入をもたらす．

この4点のうち，④はたしかに妥当しているが，他の3点については問題がのこる．①についていえば，直接規制だけでなく経済的手段の場合も，環境基準やCO_2削減量などを決め，それにもとづいて個別発生源の寄与度を決めなければならない．したがって企業が第三者による環境監査制度を採用して，環境に関する情報を公開し，モニタリングをし，虚偽の報告をした場合の罰則がなければ，環境税・課徴金や排出権取引は有効に働かない．つまり環境問題については，企業秘密を原則として許さないという社会的な合意と法的規制力がなければ，どのような手段も有効でない．

②についていえば，たしかに水俣病対策の遅れや自動車公害対策が進まぬことにみるように，行政や司法の中立性あるいは公共性のないかぎり直接規制は限界がある．しかし，同じことは経済的手段についてもいえるのであって，いまだに日本で環境税や排出権取引制度の導入ができないのは産業界の反対にある．また公害健康被害補償法がありながら，第1種(大気汚染)の新規認定が打ちきられ，またアスベスト公害について適用されないのは，経済界の意向によっている．つまり経済的手段といっても市場経済制度そのものでないので，経済界によって自動的に導入されるのでなく，政治行政の産物である．したがって，公共政策について市民の参加とチェックの装置がなく，政官財癒着の体制があるかぎり，経済的手段の採用もなく，採用しても直接規制より有効に働く保証はない．

③についても直接規制の基準いかんでインセンティブは決まる．温室効果ガスの削減でも政府の削減目標や方法がルーズであれば，技術開発は進まない．1970年代に公害防止技術の開発やエネルギー・1次資源の節約が進んだのは，資源価格の上昇もあるが，世論を背景にしたきびしい直接規制があったためである．

このように考えると，①から③までは，経済的手段の場合も同じような問題があるといってよい．企業の側からいえば，補助政策が働く場合には直接規制を望むが，それがなければ，条件つきではあるが，経済的手段のほうが直接規

制にくらべて比較的受認しやすいであろう．

環境税

　環境税と排出権取引制度の理論的系譜については，諸富徹『環境税の理論と実際』に明快に叙述されている．環境税の理論には，市場の欠陥から生まれる外部不経済を租税という公共的介入の手段をつかって内部化しようという厚生経済学——福祉国家論につながる思想がある．これにたいして，排出権取引の理論には，環境という共有資源に所有権をもたせて，環境を汚染する排出量を財産として，その取引によって排出量削減をおこなうもので，政府の介入をできるだけ排除したいという新自由主義の思想がある[66]．このようなちがいがあるが，両者とも，環境政策を政府から市場にまかせれば効率的で費用を最小にできるという新古典派経済学の思想にもとづいている．しかし，すでに汚染量の大きい企業ほど寡占化が進み現実には完全な自由競争がなくなっている社会において，経済的手段が直接規制よりも有効であるかどうかは疑問である．次節でのべるように「政府の欠陥」があるので，直接規制にのみ依存することはできない．直接規制を民主化して，経済的手段や自主的規制を活用するポリシー・ミックスが現実的であろう．OECDのこれまでの勧告でも，経済的手段のみを主張しているのではなく，ポリシー・ミックスを現実的としている．

　OECDの『環境税の政治経済学』によれば，各国は375の環境関連税と250の手数料および課徴金を賦課している．環境関連税の中でもっとも多いのはエネルギー製品(150の税)，自動車(125の税)，廃棄物関連(50の税)である．平均的に得られる収入はGDPの2-2.5％，税収にしめる割合6-7％，1人当たり平均500ドル，北欧やオランダは1000ドルを超えている．この税収の90％は自動車燃料税と車両税による．日本の環境関連税はGDPの1.8％でアメリカやカナダとならんで低位の代表国となっている[67]．

　課徴金は一般的租税とちがいPPPによって賦課される．これまでの経験では排出課徴金は排出源が明確な水質保全に有効で，ヨーロッパでは古くから多用されている．製品課徴金は自動車燃料や廃棄物については有効である．PPPによる課徴金は被害と加害の因果関係が明確であり，汚染者が特定され，比較的少数である場合，あるいは政府が提供するサービスに比例して政府への強制的支払いとする場合には有効である．1988年までの日本の公害健康被害補償

法の賦課金はその例である．しかし，不特定多数の汚染源があり，因果関係が明確でない場合にはなかなか適応しにくい．まして国際的な問題で発生源が特定できず，また被害が現実的でない場合には課徴金はとりにくい．このため，より間接的になる環境税の導入がおこなわれる．

OECDは環境関連税を次のように定義している．「特定の環境に関連した課税対象に対して課税される政府への強制的一方的な支払い……課税対象には，エネルギー製品，自動車，廃棄物，測定されたまたは推計された排出量，天然資源などが含まれる．租税は政府が納税者に提供する便益が通常彼らが支払うものには比例していないという意味で一方的である」．

この定義にもとづいて，環境関連税は多数あるが，自動車関連税が道路財源として使用されているので環境税といえない．そこで地球温暖化防止目的に限定して，石炭・石油などの化石燃料の炭素分に応じて課税する炭素税と原子力発電を規制する目的をふくみエネルギー抑制のために課税する一般燃料税を「環境税」とよんでいる（以下このように限定する部分はカギをつける）．現在世界で9カ国（フィンランド，ノルウェー，スウェーデン，デンマーク，オランダ，イギリス，ドイツ，フランス，イタリア）が1990年代に「環境税」を導入している[68]．

「環境税」は間接税の一種であり，価格上昇を通じてエネルギーの抑制をはかるもので，転嫁は可能である．環境税の第1の問題点は，国際的に一律の賦課をしなければ，賦課しない国にくらべて，賦課国は貿易上マイナスになる．またエネルギー多消費型産業は国際競争力が落ちる．OECDの先の勧告でも，鉄鋼生産量が9％マイナスになるとしている．国際的にはCO_2を排出するすべての国が導入することが望ましいが，この場合には，先進工業国と発展途上国とのあいだに差別を設けることが必要であろう．あるいは先進工業国の環境税収を発展途上国の温暖化防止対策にまわす制度が必要である．

「環境税」の導入による国内への影響について二つの問題がある．ひとつは導入によって企業活動が抑制され，所得や雇用が減少する可能性である．これについては，「環境税」の収入を環境産業の助成にまわすことも考えられる．もうひとつは，「環境税」は逆進的効果があり，低所得者の家計に影響が大きい．この不公平是正のためには，消費税の減税，所得税・住民税の減税，あるいは社会福祉の充実が必要であろう．日本の場合，環境基本法や環境基本計画では，環境税（とくに炭素税）の導入が計画されている．2005年10月の「環境税

(炭素税)案」によれば，税率は炭素トン当たり2400円，税収額3700億円で，これによる炭素削減量4300万トン(1990年基準で3.5%程度)，経済への影響はGDP年率0.01%減少としている．環境税は目的税でなく一般財源としているが，これを森林整備・保全，温暖化対策の減税財源とし，税収の一部は地方公共団体の温暖化対策へ譲渡したいとしている．業界にたいしては，大口排出事業者において削減努力をした場合には50%軽減(エネルギー多消費産業は60%)，鉄鋼等製造用の石炭・コークス等は免税，灯油は50%軽減などの措置をとるとしている．このような提案にもかかわらず，いまだに主としてエネルギー業界などの強い反対のために，炭素税は採用されていない．

他国の「環境税」の経験をみると，この案のようにエネルギー多消費型の産業にたいする減免税措置がある場合に，効率的な削減や技術開発が可能かどうか疑問がある．しかし，地球温暖化問題について，まったく具体的措置が働かない状況のもとで，「環境税」の導入は急がねばならない．

環境関連税は炭素税やエネルギー税を国税として，その一部を地方へ配分する．それとともに，森林税，水源保全税や産業廃棄物税，観光関連税のような地域独自の環境関連税あるいは課徴金が設定されている．日本では分権の進行とともに，このような地方環境税の導入が進められている．その多くが法定外目的税であり，その使途も特定の環境保全に使われている．大都市圏は，その水源を地方圏に依存し，廃棄物も地方圏で処理をしている．したがって，地方環境税は大都市圏の企業や住民の負担になる課税標準でなければならない[69]．

3 排出権取引制度

排出権取引の理論

排出権取引制度は公共悪(public bads)を商品化して，それを市場で売買することによって，削減する制度である．これを最初に制度化したのはアメリカで，1990年の大気清浄法で酸性雨制御のためにSO_xの排出許容量を発電所に課し，排出量の売買を進めた．その後，京都議定書では，排出権取引が国際的に制度化された．これまで，CO_2はSO_xなどとちがい，人間の健康に直接害はなく，経済活動とは関係がなかった．交換価値も使用価値もゼロであった．ところが地球温暖化問題とともに地球環境を破壊するマイナスの価値をもち，それを制御するための技術開発や経済活動が必要になった．CO_2などの温室効果ガス

を除去するために企業・政府・家計にとっては新しいコストがかかることになった．廃棄物(bads)の中には，リサイクルによって資源(goods)となる場合があるが，CO_2 は bads のままストックされ，goods にはならない．bads のままなのだが，国際的な規制のために，企業のコスト削減のための擬似 goods とせざるをえなくなった．CO_2 は経済活動によるエネルギー消費で必ず発生する．日常的に発生し，経済成長すれば排出量は必ずふえる．温暖化防止のためには GDP 年 1％ のコストが必要とされ，それを怠れば，GDP の 20％ の喪失，さらには生物種の絶滅などの絶対的損失がおこる．そこで，そのコストを引下げるためにこの bads に所有権がついて，擬似 goods として売買されることになった．この新しい商品が交換価値をもって取引されるには京都議定書のような協定による強制が必要である．そして，これにもとづいて国内での法制化，排出権の確定，排出権市場の制定，キャップをつけ価格を市場の取引にゆだね，情報公開と環境学習によって，また住民の世論と運動，さらにマス・メディアによって，社会的に企業に排出量削減をさせる圧力が必要である．

大塚直は「アメリカ法における二酸化硫黄排出権取引プログラム」の中で問題点を次のように指摘している[70]．

① 許容排出総量の割当てをどのようにするかについて決定が困難．
② 削減が真に実現されているかを継続的にモニタリングすることがむつかしく，「排出権」の算定配分が困難になり，取引費用が増大，排出権取引自体が減少する．
③ 市場が正常に機能しない場合があること．既存の施設が排出量を減少せず，また売り出されたクレジットを買い占めて他の施設の新規算入を妨げ，自由競争に反する行為がおこる．
④ 排出権をあらたに割当てぬと既存の既得権保護となる．
⑤ 課徴金よりもこの制度は住民の受容が少ない．

藤井良広は，排出権取引が新しい金融市場を生むとしている．

　先進国 A のイ企業の炭素換算 100 万トン減少のコスト Dp
　先進国 B のロ企業の排出権(量) 100 万トン分の売値 Db

$Db < Dp$ の場合に取引は成立するとしている．この場合に金融機関がはいって売買を仲介する．ロ企業が排出権を金融機関に信託し，金融機関は排出権取引所の価格をみて，適当な価格で排出権をイに売買する．排出権は国連が承認

するのだが，それ以前にリスク評価会社が格付けをして取引をはじめる例も出ている．とくに CDM によって，先進国が途上国の排出権を買うための格付け需要が多くなっている[71]．

世界銀行，国際排出権取引協会の調査では，2005 年の排出権取引総額は約 110 億ドル（約 1 兆 3000 億円），その 74％ にあたる 82 億ドルは EU-ETS（EU 排出権取引市場）で，CDM が 26 億ドル（24％），それ以外にアメリカのシカゴ気候取引所分や共同実施となっている．2006 年には取引額は 2005 年の 2.5 倍，280 億ドル（約 3 兆 3000 億円）になると予測されている．

EU-ETS をめぐって

排出権取引の大部分をしめる EU-ETS は，2005-2007 年を試用期間として，対象施設数は約 1 万 2000（エネルギー生産，鉄生産，窯業製品生産，紙パルプ生産をおこなう施設），CO_2 の排出量を対象としている．これは温室効果ガスの約 40％ である．第 2 期は 2008-2012 年で，化学，アルミ，廃棄物焼却，CO_2 以外の 6 ガスもふくめる．各国は EU がみとめた国別排出配分計画にもとづき，対象施設に排出枠を設定し，各施設は毎年排出量と同量の排出枠を自国政府に提出しなければならず，削減目標を遵守できなかった場合，試行期間は 1 トン当たり 40 ユーロ，2008 年以降 100 ユーロの罰金を払わなければならない．

この第 1 期においては，対象部門の予想排出量からの削減量が少なかったので，排出権の取引価格は 2006 年 4 月末まではトン当たり 30 ユーロに近かったが，2005 年度の排出実績が公表されて以後 10 ユーロ，2007 年 2 月 28 日現在 1 ユーロとなっている．岡敏弘は『環境経済学』において，排出権取引による総量規制はエネルギー利用効率を高める効果があるが，どの程度改善されるかは不確実であり，この改善は技術変化であるが排出権取引によっておこる必然性はないとしている．岡は EU-ETS の第 1 期の状況をさらに具体的に鋭く批判している[72]．すなわち，排出権取引は最小費用で排出量目標を達成する手段とされているが，EU の第 1 期はそうなっていない．その理由は第 1 期は初期配分を過剰配分し，しかもこの排出権は安定したものでなく，可塑的活動許可証にした．省エネ投資をして削減する場合の限界費用と，活動量を減らして削減する場合の限界費用とが均等化するまで技術的努力をした時に排出量削減費用は最小となるのだが，可塑的排出権では活動量の調整は制度上の削減につ

ながっていない．したがって，排出者の活動の調整を通じた削減努力の限界費用と技術開発による削減努力の限界費用の一致は望めない．そこで岡は次のように結んでいる．実績の変化にあわせて，くりかえし配分をやりなおすことを不可欠とする排出権制度は取引自体はそれほど重要でないから，「排出権取引制度」でなく「排出権割当制度」であるとしている．そして，環境税がエネルギー多消費型産業を優遇して効率性を掘りくずしたように，これも効率性を掘りくずすとしている．

政府に公共性がなく，産業が寡占化して自由市場がない状況のもとでは，排出権制度が理論どおりに，直接規制よりも効率がよく，技術開発を進めるという保証がないことが，EU-ETSの第1期にしめされている．日本の場合には，これから排出権取引制度を導入したいのだが，環境税の導入がエネルギー業界の反対で阻まれている状況のもとで，果たしてこのような問題点をのりこえうるだろうか[73]．私は排出権取引は環境政策の手段としては一時的補完的な制度にとどまると考えている．

4　エコロジカル財政改革

環境政策は国家の政策であり，その物質的基盤は財政である．したがって環境政策を進めるには財政改革が必要である．にもかかわらず，このための理論的な寄与は少ない．しかし重要な指摘からはいろう．

ワイツゼッカーは『地球環境政策』の中で20世紀の「経済の世紀」から21世紀の「環境の世紀」へ移行するためには，新しい社会経済システムが必要だが，そのために半世紀ぐらいの時間が必要だとしている．そこでそれまでの間に地球環境の保全のために市場経済を利用する方法として，従来のようなコスト計算でなく，資源(とくにエネルギー)コストで価格を決め，経営判断をするような制度の導入が必要としている．

ワイツゼッカーはエネルギー関係税だけでなく，次のように広いはんいの課税対象に環境税制の導入を提案している[74]．

　　炭素含有にもとづいて化石燃料にたいして，すなわち二酸化炭素排出量．
　　原子力エネルギーは安全基準にしたがって区分して課税．
　　大規模水力発電．
　　水――最小限消費量を越える部分．

商業的肥料(農場での硝酸肥料のリサイクルを奨励するため).

建設目的のための土地利用.

無害なものを含む金属や原料(リサイクルやその他の方法による廃物削減のインセンティブを生みだすため).

塩素やその他のハロゲン.

有害化合物.

溶剤――ただし再利用と回収の場合には免税.

　ワイツゼッカーによれば,環境政策上の補助金と免税措置を撤廃し,エネルギー価格を毎年実勢ドルの価格で5％増になるように環境税を賦課すれば,14年間で2倍,42年間で8倍となって,40年後には自動車の燃料として,ガソリンは1滴も使わなくなるだろうとしている.このように書くと,企業はおそれをなしそうだが,エネルギー価格を年間5％上げることは,最終消費者価格を5％上げることではない.産業界におけるエネルギーコストは全コストの4％にすぎないので,その5％を上げることは0.2％上げるにすぎない.この環境税の財源を使って雇用をふやすことも可能である.ワイツゼッカーは環境税の導入にあたっては,税制の中立性を推進するためには付加価値税は減税すべきであるとしている.

　財政学は租税原則をもっている.スミスやワグナーの原則が有名だが,私は現代では,ワイツゼッカーの提案をより包括的目的に整理して,次の4原則を提唱したい.①負担の公平,②公開と参加,③効率,④環境負荷の減少.

　新自由主義にもとづくグローバリゼーションは国際国内的に貧富の対立,地域の格差などをもたらした.人類の英知であった総合累進所得税制をやめて,消費税を中心とするフラットな税制に改革し,国際競争のための法人課税の減免税という租税政策を進めている.これは負担の不公平を進めて,所得再配分を不可能にし,極端な貧富の対立をまねき,公共部門の縮小によって福祉・教育・環境政策を阻むこととなっている.このような近年の租税政策を改めて,総合累進課税制を復活するとともに,エコロジカル租税改革を進めねばならない.日本の場合,環境税,エネルギー税をはじめ,1次産品(稀少な資源)の課税などの導入とともに,環境保全型の課税標準や税率の改革が必要である.

　環境負荷の減少という第4原則による改革を具体化するためには,第1章でのべた中間システムがその尺度となるだろう.これまでの企業課税では,投資

促進，輸出振興などの資本蓄積推進・大量生産型の資本形成や産業保護が目的とされたが，それを環境保全型の資本形成，環境負荷を減少する産業構造への転換を促進する租税政策をとる．東京一極集中を促進するような法人関係税（とくに地方税の法人二税）を地方開発を進める税体系にする．自動車関係税を道路特定財源から一般財源に改革する．目的税として残すならば，公害対策（被害者救済，緩衝緑地帯の造成）や公共交通整備にまわす．自動車燃料税の改革とくに軽油課税を強化する．消費課税は過去の物品税のように自動車などの耐久消費財を重課し，生活必需品を免除する差別課税を導入する．廃棄物課税を地方税として導入する．これらは一例であって，中間システムを標準に税制改革を考えうるのでないか．

歳入の改革とともに，歳出の改革を進めねばならない．次章でのべる維持可能な社会をめざす構造改革が必要である．平和，環境保全，福祉と教育の充実のための財政改革だが，この場合の環境保全の財政政策は，環境保全型の中間システムをつくることである．いま日本財政は財務行政の失敗もあって，未曾有の危機にある．財政再建は容易ではない．政府は「小さな政府」をかかげ公共部門の縮小を進めている．しかし，少子高齢化が進み，福祉，医療や教育の充実が望まれる時に，これ以上の公共部門の縮小は，基本的人権をおびやかすことになる．財政改革は必至であり，「小さな政府」だけでなく，分権型の福祉・環境社会の建設がどうしても必要であろう．

第4節　「政府の欠陥」と公共性

環境問題は「市場の欠陥」あるいは民間企業の失敗と欠陥によって発生するとともに，政府の失敗と欠陥によっても発生する．「政府の失敗」とは水俣病のように法制がありながら，それを適用しなかった例などをいい，「政府の欠陥」とは，アスベスト災害のように，産業の利益を優先して予防と法制を怠ったような例をいう．しかし，両者の区別を厳密にすることはそれほど意味があることではないので，ここでは両者を総合して「政府の欠陥」ということにする．政府が環境問題の原因となる場合，公企業や公共事業の公害では民間企業の公害と同じように事業主体としての欠陥だが，公害・環境政策の遅怠あるいは失敗の場合は，公共財を信託された政府としての規制あるいは予防の欠陥で

第4節 「政府の欠陥」と公共性

ある.しかし,両者とも,政府の存在意義である「公共性」から,その責任が問われるといってよい.そこで,ここではまず経済学(ひろくは社会科学)が規定する「政府の欠陥」論を検討し,そのうえで戦後史に表れている日本政府の欠陥の性格を分析したい.そして,政府の政策基準とすべき公共性について,具体例をあげて説明したい.

1 「政府の欠陥」と経済学

「政府の失敗」論

J.S.ドリゼックは,市場制度ではコモンズが守れないから公共的介入がおこなわれるのだが,それはうまくいっていないと指摘している.その理由は,①環境政策を進める人材が不足していること,②人材がいても市場の圧力や制約が強いので政策が進められぬこと,たとえば環境保全をすると,民間の投資が減り,失業がふえると反対される(第2章で紹介したように,ドリゼックは市場制度のもとでは所得不平等を前提にしているので,政府は成長政策をとって経済のパイを大きくせざるをえないとのべている),③「民主的な政府」であると,次の選挙がこわくて反成長政策をとれない,④大企業ほど政府をにぎっていて,パワーエリートができあがっているので規制を排除できる.

このように考えると,民間企業を規制するだけでは環境保全はむつかしく,公企業の導入が考えられる.しかし,現代資本主義のもとでは公企業は私企業とかわるところがなく,環境保全にたいするセンスもわるく,非効率で改善とはならぬ.かりにいま消費者主権に代えて計画者主権にかえると,戦時体制時はよいとしても平時は経済運営がむつかしい[75].

1970年代にはいって,「市場の失敗」論にかわって,「政府の失敗」論が花ざかりとなった.その代表はマネタリズムと公共選択理論であろう.これらの理論はケインズ主義による公共的介入——福祉国家を批判して,それに代わる「小さな政府」を主張している.マネタリズムの場合は,M.フリードマンの主張のように,福祉国家の政策は貧困を解消できず,中産階級の保護になっており,官僚主義で経済効率がわるく,スタグフレーションの原因となっているという.そこでフリードマンは一切の福祉政策をやめて,負の所得税だけにかぎり,すべての政府事業を民営化すべきだといっている.

フリードマンは環境を保全し不当な汚染を回避するために,政府が重要な役

割を果たすことをみとめている．しかし，「市場の失敗」を是正しようとして政府がおこなうこころみは，しばしば，ただ単に「市場の失敗」を「政府の失敗」におきかえるだけになっているという．その原因は，環境問題によってだれがどれだけの損失をうけ，だれがどれだけの利益を得たかを市場における参加者よりも，政府のほうがよりよく知っているとはいえぬからであるとしている．フリードマンは汚染をゼロにすることは大きな被害を生むから，本当の問題は「汚染の排除」ではなくて，汚染を「妥当な量」だけ生みだすことができるような取決めをすることだという．最終的には消費者が汚染にたいする需要をつくりだしているのであって，企業はたんなる仲介者なのだから，もし汚染を削減しようと思えば，それにふさわしい費用を消費者は負担すべきであるとする．しかし，直接規制による環境政策はまるで犯罪にたいする懲罰の問題であるかのように正か悪かとなって，環境政策の費用と利益を比較するようなことを排除してしまっているという．そこで彼は，直接規制をやめて課徴金をとって市場に規律を導入するほうがよいとして次のようにいっている[76]．

> 汚染排出課徴金による方法と取り締まり規制による方法との違いは，汚染排出課徴金による方が，より低い費用でもっと有効に汚染を制御でき，汚染を発生させてない人びとの活動に対しても，より少ない負担しかかけないという点だ．

公共選択論

公共選択論では現実の政府が非効率な経済行動を選択することを「政府の失敗」としている．「政府の失敗」が発生する理由としては，圧力団体の存在，レント・シーキング(rent-seeking)，官僚機構の非効率などがあげられている．圧力団体がその特殊利益をもとめて政府に圧力をかけるために，社会全体として非効率になるということについては説明は不要だが，環境団体も民間企業と同じように圧力団体とされている．

レント・シーキングとは個人や団体が政治によって利益をもとめる行動をさしている．民主主義政治制度のもとでは，各人が個人効用極大主義に走るので，政治家も民衆も租税負担のない財政支出を望む．たとえば，環境税や課徴金よりは，補助金や規制を選択する．このために財政が膨張し，民間の資源と人員の削減となり，完全雇用の実現とならず，スタグフレーションの原因となると

いう．他方これは官僚機構の増大を生み，政府の規制力を強化し，自由を束縛するとしている．

官僚主義の非効率というのは，官僚が組織をつくれば，予算と人員を拡大することをもって業績の判断とするために，事業の効率という動機が働かないことをいっている．

新自由主義の環境政策は，このような理論にもとづいて，規制よりは経済的手段をもとめ，費用便益分析にもとづいて効率による政策選択をもとめている．この理論は，個人や法人をすべて同じアトムとしてとらえている．新自由主義の経済学は消費者主権論に立っており，財政学は納税者主権論に立っている．したがって，「市場の失敗」は消費者が環境保全よりも経済成長を望んだためにおこる「消費者の失敗」であり，「政府の失敗」は環境政策よりも産業の発展を優先する政府をえらんだ「納税者＝国民の失敗」ということになる．たしかに抽象的にいうならば，究極は消費者と納税者に責任があるといえるかもしれぬが，具体的な公害・環境問題では明確に原因者がいるのであって，このような理論を進めれば，責任をあいまいにして，公害対策や環境政策は進まない．民主主義国家では，法制上は個人の権利がみとめられ，市場では消費者の自由がみとめられている．しかし，現実には経済を支配しているのは巨大企業を頂点とする産業であり，政治を支配しているのは支配政党と高級官僚のテクノクラートである．個々の消費者や納税者に選択の自由があるのではない．社会構成体は国家と個人の二元の構造でなく，そのあいだに家族，社会集団（企業における経営者と労働者，あるいは階級構造），地域集団（コミュニティ）があるのであって，すべて個人に還元できない．新古典派の理論は非現実的といってよい．

制度学派の批判

『近代株式会社と私有財産』において，所有と経営の分離を明らかにしたアメリカの制度学派の A. A. バーリは，すでに 1963 年にフリードマンの市場万能主義を批判している．彼は *The American Economic Republic* において，ソ連型社会主義は政治と経済が同じ主体で癒着しているので，国有化体制をチェックする民主主義と個人の自由がないと批判している．そして，同時にフリードマンのような新自由主義を批判している．フリードマンは自由な民主主義国家は，統制されない経済機構の産物であると考え，政治的自由は経済的自由

の市場の産物と考えているが,これはバーリによれば論理の転倒だという.

> 大部分の経済学者は自由市場を,あたかもそれが正常で,必然的で自由な現象であるかのごとく考えかつ書いている.実際には,自由市場は人為的で,微妙で,不安定なものである.自由市場は,用意周到で継続的な国家介入によってはじめて維持されているのである.アメリカ経済共和国において,自由市場は,国家が維持している手段ないし機構であり,国家利益の命ずるままに利用され,放棄される手段である.もし国家による保護が行われなくなれば,多くの理論家が考えているところの自由市場は数年のうちに消滅してしまうのである[77].

J.K. ガルブレイスは『新しい産業国家』において,現代社会を巨大企業と巨大労働組合が拮抗する社会としてえがいている.そして,軍需産業,宇宙開発や原子力の分野では,公的組織と私的組織との境界線が不分明になり,企業は「半国有化」のようになっていると指摘している.ガルブレイスは農業や中小企業は市場原理でうごいているが,巨大企業はみずからコスト計算をして価格をきめるので「計画経済」の原理でうごいているといっている.そして国家も「半計画経済」の国家のようになっているといっている.ガルブレイスは多元主義国家論と異なって,巨大企業の政治力を重視している.巨大企業の拮抗勢力である巨大労働組合が急速に政治力を失って,巨大企業と巨大国家がアメリカの現代社会の支配力であり,両者の結合と離反が問題となっている[78].

このような制度学派の国家論のほうが新古典派の理論よりも現実的である.

「国家の失敗」

ドイツの環境学者イエニッケは,『国家の失敗』の中で,独自の立場から現代国家の欠陥を指摘している.イエニッケは国家の失敗を次の3点としてのべている.

第1に政治的国家の失敗は,社会的な要求に合致した公共財の供給を予防の段階で投入できず,事前の介入ができないことにある.したがって,産業システムの外部効果(公害,地域格差,産業間格差)の処理のコストの増大をまねく.これをイエニッケは「廃棄物処理」といっており,国家がこの機能を増大すればするほど産業の成長を促進するが,それは社会のマイナスになる.

第2に経済的な国家の失敗は,公共財の価格があまりにも高くなりすぎてし

まう非経済性にある．これは公共選択論の指摘する政府の失敗と同じである．

第3に機能的な国家の失敗は，生産物の有用性があまり高くないものを供給してしまうことであって，国家活動の有用性が問題になるとしている．これはドイツの電力・交通政策や日本の公共事業にみられるように，無用なダムや道路がつくられる例である．

この中でイエニッケが強調しているのは，現代の大量生産の産業システムの改革をしないで，それから発生する社会的損失の除去のために国家が公共サービスをすることや，事前介入をしないで事後的修復をするために多くの無駄な公共資金を支出するという国家の失敗である．これは20世紀初頭にドイツのR. ゴルトシャイトなどが主張した財政社会学と同じ主張といえる．根本的原因にメスを入れないで対症療法に終始するために，いたずらに経費を膨張させ，官僚機構を肥大化させるのである．

イエニッケの理論が新古典派とちがうのは，国家の失敗を政府そのものの失敗とみずに「産業主義の構造的危機に由来する規制の需要の増大と産業主義がつくってきたコントロール能力の低下との間の矛盾」として，産業にその根本的原因をもとめていることだ．つまり，産業の超大権力を国家官僚制の超大権力によってコントロールするというのは，両者がひとつ穴のむじなのようなもので不可能なために国家の失敗があるので，必要なのは産業権力の解体であるといっている．イエニッケは，将来は社会的技術的イノベーションは進めなければならないが，そのためには分権化，参加，エコロジー的近代化などが必要だとしている[79]．

社会主義の「政府の欠陥」

社会主義の公害問題は「政府の欠陥」の典型といってよいが，それは体制上の問題だけでなく，環境政策の理念に問題があった．C. E. ツィグラーの *Environmental Policy in the USSR* によれば，ソ連の政府や理論家の多くは，マルクス主義によれば，資本主義から社会主義に体制がかわれば，自動的に人間による人間の搾取と人間による自然の搾取がなくなるので，資本主義のような環境問題はおこらないと信じていたという．またそれに加えて，ソ連の領土は広大なので，汚染物の量が多くても(1970年代では SO_x の排出量はほぼアメリカと同量であった)，公害にならぬと信じていたというのである．国土面積当たり

の汚染量は公害の説明にはならないことは明らかである．この広い国土にたいする信仰のようなものは，ツィグラーによればまちがいで，ソ連の利用可能面積はせまく，気候，水系や地質などの自然条件でいえば，大気・水・土壌汚染のおこりやすい条件にある．事実，バイカル湖の汚染をはじめ，つぎつぎと大きな事件が発生した．しかし，ソ連の政策は基本的には欧米諸国の生産力に追いつくための工業化路線であり，そのため環境政策の経費は成長を阻害するものとして二次的に考えざるをえなかった．それだけでなくエコロジーを無視して，スターリン時代からの有名な大規模な自然改造政策が進められた．これらの大プロジェクトは党とエリートの権威を高めるためには効果があったが，重大な環境破壊でもあった．ツィグラーによれば，ソ連の指導者の感覚は，資源枯渇や環境破壊などを信じず，西部へ向かって開拓をつづけた 19 世紀のアメリカ人と同じであるといっている[80]．

　もちろん，これまでにも環境問題の専門家たちや自然破壊された地域の住民の中には，政府の成長政策による外部費用の累積に気づくものもいた．政府は人民の参加ということを強くいっているが，少なくとも環境保全分野では参加は制限され，とくに政策提言をする場は与えられていなかった．環境法は生産か環境かという紛争解決の手段ではなく，成長政策を進めるための手段となっていた．また環境問題についてまちがった情報が流され，有力な企業と官僚との結合にもとづく弊害や国防産業の生産による公害をチェックするようなものではなかった．

　ツィグラーはソ連を一種のコーポラティズムとして，国家企業家と政府官僚の結合体が，環境保全より成長をえらばせる基本的メカニズムであるとしている．この一種の利益共同体が環境保全へと政策転換をおこなわせることを阻んでいるというのである．ソ連には住民が参加して多元的に討論し，それが政策形成になるという習慣がなく，党が最終的に政策や情報を決定して，それを住民が守るというしくみになっている[81]．

　このツィグラーのソ連邦の環境政策の紹介と批判は，私が 1970 年代以来調査してきたポーランドの環境政策の欠陥の指摘と同じである．ソ連邦と東欧の社会主義体制は崩壊したが，中国，ベトナム，キューバ，さらには近年台頭しつつある中南米の「社会主義」の環境政策は，「政府の欠陥」を是正できたであろうか．具体的な総合調査をしていないので結論はできないが，中国の現状

をみるかぎり,「政府の欠陥」は是正できているとはいえず,しかも急激な経済のグローバル化と市場経済化によって,「市場の欠陥」が資本主義国以上に出現しているように思える.

中国はソ連邦とちがい,経済のグローバル化に対応しているので,先進資本主義国が採用している環境政策を整備しようとしている.同じ発展途上国の中では,たとえばインドなどとくらべてみると,中国の環境法制の整備は進んでおり,公害をふくむ環境情報の公開もおこなわれている.PPPの採用,予防原則の検討と採用,GDPの1%を超える環境対策費の支出などもおこなわれている.にもかかわらず,中国の多くの河川の汚染,大都市・工業都市の大気汚染などの公害は,日本の50年代から60年代の高度成長期と同じような深刻な様相である.

これまでくりかえしのべたように,資本主義の環境政策は,資本主義の原理をこえた住民の世論と運動によって形成され前進した.現代の社会主義制度も自動的に環境問題を防止するしくみはない.それは市場原理だけによるものではないが,経済成長を最優先する企業主義があり,それが政治とむすびついている.したがって,このようなしくみの外側から公共的介入をしなければ環境問題は解決しないが,その場合には,住民の世論と運動が必要である.それは公害や自然破壊を告発するために必要というだけでなく,環境政策をふくむその地域にふさわしい経済・社会の発展を計画し,また実際に自然を守り被害を救済していく場合に必要なのである.

中国は公害・環境破壊を引きおこす「中間システム」をとっている.公害防止の技術や環境法制を先進国から導入しても,いまの「中間システム」を改革し,住民の人権や民主主義を守る公共政策と三権分立・地方自治の確立を進めぬかぎり,公害・環境破壊はなくならないだろう.欧米日の近代化とは異なる道を歩みうるかどうか,まだ答えは出ていない.

2 日本の環境政策と「政府の欠陥」

環境法制の新展開

日本の環境行政は,1970年代以降機構が整備され,人員と予算は大幅に増大した.リオ会議以後の国際情勢の影響もあって,環境関係法は数えきれぬほど制定された.なかでも重要な法律とその問題点は次のとおりである.

第4章　環境政策と国家

　環境基本法(1993年)は，環境の恵沢の享受と継承，環境への負荷の少ない持続的発展が可能な社会の構築，国際協調による地球環境保全の積極的推進という三つの基本理念をかかげている．この法律ではリオ会議の教訓から，民間団体の活動を促進するために情報の提供その他の必要な措置を講ずると規定している．これは大きな進歩だが，実際にはこの法の策定過程は事実上非公開で，市民団体の意見をとりいれたとはいえない．環境基本法は環境政策の憲法といえるものであり，環境団体の年来の要求であった環境権を規定すべきであった．環境権を明示できないならば，環境団体の行政不作為追及権をみとめるべきであったろう．しかし法は第3条で「環境の恵沢の享受と継承」という文学的な表現の条項をつくり，健全で豊かな環境が現在および将来の世代の人間に享受できるように維持されなければならないとのべるにとどまった．第4条では持続可能な発展の理念をのべているが文章が晦渋で，経済の発展がなければ持続可能な社会は達成できず，科学技術の発展がなければ環境保全ができないようにもとれ，持続可能な発展が至上命題だというリオ会議の精神があいまいとなっている．

　環境基本計画は基本法の施策を進めるために翌年策定された．ここで初めてパブリック・コメントがもとめられ，9ブロックで156人の意見，郵送などで寄せられた610人の意見など，延べ3336件が整理して発表された．しかし最終案ではこれらのコメントはほとんど採用されず，要求されて実現したはずの数量的指標は，これまで各省が決めた目標をしめすにとどまった．環境基本計画はその長期的目標として，循環，共生，参加，国際的取組みという四つのキーワードと五つの施策をあげている．官庁文書に共通しているのだが，主語がなく，誰がどのように実行するのか，どういう効果とマイナスが予測されるのか，どのようにモニタリングして事後修正するのか，もしも施策が失敗した場合，誰が責任をとるのかがわからない文章となっている．「計画」というより，「希望」をのべたといったほうがよい．環境基本計画は循環型社会を実現しなければならぬが，これには強力な規制と経済的手段が必要である．そのためには環境基本計画はあらゆる行政計画の枠組というか最上位計画でなければならぬ．しかし，環境省は弱小官庁であり，この計画は行政計画の一部にすぎない．自然と人間の共生という原則で国土を四つの空間に分けて計画している．共生の原則では原生林のように厳正に保全すべき空間，生態系や景観の稀少性の点

で適正に保全すべき空間に分けている．具体的に区別するにはこの基準はあいまいであるし，ここでも国土形成の官庁との関係が問題である．なによりもいまは農山漁村の保全，そのための人材が過疎になっていることが問題なのだが，他方で政府は市町村合併を強行し，農業経営の大規模化をはかり，農村の過疎化を進めているので，この計画は空想にみえる．住民の参加はいうまでもなく環境政策の原則だが，この計画では吉野川河口堰ダムなどで決定的役割を果たした「住民投票」などのような具体的な参加制度はしめされていない．市民が主権者として，環境という公共財を守らない政府を訴求する権利を明示するのでなく，分別収集に参加する責務として書かれている．これは前述したように，環境問題の原因を中間システムのような社会経済システムに，その第1の責任を企業＝生産者にもとめるのでなく，原因はライフスタイルに，その責任を消費者＝住民にもとめるものである．

予防原則をもとめるための事業アセスメントとリスクアセスメントについての法制や問題点はすでに前節でのべたので省略する．

循環型社会形成推進基本法(2000年)は，その第2条に「循環型社会」を次のように規定している．製品の廃棄物化抑制，循環資源となった場合に適正な循環的利用の促進，循環的利用不能な資源の適正な処分，天然資源の消費抑制と環境への負荷ができるかぎり低減される社会である．この法律にもとづいて資源有効利用促進法ができ，さらに容器包装，家電製品，自動車などのリサイクル法ができた．また従来の廃棄物処理法も改正された．このような法律が連作された背景には，瀬戸内の豊島でおきた不法投棄がある．

このような結果，産業廃棄物排出量は1985年産業廃棄物の4億トンからかわらぬが，リサイクル率は1990年の38％から，2003年49％になり，最終処分量は9000万トンから3000万トンと3分の1になった．このように有効利用は進んでいるが，不法投棄や処理場不足は解消していない．リサイクルは原材料が高騰していて，さらに廃棄物の購入費よりもリサイクル処理費が安くならねば進まない．さいきんでは，年間廃棄自動車500万台，そのうち100万台が輸出されている．これはバーゼル条約違反ではないが，最終処分の責任はアジア諸国に移転されるケースが多くなっている．もともと完全循環社会形成は維持可能な社会をつくることの一環であり，いかなる社会経済システムをつくるかということであった．しかし日本では廃棄物のリサイクルになり，さらに各

産業のリサイクルに矮小化されている.

90年代以降紹介できぬほどの法制が誕生した. これを運用する行政職員も専門化している. とくに自然保護関係では優秀な専門家が生態系の維持に力をつくしている. だが, 1960年代とはくらべものにならぬほどの組織, 人員, 予算の充実にもかかわらず, いまだに公害問題は終わらず, アメニティの充実はみられず, 地球環境問題が深刻化するのはなぜか. これは, 日本的な「政府の欠陥」が依然として解消されていないためである.

日本的「政府の欠陥」

日本の環境政策の問題点の第1は民間企業追随主義であることだ. 1967年の公害対策基本法の目的は「生活環境の保全と産業の発展との調和」という調和論であった. この調和論は産業の利潤を保証する範囲内で環境保全をおこなうということになる. 経済学でいえば現行の技術を前提にして最適汚染点に環境基準を決めるということになって, 企業が採用可能な現実妥協的な環境基準を決めるために, 被害の発生を防ぐことができない. 1970年の公害対策基本法の全面改定によって, 調和条項は消え, 公害対策は生活環境の保全という単一の目的を遂行することになり, 環境基準も改定された. 公害ではまた, 無過失賠償責任もみとめられた. しかし, 現実には企業の圧力が強く, 1978年には NO_2 の基準改定, 1988年には公害健康被害補償法の大気汚染地域の解除がおこなわれた. 環境行政というよりは労災もいれた安全対策であるが, アスベストの規制が遅れたのは, 明らかに行政の民間企業追随主義の表れである. 2007年, ようやく戦略的環境アセスメントが取り入れられたが, その際に電力業界の要望で発電所は除外された. これは委員会の決定に違反し, うやむやのうちに決定されたのだが, 明らかに企業の横暴に行政が屈服したといってよい. 地球環境政策について, 業界の自主的努力に委ね, 環境税の導入が遅れているのも同様である.

司法の場において, 環境権がみとめられず, 依然として旧来の受忍限度論が支配しているのも, 同じ理念による. 司法(ひいては行政)の場では, 所有権を前提に社会的有用性(公共性とされる場合もある)のある事業の公害については, 被害者は所有権を侵害されるか, 重大な健康障害をまねかぬかぎり, 被害を受忍すべきであるという受忍限度論を根底にもっている. この場合の社会的有用

性というのは経済効果であり，しかも市場価格で表示しうるような社会的便益であって，あらゆる住民に平等の機会を与えるという社会的公平ではない．まして基本的人権をみとめる正義の理念にもとづかない．このため被害者たる，社会的弱者は企業や国家の行為を受忍せざるをえない．日本の多くの都市には社寺林をのぞいて，まとまったみどりがなく，乱雑な高層ビルディングや高速道路によって景観が破壊されたのは，この論理によっている．原因者が公法上の責任を守らず，所有権侵害や被害者の重大な疾病のような民事上の過失を侵さぬかぎり，生活環境の侵害程度では無過失賠償責任や事業差止めはないという考え方である．公共事業裁判において，人格権がみとめられ，損害賠償はおこなわれているが，差止めは依然として困難であるのは，公共性に問題があるためである．これについては次項でのべる．

　第2は予防を原則とせず，対症療法主義であることだ．四大公害裁判によって加害の責任が確定しなければ，環境政策は前進をしなかった．道路，空港，新幹線などの騒音基準は，裁判がおこなわれるまでは設定されていなかった．環境影響評価法がアメリカのNEPAに約30年遅れたことにみられるように，日本の環境政策は予防原則の採用が遅れている．同じことは景観法がイタリアのガラッソ法より20年遅れ，アスベストの禁止がヨーロッパにくらべ十数年遅れていることなど多くの失敗が指摘できる．

　予防でなく対症療法に走るならば，その間に多くの公害や環境破壊がおこり，とりかえしのつかぬ絶対的損失がおこってしまう．京都の中心部は，ようやく景観法にもとづく市の条例によって，高さなどの規制がかけられることになったが，手遅れの地区が多くある．アスベストによる多くの犠牲者はこれまで救済されず，今後救済されたとしても，健康や生命はもとにもどらない．対症療法は財政的にも無駄が多く，結局は国民経済的損失となる．高度成長時代の大型プロジェクトの多くは，とりかえしのつかぬ公害をひきおこし，その対症療法のために巨大な費用をかけることになった．たとえば，大阪空港は周辺整備機構をつくり，空港隣接の住民の移転，住居・公共施設などの防音工事をして，さらに住民への賠償金を支出したが，これらの公害対策費は当初の大阪空港建設費の10倍以上にのぼっている．宍道湖・中海の干拓は，工事費が無駄になっただけでなく，事後対策に経費がかかるであろう．おそらく，諫早干拓事業やダム，新産業都市以来の5次にわたる国土開発事業により初期目的を果たさ

なかったプロジェクトについては，環境破壊とともに，事後対策に大きな社会的損失が生まれている．

そして第3は官僚主義(セクショナリズムと中央集権主義)にある．1960年代の公害行政は政府各省にまたがり，セクショナリズムが強かった．初期の公害行政を自ら経験し，日本の公害・環境行政のリーダーであった橋本道夫は『私史環境行政』の中で，公害が行際分野であることをよいことにして放置されてきたことを，1964年公害課長就任当時をふりかえり次のようにのべている．

> どちらかといえば，公害は厄介もの扱いで，なるべくふれたくないというのが本音であったが，各省間の話し合いとなると，積極的，消極的権限主張をたくみに使いわけて，結果的には，公害対策をはばむという様相を呈していた[82]．

セクショナリズムはそれ自体が官僚主義(専門的な権限・財政の集中)の所産であるだけでなく，その背後に産業界の思惑が働いているために生ずる．橋本道夫は初期の公害行政，たとえば水俣病問題では日本化学工業会の大島理事に「アカ」とののしられたり，別の件では鉄鋼連盟から大声でののしられたといっている．環境影響事前評価制度が6回も流産したのは，環境省(庁)と事業者とのあいだの意見の調整がうまくいかなかったことが表面上の理由となっているが，実際はその背後に種々の産業界の反対の圧力があったのである．アスベスト対策が遅れ，また救済法ができても総合的に救済が進まぬのは，セクショナリズムのせいである．すでに第3章でのべたように有害な物質は公害のみならず労災・商品害など社会的災害全体に関連する．この対策は環境政策にとどまらず，社会的災害あるいは安全対策として全省が関係してとりくまねばならぬ現象である．官僚主義がそれを阻んでおり，それが先の民間企業追随主義と一体になって，対策を遅らせ，あるいは失敗させている．

官僚主義は同時に秘密主義である．産業界も営業上の秘密として情報の公開を阻む場合があるが，これを行政上の守秘義務として公開しない．環境基本法にしたがうならば，環境問題に関する情報は原則公開でなければならない．

環境政策の変容——企業主義へ

新自由主義によるグローバリゼーションは，環境政策をかえつつある．それは大きく分ければ二つの方向である．ひとつは公害・環境保全の主体を公共機

関から民間企業に移す傾向である．もうひとつは政策の手段を直接規制から経済的手段とくに排出権取引のような汚染物の価格を設定して売買するという市場主義を中心とすることである．

　グローバリゼーションの進行とともに，グローバル・スタンダードが世界の企業を規制しはじめている．代表的な例が国際会計基準委員会(IASC)がつくった基準が全世界の金融機関などの規制基準となっていることだ．民間の二つの代表的機関，ムーディーズ投資サービスとスタンダード・アンド・プアーズによる格付けが各国の投資家を支配し，国家をこえて事実上企業活動の「公的規制」となっている．環境政策ではISO(国際標準化機構)14000シリーズが，環境省に代わって環境対策の認証を進めている．日本ではISO 14000シリーズの登録をしているかどうかが，環境対策を進めている事業体かどうかの基準のようになっている．2005年9月末までに登録組織件数は2万438件に達し，世界一の登録件数となっている．ちなみにこれは世界のISO 14001登録件数の18.8%であり，第2位は中国の12.2%，第3位スペイン7.6%，第4位イタリア6.8%，イギリスは6.0%で，ドイツは4.9%である．中国やスペインはISO 14001登録件数が多いからといって，EUより環境政策が進んでいる国とはいえないであろう．EU諸国は公共政策を主体としているからだが，日本ではこれが環境政策の判断基準となっている．

　また環境マネジメントの取組みをし，環境報告書の作成や環境会計を導入して環境対策を進めていることが，企業の社会的責任を果たす手段となり，企業の良きイメージを強めることとなっている．環境省が上場企業について調査したところによれば，2004年で，環境に関する経営方針を策定した企業が85%，環境報告書作成・発表している企業が58%，環境会計の導入企業が30%となっている．この内容が合理的かどうかは検討が必要だが，かつては公害・環境問題の情報は秘密にされていたことからみれば，大きな変化である．どうしてこのような変化がおこったのであろうか．

　いうまでもなく，高度成長期の深刻な公害の結果，そして近年の地球環境問題による市民の公害反対・環境保全の世論と運動の圧力と，それから生まれた多くの環境法制が企業の戦略に影響を与えたこともあろう．環境政策が市民権を得たという条件のもとで，先述のように新自由主義の潮流の中で公的規制よりも企業の自主自責という市場原理が貫徹したのである．それを進めるかのよ

表 4-12 環境ビジネスの市場・雇用規模

	市場規模(億円)		雇用規模(人)	
	現状	2010 年	現状	2010 年
環境分析装置	300	400	1,290	1,080
公害防止装置	11,690	15,760	18,610	19,370
廃棄物処理・リサイクル装置	4,870	7,120	7,740	8,940
施設建設(埋立処分工場)	1,660	340	1,490	310
環境修復・環境創造	17,350	54,850	62,020	192,840
環境関連サービス	2,230	7,360	9,880	28,610
下水・し尿処理	920	12,120	12,420	42,500
廃棄物処理・リサイクル	407,220	531,750	1,183,310	1,332,290
環境調和型製品	34,970	43,760	62,620	77,760
合　計	481,210	673,460	1,359,380	1,703,700

出所　産業構造審議会環境部会産業と環境小委員会「環境立国宣言——環境と両立した企業経営と環境ビジネスのあり方」2003 年，10 頁．

うに，環境対策がビジネスとなった．産業構造審議会環境部会産業と環境小委員会によれば，**表 4-12** のように環境ビジネスの市場規模は 48 兆円，雇用規模は 136 万人に達している．この統計は環境分析・公害防止装置のようなハードな部門からサービス部門にいたるまでを網羅しているので，産業別分類のあらゆる部門から抜き出していて，環境産業という自立した産業の生産額ではない．しかし，自動車産業の出荷額 47 兆円に匹敵する巨大な規模である．その最大の分野である廃棄物処理・リサイクル部門は先のリサイクル関連法によって今後ますますふえることが予測されるから，2010 年の 67 兆円という金額も途方もない数字ではない．これらの部門をネットワークする環境産業クラスター(コンビナートといってもよい)がつくられ，北九州のように地域開発としてエコタウンが計画されている．またこれ以外にもエコ・プロダクツといって「環境にやさしい商品」と銘打った商品やサービスを売る部門がつくられている．まさに「環境ビジネスの時代」である．

　日本は企業社会であるから，環境政策の前進はこのような企業の対策の前進が必要であろう．しかし，多くの公害や環境問題は市民にとっては消滅させることが目標なのである．それがビジネス化すれば，絶えず再生産されねばならない．リサイクリング産業が大規模化して採算を得るためには，廃棄物がつねに大量に供給されねばならない．それは大量生産・大量消費が前提となり，不足すれば輸入することになる．ここに環境ビジネスという bads を goods にす

る産業の限界があるのでないか．

　環境政策の企業化とともに政策手段の変容が進んでいる．このことはすでに前節でのべたが，企業にとって容認できる経済手段が望ましいとされる．PPPのような責任を明らかにする方法よりも，環境税のような直接責任を問うものでない租税が望ましい．日本では業界の反対でこれも採用できないので，排出権取引に流れる傾向がある．それも政府が総量規制するのでなく，業界の自主的取引にゆだねる傾向がある．とくにアジア，なかでも中国との関係で排出権取引が進むと考えられる．日本はエネルギー節約技術が進み，GDPの伸びとくらべて，エネルギーの伸びは小さくなっているため，他の国よりもこれ以上の省エネルギーの技術開発は困難が多いといわれる．このためにエネルギー効率の悪い発展途上国との排出権取引に走りやすいといわれている．しかしこの傾向が安易に進むと，公害防止・環境保全の技術開発や政策の展開が遅れるという懸念がある．

3　公企業・公共事業の「公共性」と環境問題

「公共性」の名による人権侵害――世界最高の公共投資国日本の経験

　イギリスの行政学者ロブソンに「天才」と激賞されたアメリカの元コロンビア大学法学部教授のW.フリードマンは『現代経済と国家の役割』の中で次のようにいっている[83]．

　　今日，政府企業のみが，道路の混雑，空気や水の汚染，公共輸送の衰退に立ち向かうことができるのではなかろうか．それゆえ，現代社会で用いることをやめて久しい経済哲学の用語〔「安価な政府」論など――引用者注〕を用いて，公企業に反対すること，あるいは，それどころか，経済用語だけを用いて，公企業についてとやかく議論することは――決して異常とはいえないにしても――不合理である．

　まさにこの指摘は正しいのだが，現実の公有企業，あるいは公共事業は社会主義と資本主義の双方の諸国において，私企業と同じように公害や環境破壊をおこなっている．なぜか．どうしたら，政府企業や公共事業が私企業とは異なって公害防止や環境保全をおこなう，W.フリードマンのいう本来の正義や公平の任務を遂行できるのか．

　公有企業や公共事業・サービスによる公害やアメニティ問題こそ，「政府の

表 4-13 各国の公的支出の GDP にしめる

	1970年			1980年			1985年		
	政府固定資本	軍事費	社会保障移転	政府固定資本	軍事費	社会保障移転	政府固定資本	軍事費	社会保障移転
日　　本	4.6	0.8	4.7	6.3	0.9	10.4	5.9	1.1	13.7
アメリカ	2.6	7.6	7.9	1.6	5.1	10.5	1.9	7.4	12.8
イギリス	4.8	4.7	8.6	2.7	4.6	11.6	2.2	5.7	17.1
ド イ ツ	4.3	2.9	12.2	3.5	2.8	15.3	2.6	3.1	21.4
フランス	3.8	3.2	17.0	2.9	3.4	22.4	3.5	3.7	27.9
スウェーデン							3.7	3.2	23.3

出所　大蔵省資料より．

失敗」である．そして，これこそ現代資本主義国家ひいては現代社会主義国家の矛盾の象徴的な表れといってよい．おそらく，この問題を考えるのに一番ふさわしいのは，日本の経験であろう．

　日本は 1990 年代初頭までは企業の高度成長が世界一であり，その営業余剰（利潤の広義の概念）が量・質ともに世界一であるという点では，民間資本の経済力の強い国である．だが，同時に国家がこの民間資本の急速な蓄積を助成するために，大規模な公共投資をおこなっていることでも，世界で有数の国である．私はそのいみで日本を「企業国家」と名づけた．すなわち，日本の財政は表 4-13 のように，政府固定資本形成がずばぬけて大きく，社会保障のような移転的支出が少ないところに特徴があった．1965 年の不況以降，日本の公共事業はその一部の財源を公債でまかないながらふえつづけた．とりわけ 1970 年代や 90 年代には，それは日本経済の主役となり，内需拡大の牽引力とされ，その結果，今日の公債累積＝財政危機が生みだされた．OECD の 1977 年度の統計をみると，GNP にしめる公共投資の割合は 9.3％でアメリカの 2.6％にくらべて圧倒的に大きく，当時，国営企業の多かったイギリスの 6.8％をも追いぬいている．量のうえでも，1974 年度に為替相場で換算してアメリカと同額になり，以後追いぬいてしまった．このため日本はアメリカにくらべて，面積当たりで 10 倍以上の公共投資がつぎこまれ，世界一の密度をもつ交通通信網が国土をおおっている．1980 年代以前のイギリスは国公有企業が多かったが，日本はそれほどでもないので，公共投資の多いのは公共事業の多いことに特徴がある．これに依存して建設業が急成長し，1970 年代には所得はもとより，雇用面でも農業をぬき，世界でも有数の土建国家となったのである．比較はむ

割合の推移　　　　　　　　　　　　　　　（単位：%）

	1990年			1994年	
政府固定資本	軍事費	社会保障移転	政府固定資本	軍事費	社会保障移転
6.3	1.1	13.7	8.2	1.1	16.3
1.9	6.6	13.2	2.0	4.7	15.3
2.6	4.6	14.8	2.1	3.9	18.1
2.5	2.5	22.0	2.3	—	26.4
3.9	3.4	26.9	3.9	3.4	30.1
3.6	3.1	25.4	4.0	3.3	32.7

つかしいが，日本の社会資本建設額は社会主義国をいれても世界一であり，有史以来ではないか．もちろん地価も世界一なので実質的な建設量は金額ほどでないにしても，経済学上注目すべき問題である．それだけにこの公共事業の公害問題は世界的な事件といってよい．バブル崩壊後，景気政策のために地方財政へ重点を移しながら公共投資はつづけられた．小泉内閣の構造改革以降，公共事業の削減により，GDP にしめる公共投資の割合は半減したが，依然として世界最高の投資をしている．

　公有企業や公共事業のおこす環境問題には二つある．ひとつは直接的なもので，海岸の埋立てや丘陵部の開発による自然破壊，鉄道・道路・空港などの公害などである．もうひとつは間接的なもので，公共事業を中心とした地域開発のような経済計画によって，誘致した企業が公害をおこす問題である．1972年の四日市公害訴訟判決では，この事件について次のように国や自治体の間接的責任が追及されている．

　　被告らのコンビナート工場群が四日市に進出するについて，当時の国や地方公共団体が経済優先の考え方から，工場による公害問題の惹起などについて事前の慎重な検討を経ないまま，旧海軍燃料廠の貸し下げや，条例で誘致を奨励するなどの落度があったことは窺われる……．

すでにのべたように，国土計画こそが環境保全の最終解であるとすれば，公共事業を誘致の手段とする地域開発が公害をひきおこした場合の国・自治体の責任は問われるであろう．

　では次に本題の直接的責任にはいろう．公有企業や公共事業の公害事件は戦前にも国鉄の信玄公旗掛松事件などがあり，戦後も東京の地下鉄工事にともな

う騒音事件，広島県吉田町などのし尿処理・清掃工場建設事件などを経験して
いるが，1960年代後半以降の公共事業の公害事件はそれ以前と質を異にした
といってよい．すなわち，この時期の公害問題はその環境に与える影響が大き
く，人的被害は日常的継続性をもち，深刻であり，かつ特定地域だけでなく，
全国的共通性をもっていたという点で異常な事態であった．このため，大阪空
港(1969年起訴)，東海道新幹線(1974年起訴)，国道43号線，福岡空港，横田基
地，厚木基地などをはじめとして全国的に公共事業をめぐる公害裁判や紛争が
発生した．

　公共事業が公害をひきおこすのは，民間事業の場合と同じように，事前にア
セスメントをおこなわず(おこなっても不完全な予測で)，周辺住民の基本的人権
を考慮せずに，公害対策を省略あるいは不十分なまま建設し運営したためで
ある．そのいみでは私企業の公害と同じように，民事的な事件である．そこから
次に二つの問題が出てくる．ひとつは，私企業の利潤採算原理あるいは市場原
理から相対的あるいは絶対的に自立しているはずの，いいかえれば「公共性」
をもっているはずの公有企業，とくに公共事業・サービスがなぜ公害対策の経
費を民間事業と同じように効率を考えて省略するのかということである．公共
性とは，基本的人権を確立し擁護することであり，公共事業は社会的効率だけ
でなく正義や公平を目的としているはずである．この公共事業が公害をひきお
こすというのは，公共性に反しているのではないかということである．実際に
この問題はブーメラン効果がある．公共事業・サービスの財源は租税(公債も先
取りされた租税とみることができる)であるが，もし公害をおこして賠償金を払え
ば，それも租税から支払われる．公共事業やサービスが公害防止のために差止
められた場合，迷惑をするのも納税者である．つまり，公共事業・サービスの
公害問題というのはブーメランのように，被害を出せばそれはまた建設者たる
国民にかえってくる性格があるのに，なぜ当初に十分な対策費がくめないのか
ということである．

　もうひとつの公共事業・サービスの公害の固有の問題は，発生源者が権力を
もつ国家であって，公害がおこっても，権力によって被害者を弾圧したり，あ
るいは受忍させるということである．公共事業の公害問題は，公共性か環境権
(人格権)かというキャッチフレーズがつけられる．この場合の環境権(人格権)
に対立する公共性というのは，権力性あるいは人権をこえる行政権の優越性で

ある．民間事業の公害とは，ここが異なるのであって，人民の受忍限度が無限に広がっていく可能性をもっている．

まさに公共事業の公共性をめぐるこの二つの問題は現代資本主義国家のみならず，社会主義国家の公害問題の基本にかかわるものであろう．

公共性をめぐる二つの道──権力的公共性から市民的公共性へ

公共事業の公共性は公害裁判の中で，もっとも赤裸々に論争されたといってよい．政府を擁護する論理としての公共性は，まず第1に司法の侵すことのできない行政権の優位性であり，権力性であった．大阪空港事件最高裁判決の少数意見であったが，中村治朗裁判官は伝統的公共性を次のようにのべている．

> 公権力の行使にあたる行為とは，一般的には，平等な権利主体間の水平的関係とは区別される権力－服従の垂直的関係において，権力行使の権能を有する者が優越的な意思の主体として相手方の意思のいかんにかかわらず，一方的に意思決定をし，その結果につき相手方の受忍を強制しうるという効果をもつ行為を意味する……．

中村裁判官はこの規定からみて大阪空港の公共性は小さいとした．厚木基地横浜高裁の判決では，日米安保条約にもとづく軍事行為は，最高度の公共性をもっており，周辺住民は演習にともなう騒音などを受忍すべきだというのであった．戦争のような非常事態でも，政府が基本的人権を侵せば，アメリカ政府が日系アメリカ人の抑留期間の賠償をみとめたように，受忍は許されない．ましてや，平時の演習が毎日深夜に及び，周辺住民の生活を侵害するようなことが許されてはならないはずである．つまり公権力行使であっても基本的人権の侵害は許されず，おのずから限度があるべきであるといってよい．

軍事活動や消防活動とちがい，空港，鉄道や道路などによる交通は，空港と航空会社，道路と運送会社のように民間の企業活動と関連し，あるいは旧国鉄であっても私鉄と同じような行為をしている．したがって，中村裁判官のいうように公権力行使として割りきることはできない．そこで，通常の公共事業では，社会的有用性あるいはその極限としての非代替性でもって公共性を論じている．だが，公有企業や公共事業の社会的有用性というのは，民間事業の場合と異ならない．たとえば，大阪空港とトヨタとをくらべて，その両者の生産やサービスの社会的有用性の量的な比較をするとすれば，航空にくらべて自動車

の需要が多く一般的であるという理由でトヨタのほうに軍配をあげる人が多いかもしれない．

　浜田宏一は「空港訴訟と公共性の概念」の中で「大阪空港訴訟で争われているものは基本的には利用者の私的利益と，空港周辺の住民の私的被害との関係である」とのべている．運輸省や国鉄の主張する公共性とは私的利益の総和にすぎず，人格権侵害という私的利害にたいして，交通行政の公共的利益という異質のものが対立しているのではないというのである．これは公共性の神話というか魔法をときあかすにはまことに明快である．さらに浜田は，もし公共性というならば，それは社会的利益から社会的損失を差引いたもの（浜田はこれを公共性の「純概念」といっている）であるとしている[84]．

　このように公企業や公共事業の公害問題を裁くのに一方に私権を，もう一方に公権（あるいは公共性）をおいて，国の事業をすべて国民や住民の権利に超越する「不可侵」の行為とすることによって，公権力の過失をみとめたり，あるいは免罪をはかろうとするのは，公害問題を科学の領域から追いはらうものである．比較しうるのは同質のものであって，争われているのは，浜田のいうように公共事業による受益者の私権と被害者の私権であり，また同時にこれは浜田は見逃しているが，行政行為の公共性と環境の公共性なのである．

　これまでの公害裁判においては，公共性の名において，人権侵害の受忍をもとめ，とくにそれが差止めをみとめないことの根拠とされているが，そのかんじんの公共性の内容は，前述のように権力性をのぞけば必ずしも明瞭ではない．これまでの経済学では，公共財の性格として，非排除性と集合性をあげている．これは公私両部門の区別の指標としてはわかりやすい．しかし，これはなぜ，公共財が非排除性をもつのかという本質論の説明にはなっていない．公共性を論ずる以上，市場原理や利潤原理をこえること，また主権者としての国民の参加を明示せねばならぬ．私は大阪空港裁判と関連して，政府のいう権力性ではなく，住民が主張する共同性としての「公共性」の概念をまとめて裁判所に提出した．これはその後若干の修正をしてすでにいくつかの著作で発表しているが，ここであえてもう一度箇条書にしてみよう．私は公共施設や公共サービスの公共性の尺度を次の四つにまとめた．

　① 公共事業・サービスは生産や生活の一般的条件，あるいは共同社会的条件であること．

第4節 「政府の欠陥」と公共性

② 公共事業・サービスは特定の個人や私企業に占有されたり，利潤を直接間接の目的として運営されるのでなく，すべての国民に平等に安易に利用されるか，社会的公平のためにおこなわれること．

③ 公共事業の建設・改造・管理・運営にあたっては周辺住民の基本的人権を侵害せず，かりに必要不可欠の施設であっても，できるかぎり周辺住民の福祉を増進すること．

④ 事業の設置・改善については，住民の同意をうる民主的な手続きを必要とすること．この民主的手続きには，事業の内容が住民の地域的な生活と関係するような場合には，たんなる同意だけでなく，住民の参加あるいは自主的な管理などをもとめることをふくんでいる．

これを市民的公共性として，この尺度ではかると，大阪空港も新幹線も十全な公共性をもっているとはいえない．大阪空港は環境侵害をしている欠陥空港であって公共性を主張するわけにはいかぬ．このことは最高裁もみとめて，損害賠償を命じたのである．また④についても，アセスメントは不完全で同意の手続きもなかったので公共性の要件が欠けるといってよい．つまり国営空港あるいは国営企業だから無条件に公共性があるというこれまでの断定に問題があり，まさにその事業の内容が問われているのである．

さいきんの新自由主義のもとで，これまで公有企業や公共事業であったものが民営化されると，ますます公共性の基準，つまりなにが公有化されねばならぬのか，なにが公共部門なのかという基準がもとめられてくる．しかし，具体的になると，ごく少数の権力活動をのぞけば，純粋な公共性をもつもの，いいかえれば，純公共財はかぎられている．今日，公有企業・公共事業や社会サービスといわれているものは，大学や保育所をみてもわかるように公私が混在して経営しているように，準公共財とよんだほうがよい．だが，準公共財といっても純民間財ではない．準公共財は純民間財とちがって公共性をもっている．この準公共財（これにちかいのが，電力・鉄道・ガスなどの準民間財）の領域は現代社会ではきわめて広く多面的になりつつある．食糧などもエネルギー同様に準民間財となりつつある．この準公共財と準民間財を混合財といってもよいが，この領域の公害や環境破壊をどう考えるかが，こんごの環境政策の中心課題となるであろう[85]．

準公共財の部分差止め——机上の観念論としての「差止め」論の再検討

　日本の公害裁判をみるかぎり，住民は準公共財(広くは混合財)の公害問題について，きわめて常識的というか，納得のいく解決方法をしめしている．公害事件の解決は裁判のうえでは，主として損害賠償と差止めという二つの方法をとっている．公害防止あるいは進んで環境保全という点では，差止めが望ましいことはいうまでもない．過去の四大公害裁判の解決はすべて損害賠償であった．四日市公害裁判が苦心の末，原告が勝訴したときに，市民の中から「それでも煙が上がっている」といわれたときの衝撃は忘れることができない．そのいみで，大阪空港公害訴訟以降の環境裁判が差止めをもとめたのは環境政策の展開過程からいって必然であった．だが，日本の司法では英米などとちがって，差止めというのはきわめてむつかしい．四大公害裁判の結果，被害が証明されれば損害賠償はみとめられるようになった．しかし，差止めとなると，被害が出ていても，その損失と差止めによって失われる社会的利益とが比較衡量される．この場合，とくに発生源が公企業・公共事業の場合には先述のような「公共性」が大上段にふりかざされて，被害は受忍限度内とされる．とりわけ空港や新幹線の騒音・振動などは健康被害にまでいたらないとして，差止めは否定されやすいのである．いったい，いかなる被害があれば差止めが可能なのか．日本の環境政策にとって，この差止めの壁をどう突破するかということは重大な課題といってよい．

　差止めという言葉はだれがつくったかわからないが，法律の素人からみると，全面操業停止を要求するようでまことに重いひびきをもつ言葉である．正確にいえば，公害問題では発生源対策のことである．発生源対策はいろいろあるから，「差止め」といっても事業所あるいは公共施設の操業を停止することだけではない．本章の第1節でのべたように，さまざまな方法で環境基準を達成させることも差止めなのである．かりに発生源の全面操業停止あるいは施設の撤去を全面差止めとよんで，それ以外の発生源対策を「部分差止め」とよんでおくと，従来の公企業・公共事業の公害事件で被害者が要求しているのは，「部分差止め」なのである．たとえば，名古屋新幹線公害の場合は次のような発生源対策が考えられた[86]．

① 名古屋駅周辺を東北・上越新幹線の上野駅なみに地下化する方法(路線変更により郊外に駅を移転する方法もこれと同じであろう)．

② 新幹線にふたをして(トンネル状にする)路線を都市的構造物にかえる方法(いまの新幹線は都市を二分して景観を破壊しているので,市内の新幹線の上下に建物をたてて改造し,騒音対策とともに都市の一体性を回復する).
③ 騒音・振動などを環境基準まで軽減するような車両などの技術的改良.
④ 被害区域内を減速する(名古屋新幹線訴訟では時速 110 km まで減速を要求).
⑤ 運行回数を減らす.とくに早朝,夜間を減便する.

後述のように,①が最善だが,緊急対策としては不可能である.②については東海道新幹線の高架構造物が他の新幹線にくらべ安上がりにつくられ,きわめて弱体で,上部構造物をつくるどころか,ふたをすることもできないのでむつかしい.③は将来可能性はあるが,いますぐはむつかしい.⑤は当面困難であって,むしろ逆に早朝,深夜運行の要求が強い.こういう状況の中で,「差止め」として名古屋新幹線訴訟の原告はもっとも現実的な④をえらび,将来にむけて③を期待し,恒久対策としては①を主張したのである.この減速については,実際に当時の動労(国鉄動力車労働組合)が実験をして騒音を下げることを証明し,かつ数分の遅れしか発生しないこともわかっていた.

大阪空港公害訴訟の場合も,原告の主観的願望としては「全面差止め」であったが,それは代替空港の建設までは無理と考えて将来にゆずり,裁判では従前の午後10時以降午前7時までの夜間航行停止時間を1時間拡大し,午後9時以降翌朝7時までの航行停止をもとめたのである.つまり「部分差止め」であり,裁判では「命の1時間」と主張されたように,現場の公害の深刻さを考え,健康障害だけでなく,家庭の団欒や睡眠その他の日常生活の保全を考えるならば,これは最低限の要求であったといってよい.

つまり,大阪空港・新幹線などの公企業・公共事業の訴訟では,住民は常識的に施設の公共性をみとめ,全面差止めではなく,もっとも発生源側の費用が少なく簡便で,かつ社会的な損失の少ない発生源対策をもとめたのである.これは「共存」の論理である.ジャーナリズムがこれらの事件を派手に公共性か環境権かと二律背反のようなキャッチフレーズをつけたが,事実は,「共存の論理」であり,正確にいえば公共性の枠の中に環境権あるいは人格権の最低限の水準を位置づけたにすぎないのである.

こういう実態をみると,日本の法律界の中で差止めを損害賠償よりも高次元のものとする思考に疑問を感ずる.差止めにもいろいろあり,「部分差止め」

ならば，きわめて簡便で有効な方法なのである．第1次水俣病裁判を例にとれば明らかなように，損害賠償はすでに1500億円を超え，さらにどのくらいの金額になるかわからない．しかし，初期に差止めて，防除設備をすれば数百万円ですんだといわれている．名古屋新幹線の場合も，7km区間の減速による国鉄の損害や社会的損害はほとんどとるに足らないのにたいし，周辺整備の事業費や損害賠償はきわめて大きくなるのである．

　すでに図3-2(121頁)の社会的損失の区分でみたように，絶対的損失が発生している場合は，損害賠償をしたうえで代替方法のみつかるまで一時的に，みつからぬ場合は永久的に全面差止めるべきである．相対的損失については損害賠償をしたうえで，被害の状況に応じて今後そのような被害がおこらないような「部分差止め」を考えるべきであろう．そして，区分不明の分野については，損害賠償のうえで無条件な「部分差止め」をみとめるべきであろう．救済の方法は原則として損害の程度によって選択すべきである．もし，救済方法の選択に公共性を導入するというならば，それはあくまで具体的に議論すべきである．たとえば，大阪空港事件では「1時間」についての公共性，名古屋新幹線では7km区間の減速についての公共性が争われたのである．大阪空港の全面操業ひいては全航空行政，あるいは東海道新幹線の全面運行ひいては全「国鉄」網の運行の公共性が争われたのではないのである．また，この場合は公共財そのものでなく，準公共財の公共性が争われたのである．私は軍事，警察，消防のような公権力行使についても，無条件に公共性をみとめない．アメリカの公共学者R.H.ヘプマンも，ベトナム戦争の爆撃行為になんらの国防という公共性がみとめられないといっている．まして，準公共財については具体的に先の私の基準のようなもので，公共性を吟味すべきであろう．

社会資本とアメニティ

　大阪空港公害訴訟以降の裁判は，公害の解決をもとめているだけでなく，アメニティをもとめるものだが，現実の司法の判断はアメニティにはまったく無理解であることをしめしている．空港や新幹線のような社会資本は，文字どおり百年の計である．いったん建設すれば100年はおろか，数世紀以上の寿命をもつかもしれない．そのいみでは，短期的経済効果を考えるのでなく，長期的な視点，たとえば国土計画や都市計画の中での位置，その構築物の景観などを

第4節 「政府の欠陥」と公共性

考えるべきである．

　この点では日本の社会資本は総合的視点とくにアメニティの視点がない．名古屋新幹線公害事件などは，戦争中の弾丸列車の路線をそのまま踏襲して，その後の名古屋市の発展を考慮せずに市内を縦断して高架構築物を建設したために，その下に住居がはいりこみ，コミュニティが分断されてしまった．公害がおこるのは当然である．本来ならば，新幹線は市内で地下にいれるか，新大阪駅のように郊外につくるべきであっただろう．しかし，日本の鉄道は，東京駅に象徴されるように，都市計画の視点がない．全国交通ネットワークの効率だけが優先している．東京駅の機能の一部を地下へいれたのは近年のことである．

　欧米の大都市あるいは中都市でも歴史のある街は，東京駅や名古屋駅のような鉄道の敷き方をしていない．パリ市，ロンドン市，モスクワ市などは郊外からはいる鉄道の駅は都心にない．イタリアは徹底したターミナル方式であって，歴史的街区の外側で鉄道をとめている．ローマ市のターミナル駅は古代の域壁の手前にある．フィレンツェ市などはもっと徹底していて，列車は幹線からいったん支線にはいって，歴史的街区の外側のターミナルにとまる．ミラノ市やヴェネツィア市もまったく同じであって，列車はつねに入構した方向と反対に出ていくのであって，市街地を横切って走るという乱暴なことはしない．市街地を横断しているようにみえるボローニャ市の場合は，歴史的街区の外側を走るようにしている．こういうことは多かれ少なかれヨーロッパの伝統ある都市に共通したことであろう．もし，都心に導入するとなれば，ワルシャワ市やニューヨーク市のように，地下に中央駅を設けている．

　これは交通網が都市の枠組にしたがう方式で，都市の自治・自立ということが，施設というハードな面でも，景観というソフトな面でも確立していることをしめしている．ところが日本では国土を効率的に一体化するという交通の「公共性」が，都市という自立した空間の公共性よりも優先している．これでは，交通が市民の健康やアメニティを失わせ，都市を一体性をもつ自治体ではなく，国土の一分業空間あるいは国家の出先機関にかえてしまう結果を生む．

　このようなことは，多くの発展途上国の交通施設ひいては社会資本のあり方にも共通している．公共企業・公共事業が公害をひきおこさないことは当然なこととして，さらにアメニティや都市の自治を確立する手段となるべきであろう．もう少し広い視点でまとめるならば，政府の事業がどのような制度と方法

第4章　環境政策と国家

で公害を克服し，さらにアメニティや自治を確立するか，この課題に未来社会の運命がかかっている．

(1)　清浦雷作『公害の経済衝撃』講談社，1971年．これ以後，工学者の論文には同じような主張が今日もなおつづいている．
(2)　「公害増大の波にのって，公害対策も商売となる．これでは，公害は当分なくならないだろう．なぜならば，公害防止設備の生産を企業化して，もうけるためには，適当に公害が再生産される必要があるからだ．公害防止メーカーは，できるだけ早く，新しい設備に更新させようと，どんどん目新しい製品をつくるだろう．そして，防止設備を細分して，需要を多くしようとかんがえるであろう」．庄司光・宮本憲一『恐るべき公害』岩波新書，1964年，183頁．
(3)　吉田文和「環境と科学・技術」，寺西俊一・細田衛士編『環境保全への政策統合』(岩波講座『環境経済・政策学』第5巻)岩波書店，2003年．
(4)　この問題を適確に指摘したのは，L.マンフォード／生田勉・木原武一訳『権力のペンタゴン』(河出書房新社，1973年)．
(5)　この著者は，市場アプローチが法的規制にくらべて効率よく技術革新に寄与したということを20年の政策経験からのべている．しかし，市場アプローチの全面肯定ではない．効率はわかっても，効果や公平の判定はできていない．EUの経験のようにマーケット・メカニズムと規制レジーム・政治文化が総合して効果をあげることも指摘している．経済手段については，排出権取引が大気汚染防止にとくに有効であったが，他の分野では手段の選択が有効としている．J. Freeman and C. D. Kolstad, *Moving to Markets in Environmental Regulation : Lessons from Twenty Years of Experience*, New York: Oxford U.P., 2007.
(6)　H. Verbruggen, "Environmental Policy Failures and Environmental Policy Levels", J. B. Opschoor and R. H. Turner eds., *Economic Incentives and Environmental Policies : Principles and Practice*, Dordrecht; Boston: Kluwer Academic Publishers, 1994.
(7)　J. E. Stiglitz, *Making Globalization Work*, New York: WW Norton & Company, 2006(楡井浩一訳『世界に格差をバラ撒いたグローバリズムを正す』徳間書店，2006年)．
(8)　H. Weidner, "Die Erfolge der Japanishen Umweltpolitik", S. Tsuru and H. Weidner, *Ein Modell füruns : Die Erfolge der Japanishen Umweltpolitik*, Köln: Verlag Kipenheuer & Witsch, 1985; K. Miyamoto, "Comparative Analysis of Environmental Policy between Germany and Japan", H. Weidner ed., *Performances and Characteristics of Environmental Policy in Germany : Overview and Expert Commentaries from 14 Countries*, Wissenschaftzentrum Berlin für Sozialforschung, 1997.
(9)　橋本道夫は経済学者が損害とはなにかを知らずして論理を形成することに衝撃を受け，批判をしている．橋本道夫『環境政策』ぎょうせい，1999年，86頁．
(10)　水俣病については，おびただしい文献が出ている．なかでも原田正純『水俣病』(岩波新書，1972年)，同『水俣病は終っていない』(岩波新書，1985年)をはじめ一連の水俣学の提唱にいたる業績を参照されたい．水俣病と地域社会について社会科学の総合的な調査研究書は，宮本憲一編『公害都市の再生・水俣』(講座『地域開発と自治体』第2巻，筑摩書房，1977年)．水俣病裁判については，水俣病被害者・弁護団全国連絡会議編『水俣病裁判全史』全5巻(日本評論社，1998-2001年)．
(11)　曾田長宗「公害と疫学」，戒能通孝編『公害法の研究』日本評論社，1969年．
(12)　ワイトナーによれば，西ドイツでは冬の大気汚染のひどい時には老人の死亡率が15%

上昇するという記録もあり,とくに1983年頃から乳幼児の死亡率上昇や子供の健康障害について大衆の関心が深まっているが,疫学調査は十分にされていないといっている.大気汚染公害研究費が1976-80年のあいだに8億マルク出ているが人間の健康関連には800万マルクしか出ていない.H. Weidner, *Air Pollution Control Strategies and Policies in the Federal Republic of Germany: Laws, Regulations, Implementation and Principal Shortcomings*, Berlin: Edition Sigma, 1986, pp. 37-38.

(13) 新潟水俣病については,飯島伸子・舩橋晴俊編著『新潟水俣病問題——加害と被害の社会学』(東信堂,1999年)が社会学的にすぐれた分析をしている.
(14) 企業内技術者の責任については,飯島孝『技術の黙示録』(技術と人間社,1996年).
(15) 吉村良一『公害・環境私法の展開と今日的課題』(法律文化社,2002年)参照.
(16) アメリカの市場主義的解決にたいして,E. S. ミルズは公害問題とくに大気汚染問題は司法になじまないとしている.それは第1章に書いたように,汚染源が複数の場合が多いということとともに,差止めをもとめて成功し,公害防止がおこなわれると,それは非排除性をもち,原告がどれだけ貢献したかと関係なく,すべての住民に利益をもたらす.原告に加わらなかった住民は交渉のための労力や裁判費用も負担していないのに利益をうける.したがって,こういう非排除性をもつものは政府の活動にまかせたほうがよく,また政府活動のほうが司法よりも安上がりに処理できるとのべている.E. S. Mills, *The Economics of Environmental Quality*, N.Y.: Norton, 1978, p. 83.
(17) OECD, *Environmental Policies in Japan*, Paris: OECD, 1977, p. 26(国際環境問題研究会訳『日本の経験——環境政策は成功したか』日本環境協会,1978年,29頁).
(18) 都留重人編『世界の公害地図(下)』岩波新書,1977年,183-186頁.
(19) 西村幸夫『都市保全計画——歴史・文化・自然を活かしたまちづくり』東京大学出版会,2004年.都市保全の歴史についてはこの著書に負うところが多い.
(20) 宗田好史「イタリア・ガラッソ法と景観計画」『公害研究』第18巻第1号,1989年1月.
(21) 大阪都市環境会議編『おおさか原風景——水都再生へのパースペクティブ』関西市民書房,1980年.
(22) 和歌の浦景観保全訴訟の裁判記録を刊行する会編『よみがえれ和歌の浦——景観保全訴訟全記録』東方出版,1996年.
(23) 坂和章平『Q&A わかりやすい景観法の解説』新日本法規出版,2004年.木村万平『京都破壊に抗して——市民運動20年の軌跡』(かもがわ出版,2007年)参照.
(24) まぼろしの提案となったが,今日もいみのある提案は,1989年11月に都市農業・農協振興方策研究会「うるおいのある都市づくりのために——市街化区域内農地のあり方についての提言」である.これは私が代表となり,石田頼房,進士五十八,利谷信義の各氏で構成した研究会であった.理論的な問題は次の石田頼房『都市農業と土地利用計画』(日本経済評論社,1990年)参照.
(25) 若山茂樹『世界の湖沼保全——琵琶湖からの旅』実教出版,1995年;滋賀県琵琶湖研究所編『世界の湖』(増補改訂版)人文書院,2001年.
(26) 滋賀大学教育学部附属環境教育湖沼実習センター編『びわ湖から学ぶ——人々のくらしと環境』大学教育出版,1999年;琵琶湖百科編集委員会編『知ってますかこの湖を——琵琶湖を語る50章』サンライズ出版,2001年.
(27) 拙稿「汽水湖干拓・淡水化問題の経済的分析——河北潟干拓問題を事例として」『汽水湖研究』創刊号(1991年1月).
(28) 保母武彦『よみがえれ湖——宍道湖・中海の淡水化凍結-そしてこれから』同時代社,1989年.

(29) 拙著『都市政策の思想と現実』有斐閣, 1999 年, 292-316 頁.
(30) 髙村ゆかり「国際環境法における予防原則の動態と機能」『国際法外交雑誌』第 104 巻第 3 号, 2005 年.
(31) 同上.
(32) 村山武彦「環境政策における予防原則適用のための枠組みに関する一考察」『環境と公害』第 34 巻第 2 号, 2004 年 10 月.
(33) C. フレイヴィン編著／エコ・フォーラム 21 世紀(日本語版編集監修)／日本環境財団・環境文化創造研究所(日本語版編集協力)『ワールドウォッチ研究所 地球白書 2006-07』(ワールドウォッチジャパン, 2006 年)第 5 章参照.
(34) 戦略的環境アセスメントの意義と住民の社会的合意形成について, 原科幸彦編『環境計画・政策研究の展開——持続可能な社会づくりへの合意形成』(岩波書店, 2007 年).
(35) N. Hanley and C. L. Spash, *Cost-Benefit Analysis and the Environment*, Cheltemhan: Edward Elger Publishing, 1993, pp. 144-145.
(36) 長良川河口堰事業モニタリング調査グループ・長良川研究フォーラム・日本自然保護協会編『長良川河口堰が自然環境に与えた影響』日本自然保護協会, 1999 年.
(37) 伊藤達也・在間正史・富樫幸一・宮野雄一『水資源政策の失敗——長良川河口堰』成文堂, 2003 年, 191-201 頁.
(38) 環境再生の環境政策上の意義と主要な課題についての総合的研究は次の著書を参照. 淡路剛久監修／寺西俊一・西村幸夫編『地域再生の環境学』東京大学出版会, 2006 年.
(39) 福岡県鉱害対策連絡協議会編『石炭と鉱害——福岡県を中心として』福岡県鉱害対策連絡協議会, 1959 年.
(40) 鉱業法は公害問題に関して, 無過失賠償責任を規定した点では画期的な法律である. イタイイタイ病裁判は, この鉱業法の無過失賠償責任を適用して原告勝訴となった. ここの叙述は先駆的業績である石村善助『鉱業権の研究』(勁草書房, 1960 年)による.
(41) 前掲『石炭と鉱害』321, 372 頁.
(42) 佐無田光「川崎から環境再生を考える」, 永井進・寺西俊一・除本理史編著『環境再生——川崎から公害地域の再生を考える』有斐閣, 2002 年, 187-197 頁.
(43) 拙著『都市をどう生きるか——アメニティへの招待』小学館, 1984 年(小学館ライブラリー版 1995 年).
(44) 井上典子「イタリア, ポー・デルタ地域における環境再生型地域計画」『環境と公害』第 28 巻第 3 号, 1999 年 1 月.
(45) 西野麻知子・浜端悦治編『内湖からのメッセージ——琵琶湖周辺の湿地再生と生物多様性保全』サンライズ出版, 2005 年.
(46) 佐野静代「内湖をめぐる歴史的利用形態と民族文化——その今日的意義」『琵琶湖研究所所報』第 21 号, 2004 年 3 月.
(47) OECD, *The Polluter Pays Principle*, Paris: OECD, 1975, pp. 12-13.
(48) *ibid.*, pp. 6-7.
(49) 加藤三郎「OECD ガイディングプリンシプル」『環境研究』第 210 号, 1978年.
(50) W. Beckerman, "The Polluter Pays Principle: Interpretation and Principle of Application", in OECD, *op. cit.*, p. 38.
(51) 前掲 OECD, *Environmental Policies in Japan*, p. 20(国際環境問題研究会訳『日本の経験——環境政策は成功したか』19 頁).
(52) 都留重人「PPP のねらいと問題点」『公害研究』第 3 巻第 1 号, 1973 年 7月.
(53) 中央公害対策審議会費用負担部会答申「公害に関する費用負担の今後のあり方について」1976 年 3 月 10 日.

(54) 同上.
(55) ラブ運河事件に先立って発生した六価クロム事件の解決はまことにすぐれていた．この第一線にあって苦闘した記録が，田尻宗昭『公害摘発最前線』(岩波新書，1980年)である．また職業病と公害との関連を明らかにしたドキュメントとして次のものが参考になる．川名英之『ドキュメント・クロム公害事件』緑風出版，1983年．
(56) 拙著『日本の環境問題』有斐閣，1975年(増補版，1981年)，資料 1-7 頁．
(57) エネルギー問題市民会議編『市民のエネルギー白書 1984』日本評論社，1984年，169頁．
(58) スーパーファンドについての紹介は次の文献を使用した．EPA, "FY 2004 Super Fund: Annual Report"; EPA, "Super Fund's 25th Anniversary: Capturing the Past, Charting the Future"; CRS Report for Congress, "Super Fund: Overview and Selected Issues"(May, 2006); Ditto, "Super Fund Taxes or General Revenues: Future Funding Issues for the Super Fund Program"(March, 2006).
(59) スーパーファンド法制定以来 25 年たち，この事業を総点検する作業が進んでいる．そのひとつが次の文献である．G. P. Macey and J. Z. Cannon eds., *Reclaiming the Land: Rethinking Superfund Institutions, Methods and Practices*, N.Y.: Springer-Verlag, 2007.
(60) 日本の土壌汚染対策の実態と法制の批判については，畑明郎『土壌・地下水汚染——広がる重金属汚染』(有斐閣，2001年)；同『拡大する土壌・地下水汚染——土壌汚染対策法と汚染の現実』(世界思想社，2004年)参照．
(61) 車谷典男・熊谷信二「クボタ旧石綿管製造工場周辺に発生した近隣ばく露による中皮腫」『環境と公害』第 36 巻第 1 号，2000 年 7 月．
(62) 学際的にアスベスト問題を解明した市民向けの文献として次の著書がある．森永謙二編著『アスベスト汚染と健康被害』日本評論社，2005年．またストック災害としてアスベスト災害について最初に理論的な問題提示をしたのは，拙著『維持可能な社会に向かって——公害は終わっていない』(岩波書店，2006年)である．
(63) 前掲 OECD, *Environmental Policies in Japan*, p. 76(国際環境問題研究会訳『日本の経験——環境政策は成功したか』97頁)．
(64) 李秀澈『環境補助金の理論と実際——日韓の制度分析を中心に』名古屋大学出版会，2004年．
(65) OECD, *Environmental Policy and Economic Instrument*, Paris: OECD, 1992.
(66) 環境税については上記の OECD の提唱以来，多くの出版物があるが，諸富徹の次の著書がもっとも総合的でクリエイティブである．ただし，その中で環境税を環境政策の目的税にとどめず，宇沢弘文の社会的共通資本の創設・保全の目的税としたことは，対象を広げすぎで誤解をまねくのではないか．諸富徹『環境税の理論と実際』有斐閣，2000年．
(67) OECD, *The Political Economy of Environmentally Related Taxes*, Paris: OECD, 2006(環境省環境関連税制研究会訳『環境税の政治経済学』中央法規出版，2006年)．
(68) 課徴金をはじめ経済的手段を総合的に紹介したものとして次の文献がある．川勝健志「環境政策の経済的手段」，松井三郎編著『地球環境保全の法としくみ』コロナ社，2004年．
(69) 地方税や下流分担金なども視野にいれた研究書として，藤田香『環境税制改革の研究——環境政策における費用負担』ミネルヴァ書房，2001年．
(70) 大塚直「アメリカ法における二酸化硫黄排出権取引プログラム——1990年大気清浄法と施行規制」，国際比較環境法センター編『世界の環境法』国際比較環境法センター，1996年．
(71) 藤井良広『金融で解く地球環境』岩波書店，2005年．

第4章　環境政策と国家

(72) 岡敏弘『環境経済学』岩波書店，2006年，276頁．岡敏弘と山口光恒はインターネット上で「EU-ETS(欧州排出量取引制度)第1期割当期間に見られる諸問題について」(2007年4月)を発表したが，岡は同趣旨の次の論文として発表している．岡敏弘「排出権取引の幻想」『世界』2007年11月号．
(73) 日本の排出権取引制度について，「脱炭素社会に向けた国内排出量取引制度提案」(WWFジャパン，2007年3月)を参照．
(74) E. U. von Weizsäcker, *Erdpolitik: Ökologische Realpolitik an der Schwelle zum Jahrhundert der Umwelt*, Darmstadt: Wissenschaftliche Buchgesellschaft, 1990(宮本憲一・楠田貢典・佐々木建監訳『地球環境政策——地球サミットから環境の21世紀へ』有斐閣，1994年，225頁)．
(75) J. S. Dryzek, *Rational Ecology: Environment and Political Economy*, N.Y.: B. Blackwell, 1987, p.87.
(76) M. Friedman and R. Friedman, *Free to Choose: A Personal Statement*, N.Y.: Harcourt Brace Jovanovich, 1980(西山千明訳『選択の自由——自立社会への挑戦』日本経済新聞社，1980年)．
(77) A. A. Berle, *The American Economic Republic*, N.Y.: Harcourt Brace Jovanovich, 1963(晴山英夫訳『財産と権力——アメリカ経済共和国』文眞堂，1980年，167-169頁)．
(78) Cf. J. K. Galbraith, *The New Industrial State*, Boston: Houghton Mifflin, 1967(都留重人監訳／鈴木哲太郎訳『新しい産業国家』〈『ガルブレイス著作集』3〉TBSブリタニカ，1980年)．
(79) M. Jänicke, *Staatsversagen: Die Ohnmacht der Politik in der Industriegesellschaft*, München: Piper, 1986(丸山正次訳『国家の失敗——産業社会における政治の無能性』三嶺書房，1992年)．
(80) C. E. Ziegler, *Environmental Policy in the USSR*, Amherst: University of Massachusetts Press, 1987, p.25.
(81) *ibid.*, p.158.
(82) 橋本道夫『私史環境行政』朝日新聞社，1988年，97-98頁．
(83) W. Friedman, *The State and the Rule of Law in a Mixed Economy*, London: Stevens, 1971(寺戸恭平訳『現代経済と国家の役割——介入はどこまで許されるか』日経新書，1977年，150-151頁)．
(84) 浜田宏一「空港訴訟と公共性の概念」『ジュリスト』1982年3月5日号．なお，この画期的裁判については次の文献がある．沢井裕編著『大阪空港裁判の展開』ミネルヴァ書房，1974年；大阪空港公害訴訟弁護団『大阪空港公害裁判記録』全6巻，第一法規出版，1986年．
(85) 近年，公共性をめぐる研究は多角的に発展している．次の著書が参考になる．山口定・佐藤春吉・中島茂樹・小関素明編『新しい公共性——そのフロンティア』有斐閣，2003年．公共性と混合財の理論については，拙著『公共政策のすすめ——現代的公共性とは何か』(有斐閣，1998年)．
(86) 新幹線公害については次の文献を参照．舩橋晴俊・長谷川公一・畠中宗一・藤田晴美『新幹線公害——高速文明の社会問題』有斐閣，1985年；名古屋新幹線公害訴訟弁護団『静かさを返せ！——物語・新幹線公害訴訟』風媒社，1996年．

第5章　維持可能な社会と住民自治

第1節　「経済の質」と内発的発展

1　未来社会の経済になにがもとめられているか

経済成長と「生活の質」

　K. E. ボールディングは"The Economics of Knowledge and the Knowledge of Economics"の中で,「際限のない成長を信じているのは狂人か経済学者かぐらいだ」とのべた[1]. たしかに経済成長が無限につづくというのは狂人の幻想であり, 経済学者がすべて信じているのではない. J. S. ミルのように「定常状態」(Stationary State)を提唱した経済学者もいる. しかし, ボールディングの皮肉がなりたつかのように, A. スミス以来, 経済学者には成長にたいするやみがたい希求がある. イギリスやアメリカのように生産力の発展が停滞している国では, 成長率が回復することに政府が命運をかけている. 戦後バブル崩壊後の不況を経験した日本や, 韓国などの中進国では, 成長率がマイナスになることは経済秩序の破壊をまねくというような錯覚をもっている. 社会主義国は先進資本主義国にくらべ生産力が低位であり, 生活水準の向上(それもアメリカ的生活様式)の要求が強いので, アメリカや日本に追いつき追いこせという成長至上主義である. 発展途上国の場合, 過去の帝国主義的支配にかえて, 開放体系の中での多国籍企業による新しい経済の支配と従属関係が生まれ, この関係からの離脱のためには経済成長による自立以外にないとしている. このようにみてくると, いま, 地球の環境保全のために, 経済成長を止めよ, あるいは経済成長率を大幅に削減せよ, さらには大量生産の技術革新を制御する国際協定をむすべといっても, 各国の政府や支配階級はこの提案のほうを狂人の幻想とみてしまうであろう. 各国政府はその本音の部分では経済成長を国是とし, J. S. ドリゼックのいうようにそれが達成されているあいだは政権も安泰なの

である．このような国家主義的な成長競争は企業(国営であれ民営であれ)と国家との癒着をふかめ，地球全体としての環境政策を遅らせるだけでなく，民主主義や基本的人権に大きな影響を与えている．いったい，私たちにとって経済成長とは至上の命題たりうるのか．

　健康で文化的な最低生活水準を維持するために一定の所得水準が必要なことは戦後の経験からいっていうまでもない．だが，いま私たちが為替相場で測って1人当たりの国民所得が欧米なみとなった段階で，自らの生活をふりかえってみると，住宅や生活環境が貧しく，他方，自然や美しい街並みを失っており，家庭の団欒や文化を享受する時間(余暇)のないことに絶望せざるをえない．為替相場が実態にあっていないので，購買力平価で測りなおせば，日本の生活水準はもっと低くなる．しかし，このような修正をしたとしても，所得水準あるいはGDP総量が，国民生活の満足度を表していないことは明らかである．世界経済史上，異例の(空前の)急速な経済成長をなしとげた日本の経験こそ，経済成長のもつ複雑ないみを考える絶好の実験場ではないだろうか．

　経済政策の目標は所得水準の向上にあるだけでなく，もっと総合的な指標で構成された「生活の質」にある．

「生活の質」の基準

　まず第1に，所得の配分である．日本の場合，他国と比較すると営業余剰が大きく，また別の視角でみれば法人所得の構成が大きい．したがって成長の果実が必ずしも国民に帰属していない．この分配問題は多国籍企業段階ではより複雑となろう．そこで，実質的に国民に帰属しうる所得が算定されねばならない．そのうえで，「社会的余剰」がどのように配分されているか，国民総支出の構成が問題となろう．さらに個人所得の配分では貧富の格差が重要である．最低生活水準を維持しうる所得が保証されているかが，とくに問題となろう．

　第2は，公私両部門の関係である．生活の安全やアメニティは公共投資に依存する度合いが大きい．そのため，公共的支出においては軍事費などの権力的支出が大きく，防災，住宅や生活環境への投資，教育，福祉や医療などの社会サービス支出が遅れると，生活の安全とアメニティは減退する．「生活の質」を維持するために公共部門の量と質が充足されている必要がある．そして，これらの公共部門をまかなうための租税負担の公平がなければならない．

第3は，環境の質である．人間の健康，自然(みどりや水面)，景観や歴史的街並みなどが維持されているか，あるいは地域計画の中で優先的に整備されているかどうかである．

第4は，労働時間，別な視角では余暇である．日本の労働時間はきわめて長い．労働日になおせば西ドイツにくらべて2カ月以上も働いているといわれる．しかも，大都市では欧米に例がないほど，通勤時間が長く，かつ満員電車にみるように，その時間に支出するエネルギーは莫大である．今日の日本の労働者の家庭の崩壊，健康破壊，自殺の流行，文化水準の低さ，労働運動をふくむ社会活動への参加の低調さ，ひろくいえばアメニティ喪失などの一因は，労働時間と通勤時間(ひろくは交通時間)の長さが大きな要因である．

第5は教育や文化にたいする支出である．日本は教育にたいする公的支出ではOECD諸国の中でも最低水準である．欧米の高等教育にたいする公的支出のGDPにたいする割合が1%前後であるのにたいし，日本は0.5%である．多目的な文化ホールや芸術作品展示館の設置数では，世界有数であろうが，楽団，劇団など芸術・芸能の集団を維持する支出，とくに公的支出はとぼしい．

困ったことにGDPだけで測るならば，自然や街並みなどのアメニティ・ストックの喪失あるいは人間の健康障害のような社会的損失はマイナスとして算定されない．反対に，公害病は医療産業の所得の増大となり，人々が日常生活で失ったアメニティをもとめて外国や地方へ観光旅行に出れば，観光・レジャー産業や交通業の所得の増大になるというように，アメニティのマイナスはGDPの増分をうながすのである．

真の進歩指標(Genuine Progress Indicator: GPI)の試算

このようなGDP信仰のまちがいは，1960年代から，くりかえし議論され，それにかわる「生活の質」を表す福祉指標の試案も提示されてきた．しかし，これらが採用されて政策基準となっていない．ここでは滋賀大学の中野桂らのグループが試算したGPIを紹介したい[2]．GPIを導出する概略は図5-1にしめすように個人消費をベースに所得分配の不平等度に応じた補正を行う．次にGDPの会計からもれていた家事・子育て・ボランティアなど市場を経由しない活動の価値や社会資本サービスの価値などを加算する．一方，犯罪・交通事故・家庭崩壊・失業・過剰労働・非再生資源の減耗分などの費用を控除しても

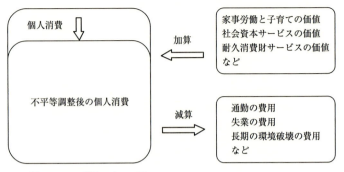

図 5-1 GPI 導出のイメージ
出所 中野桂・吉川英治「Genuine Progress Indicator とその可能性」
『彦根論叢』第 357 号, 2007 年 1 月.

とめられる.

　この試算にもとづいて, 日本の 1 人当たりの GDP と GPI の 1955 年から 2000 年までの変化をみたのが図 5-2 である. GDP は成長しているが GPI の成長は緩やかである. そしてさいきんでは減少傾向にある. 経済は成長したが生活はそれほど良くなっていない, むしろ暮しにくいという生活実感はこのグラフによく表れている.

　滋賀県がこの指標を使って全国都道府県の GPI と県内総生産の比較をおこなったところ, 東京都は相対的に GPI のほうが県内総生産よりも低くなる傾向がある. にもかかわらず東京一極集中が進むのは, 東京圏の法人所得を中心とした所得が大きく, 雇用や就学の機会があるためであろう. また政府や企業が「生活の質」を重んぜず, 経済成長のために競争原理を駆使するためであるが, 日本人が従順にこの政策にしたがい, 自らの「生活の質」を向上させようという人権意識や文化能力がとぼしいことも原因であろう.

　欧米に追いつき追いこせとして, 今日の経済大国に到達した日本の矛盾した現実こそ,「生活の質」そして「成長の質」を問う絶好の対象ではないか. これまでは環境保全の視角から経済成長至上主義を批判し, このために,「貧困」の脱却を渇望する人たちの同意を得られなかった. しかし, 経済成長の視角から, その成長の矛盾を問う必要があろう. 日本はいまこそ「生活の質」のために経済構造全体の改革という長期目標をかかげねばならぬ時にきているのではないか. また各国とくに社会主義国や発展途上国は経済成長政策を進めていく

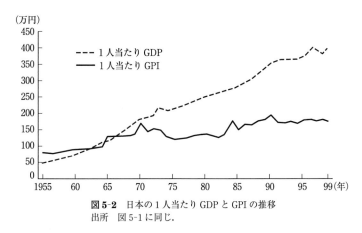

図 5-2 日本の 1 人当たり GDP と GPI の推移
出所 図 5-1 に同じ.

うえで,日本の経験,とくに今日の日本経済の矛盾を十分に検討すべきではなかろうか.そのためにも,日本の経済学者は日本の戦後経済史,経済の現状と改革の方向性についての正確な情報をつくるべき時にきている.今後の環境政策はこの日本経済の改革と関連させ,それを進めるように計画されねばならないだろう.

さて,環境保全という枠組の中で「生活の質」を向上させ,維持可能な発展をするためには,新しい政治経済制度が生みだされねばならないだろう.そのためには,人類にはもう一度,フランス革命やロシア革命とはちがった「革命」あるいは「改革」が必要とされるのかもしれない.また,国民経済・国民国家という枠組をこえた国際的なシステムをつくることになれば,数世紀を必要とするかもしれない.それまで核戦争を防止できるか,地球が荒廃しないでつづくかどうかは,こんごの軍縮とともに,経済開発のあり方にかかっている.ところで「維持可能な発展」という新しい目標は,新しい政治経済システムを樹立して,ある日突然できあがるのではない.現実の経済の動態の中にその芽が生まれるのである.とりわけ,都市や農村を総合的計画的に発展させ,住民福祉を向上させようとする地域開発は新しいシステムをもとめる実験をおこなっているといってよい.それは地域の経験だが,一国の経済にとっても実験的ないみをもっている.そこで,ここでは戦後日本の地域開発の歴史的教訓を紹介し,かつ環境保全を枠組とした経済発展を模索している経験を紹介したい.

2 内発的発展と経済民主主義

外来型開発の決算書

これまでの世界の近代化は,イギリスを中心とした西欧およびアメリカの先進工業国をモデルとした工業化・都市化であった.それぞれの国の土着の文化に根ざす技術や産業構造などの経済構造を無視して,先進工業国の最新の技術を導入し,その経済構造に追いつき追いこそうとするものであった.このような外来の技術や経済組織を導入するという開発の思想は一国内の地域開発の場合も同様であった.後進地域に巨大な資本や国の公共事業を誘致し,それに地域の運命をあずけようというものである.こういう外来の資本(国の補助金をふくむ),技術や理論に依存して開発する方法を「外来型開発」(exogenous development)とよんでおこう.これは,西欧モデルで近代化した日本を典型とするが,今日の発展途上国の多くも,この方式をとっている.

日本の外来型開発は明治時代の殖産興業にはじまるが,とくに地域開発としてみると,国営八幡製鉄所誘致による北九州工業地帯の形成が,そのはじまりといってよい.大正期の重化学工業の時代にはいると,3大都市圏の臨海工業地帯形成とならんで,地方の工場誘致が進んだ.当時は電気炉による製鉄や電気化学を中心としていたので,水力発電と関連して,東北,北陸や九州で外来型開発が進んだ.酒田,新潟,富山-高岡,延岡,水俣などが代表的であろう.とはいえ,戦前の場合は,個別企業の自由な立地であったが,戦後は国や自治体の地域開発政策によって,重化学工業化が進められたことに大きな特徴がある.すなわち,1950年代には多目的ダム,高度成長期には鉄鋼,石油,石油化学などの素材供給型産業のコンビナート誘致が中心であったが,石油ショック以降の1970年代は,これがハイテク産業にかわり,1980年代ではサービス産業,とくに観光(レジャー,スポーツなどのリゾート)産業の誘致にかわっている.近年の地域開発は工業化からサービス化にかわり,それとともに,たんなる工業地帯建設あるいは商業やリゾート地域の造成ではなく,住居や公共空間をふくめた都市づくりとなっている.内容はかわったが,国家や自治体がマスタープランをつくって地域を指定し,企業の必要とする道路や港湾などの社会資本を計画的に供給し,減税や補助金などの経済的援助を与えているという方式は同じである.あるいは新幹線,高速道路,空港,原子力発電所や国立の大

学・研究所などの国の大規模公共事業・サービスあるいは軍事基地に依存して地域の開発を構想するのである．

　このような外来型開発は進出企業の経済力とその波及効果による関連産業の成長によって所得や雇用を進め，税収を上げることによって，地域の住民福祉を向上させるという方式であった．しかし，現実には，住民福祉の向上は開発の結果として予想されるにすぎず，開発の引き金である企業を誘致することに当事者の全力がそそがれた．このため企業の必要とする産業基盤や従業員住宅などの先行投資がおこなわれ，減税をし補助金を給付する．また誘致された企業は自然環境や社会資本を独占，あるいは占有した．他方で外来型開発のキーをにぎる企業の公害や環境保全のための規制はルーズにならざるをえなかった．

　高度成長期のコンビナート誘致は，拠点開発方式とよばれたが，これは日本だけでなく現代世界における外来型開発の典型であろう．日本ではこの拠点開発はまず財政力のある3大都市圏で進み，やがて第1次全国総合開発計画によって，拠点開発をおこなう地域を新産業都市あるいは工業特別地域とよび，21の地域が指定された．しかし，現実にコンビナートが建設されたのは，鹿島，播磨，水島，大分，東予などの大都市圏と瀬戸内などの5先進地域で，過疎化になやみ，開発に期待をかけた16地域はコンビナート誘致には失敗した．その後，第2次全国総合開発計画でも，むつ小川原，酒田，福井，周南，志布志などに一地域で一国の生産能力をもつような巨大コンビナートの建設が計画されたが，住民の反対と産業構造の変化からいずれも失敗し，石油備蓄基地あるいは核燃料廃棄物処理場となっている．そのいみでは，資本と市場の論理の働いている社会では利益の上がる大都市圏とちがい，過疎地域は資本が立地しにくいことを明らかにしめしている．

　外来型開発によりコンビナート誘致に成功した地域では四日市公害をはじめとして，すべての地域で環境破壊や公害が深刻となった．もしも初期において，コンビナートが僻地に計画的に立地できれば公害は比較的少なくてすんだかもしれないが，集積利益をもとめる企業は人口の集中した大都市圏に立地したので深刻な被害が生まれたのである．それだけではない．一般の常識に反して，拠点開発は地域の経済発展にたいする効果がきわめてとぼしいことが明らかとなった．それは今日，重化学工業が衰退産業になったというだけでなく，最盛期においても地域への経済効果は小さかったのである．このことはすでに

1960年代の半ばに四日市コンビナートについて指摘した．その後，私を責任者とする約20名のチームによる5年間の学際的研究成果である『大都市とコンビナート・大阪』の出版で完全に実証し，その後も同様の方法でおこなった各地の拠点開発の決算書づくりで明らかにした．この結論の一部は外国にも紹介している[3]．拠点開発の失敗は客観的に明らかになっているにもかかわらず，発展途上国ではまったく同じような地域開発が進行中である．また国内でも，誘致するキー産業を素材供給型産業からハイテク産業やリゾート・レジャー産業へおきかえただけで，まったく同じ発想の外来型開発が全国的に進行した．そこで以下では，すでに結論の出ている拠点開発方式の決算書の一部を紹介し，依然として外来型開発を進めている内外の開発当局者に警告を発しておきたい．

① 外来型開発は，進出する企業の資源利用が優先するので地元住民を主体とした環境保全や公害防止の計画はあとまわしになる．四日市や堺・泉北のコンビナート用地は，海水浴場を埋立てたものであった．酒田や福井の臨海工業予定地は，埋立てではないが砂丘地を破壊した．すなわち防風林として300年以上を経た数十万本の松林を伐採し，砂丘を掘りくずして港湾をつくったのである．すべての臨海工業地帯は，工場によってウォーターフロントが独占された．このため，住民は海岸へのアクセス権をうばわれ，海水浴，フィッシング，海岸の散歩などが不可能になった．入浜権や親水権は，このような企業による自然海岸の破壊や海岸の独占にたいする住民のささやかな抵抗あるいは要求であるといってよい．

② 戦後の臨海工業地帯は3大都市圏と瀬戸内に集中した．すなわち，高度成長を達成した1979年現在の生産能力でみると，この地域に粗鋼95.3%，石油88.2%，石油化学100%の生産設備が集中した．これらの素材供給型産業はもっとも生産当たりの汚染物の量が多い産業である．そのうえ，この地域には日本の人口の半分以上が密集している．世界最高の人口密度をもつ東京，大阪をはじめとする大都市や中小都市が存在する．日本のコンビナートは，第4章でのべたようなフィンランドのコンビナートとちがい，一工場の規模が大きくしかも狭域に短期間に集積した．このため操業の初期から大量の汚染物を，しかもコンビナートなので複合して排出した．交通量も過密となり自動車公害が複合した．公害対策の遅れた1960年代において，3大都市圏の公害が世界でもっとも深刻になったのは当然といってよい．大気汚染認定患者の大部分がこ

表5-1　コンビナート開発のバランスシート　　　　　　(単位: %)

	汚染物量 NO$_X$	電力使用量	工業用水使用量	敷地面積	製造品出荷額	付加価値額	雇用量	事業税
大阪府下工業にしめる堺・泉北工業地帯の寄与度	41.8	41.4	22.3	17.1	11.2	7.3	1.7	1.6
北伊勢地区にしめる四日市コンビナートの寄与度	(79.5)	57.8	76.2	37.9	37.7	30.9	12.4	(4.7)

注1)　堺・泉北工業地帯の統計は1974年であるが，NO$_X$は1972年，電力は1970年，敷地面積は1973年である．
　2)　四日市コンビナートの統計は1977年であるが，NO$_X$は四日市公害防止地区にしめる割合，事業税は三重県税収入にたいする割合(1966-77年平均)．
出所　宮本憲一編『大都市とコンビナート・大阪』(筑摩書房，1977年)および遠藤宏一『地域開発の財政学』(大月書店，1985年)より．

の地域に居住している．1970年代後半以降は，この工場による汚染よりも自動車による汚染の寄与度が高くなっているが，患者が罹病した年月をみると，固定発生源の寄与度は大きい．

③　外来型開発の失敗は絶対的損失が発生し，社会的損失が大きいということだけでなく，それに比して地元に寄与する社会的便益が小さいということである．表5-1は堺・泉北と四日市の二つの臨海工業地帯について，地域開発のバランスシートの一部を紹介したものである．まず両者に共通していえることは，二つの工業地帯はその地域の全工業の中で環境汚染や資源消費の主役になっているが，それにくらべて，経済的な効果はおどろくほど小さいということである．堺・泉北コンビナートを例にとると，汚染物では大阪府下の工業の42％をしめている．大阪は戦前から「煙の都」といわれていたが，もしも堺・泉北臨海コンビナートをつくらなければ，公害対策は容易であったろう．戦前は経済の大阪，政治の東京といわれたが，戦争統制経済以降，経済と政治のむすびつきが強くなり，大阪圏は東京圏にくらべて相対的に発展が遅れた．大阪府と関西財界はこの遅れが重化学工業，とくに素材供給型産業の不足にあると考えて，堺・泉北地域約1700haを埋立て，ここに新日鉄，二つの石油化学コンビナートなど百数十の会社を誘致し，これに関連して，大阪の産業の高度化をはかろうとした．このため，臨海部に港湾，道路，工業用水その他社会資本を整備し，後背地には従業員の住宅団地などを造成した．この最高の立地条件をもった工業用地を1m^{2}当たり平均6321円(最低1600円から最高1万4650円)の安値で売却したのである．

その結果は，表 5-1 に明らかなように，社会的損失にくらべて経済的効果がとぼしかった．素材供給型産業は，加工型産業にくらべて資源消費や社会資本の必要量は大きいが，付加価値(所得)はきわめて小さい．オートメーションの工場のため，製造品出荷額にくらべて雇用が小さい．このため，事業税などの所得関係税の収入も小さくなるのである．四日市の場合には，所得のうち利潤は東京や大阪にある本社へ流出してしまう．遠藤宏一の推計では少なくとも所得の5分の1が流出しているという．利潤こそが資本・資産の増分になるのであるから，これが漏出すると，地域開発の効果は小さくなるといってよい．

④ 拠点開発は国や府県を中心にしておこなわれたのだが，主役は民間企業である．民間企業は地域開発の全体計画にしたがうものでなく，国際国内の立地の戦略のもとで，自社の利益の極大を考えて立地をする．先述のように，大阪府や関西財界は進出企業と地域産業との連関を考えてはいなかった．このため，せっかく大阪圏という後背地に巨大な加工産業をもつ地域に立地しながら，各社の生みだす素材は地元に供給されなかった．たとえば，1970年代には新日鉄の生産する素材は土建用の H 鋼などを主体としていた．新日鉄の生産物の多くは輸出され，地元に移出されるのは全体の 20% 台であった．大阪圏で必要な鉄は住友金属などの他県の生産物によってまかなわれていた．二つの石油コンビナートは農業関係の生産物を主体としたので，1970年代では，地元へ供給されるのは 7% 程度であった．堺商工会議所の調査によれば，進出した大企業の下請けは，大部分それぞれの社がつれてくるので，地元の中小企業で関連するのは 100 社以下であり，土建，運輸，修理と清掃など雑業的分野であった．つまり素材供給型産業の誘致によって産業の高度化をはかることは失敗に終わり，コンビナートだけができたのである．

地域開発が産業政策として成功するのは，産業連関が複雑で付加価値ができるだけ地元におちていく場合である．たとえばコンビナートの薄板の鉄で自動車がつくられ，また石油化学の原料が都市型工業で加工されるなどの連関がどんどんついていくときに，雇用も所得もふえていくのである．ところが，大都市圏にある堺・泉北コンビナートですら，こういう産業連関のとぼしい状況であるから，他の四日市をはじめ地方のコンビナートでは，原料は海外からきて，製品はすぐに域外へ移輸出されるという状況である．これでは所得も雇用も寄与度が小さくなるのは当然である．それだけでなく，域内で原料や生産物が循

環すれば輸送量が少なくてすむが，大部分が域外に輸送されねばならぬために，無駄な海陸の交通が膨大になり，これがまた公害の原因となり，大型トラックやタンカーなどによる交通混雑を生むことになる．

　地域開発が特定の業種の誘致にかたよると，産業構造の変動によって地域経済が大きな被害をうけることになる．酒田北港地域はアルミ精錬・圧延を軸にしたコンビナートを構想した．この構想は公害の面で問題が多かったが，エネルギーコストの点でも，当初から私をはじめ批判があった．にもかかわらず，田中角栄首相の後押しもあって住友系のアルミ精錬の新会社がつくられた．しかし，操業後まもなく石油ショックにみまわれ，アルミ精錬は他国とくらべてコスト高となり，会社は閉鎖された．

　素材供給型産業の不況のため，**表1-3**(61頁)にあるように，実績はGDP以外，国土計画の1985年度目標を大幅に下回る状況となっている．80年代以降全国のコンビナートは企業の整理あるいは操業短縮をおこなっている．新日鉄は堺・八幡・釜石・室蘭などで高炉5基を休止し，他の製鉄会社も合理化を進めている．石油化学のコンビナートは通産省の指導で旧設備を廃棄して，生産設備を3分の1に縮小した．これらの産業は中国の高度成長の中で息をふきかえしたとはいうものの，今後の投資の重点は外国になり，高度成長期にかえることはない．各地域ともバブル崩壊時に大規模な人員整理がおこなわれ，この雇用問題は長期的な課題となっている．

　⑤ 地域開発は地域の経済発展のみならず，政治の民主化，社会の近代化，文化の進展，ひいては地域福祉の向上をもたらすことを目的としている．しかし，外来型開発はこの面でも失敗に終わっている．それは計画から実行にいたるまで進出企業や国家が主導権をもつために，民主主義——地方自治の発展がみられない．たとえば，臨海コンビナートの大企業の管理職は腰かけであり，地元に家族をよばず単身赴任である．かつて大原総一郎元倉敷レーヨン社長は岡山の水島コンビナート誘致の実態をみて，これを「植民地型開発」と名づけた．まさに至言である．コンビナートは「租界」であって，地元中小企業との取引あるいは人間関係は少ない．住民は工場内に自由に立入ることはできず，海にちかづくこともできない．この地域は地元の市町村の都市計画などの土地利用計画の枠外にある．したがって，今日のように不況化して，遊休化していても，地元の自治体が土地利用を変更することがむつかしい．

コンビナートが「租界」となっていることを明らかにした例をあげよう．1970年に堺市民が公害反対のために，コンビナート拡張を阻止しようとして署名運動を全市的に展開していた矢先に，堺商工会議所吉田久博会頭は市民運動を支持して「公害発生型重化学工業誘致反対，既進出企業の増設の原則的禁止など」の要望書を府に提出した．これは地元企業がコンビナート企業と関係がなく，むしろ公害でなやまされ，さらに公害対策の強化のあおりで，小さな汚染源にすぎない地元企業にまできびしい規制がかかっていることへの不満がいかに爆発したかを表すものである．

外来型開発はこのようにして，地域社会を分裂させてしまうといってよい．国際的にも同じ問題がおきている．すでにのべたインドのボパールでおきた多国籍企業の大事故とその後の地元民の人権を軽視した対策などは，外来型開発の失敗を明らかにしているといえる．にもかかわらず，依然として，発展途上国，欧米でも外国企業をもとめている．また，日本では後進農村地域ほど，外来型開発に血道をあげている．なかには発電所や米軍基地誘致のように，補助金の効果と工事中の雇用増大が主で，その後の地域開発効果のとぼしい開発にまで過度の期待をかける状況がつづいている．それは，「恥の上塗り」みたいなものだが，なぜ，この失敗した「外来型開発」がくりかえされるのか．

R. ヌルクセはかつて，『後進諸国の資本形成』の中で「貧困の悪循環」という理論を提示した[4]．すなわち発展途上地域がなぜ貧困かといえば，それは貧困だからだというのである．これを日本の経験からみれば，開発を自主的自発的におこなう人と技術・知識と資本のない地域は貧困から離脱できないのである．日本の場合は発展途上国とちがい資本はいくらでもあるのだが，問題は開発主体である．自治体，企業，NPOのような組織と，とくにそこに有能な「ひと」がいるかどうかが，「外来型開発」の失敗をのりこえて，貧困から脱却して永続する発展ができるかどうかのかぎを握っている．

日本における内発的発展

地域の企業・労働組合・協同組合・NPO・住民組織などの団体や個人が自発的な学習により計画をたて，自主的な技術開発をもとにして，地域の環境を保全しつつ資源を合理的に利用し，その文化に根ざした経済発展をしながら，地方自治体の手で住民福祉を向上させていくような地域開発を「内発的発展」

第1節　「経済の質」と内発的発展

(endogenous development)とよんでおく．私の提唱する内発的発展は外来型開発に対置されるものであるが，外来の資本や技術をまったく拒否するものでない．地域の企業・労組・協同組合・NPOなどの組織，個人，自治体を主体とし，その自主的な決定と努力のうえであれば，先進地域の資本，技術や人材を補完的に導入することを拒否するものでない．このような内発的発展は，国際的には，欧米社会に追いつき追いこそうとする従来の経済成長方式とオルターナティブ(代替的)な方式として発展途上国が模索しているものである．地球環境を保全する未来計画も外来型開発が内発的発展にかわったときに実現する可能性がみえてくるといってよい．とはいえ，多国籍企業の支配する世界経済のもとでは，内発的発展が未来の開発方式になりうると断言するのはユートピア的であるが，その実験が各国ではじまっていることは重要であり，学界はその紹介と評価を十分におこなって，各国に広めていく努力をしなければならない．

　日本における内発的発展は戦前にもさかのぼりうるが，1970年代になって，街づくりや村おこしということばに表現されるように，社会的に定着してきたといってよい．内発的発展は高度成長期の外来型開発にとりのこされ，あるいはその失敗の影響をうけた地域の中でオルターナティブな方式としてはじまったのである．全国的に有名になったのは，北海道の池田町や大分県の湯布院町(市町村合併により由布市となったが，ここでは旧町名で説明する)や日田市大山町の例であろう．これらの成功例については多くの紹介があるので，ここに改めて書くまでもなかろう[5]．その後，大都市では神戸市真野地区のように衰退する住工混合地区の再生に成功して，インナーシティ政策が内発的発展でなければならぬことをしめした．また他方，農村では中国山地の「過疎を逆手にとる会」のような，豪雪地域で資源もなにもなく，高齢者社会で過疎化のみが特質となっている地域で独創的な再生策を考えて努力する例，また宮崎県綾町のように森林資源を生かすような例が出てきた[6]．政府もこのような地方の動きをみて，テクノポリス構想や「4全総」，ハイテク産業誘致やリゾート基地開発だけでは地域の発展はむつかしいことをみとめ，地場産業の発展などの内発的振興や地域活性化を提唱するにいたっている．1988年，竹下首相は「ふるさと創生」を提唱して各市町村に1億円の交付金を配付した．いま街づくり村おこしには政府各省がこれにとりくんでいるが，自治省の「まちづくり特別対策事業推進要綱」にもとづいて，地方公共団体が補助金をもらうために計画した

「まちづくり特別対策事業」をみると，ほとんどの市町村が関与している．しかし，その内容をみると，環境を保全する公園・緑化事業，駅前整備などの街並み整備，スポーツ・観光施設の整備，地域産業振興，教育文化振興などがばらばらに企画されている．これでは旧来の自治体の事業を補助金をもらうためにくみかえたにすぎぬ．

また，大分県は湯布院町や大山町が全国的に評価をされるようになると，これを全県におしひろめようとして，「1村1品」運動を提唱した．これはわかりやすいスローガンであったこともあり，全国にひろがり，北海道などでは，道庁だけでなく西武資本がのりだして特産品づくりをしたが失敗している．しかし，全国市場めあての1村1品はまちがいで，成功例は地元市場を第1次の対象とした1村多品なのである．1村1品運動にのって，「しいたけ」だけ，あるいは「焼酎」だけに特化した村は，競争相手が多数出てきて，その生産物が売れなくなれば，村全体が危機におちいることになってしまう．このように，内発的発展ではなく，中央政府の補助金事業や県主導型の精神作興的な「特産品」づくりは戦前からの農村政策のくりかえしにすぎない．

そこで補助金をもらうための流行の村おこしや街づくりではなく，中央政府や大企業の助成をうけずに苦闘しながら独創的な成果をあげている地域で明らかにされた内発的発展の原則をしめしたい．

第1は，地域開発が大企業や政府の事業としてでなく，地元の技術・産業・文化を土台にして，地域内の市場を主な対象として地域の住民が学習し計画し経営するものであることだ．内発的発展はなにがしかの反体制的あるいは反政府的な運動をきっかけにしている．たとえば湯布院町や大山町の場合は，大分県の新産業都市計画に反逆するものであった．大分県は大分－鶴崎地区を埋立て，そこに鉄鋼・石油コンビナートを造成するという拠点開発方式をとり，県財政をあげて公共投資を集中した．この計画は他の先進の拠点開発が重化学工業偏重であるという批判に応えて，「農工両全」をとなえた．といっても，臨海工業地帯の造成には巨大な資金がいるので，都市と農村を平等に開発するというのでなく臨海部に工場が誘致できれば，その波及効果でかならず後背地の農村の所得や雇用も増大するというのであった．新産業都市の優等生といわれるようにコンビナート誘致に成功したものの，後背地の農村部は日本有数の過疎地帯となった．この開発にたいして，国や県は頼むに足らないとして，自ら

第1節 「経済の質」と内発的発展

の力で農村の湯治場であった温泉を農業とむすびつけ，周辺の山並みの自然環境を生かし，人工ではなく自然の食品による料理を提供することで溝口薫平や中谷健太郎が中心となって発展させたのが湯布院町の温泉事業である．また，政府の画一的な農業政策に反対して米づくりをやめ，桃，栗や柿などをつくる山村農業に転換し，農産物を加工して付加価値をつけるという1.5次産業を提唱したのが大山町である．そのいみでは反体制的と自称するほどの自発的なエネルギーがなければ，条件の悪い過疎地で開発に成功できるはずがない．

とはいえ，内発的発展は地域主義ではない．今日はこれだけの情報社会であり，国際化といわれるように，国内国際的に分業の進んでいる時代であるから，地域独自のオートノミーがあるわけではない．過疎地の自治体ほど政府の補助金に依存せざるをえなくなっている．したがって，大都市圏や中央政府との関連を無視して地域が自立できるものではない．先述の「過疎を逆手にとる会」の10訓というのをみると，「大都市とジョイントする」という項目がある．この会の事務局のある広島県総領町では廃屋になった小学校を利用してイベントをするのだが，それには永六輔や中村八大が協力している．地方で全国的なイベントをするというのは，湯布院町由布院温泉の考えた「日本映画祭」がはじまりであろう．これは「お盆」シーズンの夏枯れ時期に客をよぶという目的と，映画館のない町の青年たちに映画の醍醐味をつたえたいという目的が結合してできあがったものである．いまでは，むしろ東京の映画人がこの祭りでうける刺激をたのしみにするという全国行事になっている．富山県利賀村の国際演劇祭なども，これと同じいみをもっている．このようなこころみは，興行資本が興行の場を地方にもとめるというのではなく，地元の自治体や産業組合が主体となって，大都市の文化人とジョイントしているから成功したのである．

第2は，環境保全の枠の中で開発を考え，自然の保全や美しい街並みをつくるというアメニティを中心の目的とし，福祉や文化が向上するような，なによりも地元住民の人権の確立をもとめる総合目的をもっていることである．内発的発展は公害反対運動や環境保全の住民運動を出発点にしている例が多い．神戸市真野地区の場合は，町工場の公害反対が出発点であった．しかし，公害防止のために工場が移転すれば，町全体が衰退し，中小企業とその従業員に不利益になることがわかった住民が公害を除去し，環境を美しくかえながら，町工場と住民が共生できる道をさがしたのである．この成果は阪神淡路大震災の時

に被害を最小限にくいとめ，もっとも早く復興するということに表れた．

　湯布院町の場合は，周辺の自然を守るためにダム反対にはじまり山並みハイウェー反対の住民運動が出発点となり，そのうえで美しい農村環境を生かした村おこしはできないかと考えたのである．大山町の場合は，中国東北から引揚げてきて村長となった矢幡春美が，山村の農民が休日もなく文化を享受できない現実を改善し，農民に休日を，主婦にカルチュアをと考えて，従来の米づくりを中心とした農業経営を改善したというのである．つまり，1.5次産業などの改革はたんに農民の所得を向上させようというだけでなく，農民の基本的人権の確立が目的であったのである．このような精神から，若者を海外へ旅行させ，その後イスラエルのキブツに習った若者がテニスコートやプールをもつような集落再編成を計画した．

　「老人医療無料化」で有名な岩手県沢内村は，豪雪，貧困，病気に挑戦した．ここでは，太田祖電前村長がこの所期の課題の解決に成功し，福祉の村として有名だが，雪国文化研究所をつくるなど村の産業の発展に力をいれている．この基本は村の美しい自然環境と一体となった産業政策であり，福祉にあるとしている．

　第3は，産業開発を特定業種に限定せず複雑な産業部門にわたるようにして，付加価値があらゆる段階で地元に帰属するような地域産業連関をはかることである．由布院温泉の宿屋の土産品売場にあるのは，大都市の生産する羊羹などの菓子や工芸品でなく，農民の手づくりのジャム，漬物，木製品や竹製品である．また料理の材料も農民が副業で飼育する名古屋コーチンであり，自然薯や手づくりの揚げ豆腐などである．観光業と農業がむすびつくことによって付加価値の多くが地元へおちている．

　この点では，農村よりも都市の開発が明確である．北陸地方では外来型開発の典型が富山－高岡であり，内発的発展の典型が金沢である．富山県は昭和の初期以来，安い電力を利用して，日本の代表的な化学工業や電気製鋼を誘致した．戦後は新産業都市そしてテクノポリスと，国の計画にぴったりと地域をあわせてきた．このため，この県の製造出荷額は日本海随一であり，一見すると経済的水準は高くみえる．これにたいして金沢市は長繊維工業から出発して自動織機の発明によって機械産業を発展させ，両者を軸にしながら，金属，縫製，印刷などの複雑な都市型工業を地元の中小企業の手で発展させた．近年はハイ

テクを駆使した自動ビン詰めの機械，工作機械や電機産業などが全国市場で著名となっている．金沢は城下町といわれるが松江市と異なって，日本有数の内陸工業地域である．金沢市の特徴は繊維工業の盛んな時に産元商社といわれる地元商社があったことである．このような卸売機能は他部門についてもあり，この経済的中枢機能は他の県庁所在地に例をみないほど大きい．富山市と比較すると，戦災をまぬかれたこともあって，歴史的遺産が大きく，教育や文化のストックが豊かである．したがって近年では，国際国内的な観光地，あるいはコンベンションシティとなっている[7]．

　金沢市には富山市のような中央の大企業の工場はなく，地場の中小企業の事業所ばかりである．しかし，第2次産業の雇用人口は大きく，ほぼ2倍の人口をもつ仙台市なみであった．つまり，産業のバランスがよくとれていた．工業だけでなく商業やサービス業も地場資本が中心なので，あらゆる段階の付加価値が地元に帰属する傾向が強い．これにたいして，富山－高岡地域の場合は工業の利潤や他部門の付加価値は東京や名古屋などの大都市に漏出する．製造品の出荷額が大きく，従業員1人当たりの生産額では，富山－高岡地域は金沢市をぬいているが，1人当たり分配所得では反対に金沢が高い．富山－高岡地域は公害デパートといわれ，一時期は深刻な公害問題がおこった．これにたいし金沢市は内陸工業地帯であったことが幸いして，公害はほとんどなかったといってよい．アメニティや文化の面では，金沢市は全国有数の都市であろう．

　近年は産業が都市をつくる時代は終わり，都市が産業をつくる時代である．アメニティのある都市，「都市格」の高い街に産業は育つといってよい．富山県は新産業都市に指定されたが，コンビナート誘致に失敗し，造成した工業用地は売れのこり，それを30％ディスカウントして売っていたが，なかなか買い手がなかった．テクノポリスにも指定されたが，ハイテク産業の進出は，指定をうけなかった石川県のほうが活発ともいわれている．

　金沢市と同じように文化の歴史を誇る長崎市の場合は，経済的にはまったく異質である．三菱資本の城下町であるために，三菱重工の造船が不況になると，街全体の経済が衰退する．しかもこのような企業城下町では，卸売業も小売業も三菱の影響で独自の発展をしていない．このため産業のバランスがとれていないので，産業構造の転換にたいして弱点が多いといえよう．三菱という親ガメの上に長崎市という小ガメがのっているようなもので，親ガメがこけると小

第5章 維持可能な社会と住民自治

ガメはひっくりかえるのである．

このようにみてくると，内発的発展はたんに環境を保全するというだけでなく，長期的にみると経済的にも安定した発展をすることになろう．ことわっておくが，金沢市民は必ずしも自らを内発的発展の典型例として自覚していなかった．ある点では伝統の重さと気位が幸いして，無自覚なまま外来型開発を拒否してきたといったほうがよいかもしれない．地元の中小企業家の一部には，この内発的発展を現在のみならず未来の戦略としようとする動きがある．しかし，原発の能登への誘致，金沢市内の土地の東京資本の買占め，商業・サービス業への大企業の進出，外来資本による都市再開発が進行して街並みや景観が破壊され，これまでの金沢市の体質をかえる動きが進んでいる．地元の有力者だけでなく，市民がどのくらい内発的発展を理解してこれを継承し，金沢市の発展に自発的に参加するかが，こんごの分かれ目といえる．

第4は，住民参加の制度をつくり，自治体が住民の意思を体して，その計画にのるように資本や土地利用を規制しうる自治権をもつことである．先述の福岡県柳川市の掘割再生の物語は，住民の奉仕で環境を改善し，それが地域経済の発展になったという典型的な例である．

同じような親水権による内発的発展が，小樽運河保存運動であり，宍道湖・中海干拓・淡水化反対運動である．すでに欧米の都市でウォーターフロントにある古い建物を利用した都市の再生は成功をみている．小樽市の場合，運河保存の運動は12年にわたるが[8]，保存こそが地域の再生になるという理念を市民，とくに財界人が理解するにいたるのは，運動の終末にちかづいた時期であった．このため，運動は完全な成功をみず，運河の半分，それも倉庫群に近い側を埋立てて道路にしてしまった．これは倉庫群と運河の風景とを一体化して，情緒のある街並みをつくる計画からみると不完全な事業であり，市の暴挙といってよい．それでも，この「不完全再生」のおかげで小樽市には観光客が殺到している．住民運動のおかげで衰退しつつある小樽のどこを中心にして再生すればよいかは明らかになった．いかに景観が重要か，そして街をつくるのは政財界人ではなく，市民であるということを一般にわからせたという点では，小樽運河保存運動は歴史に残るであろう．

これにたいして，宍道湖・中海の保存運動は，670億円を投入して，完成一歩手前の国の大型プロジェクトを中止させるという画期的な勝利をおさめた．

戦後の干拓・淡水化事業は食糧生産や用水供給のみを考えて，水環境の保全や景観を無視したものであったため，八郎潟，河北潟や霞ヶ浦などで，事業の失敗が指摘されてきた．減反政策がおこなわれているおりから，水田以外には問題の多い干拓地が高い価格で売りに出ても，価格の半分近い補助金をもらわないかぎり，農業はむつかしい．河北潟などでは，すでに3割ちかい農家がやめてしまっている．他の用途（たとえば宅地）に転換するためには関連の社会資本の投入が必要である．河北潟は金沢市にあってまことに美しい湖であった．いまこれが残っていたならば金沢市の価値はもっと高くなったであろう．しかし，埋立てた湖はもとへはもどらない．また，茨城県の霞ヶ浦では住民の反対を押しきって海水の流入をしめきったために，生態系がかわり，水質は汚濁し，アオコが発生して景観は失われた．いま住民の手で自然再生が進んでいる．

このような過去の失敗について客観的な分析もしないで，農水省は干拓事業をつづけたのである．まさに，これこそ典型的な「政府の失敗」である．幸いなことに，島根大学の保母武彦を中心とした研究者がこの事業に疑問をもち問題を提起した結果，淡水化によって打撃をうけるシジミ業者の漁協を中心にして反対運動がおこった．松江市の観光業にも大きな影響が出るだけでなく，水都の景観が失われることがわかると，市民の大多数が反対にまわった．イタリアのガラッソ法に教示をうけて，住民団体は景観保全条例の住民請求をおこなった．これが有権者の40％の署名をあつめたところで，政財界も事業の中止を考えざるをえなくなったのである．この運動は環境保全をつうじて地域の発展を考え，自治権を利用して運動した結果，成功したのである[9]．

このような成功例があるとはいえ，まだまだ日本では内発的発展は環境保全よりも経済的な発展を中心に考えられており，また，住民の参加の制度や自治体の力がよわい．そこで，ここでは次にイタリアの経験をみたい．

「保存は革命」——ボローニャ方式

イタリアには中世につくられた美しい都市が多い．イタリア統一以降の資本主義の発展によって工業化と都市化が進むと，一体性をもって構成されていた都心は事務所空間として改造され，住宅群や新しい都市機能は郊外へ向かって拡張していった．都市当局はこの傾向を助長するかのように，ニュータウンを郊外へつくっていったのである．この結果，都心の美しい歴史的街区は不揃い

の建物でずたずたに破壊され,郊外は農地や森林が破壊され,全体として環境の価値が喪失していったのである.

　文化的な価値をみとめ,歴史的街区を保存しようという政策は,19世紀後半からはじまる.その保存が建築的次元で建築物単体にとどまらず人間の環境を維持する都市政策として地区全体の保存にかわるのは,イタリアの奇蹟といわれた経済発展期の1950年代後半のことである.この時代は環境破壊の時期であり,それに対抗するかのようにイタリア最大の環境保全団体「ノストラ」が誕生した.歴史的街区の保全は,文化的視点からはじまり,やがて第3次産業の発展とともに観光産業的な視点でおこなわれるようになった.当初,ヴェネツィアの保存は世界的な文化財・観光財としての価値を維持するために進められた.このため,島にあるヴェネツィア市の歴史的街区はそのまま保存されることになった.だが古い建築物をそのまま維持するとなると,冷暖房設置や台所などの改造ができず,現代的な市民生活を営むのに不便である.このため若い世代を中心に住民は本土側の新市街地に移住し,人口は激減した.ヴェネツィア市は市民不在の観光客の街と化してしまう危機に直面したのである.

　歴史的街区の保存の目的を文化財・観光財保存だけでなく,市民の生活環境の回復をふくむ都市の再生にまで発展させたのが,ボローニャ市である.ボローニャ市は人口44万人,イタリアを代表する職人を中心とした中小企業の商工業都市であり,周辺の農産物の集散地である.ここは戦前から共産党と社会党による革新自治体が近年までつづき,ナチ占領下のレジスタンスが激しくおこなわれた歴史をもつ革新的な街でもある.戦後の急成長期に,ボローニャ市は丹下健三に依頼して郊外にニュータウンをつくり,市の機能の分散をはかった.しかし,その後,ヨーロッパに共通しておこった都市の人口停滞期にはいり,郊外の建設が財政的に負担が大きすぎることもあって,1969年に方針を大転換し,歴史的街区の保存・再生にふみきった.陣内秀信はこのボローニャ市が歴史的街区保存の博覧会に提出した文書を紹介している.これは,この街づくりの歴史的転換の企図を熱っぽく語っているので,引用しよう.

　　古い都市は,単に人びとが集合して生活する場であるばかりか,住民の所有物でもあった.都市の中にはさまざまな社会階級が統合されながら存在し,調和のとれた共同での使用と消費がみられた.ところが資本主義の到来によって,初めてそれまで考えられなかった次元で土地の商品化がおこ

り，共有財産が私物化され人間的価値への無関心が生み出された．歴史地区は不動産の投機行為の対象として売買され，もとからの住民は郊外へ追いやられて，その社会的活動が排除されてきた．こうして膨張する都市は混乱に巻き込まれ，伝統的人間関係と生活形態は失われ始めた．そこで今，公共の財であるべき歴史地区を，資本の側から住民の側へ再占奪することが目論まれねばならない．これこそが保存の意味である．保存は都市の社会的な再占奪であり，従って保存は革命なのである[10]．

　世にボローニャ方式とよばれるものは，歴史的街区の保存の中で現代市民生活を再生させようというものである．すなわち，まず第1に，10年間の研究調査により街並みを点検し，その景観を保全しつつ，文化的価値の低い，改造してもよい建物については，その内部を改造した．市は公営住宅を郊外都市につくることをやめて，この歴史的街区の中に建設する．すでに500戸のローコストの公営住宅がつくられた．その一部を見学したが，外側は古い街並みだが，内部は完全に現代化され，また裏庭・内庭は歴史的形態に復元し，住みやすい衛生な住宅に生まれかわっている．第2は，それに付随して現代生活に必要な文化的社会的公共サービス施設を整備した．このために，すでに使用されていない修道院などが改造されて，福祉施設や集会施設などにかわっている．

　ボローニャ方式を考案し実行した中心人物ヴェネツィア工科大学教授（元ボローニャ市都市計画局長）P.L.チェルヴェルラッティは次のようにいっている．

　　我々のいちばんの狙いは，従来から歴史的街区の中で暮らしていた住民がよりよい条件で同じ場所に住み続けられることにあります．我々の公共的介入がなければ，住民は地区と住宅の老朽化に耐えられず，都市の郊外に出ていってしまったことでしょう[11]．

　もともと都心は職場や社会的文化的施設など都市の機能が集積している．また街並みも美しい．したがって，もし，ここが再開発されて現代市民生活が維持できるとすれば，だれも不便な郊外へ出ていく必要はない．それどころか，郊外の住民が都心へもどりはじめる．ボローニャ方式の成功は，都心再生への民間資本の参加を生んだ．市の方針にしたがって，街並みを保存しつつ，内部を再改造した民間住宅が約4000戸できた．ボローニャ市の全世帯は19万戸，歴史的街区の世帯数が約2万5000戸（持家率60％）であるから，公私の改造戸数をあわせると約5分の1に達し，かなりの数になる．

第5章　維持可能な社会と住民自治

　都心の改造はニューヨーク市にみられるようにジェントリフィケーションをひきおこす．市当局はこれに対抗して，全体の床面積の 30% の住居が再生前の家賃で同じ住民に貸与されるという内規をもち，都心が中産階級以上の金持ちに占有されることを防いだ．

　チェルヴェルラッティによれば，ボローニャ方式は工業化の時代から脱工業化の時代への過渡期において，将来の都市居住のあり方を考える実験であるといっている．財政的にみれば，保全しつつ改造すると新築にくらべてコストが高くつくように思われるが，そうではなく，むしろ安上がりだとしている[12]．すなわち，歴史的な街区には学校，上下水道などの既存のインフラをはじめ公共施設があり，その管理の費用も節約でき，郊外地と都心をむすぶ輸送手段をつくる必要もない．郊外の場合には，新しいインフラの建設のうえに，開発によって破壊された環境の回復のコストや，新しい行政サービスの必要が生ずる．もちろん，古い市街地の再生は修復の際に莫大な費用がかかることがある．「また，歴史的市街地では長い間に権利が輻輳してきているため，権利調整に時間と労働を要求される．だがこれらのことを考えても，なお，保存再生手法の方が経済的にまさっている」[13]．ボローニャ方式を直接に進めたのは市当局であるが，この計画が成功したのは，住民参加がおこなわれたためである．次節に紹介するように，ボローニャ市は地区住民評議会をもち，ここで計画が審議され，市民の合意が形成されたのである．

　1986 年，私はボローニャ市の調査をおこない，ここで産業政策のうえでも保存しつつ革新するというボローニャ方式をみることができた．当時，市は「未来の工場・ボローニャ」というスローガンをかかげていた．フィレンツェ市は「ヨーロッパの文化首都」といっているのだが，このボローニャ市の標語は理解をこえるところがあった．1984 年，金沢市においてニューヨーク市立大学都市研究センター所長 D. ネッツアが，21 世紀には，大都市は衰退し中都市を中心として発展し，こんご各都市の経済循環は国民経済のそれと異なって，独自のものとなるという注目すべき発言をした[14]．そして，そのような未来の都市の代表として，記者団の質問に答え，職人企業とハイテク技術をむすびつけて発展するボローニャ市をあげた．また，A. スミス以来の経済学に反逆して「都市から農村が生まれた」という独自の都市経済論をもつアメリカのJ. ジェコブスは，現代から未来へ向けての世界像は，中世のように現代の国民

第1節 「経済の質」と内発的発展

国家の連合ではなく，都市（あるいは地域）の連合になるという考え方をのべ，今日のスタグフレーションなど経済のゆきづまりは国民経済がゆきづまっているのでなくて，すでに未来社会の経済構造の序曲と関連して都市（地域）経済がゆきづまっているという新しい考え方をしめした．そのうえで，現在，第2の奇蹟といわれるイタリア経済の発展をとりあげ，その原因をボローニャを中心としてヴェネツィアからフィレンツェなどをふくむイタリア中部の職人企業の経済にもとめた[15]．このいみでは，ボローニャ市がイタリア人特有の過大な修飾句として「未来の工場・ボローニャ」といったのでなく，代表的な都市経済論者がそれをみとめていたのである．私の現地調査では次のことがわかった．

ボローニャ市は金属工業，繊維工業，包装工業などの職人企業の都市である．サービス部門（たとえば理髪師や観光業者）をふくむ職人は2万8000人，職人企業というのは，企業主が職人であって，その個人あるいは家族が経営管理を担当し，20人以内の職人と労働者を雇用している組織をさしている．ボローニャ市は，産業政策の中心に職人企業の振興をおき，都市計画によって，郊外に農地なみの価格で購入した二つの団地に職人工業団地をつくっていた．この団地に，安い価格で借地した職人企業が立地し，連合して自主的管理をする職人共同体をつくって，団地の社会資本を運営している．

この職人企業は歴史的に伝統のある職人芸を生かし，合理化できるところはFA（ファクトリー・オートメーション）を導入している．私はヨーロッパでも有名なバネやポンプをつくっている工場を見学したが，ここでは，日本の最高のオートメーションの機械である森精機や村田製作所などの製品が使われていた．他方，事務についてもOA（オフィス・オートメーション）が導入されている．現代のように大企業が市場を支配している経済のもとでは，職人企業が単独で生存することはむつかしい．そこで，職人企業は部門ごとに協同組合をつくり，さらにそれが連合してCNA（国民職人連合）をつくっている．この協同組合が，販売，輸出入，金融，技術開発を共同でおこなっている．ボローニャ市のCNAの建物は丹下健三の設計した円形のツインビルで，この内部はOA化され，職員にはドクターの肩書きをもった専門家がはいって経営していた．

これは大企業の支配する日本社会と対照的である．イタリア人は日本人の思考とちがうので，どこまで理論と現実が一致しているかをたしかめるのはむつかしいが，この職人企業は彼らが高らかに主張するように，たしかに未来を暗

示するものであった．すなわち，いまや需要は多様化し，高品質の少量生産でなければ，現実にあわなくなっている．イタリアの職人企業は，繊維で有名なベネトンもそうだが，まさに，こういう多品種高品質少量生産・販売の社会に適合している．アジアの国は大企業の画一的商品の大量生産・販売をおこなっているが，未来のニーズがかわれば，このような規模の利益，ひろくは集積の利益をもとめる方法は破綻するかもしれない．ボローニャ市の産業政策——内発的発展は日本の金沢市と似ており，中都市の存在価値をしめしている．またそこに革新自治体の先見性があったといわれている．これは先の有名な都市計画とならぶ産業計画のボローニャ方式といってよいかもしれない．このような内発的発展は次節でのべる地区住民評議会への職人参加とその政治的革新性ともむすびついて，未来をしめしている．しかし，21世紀にはいりグローバリゼーションの進展はボローニャ方式の継続に大きな影をおとしている．今後のボローニャ市の動向は，維持可能な発展の今後のあり方に大きな影響を与えるであろう[16]．

第2節　維持可能な社会へ

1　維持可能な発展と政治経済学

維持可能な発展(SD)の規定をめぐって

　リオ会議でSustainable Development(以下「SD」と略)は人類の共通な課題とされ，たくさんの内容をもつアジェンダ21が採択された．いま環境と開発を論ずるものは，その最終結論において，必ずこのSDの概念でしめくくる．あたかもそれは，仏教の真宗門徒が南無阿弥陀仏と唱えれば極楽浄土に達するというような呪文のごとき役割を果たしている．これほど多用される概念はないにもかかわらず，具体的内容は確定しているとはいえない．この概念を批判するものは，SDは「残酷な親切」といっているようなもので，論理矛盾だとしている．たしかにこの概念は科学的研究の産物というよりは，地球環境の限界と現代の文明の基底にある資本主義経済との矛盾を回避するための政治的妥協として登場したものである．科学的検証を経たというよりは，未来社会への願望を表したものである．この願望が果たして理論的現実的に成り立ちうるかどうかは，今後の研究や政策実践，とりわけ後者にかかっているといえる．研

究者としては魅力的で重大な挑戦状をつきつけられたといってよい.

ストックホルムとリオ両会議の事務総長をつとめたM.ストロングはSDには,①社会的衡平(social equity),②環境上の分別(environmental prudence),③経済的効率(economic efficiency)の三つの基本理念がふくまれているとしている.

世界銀行の定義は,これと同様に,経済成長,社会開発,環境保全のそれぞれの維持可能性の総和をSDとしている.都留重人と私は,このように3者が持続的に発展すると考えるのは,地球環境という客体の限界を自覚しない主観主義であって,SDは環境の維持可能なはんい内で経済・社会の発展を考える概念であると考えている.そこで主体的な「持続可能な発展」ではなく,「維持可能な発展」という訳語にかえている.原子栄一郎はSDについて次の二つのタイプの理解があるとしている.すなわち「科学技術的維持可能性」と「生態系的維持可能性」である.前者は「現行の社会経済システムを抜本的に変革することなく,科学技術と経済の手段によって経済成長を維持しながら社会構造を環境に配慮したものへ改善する改良主義的立場」である.後者は「現行の社会経済システムの抜本的改革をめざすという点において革命的である」[17].

原子栄一郎の「生態系的維持可能性」がどのような内容かは明らかでないが,経済・社会・環境をまんべんなく維持可能とするために調整するという考えは経済学者に多い.経済学者の多くは,いまの市場制度とくに多国籍企業の支配する世界資本主義体制を前提にして,経済的手段を使い,資源節約,リサイクリングや再生可能な代替物資・エネルギーへの転換など技術開発を進めれば,維持可能な発展は可能だと考えている.そのために,これまでの経済指標にかわる尺度を提唱している.その理論的代表は「ピアス・レポート」であろう.

環境経済価値──ピアス・レポートなど

D.W.ピアスはこの考えを2人の研究者とともに,*Blueprint for Green Economy*として出版している.ピアスは「持続可能な発展とは1人当たりの効用または福祉に寄与する前の世代から受けついだ人工資産と環境資産からなる富のストックを,自分が受け継いだ時を下まわらないように次の世代に引き継ぐべきだ」としている.これを経済的に評量するためには環境に価値をつけて,人工資本と自然資本の持続可能性を具体化しようとしている.このため次のような持続可能な所得 Ys,つまりグリーンGNPを提唱している[18].

$$Y_s = Y - Hd - P - Kd - Ed(Bd + Rd + Dd)$$

　　Hd：防御的家計支出，P：残留汚染物資の貨幣的価値，Kd：人工資本の減価償却，Ed：環境資本の減価償却，Bd：生態系機能の減価償却，Rd：再生可能資源の減価償却，Dd：枯渇性資源の減価償却

　このように，従来の市場価格と異なる原理によって，新価格制度を採用するという案は，この他にも第4章でのべたワイツゼッカーの提唱するエネルギー価格制あるいは，F.ブレイクの『ファクター10』のように同一効用を生む資源の効率性を価格に反映させるなどの提言がある[19]．グリーン GNP，エネルギー価格や資源効率価格による資源配分の適正化，あるいは，割引率の導入による費用便益分析によって，従来の GNP による経済成長政策を是正することは啓蒙的な意味で意義があると考える．しかしこれらは政策判断の指針になっても，自動的に市場価格を変更しうるものでない．

　経済・社会・環境という三位一体の中で，新古典派経済学は経済の持続的成長のもとで環境破壊や貧困は解決できると考えている．したがって，経済成長の枠の中で環境保全を持続するという理論であり，先述の L. サマーズに代表される世界銀行の戦略もそれにもとづく．これに対して，真っ向からこの戦略を批判し，環境保全の枠組のもとで経済・社会の持続性を説いたのが，H.E. デイリーの『持続可能な発展の経済学』である．

デイリーの SD の経済学

　デイリーは経済学者の共通の意見は次の二つにあると，それを批判している．①GNP で測られる経済成長は非常によいものである，②自由貿易によるグローバルな経済統合は，競争，より安価な生産物，世界の平和，そしてとくに GNP の増加に寄与するので異論の余地がない，という二点だ．正統派経済学の(概念的に無謬で相互に関連のある)この二つの信条を基礎とする政策は，地球の生命扶養力を減退させ，それによって文字通り世界を殺しつつある[20]．

　デイリーはこれにたいして，GNP の永遠の成長はなく，マクロ経済の最適規模のビジョンをのべている．

　　最適規模の必要条件は経済のスループット(原料の投入に始まり，次いで原料の財への転換がおこなわれ，最後に廃棄物という産出に終わるフロ

ー)が生態系の再生力と吸収力の範囲内に収まっていることだ．持続可能な発展の大まかな考えは，経済という下位システムが，それを包含する生態系によって恒久的に維持ないし扶養できる規模を超えて成長することはできないということだ[21]．

別の表現で次のようにいっている．「持続可能な発展とは，吸収力や再生力という環境の制約の中で生活することを意味する」[22]．そして，物質の吸収ないし増大による物理的大きさの量的増加をめざす「成長」と，質的変化，可能性の実現，より十分な，あるいはよりよい状態への転換を意味する「発展」とを区別すべきだとしている．そして，すでに先進国は成長でなく発展の段階にきているとする．

持続可能な発展，つまり成長なき発展は経済学の終焉を意味しない．どちらかといえば，経済学はいっそう重要でさえある．しかし，それは維持，質的改善，共有，倹約，自然の限界への適応に関する，微妙で複雑な経済学だ[23]．

デイリーは資本を人工資本と自然資本にわけ，自然資本をさらに再生可能な資本と再生不可能な資本に分けている．福祉とは人工資本と自然資本の両者のストックによって提供される．この場合，自然資本は一定で資本と労働の産物ではない．そこで「持続可能な所得」は自然資本の減耗分をいれる．そしてもうひとつは防衛的支出を考慮しなければならない．防衛的支出とは環境保護活動の費用，都市化にともなう通勤費などの社会的費用，犯罪・事故からの保護費用，自動車の社会的費用，薬物・アルコール・タバコなどの不健全な消費などである．デイリーは「持続可能な社会的国民純生産」(SSNNP)は国民純生産(NNP)から防衛的支出(DE)と自然資本の減耗分(DNC)を引いたものとしている．

SSNNP = NNP − DE − DNC

これは先述の GPI の考え方と似ている．先進国の SSNNP は NNP あるいは GDP の示すように成長しているとはいえぬ．

このような考え方を地球規模に広げた場合，デイリーは投資と貿易の自由化を進める経済のグローバリゼーションを批判する．

世界主義的なグローバリズムは，一方では国境と国民共同体や地域共同体を無力化し，他方では多国籍企業の相対的な力をつよめる．グローバルな資本をグローバルな利益のために規制できる世界政府は存在しないので，

また世界政府の望ましさと可能性はともに望み薄だから，資本をグローバルではなく，国民的にすることが必要だろう．いまのところ，これは途方もない考え方であることを私は知っているが，これを一つの予言と考えよう．いまから10年後に決まり文句や流行の概念になるのは「資本の再国民化」(renationalization)や「国民経済や地域経済の発展のための資本の共同体への定着」かもしれない(24).

デイリーの予言は中国やインドの熱狂的な経済成長政策によって外れてはいるが，彼が自由貿易についてのべた次のことは現実に進行している．

自由貿易は各国が外部費用〔環境保護など——引用者注〕を内部化することを困難にすることにより，配分の効率性に反している．自由貿易は，高賃金国における労働と資本の格差を拡大することにより，分配の公平に反している．自由貿易は，より大きな移動性を要求し，また所有と支配をよりいっそう分離させることにより，共同体（の利益）に反している．自由貿易はマクロ経済の安定性に反している．最後に，自由貿易は，より微妙な仕方で，持続可能な規模の基準に反している(25).

彼は自らのSD論にしたがって，世界銀行に次の四つの提案をしている(26).
① 自然資本の消費を所得として計算することを止めよう．
② 労働と所得にはより少なく課税し，資源のスループットにはより多く課税せよ．
③ 短期的には自然資本の生産性を最大化し，長期的にはその供給量の増加に投資せよ．
④ 自由貿易，自由な資本移動，輸出主導型の成長によるグローバルな経済的統合というイデオロギーから脱却し，きわめて効率的なことが明らかな場合にかぎって国際貿易に頼りながら，もっとも重要な選択肢として国内市場向けの国内生産を発展させようとするような，より国民主義的な方向をめざせ．

これらの提案はグローバル化が当然の流れと考えられている現実の中では，非現実的あるいは保守的ととらえられるかもしれない．しかし，デイリーの指摘のように世界政府はない．ブレトンウッズ体制が依拠する国際的共同体モデルは，補完原則のもとでグローバルな問題を解決するために協力する，国民共同体の国際的な連合だ．デイリーの指摘のように「このモデルは，国民国家に

よる仲介なしに，単一の統合された世界共同体において，直接的な世界市民権をもつという世界主義的なモデルではない」．

いまアメリカが帝国主義的な粧いをもって，アメリカナイゼーションをグローバリゼーションにすりかえて押し進め，それが世界を危機におとしいれている時に，デイリーの提言はきわめて「現実的」にみえる．

2　定常状態の経済学

SDを実現する社会の経済は，現代資本主義のようにGNPの無限の成長をもとめる経済ではない．デイリーのいうように成長という量的拡大はしないが，質的改善という発展をしうる経済といってよい．古典派経済学を集大成したJ.S.ミルは『経済学原理』の中で，これを「定常状態」(stationary state)とし，産業的進歩の終点とした．

J.S.ミルの「定常状態」

ミルは収穫逓減の法則により，利潤は最低限に向かい資本が停止状態に向かう傾向についてのべた後に，「定常状態について」という章をつくり，次のように書いている[27]．

> そもそも富の増加というものが無際限のものではないということ，そして経済学者たちが進歩的状態と名づけているところのものの終点には定常状態が存在し，富の一切の増大はただ単にこれの到来の延期に過ぎず，前進の途上における一歩一歩はこれへの接近であるということ，これらのことは，経済学者たちにより，非常に明瞭であったかどうかという違いはあるが，ともかく必ずいつの場合も認められてきたことである．

ミルはこの定常状態を終極的に避けることが不可能であるが，最近のマカロックのような経済学者たちにとって，たしかにはなはだ愉快でなく，かつ希望を失わしめる前途の見通しとなっていたとのべている．しかし，ミルはのべる．「資本および富の定常状態を，かの旧学派に属する経済学者たちがあのように一般的にそれに対して示しているところの，あのあらわな嫌悪の情をもって見ることをえないものである．私はむしろ，それは大体において，今日のわれわれの状態よりも非常に大きな改善となるであろう，と信じたいくらいである」．

ミルは戦争よりは経済競争のほうがましだが，互いにひとを踏みつけ，おし

倒し，おし退け，追いせまり，富裕階級に成り上がるような経済的進歩はよろこぶべきことでないとしている．また富と人口との無制限なる増加のために，「自然の自発的活動のためにまったく余地が残されていない世界を想像することは，決して大きな満足を感じさせるものではない」とのべた．そして，「私は後世の人たちのために切望する．彼らが，必要に強いられて定常状態にはいるまえに，自ら好んで定常状態にはいることを」．

ミルはこの定常状態をすすめる理由を次のように結んでいる．

> 資本および人口の定常状態なるものが，必ずしも人間的進歩の停止状態を意味するものでないことは，ほとんど改めて言う必要がないであろう．定常状態においても，あらゆる種類の精神的文化や道徳的社会的進歩のための余地があることは従来と変わることがなく，また「人間的技術」を改善する余地も従来と変わることがないであろう．そして技術が改善される可能性は，人間の心が立身栄達の術のために奪われることをやめるために，はるかに大きくなるであろう．産業上の技術でさえも，従来と同じように熱心に，かつ成功的に研究され，その場合における唯一の相違といえば，産業上の改良がひとり富の増大という目的のみに奉仕するということをやめて，労働を節約させるという，その本来の効果を生むようになる，ということだけとなるであろう．

都留重人の「生活の芸術化」(Art of Living)

ミルが後世に切望した「定常状態」の実現は，多くの経済学者や企業家にはかえりみられることなく，今日の地球環境の危機をむかえた．都留重人は『公害の政治経済学』を発展させ，その生涯最後の英文の業績である *The Political Economy of Environment* を完成させた．都留はこの中でミルの「定常状態」の予言を継承して，その最終章で「生活の芸術化」による新しいライフスタイルの創造を提唱している．都留は今日の環境の危機は，大量生産・流通・消費・廃棄のライフスタイルの変革以外に解決策はないが，それはこれまでの成長主義の GNP 経済学の消滅以外にないとしている．そのためには，生活水準を1人当たり GNP の量のような一義的価値概念で評価するのでなく，素材的な概念，A. センのいう機能主義的潜在的可能性のある概念で評価しなければならぬとして，次の四つの面の検討をしている[28]．

第1はE. J. ミシャンのいうように，われわれの地球資源の稀少性，自然美，あるいはR. カーソンのいう地球と水という主要素の出会いの場所としての海岸のような一般に市場の評価では無視されている消費の対象や文化の香りのようなものを積極的に勘定にくみいれる．ことばをかえていえば，台所の拡張のために庭園を犠牲にするようなかつての政策を改めることである．

第2はより合理的な都市計画によって削減できる通勤のコストのように，制度的な再建によって，現在コストを引下げる可能性，あるいは日本にとくにみられるような正課以外のつめこみ教室(塾)のような多くの「制度化された無駄」を削減すること．

第3は，J. K. ガルブレイスが指摘したように，完成品でなく，改造に次ぐ改造による新型商品を次々と生産して需要を自由に裁量して，消費支出を増大させるような行為，あるいはW. モリスがいう商業の野蛮なサイクルで需要を拡大するような行為を削減すること．

第4はある規範的な思慮に優先権を与えるために，一般に受けいれられている生産性を逆行させる技術を熟考すること．

以上の検討の中で，都留はとくにこの第4の課題については，E. F. シュマッハーの *Small is Beautiful* を引用して技術そして労働のあり方をかえることを提案している．シュマッハーは「近代技術は，もっとも楽しく創造的で，手と頭を使う仕事を人間から奪い取り，少しも楽しくない断片的な仕事をたくさん与える，と言えるかもしれない」として，人間の顔をした技術＝中間技術を提唱している．シュマッハーによれば，ものをつくる仕事が技術によって節約されたので，実際の生産に使われる総社会時間は，全体の3.5%程度になり，のこりは睡眠とか，食事とか，テレビをみるとか，あるいは直接生産にかかわりのない仕事に費やされている．こうして人間はほとんど無意味で実体のない時間を送り，通常の人間の楽しみと満足をうる仕事がなくなり，実質生産は非人間的雑用になっている．そこで彼は目的を反対の方向，つまり直接生産の時間を6倍の20%にし，手や頭を自然の優れた道具として使う方向にすれば，人間はほんとうに良い仕事をえらび，自分も楽しみ，質の高いものを生産し，それを美しいものにすることができるのではないかとしている．

シュマッハーは「これはロマンチックで空想的な幻想であると言われるかもしれない．まったくその通りだ」とのべている．しかし彼は，今日の近代産業

社会はまさにロマンチックでもなければ空想的でもなく，深い苦悩の中にあり，生き残る望みもない．そこで「われわれが生き残り，子供に生存の機会を与えようと思うのなら，まさに夢をみる勇気を持たねばならないのだ」と結んでいる[29]．

都留はこのシュマッハーの提案をそのまま引用し，「人間本来の真の必要に適合し，われわれを取り巻く自然の健康と世界が付与する新しい生活様式を開発する」としている．そして，新しいライフスタイルは生活を芸術化することにあり，そのために「ルビコン川を渡ろう」とのべている．都留は公害などの日本の苦しい経験から得た教訓として，維持可能な発展のために生活の芸術化という革新を実現することを望んで結びとしている．

労働（Labor）から仕事（Work）へ

公害や地球環境問題では，ライフスタイルを変えることが，数多く提言されている．その多くは，消費のあり方をかえるということである．エネルギーを節約し，廃棄物を少なくし，分別してリサイクルに協力し，できるだけ自家用車をやめて公共交通機関に乗ろうというのが，環境教育の常識となっている．これにたいして，労働をかえようというのは突飛な提案にみえるかもしれない．しかし，資本主義社会の基本は資本対労働であり，市民の大部分は労働者か，あるいは職人として労働によって生活している．新古典派経済学では，企業，国家，家計と経済部門を3分割して，消費者主権で経済問題を分析するのでライフスタイルが消費に還元されるが，これは一面的であるとともに，経済分析では表面的な結論になる．この社会では生活は労働（あるいは仕事）を基軸にしている．シュマッハーものべたように労働のあり方がライフスタイルを決めているのであって，余暇あるいはその一面である消費は副次的なものである．

都留は「「成長」ではなく「労働の人間化」を！」という論文の中で所得を稼得するための労働（Labor）を生き甲斐や美のための仕事（Work）にかえることによって，GNP主義からの離脱をもとめている．この論文ではこれまでの経済学がoutputの大きさに焦点をあてているのにたいして，どのような労働や生産要素を投入するかというinputのあり方に注目している．つまり労働のあり方がかわれば，ゼロ成長あるいはマイナス成長であっても，人々は満足して生活の豊かさを達成できるというのである[30]．

資本主義社会における労働の疎外からの解放というのは，貧困からの脱却とならぶ命題である．これまではこの命題については，機械制大工場の進展（オートメーションとコンピュータリゼーション）による労働時間の短縮によって余暇がふえれば，人間性の回復がされると考えられた．労働組合の要求は賃上げとともに，労働時間の短縮——余暇の増大である．「午後5時半以後の人生」ということばのように，労働時間内では疎外されて人間性が失われているので，仕事から解放されて初めて自由があるというのである．たしかに，現実の日本の大多数の労働者の生活はそうであろう．

　これにたいして，社会主義の思想の中には，モリスのように労働を資本の拘束から解放して，仕事そのものをよろこびにかえるという考え方もある．シュマッハーも人間が手や頭を自然の優れた道具として使えば仕事とレジャーのちがいは感じなくなるとしている．都留の提言はラスキン，モリス，シュマッハーの考え方を現代のライフスタイルの改革に発展させようとしているのである．

　ワイツゼッカーは『地球環境政策』の中で，先述のようにエコロジカル税制改革や，エネルギー価格制を提唱しているが，同時に市場制度への信仰は5年以内に冷めてしまうとして，労働の変化によるシステムの改革を提案している．ワイツゼッカーは雇用されて稼得のために行う労働（Arbeit）と家事労働や環境保全のボランティア活動のような自発的仕事（Eigenwerk）をわけ，後者の増大するような「環境の世紀」をめざすとしている[31]．たしかに，ドイツでは生活時間のうち企業に雇用されて稼得するための労働時間は減り，ボランティアで社会活動をしたり，市民農園で自らのために楽しい仕事をする時間がふえている．ヨーロッパのエコ・ツーリズムの流行は，たんなる観光でなく，農業労働をすることによって，自然と人間の関係の再生をめざしている．

　ポストフォーディズムの中で大量生産の機械制大工業よりは，イタリアの職人企業のような生産方式が，価値の多様化や文化的欲求とともに重視されている．職人企業は分権的市場制度と地域民主主義の結合という現代民主主義の経済的土台といえるかもしれない．労働から仕事への変化によって，定常状態さらに維持可能な社会をつくるという道は，まったく空想の産物ではない．しかし，現状は中国・インドなど発展途上国が欧米日型の近代化を急速に進め，それによって多国籍企業が低賃金労働による大量生産方式をおこなっている．それが本国にも影響して，労働者の雇用形態と労働条件が悪化している．労働か

ら仕事へというライフスタイルの転換はまことに困難な状況におちいっている．しかしそれでは，いかに消費段階で環境政策を強化してもライフスタイルはかわらず，地球環境の危機は解消しないであろう．

需要(Demands)から必要(Needs)の経済へ

　生産をかえるとともに消費をどのようにかえうるか．社会学者見田宗介は『現代社会の理論』の中で，消費＝欲望の自由な変化の中にSDの実現をめざす道があるとしている．見田によれば，現代社会は環境問題と南北問題に直面しているが，いまの管理・情報社会というのは工業社会にくらべて資源消費量は少なくなり，自由な欲望によって自発的に市場を拡大して商品サービスの選択をするので，有効需要の限界や生産力の無政府性はなくなったとしている．そして彼はバタイユの考えにしたがって，人びとが大量消費の局限に立ちどまって朝焼けの美しさを選択するように欲望がかわれば，未来社会は滅亡ではなく，サステイナブルになるとしている[32]．

　たしかに，人びとの欲望には変化がみられ，自然との共生や環境重視の傾向がみられる．しかし，人びとは見田のいうようには自由な消費の選択権をもっていない．ガルブレイスの依存効果のように，大量の広告・宣伝に依存して需要がつくりだされている．情報社会は個人にとって情報の選択度を大きくし，無駄をなくしたようにみえるが，社会全体では大量の情報流通という無駄をひきおこしている．パソコンとくに携帯電話に依存する若者をみていると，シュマッハーが批判した「もの」の生産からの疎外にくわえて「精神(こころ)」の疎外が進み，果たしてこの状況がサステイナブルな社会をつくりうるか，疑わしくなってくる．

　いま必要なことはニーズとデマンドのズレをなくし，ニーズにもとづいた政治経済システムをつくることである．社会的ニーズは市場の中で需要にはならないものがふくまれている．教育・研究・福祉・医療・環境などの社会サービスは部分的に民営化され市場の需要となっているが，ワイツゼッカーが*Limits to Privatization*で書いているように，社会サービスの分野は市場と関係のない公共サービスにまかせたほうがよい分野が多い[33]．広告・宣伝をほとんどしない公共サービスには依存効果が働かない．民営化された場合には，たとえば高等教育を例にとると，私立大学にみるように授業料が非常に高くなり，

教員の労働時間が長くなって，教育研究機関としての社会的効率は必ずしも高くない．学術研究や教育には公的補助金かボランティア活動がどうしても必要なのである．市場原理主義のアメリカですら，高等教育への公的支出の GDP にしめる割合は 1% を超え，日本の 0.5% の 2 倍以上である．都留の指摘のように塾の教育への支出の大きさとくらべて，日本の教育への公的支出の貧困は異常である．

大量消費生活様式を改革するには，消費＝欲望をかえねばならぬが，それは自発的な力だけでは限界がある．過剰な大量生産・サービスのしくみを改革し，環境教育を進め，公共サービスを充実することがもとめられる．

社会的使用価値──新しい尺度

技術の発展と経済成長の「終点」について，ミルよりもマルクスは明解な予言をしている．マルクスは大工業の発展は労働時間と支出労働量とに依存するよりも，労働時間中に動員される生産手段の力に依存するようになるが，その生産手段はその生産に要する直接的労働時間には比例しないで，科学・技術が生産過程で応用されることに依存すると，次のように衝撃的な予言をしている．

> 労働者は生産過程の主作用因ではなくなって，生産過程のいわば外側に立つこととなる．このような転換が生じると，生産や富の主柱は，人間自身が行う直接的労働でなければ，彼が労働する時間でもなくて，人間自身の一般的生産力の自己還元，すなわち人間が社会的存在であることを通して自らのものとしている知識と自然の支配という意味での一般的生産力の自己還元，一口で言えば，社会的個体の発展をその内容とするようになる．……直接的形態での労働が富の偉大なる源泉であることをやめてしまえば，労働時間は富の尺度であることをやめ，またやめざるをえないのであって，したがってまた交換価値は使用価値の尺度であることをやめ，またやめざるをえないのである．そうなれば，大衆の剰余労働が社会的富の発展であるという事態は終わるし，同様にまた少数者が労働を免れることによって人間の一般的な知的能力を発展させるという事態は終わる．そして，それとともに交換価値に立脚する生産様式は崩壊する[34]．

このような段階がいま完全に実現しているのではないが，物的生産部門の労働者が全産業労働者の 20-30% と極端に小さくなり，公共部門が拡大した現代

では，マルクスのいうように交換価値に立脚する生産様式の崩壊が進んでいるといってよい．この場合に交換価値にかわる新しい尺度はなにか．環境経済学がもとめる新しい尺度はなにか．それは私が公共部門の経済学で提唱してきた「社会的使用価値」であろう[35]．環境のうちで社会的環境は公共部門にはいるが，自然的環境は人間から自立した存在である．人間が自然的環境を利用し保全する場合に生ずる社会的使用価値を評価することが，今後の研究の新しい分野であろう．

3 維持可能な社会(Sustainable Society)を足もとから

維持可能な社会

SD は環境保全を枠組とした経済発展の方法をしめしているが，ではそれがどのような社会をめざすのかについて，国際国内論争が進んだ．1994年3月，環境関連の NGO が共同して，第1回サステイナブル・ソサイエティ全国研究交流集会が開かれ，私は実行委員長として，維持可能な社会(以下「SS」と略)の定義をのべた[36]．その後，若干修正したものを以下にかかげる．私は次の五つの人類の課題を考えている．

① 平和を維持する．とくに核戦争を防止する．
② 環境と資源を保全・再生し，地球を人間をふくむ多様な生態系の環境として維持・改善する．
③ 絶対的貧困を克服して，社会的経済的な不公正を除去する．
④ 民主主義を国際・国内的に確立する．
⑤ 基本的人権と思想・表現の自由を達成し，多様な文化の共生を進める．

これらの課題を総合的に実現する社会をSSとよんでいる．これらは一見すると，きわめてコモンセンスな提言とよめるかもしれない．日本人ならば，これは日本国憲法の精神であって，なにも革命的な理念でないというかもしれない．WTO やサミットなど市場原理による経済のグローバリゼーションを進める機関に激しい反対運動をしている国際グローバル文化フォーラム(International Forum on Globalization)は，SS のための10原則を発表している．項目を列挙すると，ⓐ新民主主義(生命系民主主義)，ⓑサブシディアリティ(地方主権主義)，ⓒ持続可能な環境，ⓓコモンズ(共有財産)の管理，ⓔ文化・経済・生物多様性，ⓕ人権，ⓖ仕事，暮らし，雇用の権利，ⓗ食の安定供給と安全性，ⓘ公

正(経済・性・地域の格差の是正），⑦予防原則．国際グローバル文化フォーラムは，これはこれまでの企業のグローバル化の原則と反対のもので，これらをグローバル化したいといっている．この原則も革命的というよりはコモンセンスであるといってよい(37)．10原則と数は多いが，私の提案のほうが総合的包括的であろう．

　常識的といったが，現実はまったく反対の方向に向かっており，SSの実現はまことに困難が多い．なかでも人類が歴史のうえで実現できていないのは平和，環境保全そして経済的公平である．冷戦が終わった時には，これで第3次世界大戦は回避できたと思った人が多いだろうが，その後抑止力のなくなったアメリカ政府と軍部はテロ対策という名目で，イラク戦争をはじめた．アメリカの行為は国際法に反し，日本が中国侵略をしたと同じように反道徳的な帝国主義的侵略である．このことと関連しながら，核戦争の危機も助長している．環境保全についてもすでにのべてきたように，発展途上国の公害，日本のアメニティ喪失，地球環境の危機にみられるように，維持不可能な状況がつづいている．とくにこれまで史上稀にみる平和国家と目された日本が，日米軍事同盟の強化のために憲法改正の準備をはじめたことは，日本人にとっては自ら維持不可能な社会へ逆もどりする危機感を抱かせている．改めて，日本人は維持可能な社会をつくるための憲法体制の実現と日米同盟ではなく国際協調を進めねばならないのでないか．

　アメリカの世界戦略は，国内の反対勢力の圧力，あるいはEUの圧力などによって抑制あるいは改善される可能性がある．すでに地球温暖化対策については，国際協調にかわるきざしがみえている．SSの実現は発展途上国，とくに中国・インドなどアジアの国の経済成長の問題がある．それは多国籍企業のグローバリゼーションと歩調をあわせ，急速な環境破壊，資源浪費をして貧富・地域の格差を進めている．絶対的貧困からの脱却をめざしているとはいえ，このままではSSの国際的国内的実現は困難となる．成長のスピードを緩め，経済成長のあり方をかえる必要がある．もし，アジアが欧米日の近代化路線と異なる道をしめすことができるならば，SSは現実化することになる．すべてのアジアの思想家が欧米に追いつき追いこせと，同じ近代化の思想をもっていたのではない．一体どのようなアジアの道を考えていたのであろうか．

オルターナティブな内発的発展の道

インドの M. K. ガンディーは *Hind Swaraj* において,インド独立にあたっての将来像を次のようにのべている.イングランドの繁栄は,世界の半分を開発して得られたものだが,もしインドが同じことをしたら,地球がいくつあっても足りない.もしインドがイギリス国民の模倣をしたら,インドは破滅してしまうと考える.それはイギリス人たちの――いやヨーロッパの――近代文明の欠陥である.その文明は非文明であり,それでヨーロッパの国民は破滅しようとしている,と.そしてガンディーは近代化によって生まれた大都市は無用でやっかいなもので人々は幸せにならない.そこでは盗賊団や娼婦街がはびこり,貧しい人間たちは金持ちたちに略奪されるとして,独立後のインド社会は,小さな村を単位として,自給自足の地域をネットワークで結ぶ社会を理想として考え,糸紡ぎ車を回して,その考えを自ら実践したのである[38].

このガンディーの提唱した内発的発展の道は実現しなかった.独立後,ネールとガンディー(ネールの娘)の政権は M. K. ガンディーの遺訓を守り,憲法は社会主義の実現をかかげていた.しかし,1990年代にはいり,インドの政権はこのガンディーの遺訓を完全に放棄し,急速な市場経済化を進めている.すでに中国についてのべたように,いまアジアは SS から遠ざかりつつあるが,このままでは社会問題が深刻になるであろう.ガンディーの提言をそのまま受けいれるのはむつかしいが,欧米日とはちがう内発的発展の道を創造することが国内政治のうえでも,地球政治のうえでももとめられるのでないか.

世界環境機構(WEO)または国連環境機構(UNEO)

SS はどのような体制を要求するか.現代資本主義体制とくに現在の多国籍企業主導のグローバリゼーションでは実現できない.といって,ソ連型社会主義のような中央指令型計画経済では,一党独裁による官僚支配によって,民主主義や自由が制限され,SS とは遠い社会となる.さしあたって民間部門では市場経済制度を基礎にしつつ,どのようにして公共部門による民主主義的な計画と規制を進めていくかということになる.未来の政治経済体制についてはまだ語れないが,SS をつくりうる体制が選択されることになろう.

それは遠い道のりであり,さしあたってはかねてから提案されてきた WEO あるいは,UNEP を改組して UNEO をつくることがもとめられている.とく

に2003年9月にフランスのシラク大統領が地球環境問題を扱うための国連改革としてUNEOを提案して以来,具体的な討議がつづけられている.2004年9月,ドイツの連邦外交局で「国際環境機構へ向かって」(Toward an International Environment Organization)という専門家シンポジウムが開かれた.その中で,K.ミューラー(連邦外交大臣)は,UNEOの必要性を現在の国際環境機構に三つの欠陥があるからだとのべている[39].

第1はリオ会議から12年を経ているが,アジェンダ21の多くが未達成である.より以上の努力がもとめられている.

第2はSDを進めるうえでの不公平な制度上の欠陥である.経済や社会分野の強い組織として,WTO,IMFと世界銀行やILOがあるのにたいし,環境分野の同様の制度がない.UNEPは有能なディレクターがいるとはいえ,国連を動かす役割を果たす組織ではない.

第3は連帯面での欠陥である.国際環境機構は絶えずふえていく国際環境協定とともに,環境分野での制度づくりをしていかねばならない.とくに小国にとってはそれを達成するための紛争がある.我々は共同と合意のためのよりよい組織をつくらねばならない.

またワイツゼッカーは現状を次のようにいっている[40].冷戦の終結は自由の復権と第3次世界大戦の恐怖からの解放であり,民主主義を謳歌することになった.経済情勢もインフレの収束や株式市場の発展などよいニュースがはいってきた.だがこの後にグローバリゼーションへの低落がはじまった.冷戦時には資本は各国の政府と議会とのコンセンサスをうる努力をした.このことは各国の主体性に応じて資本の規制ができ,環境政策を進めることができた.しかし冷戦後はコンセンサスなきコスト競争にはいり,企業は政府に圧力をかけて法人税を緩和した.OECDの法人税の平均税率は1996年の37.6%から2004年に29.0%へと減少した.同じように富裕な個人への所得税は減税され,そのかわりに基本的公共サービスに向けられる消費税が引上げられた.中国をふくむ世界すべての国の貧富の格差が増大した.国家は貧者と環境の利益を擁護することにおいて,より弱体化していっている.世界中の人々はもはや政府が富の再分配,公共財の保全,民主的多数派の希望に考慮を払うことなどについて失敗していると感じている.多くの国では民主主義は支持を弱めている.

こういう時にUNEOはなにをなしうるというのか.明らかに,それが市場

のグローバリゼーションをおさえることは望むべくもなく，また不可能である．ワイツゼッカーはこのように現状の悲観的な状況をのべた後，しかし，すべての人々が関係する地球のルールを要求しうるとして，環境政策の必要性を説いている．そして，環境政策のグローバル・ガバナンスのためには，まず地域のガバナンスの確立からはじめなければならないとして，これまでのEUの積極的な経験と制度が国連に強く反映することをもとめている．

ワイツゼッカーの意見のように，いまの多国籍企業主導の経済のグローバリゼーションを放置していては，UNEOをつくっても，貧困問題や地球環境の危機が解消できるものではない．しかし，WTOなどに対抗するWEOあるいはUNEOの設立は必要であろう．

UNEOができたとしても国連は大国主導である．国民国家はフランス革命以来，民主主義制度をつくり，発展させてきた．しかし，国際政治の民主主義のあり方はいまだに不明といってよい．フランスとドイツ主導で進められているUNEOをアメリカなどが同意するか，同意して設立できたとしても，大国主導でなく，また先進国優先でなく小国や途上国の意見も公平にとりあげうるルールができるか．京都会議以後の地球温暖化対策の動向をみても，楽観はできない．私はワイツゼッカーと同じように，SSはまず足もとの地域から環境ガバナンスを確立することだと考えている．

EUの維持可能な都市(Sustainable Cities)戦略

EUは経済の国際化ひいてはグローバリゼーションの先端をいったが，経済目的が中心ではない．国家統合は戦争放棄・平和，ヨーロッパ文化の保持と民主主義が基底になっている．情報社会によって国民国家やイデオロギーによる統一国家がたそがれになりつつあるが，それは同時に市民革命によってつくり上げた基本的人権，民主主義と地域独自の文化や生活慣習をどのように存続するかという課題を生んでいる．1985年，EUは「ヨーロッパ地方自治憲章」を出し，これを各国に批准させることによって，その課題に応えようとした．すなわち，この憲章では近接性と補完性の原則にもとづいて，内政の根幹を基礎的自治体に委ね，広域自治体(州，県など)はそれを補完する体制を提唱した．これにしたがって，中央集権体制をとっていたフランスやイタリアは行政とともに財源を自治体に委譲した．この「憲章」は新自由主義の「小さな政府」論

による公共部門の縮小——効率化よりも，住民参加という民主主義を基本として，国民国家変容後の公共部門の再編成の原則をしめしている．

　前章でのべたように，EU は環境政策のために，農業・農村の改革を進めていたが，市民運動の圧力によって 1993 年と 1996 年に Sustainable City（以下「SC」と略）のプログラムを発表した．1996 年の "European Sustainable Cities" の提言とその後の同種の政策をまとめてみると，次の五つの課題が都市政策の柱となっている[41]．

　第 1 は自然資源の維持可能な管理である．end of pipe で汚染物を処理するだけでなく，都市内で資源の閉ざされた循環を考える．自然エネルギーの普及や廃棄物のリサイクリングをおこなう closed system をつくる．

　第 2 は都市経済と社会システムの政策である．このために市当局はビジネスにたいして次のような経済管理をおこなう．①環境ビジネスの促進，たとえば規制，課税，補助政策およびその他の経済的手段を通じて環境製品や環境保全サービスの市場を創出する，②製品の安全性や経済過程における環境基準の改善，③環境管理の手段を通じて環境産業をおこし，雇用を拡大する方法を探求する．さらに法律や政策を通じて健康の改善を進める．

　第 3 は維持可能な交通政策である．ここではとくに自動車交通の抑制・公共輸送機関の充実である．自動車交通抑制のために市電やトロリーバスを有効につかい，歩行や自転車の利用を進める．自動車の燃料課税や道路通行料をとって需要管理をおこなう．そして，食住近接で交通を節約し，旅行の必要を減少させるような都市をつくる．

　第 4 は空間計画である．空間計画システムは維持可能な都市にとって必要不可欠である．都市をコンパクトにして，近郊農村の農地・森林などの緑地を保全する．周辺農山漁村の食料などの農林漁業産物をできるだけ都市で消費することによって，都市と農村の共生をはかる．

　第 5 は環境問題の管理および都市の組織化に関連した意思決定のプロセスにおいて，住民参加を保証すること．参加は住民にデータと情報を提供することによって促進されるべきである．

　ボローニャ市はこの SC の典型であるが，ストラスブール市やバルセロナ市など多くのヨーロッパ都市で進められている．

　とくに軍事基地のある都市に参考になるのは，フライブルク市のヴォーバン

地区の再生であろう．ドイツ連邦共和国の南西部にある人口20万人のフライブルク市は「環境首都」として有名だが，この街の一角にあるヴォーバン地区は解放されたフランス軍基地の跡地をエコロジー地区として再生した．1996年以来約10年の建設計画で，約5000人の住宅地区が徹底したエコロジカル・プログラムでつくられた．ここではまず第1に自動車のないまちづくりがおこなわれた．一般居住地区の大半は無駐車地域であり，荷物の運搬時以外の乗用車の進入はできず，自動車公害は防止され，道路は歩行者中心で子どもの遊び場となっている．これとともにバスと市電がこの地区に延伸された．第2は太陽エネルギーなど自然エネルギーの利用，自然光が窓にはいり，暖房が節約できるような間取りなど徹底したエネルギー節約型の住居がつくられている．第3は雨水利用，下水処理やリサイクリングなどについてエコロジカルな取組みがされている．

この地区の建設が成功しているのは，フォーラム・ヴォーバンというNPOが居住予定者に徹底した環境教育をしていることにある．つまり，エコロジカルな生活を強制するのでなく，住民が学習して自発的に生活を改善していることが，成功の秘訣といわれている[42]．

日本における維持可能な地域づくり

日本ではヨーロッパにならって都市再生がおこなわれているが，矢作弘らが批判しているように，大規模不動産開発依存型である[43]．東京や大阪などの大都市が世界都市をめざして失敗し，地方都市が地域振興関連法に便乗して郊外開発をして失敗したように，日本ではSCのような都市政策の計画はなく，そのような成功例はこれまで少ない．日本におけるSCをあげるとすれば，戦災にあわなかった京都市や金沢市の内発的発展が典型例である．両市の維持可能性は次の点にある．

第1は両市とも豊かな自然をもっていることである．両市は中央部を流れる二つの川と森林の丘陵にかこまれている．金沢市は湖，砂丘と日本海に面し，日本有数の米作地帯にあって，食糧資源も豊富である．京都も都市農業が維持されている．

第2は戦災にあわなかったために，古代，中世や近世の都市計画による日本的な美しい木造住宅の街並みが残っている．寺社仏閣，城跡などの歴史的スト

ックが多くある．京都市は国宝・重要文化財が1693件(全国の約20%)あり，奈良市とならぶ日本第1の歴史的世界遺産都市である．町衆の町家が中心部に散在している．金沢は江戸に次ぐ日本第2の封建領主の大藩の城下町であった．このため，城跡，兼六園をはじめ近世の武家屋敷や町家が残り，独自の景観をつくっている．

　第3は多様な産業連関をもつ複雑で内発的な産業構造をもち，独自の高い技術を伝承していることである．両市は自前で産業革命をおこない製造業が発達し，そして現在ではエレクトロニクスや新素材の工業が中心となって濃密な産業連関をもつ移出型産業が発達している．

　両市は伝統的な工業生産，染織(西陣，加賀友禅)，陶磁器(清水焼，九谷焼など)，漆器，酒造，和菓子など多くの種類の価値の高い作品を生産している．この伝統的な工芸の職人の技術が現代のエレクトロニクスとむすびついている．京セラ・村田製作所・堀場製作所，金沢の津田駒・澁谷工業などは典型である．

　またもっとも重要なことは，これらの産業がいずれも東京に本社をおく寡占的大企業でなく，地元に本社をおく企業であることだ．このため社会的剰余が地元で分配されるため，所得水準が高く，また福祉，医療，教育や文化などが他市よりも発達している．

　第4は教育と文化の水準の高いことである．京都市は人口当たりの大学生数が日本一である．金沢市も中都市随一の大学の集積をしている．また市民の文化の享受力も高い．両市はプロの交響楽団など西欧型の文化集団をもつとともに，多数の日本的芸能集団をもち，市民が日常生活の中で自動車を使わなくても出かけられる文化施設をもっている．

　このように両市は維持可能な都市として世界に誇りうるものであるが，必ずしも市民はそれを自覚していたとはいえない．その証拠に京都市はようやく2007年に景観条例を制定したが町屋の多くは破壊された．金沢市は前述のように河北潟を埋立て，また都心から県庁や大学を分散させた．このような失敗を重ねているが，こんご日本型維持可能な都市づくりが，この両市の手ではじまることを期待したい．

維持可能な農村づくり

　維持可能な都市よりも困難をむかえているのは農村の維持である．しかし客

第5章 維持可能な社会と住民自治

観的にみれば，都市よりも農村のほうが維持可能な環境と資源の潜在力をもっている．問題は農林業が衰退し，人材が稀少になっていることである．維持可能な日本をつくろうとすれば，素材面では食糧とエネルギーの自給が最大の課題であろう．日本は農地が少ないとはいえ，休耕地が多い．また国土の3分の2をしめる森林は十分に活用されず，荒廃している．海外の木材価格の上昇とともに，国内の木材取引も復活する可能性がある．しかし一時的な市況にさらされずに森林業が維持されるにはどうすればよいか．それは休耕田をかかえる農家とともに，こんごの重要な課題である．

滋賀県の愛東町(現東近江市)で滋賀県環境生活協同組合がはじめた「菜の花プロジェクト」は，日本における農村部の完全循環型社会をつくるパイオニアである．これは図 5-3 のように米の生産制限で休耕した農地に菜の花を栽培し，それで採取した天ぷら油を学校給食などの食用につかい，その廃油で石鹸をつくり，さらに自動車，農耕機，船舶などのエンジンを動かすディーゼル燃料をつくるという完全循環方式である．この菜の花プロジェクトは全国200カ所に普及しつつある．地球温暖化防止にも貢献するとともに，農村部に新しい事業雇用を生みだすという点でも注目すべきである．ただし，この事業の問題点は，バイオディーゼル燃料としての価格と需要にある．さいきんの石油価格の上昇と自治体の利用の増大によって，事業として軌道にのる可能性が出てきた．しかし需要がふえるとこれまでのようなボランティアによる廃油の回収では不足する．料理店，ホテルなど大口の事業者の廃油の回収の事業が必要である．しかし，市場化がすぎると地域性がなくなり，大企業が全国市場の統一を考えると，維持可能な農村づくりとは矛盾する事態がおこるかもしれない[44]．

アメリカやブラジルのとうもろこしや砂糖きびからのエタノール生産の増大とともに，日本でも休耕田に米作を復活させ，米のエタノール化が計画されている．しかし，食料の燃料化によって，食料品の価格が上昇することは社会的には問題がある．市民の食料をなぜ自動車の燃料としなければならぬのか．中国などの発展途上国の経済成長にともなって，食料の不足と価格上昇が問題となりはじめた時に，食品植物の燃料化は検討の余地がある．それにくらべれば菜の花プロジェクトは燃料問題の解決のためには寄与度が小さいかもしれぬが，はるかにエコロジカルだといってよい．

こんご木材の燃料化などエネルギーの自給がはじまるであろう．山村の再生

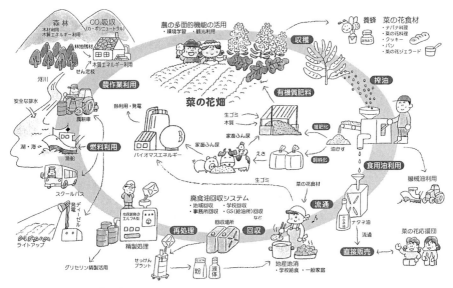

図5-3 菜の花プロジェクト
出所 藤井絢子・菜の花プロジェクトネットワーク編著『菜の花エコ革命』より.

にはこれもひとつの解決策である.荒廃している里山の木材を燃料化することははじまっているが,これを事業化するには資金と人材が必要である.さらに植林の計画がなければ資源は枯渇する.このように,農林業がエネルギー産業として変身する場合,工業とちがい長期的な戦略と地域性の考慮がなければ,失敗する可能性が大きい.一時的な思いつきでなく,農林業と農村を国土と地球の環境政策としてどのように再生するか,総合的な検討が必要である.

第3節　住民自治と環境教育

1　人民主権形成としての住民運動

住民運動の性格と役割

環境問題は公共的介入なしには解決しないが,現代の企業社会の「政府の失敗」によって,重要な課題ほど政府が自発的に介入する例は少なく,介入しても不十分な解決に終わっている.多くの場合,住民の世論と運動によって,初めて公共的介入はおこなわれ,またそれらの後押しによって政策は有効となり

うる.したがって,政治経済学としての環境経済学は住民運動を視野にいれざるをえない.住民運動が環境政策の主体であることは理論的にだけでなく,経験的にもいえることである.H.ワイトナーはヨーロッパにおいて,公害防止について環境保護団体の役割がこれまできわめて重要であり,不活発な環境政策をダイナミックなものにかえていくためにも,この団体が環境政策の決定の場に加わることが必要であることを,次のようにのべている(45).

　国際的,特に国家的レベルにおいて,環境保護団体は,責任ある政府機関にたいし,環境問題への注意をいち早くよびかけ,これへの対応策を促進してきている.多くの国で,これらの団体がしばしば財界の強力な抵抗に直面しながらも,大衆的な抗議をふくめた多様な活動を通じ,環境にとって有害なプロジェクトにたいする厳しい環境規制を可能にしてきたのである.これらの団体の活動なしでは,ヨーロッパの大気汚染は今よりひどいものになったことは疑いようがない.

　かつて,そのような団体の要求が採用された例も多数あり,それが非合理的であったケースはほとんど見あたらない.逆に財界の影響による環境問題軽視によって被害をまねいた非合理な環境政策の例は数多い.環境保護団体の生態系にたいする責任ある態度は,環境保全に関する今後の国際会議においてさらにみとめられるべきものと考える.それは環境保護団体を政策決定過程,たとえば,国際組織や責任あるEC機関に参加させ,あるいは発言する権利を正式に与えることにより達成されるものと考えられる.

　日本では環境省などの政府は財界とは話しあうが,住民運動団体と積極的に話しあい,その援助をもとめるという姿勢は,1970年代前半をのぞけば,ほとんどなかった.中央公害対策審議会に財界人ははいっているが,被害者組織の代表,あるいは住民団体の推薦する研究者は少ない.アメリカでは連邦環境保護庁の職員が環境保護団体に属して活躍している.日本では環境省職員が住民団体に属しても,隠密にしか活動できない.だが,ワイトナーの指摘のように,環境政策の前進は住民の世論と運動以外にない.

　住民運動とくに環境保護の運動は社会運動であるが,労働運動とはちがい,基本的には経済的な利益を目的としない.たとえばマンション建設に反対してみどりを守っても,もとの環境を維持しただけにすぎない.それによってアメニティを維持したために地価が上がる場合もあるかもしれないが,マンション

建設で住民がふえて商業上の価値が大きくなるほうが地価上昇の原因になるから，勝利をおさめたほうが経済的には損失となる場合もある．公害の補償闘争の場合には，勝利をおさめた場合，補償金という利益がもたらされるが，被害者にとってはお金よりも公害の防止や病気の苦痛をとりのぞいてもらって，以前のように元気に働き，家族と団欒できるほうがよいのである．そのいみでは公害反対や環境保全の住民運動は「現代的貧困」を解決する運動であるが，「古典的貧困」対策の社会運動とは異なり，経済的に報われぬか，あるいは報われることが少ない．

　したがって，住民運動は労働運動のように経済的基礎がなく，恒常的に事務局をおいて，専門の書記を雇用することはむつかしい．アメリカのように財団・教会などの民間組織が反体制的な市民団体や研究所に寄付あるいは研究費を出すような市民社会的な慣習がない国，たとえば日本や発展途上国では，公害反対住民運動や環境保護団体・研究機関が長期間あるいは半永久的に存続することはむつかしい．これらの国で存続するために，政府，財団や労組から資金援助をうけると，多くの場合は批判のきばを抜かれて独自性を失ってしまう．

　いずれにしても，住民運動はボランティアの運動である．日本のように男性労働者が長時間労働をし，通勤に時間がさかれ，しかも企業主義の網の目の中にあって企業の公害を批判することが困難な場合には，住民運動は労働者家族，すなわち主婦と高齢者あるいは地域に根ざした自由業者(医師，弁護士，宗教家)，教師，そして農漁民，零細商工業者などの旧中間層で構成されることが多くなる．住民運動に労組が協力すれば，資金や労力の点でも格段の力になるのだが，公務員労働組合をのぞくと，民間労組は加害企業の利益をおもんぱかって，多くの場合，参加をしない．あるいは日本の労組は政党別に色分けされているので，住民団体を色分けしがちで，このせまい政治主義から共闘しない場合がある．つまり，日本では労働組合自体が市民社会あるいは自治体の一員でなく，地域から疎外されている．これらの条件のもとで，日本の住民団体はボランティアだけでなりたっているので，資金的にも労力の面でも恒常組織とはなりにくく，当初の目的が終わると消失していく場合が多い．

　日本の住民団体が行政にたいしてその力を発揮できるのは，新聞・雑誌やテレビなどのマス・メディアが支持をして，報道してくれる場合である．1960年代から70年代の公害反対住民運動の前進はその好例である．また，いまの

住民運動は経済と同じように国際的であり，他国の運動の影響をうけ，また相手にも影響を与える．

1970年代終わりから，日本の住民運動は停滞し，アメニティをもとめる世論と運動の発展にくらべ，公害反対の世論と運動は後退している．新自由主義・新保守主義のもとで住民運動の停滞が進むと環境政策が後退し，それにくわえてマス・メディアの保守化もあって，住民運動全体の停滞という相乗効果をまねいている．

住民運動はそれぞれの国の労働者のおかれている条件や社会運動のあり方によって異なっている．それは労働時間，女性の職場への進出，都市化による通勤時間の変化，労働者の財産所得者化にともなう保守主義的な傾向などに規定されて消長がある．しかし，新自由主義の弊害が貧困の累積，住宅難，地価上昇，環境破壊などとなって表れてきた今日，住民運動の再生が国際的にはじまっているといってよい．

ヨーロッパには環境保護運動の長い歴史があるが，その性格が異なる二つの代表的な例を紹介しよう．ひとつは，いわば市場経済にのっとった買上げによる自然保護をしているイギリスの「ナショナル・トラスト」であり，他方は政府に規制をはじめとする公共政策を進めさせる「イタリア・ノストラ」である．イギリスでは第2次囲い込み（1820年がピーク）で農地の合併と自然の私有財産化がはじまる中で，アクセス権（私有化された山や海へ近づく権利）をもとめて住民運動がおこり，やがて貴重な自然の一部を共同財産として購入することによって保護しようというナショナル・トラストが生まれた．この団体はすでにイギリス内で104万人の会員，46万エーカーの土地を所有している．イギリスのナショナル・トラストは，自ら土地を購入するだけでなく，それを引き金として公共団体に保全をおこなわせている[46]．日本でも，もっと公共団体の責任をもとめるべきであろう．

一方，イタリアでは先述のような街並み保存などを目的として，1955年にイタリア・ノストラという環境保全団体ができた．現在イタリア全国に150の支部，会員約2万人，またヨーロッパ10カ国に60のノストラができている．この団体は約20年間の運動の末，ローマ郊外のアッピア街道ぞいに実に2000haにわたる土地をローマの唯一の大規模緑地帯として，また古代の風景を保存するために政府に指定させ，一切の開発を禁止させることに成功した．経済

的にみれば，古代ローマの城壁のすぐ外側にあり，絶好の住宅地あるいは事業所用地になるところを残したのである．また，後にのべるミラノの森のように，地方公共団体から借地をしてみどりを創造している．この環境保全団体は諸党派連合といってもよいが，政府の環境政策には強い影響力をもっている[47]．

日本にはこれら二つの団体のような財政力と政治力をもったものはないが，将来はこのような市民団体をつくらねばならないだろう．その場合には地価の高い日本においては，ナショル・トラストよりはイタリア・ノストラのほうが日本のモデルになると思う．

日本の住民運動の史的教訓

戦後の日本の公害反対の住民運動が裁判闘争と自治体改革を通じて環境政策を前進させたことはこれまでにもしばしばのべた．住民運動の歴史は足尾鉱毒事件以来，大都市と農村の双方において，戦前には数多くの経験をもっている．全国的ではなかったが，それぞれの地域では今日の運動と同じような成果をあげている．この住民運動を背景にして，公害対策のほうも，企業では住友金属鉱山四阪島製錬所や日本鉱業日立鉱山のように，当時としては世界最高の対策をとり，また大阪市は大正期から大気汚染の観測をおこない，「煙の都」の汚名を返上する努力をつづけた．しかし，住民運動は日中戦争以降次第に力を失い，また戦争中に大阪市などの行政も対策をとらなくなった．

戦前の住民運動の特徴は農漁民が中心であって，資本の本源的蓄積にたいする抵抗といえる．地主などの地方有力者をリーダーとして，村総ぐるみで企業に補償あるいは生産停止・操業短縮をもとめるというものであった．地租改正によって土地所有権が地主にみとめられ，地主にたいしては公民権などの特権が与えられたが，資本主義の急速な発展とくに工業化と都市化のために，地主の権利は侵害され，自小作人の生活も侵害された．そこで彼らの財産権や営業権の擁護のために公害反対運動がおこったといってよい．鉱工業資本と同じように財産権や営業権といっても，農漁民のそれは地域に根ざした生活権といってよい．資本はそれをふみにじって発展したのである．とはいえ，大正期までは日本の産業の主役は農業であり，都市は農村という海の中に浮いた島のような存在であったから，農工間の力関係は今日とはちがって，農業の政治経済的力能は強かった．このため，農民を主体とする公害反対運動は一定の成果をお

さめたといってよい．

　戦後の公害反対の住民運動の特徴は，戦前の農漁民運動と同じ性格のものもあるが，明らかに都市化工業化の発展のちがいがある．すなわち，被害は大都市圏と地方工業都市に集中した．反対運動の主体は市民であり，労働者(本人でなくとも家族)である．そして，市民と農漁民が連帯したときに勝利をおさめている．したがって，公害反対運動は財産権や営業権の侵害排除を要求している場合もあるが，ほとんどは健康障害や生活環境侵害の排除をもとめる人格権や生活権の擁護の運動となっている．

　戦後日本の住民運動の特徴は欧米のように環境保全――アメニティをもとめる運動ではなく，公害反対運動であったことであろう．その運動は被害者あるいは被害が予想される住民を中心にして，それを支援する低所得の労働者家族(主婦や高齢者を実際の活動家とした)や地方の自由業者，農漁民と零細商工業者である．欧米の場合，公害反対運動の弱いこともあって，自然保護・街並み保全運動の主体は，中間層である．アメリカの農薬キーポンによる労災と公害の事件を調査した時に，被害者からまず第一に聞かれたことは，どうして日本では被害者が孤立しないで住民の支持を得ているのかということであった．日本の場合も，民主主義の弱い水俣市の場合には，90年代まで被害者は孤立していた．裁判をおこした新潟水俣病患者が連帯のために応援にこなければ，そして四日市公害問題を端緒にして大都市圏に広がった公害反対の世論と運動がなければ，水俣病患者はチッソと政府にねじふせられていたかもしれない．つまり日本の場合は，公害が深刻であったこと，かつマス・メディアのおかげで情報が全国に流れて，働く市民のあいだに被害者としての連帯感があったことが，アメリカとちがった点であろう．

　また日本の公害反対運動には科学者・弁護士・医師が手弁当で奉仕して，専門的知識を提供していることに特徴がある．先のキーポン事件では，地元の医師はすべて汚染源のカンパニー・ドクター(お抱え医師)のごとくであった．もし台湾からきたばかりで地域の悪い風潮に汚染されていない医師がいなかったら，この事件があかるみに出るのは遅れていたにちがいない．第3章でのべたカナダ水俣病事件は，結局，裁判がうやむやに終わり，ついに汚染の責任も明らかにならず，政府が居留地全体への再生資金を出して終結した．その理由は，パルプ会社と州政府の責任であるが，同時に貧困なインディアンを助ける弁護

士や科学者がいなかったためである．私は英文論文を書き，支援者をもとめたのだが，手弁当でインディアンを応援するグループは闘争をつづけえなかった．1985年の日本環境会議水俣集会に出席したカナダの弁護士J.オルシスは，日本弁護士連合会が人権憲章をもち被害者の側に立っていることに敬意をしめしつつもおどろいていた．彼によればカナダの弁護士は会社の側に立ちがちだという．中立の場合でも正当な報酬がなければ被害者の弁護はつづけないというのである．また同じように，公害裁判の科学者証人には高い報酬を出さねばならぬから，貧困者は立証が困難だとのべていた．日本では，日本環境会議に結集している研究者・医師・弁護士が400人に達し，その多くはこれまで無償あるいはそれに近い報酬で被害者のために運動をしたり，あるいは裁判で証人に立ってきたのである．これは日本の住民運動の特徴といってよい．

　戦後の公害反対の住民運動のきっかけとなったのは日本最初のコンビナートの都市四日市の公害事件である．このコンビナートは戦後の技術革新の粋をあつめ，高度成長の旗手であり，石炭コンビナートとちがって公害はないとされていた．操業開始と同時に事前の予測に反して被害が発生したことが，後続してコンビナートがつくられていたこともあり，全国にきわめて大きな衝撃を与えた．あらゆる面からみて，四日市公害は戦後日本経済を象徴する典型的公害事件であった．

　第4章でのべたように，この事件は，そのもついみが政府・自治体や財界にとって重大であっただけに，当初は秘密にされた．四日市公害の実態と原因は，1961年の自治研全国集会の「地域開発の夢と現実」というテーマの分科会で，三重県自治労が勇気をもってこの調査を公開したことによって，四日市に大規模な公害が発生していることが明らかとなった．それ以後，私をはじめ研究者が調査にはいり，新聞やテレビも公害をとりあげるようになったのである．日本の労働組合は公害反対運動に積極的に加わらないとはいえ，少なくとも戦後の公害反対運動の口火をきったのは，自治体の労働組合である．四日市市の被害者は，裁判の原告になかなかなりたがらなかったことをみてもわかるように，孤立しており，独自で問題を解決する力は当初にはなかったのである．

　1963-64年，静岡県三島・沼津・清水2市1町で，「四日市の二の舞」をするなというスローガンのもとに，石油コンビナート誘致反対運動がおこった．のちに三島・沼津型といわれるように，住民の体験による実態調査と学習会を

つみかさね，すべてのエネルギーを自治体の政策転換につぎこむという方法が成功して，コンビナートの誘致を阻止した．企業はもとより通産省や静岡県は誘致のために全力を投入し，史上初の環境アセスメントまでしたが，住民団体のアセスメントをくつがえせず敗北した．コンビナート誘致を最初に阻止したのは，西宮市である．しかし，これは主として酒造業者の運動であり，運動の方法の独自性，政府との闘争のはげしさと成果の大きさという点では，三島・沼津型住民運動が最初といってよく，全国に大きな影響を与えた．それ以後，公害や都市問題になやむ住民が三島・沼津に学んで，全国的に運動をおこすようになり，1960年代後半には，住民運動は政治に大きな役割をもつようになった．第1章でのべたように，住民運動をバックにして，これまで沈黙させられていた水俣病やイタイイタイ病の患者が立ちあがるようになった．公害反対の住民の世論と運動はマス・メディアや国際世論の応援を得て，公害裁判と自治体改革を通じて，政府の環境政策を転換させたのである．環境政策とくに公害健康被害補償制度を中心とした公害対策が進むとともに，当然のことながら公害反対の住民運動は退潮した．それにかわって，1970年代中頃からアメニティをもとめる環境保全の住民運動が活発となった．この点では，欧米の住民運動と反対の流れをたどっている．環境保全の住民運動は，1980年代の半ばに転機がきたといってよい．それは，当初のサークル的あるいは文化的な運動から，政治運動へと変化したからである．すなわち，逗子市や三宅島の自然保全のように日米安保体制とかかわるもの，高知県窪川町原発反対のように，国のエネルギー政策とかかわりあうものなどが，次々と出てきた．

　その中で象徴的なものは，1988年の島根・鳥取両県の宍道湖・中海干拓・淡水化阻止の運動の成果であろう．おそらく，これは1960年代の三島・沼津・清水の住民運動に匹敵する影響をもち，この教訓をうまく生かせば，新しい時代がひらけるかもしれない．住民運動が成功をおさめるのは，その地域で多数派になることであるが，その成功の原因は次の点にある．

　第1は，運動の要求が正当で合理性のあることだ．三島・沼津地域の場合，美しい富士山麓の山と海の景観を残すこと，あるいは松江市の場合，宍道湖の生態系と景観を残すことが，あらゆる経済行為に優先することはあの地域の住民のみならず，だれもがみとめるところであろう．それだけでなく，環境や資源をいれた新しい経済学の立場からみても，コンビナートの誘致や干拓・淡水

化事業を進めるよりは，地場産業を生かした内発的発展のほうが有利であることが明らかであった．窪川町の場合，反対運動の中心は篤農家で，近年の薬草栽培の成功もあって，原発に依存する外来型開発よりも農業の発展による内発的発展に自信をもっていたのである．外来型開発をえらぶ地域は，生業に自信を失って漁場・農地や森林を売ろうとする農漁民や将来性のない中小企業家の街である．公害反対や環境保全に成功する住民運動は，まさに「維持可能な発展」の具現者であり，その正義の高い理念と自信が，住民運動を持続させ大きくさせたのである．成功した住民運動では地元の農漁協，青年会議所や商工会議所などの経済団体が協力している例があるが，これは「維持可能な発展」が理解されたためである．

　第2は，成功した住民運動は諸党派の連帯であり，諸階層がそれぞれ得意とする運動の方法を分業して，それを上手に協業した．一部の住民運動家は無党派でなければ住民運動でないようにいうが，現実には無党派だけで成功した例はない．特定の政党が選挙に利用しようとして運動したり，あるいは参加者を政党色で色分けすれば，住民運動は失敗する．しかし特定政党とくに革新政党を排除すれば，これも失敗する．また従来の左翼的な社会運動にありがちな短所をせめぎあうのでなく，長所を相互に利用した場合には成功したといってよい．たとえば，一揆型の爆発的エネルギーをもつが動揺の多い農漁民と，計画的で持続的な運動を得意とする労働者とが役割をうまく分担したのが，三島・沼津や宍道湖の運動である．成功した運動では，これまで「草の根保守主義」の主体となった自治会，医師会，その他の経済団体が参加している．これは保守党の基盤をゆるがせることになったのである．

　第3は，科学的な運動であったことである．三島・沼津型といわれるのは，学習会によって住民の知的連帯をつくった方法である．環境問題は科学的知識が必要である．環境を破壊する側も科学を利用するので，それを批判することができなければ，運動は進まない．成功した運動には，かならず地元を中心にした科学者の集団がある．地元の科学者の調査結果が客観的で正当であれば，宍道湖淡水化問題のように大きな効果をもつ．だが科学者だけでは運動にはならない．参加した住民が科学の知識を体験しなければならない．淡水化によってアオコが発生するということも，当時の霞ヶ浦や児島湾などにいって，実際に閉鎖水面の汚染をみれば具体的に理解できる．沼津の住民運動では気流の観

測のために全市域に鯉のぼりを立て，逆転層の観測に市民が徹夜で車をつかって山を上下した．こういう科学教育が成功のかぎとなっている．こういう現地調査をふまえ，スライドやビデオなどの視聴覚教育をとりいれた学習会を何百回とつみかさねることによって，住民は感性的な拒否感から理性的な反対論へとかわっていったのである．住民は金も権力ももたない．その力は知恵とエネルギーにある．三島・沼津型住民運動の極意は学習会にあるといってよい．L.マンフォードのいう「住民の知的参加」こそ地域開発であるとすれば，環境保全運動は地域開発であった[48]．

　第4は，地方自治体運動であったことである．日本のような中央集権国家では，中央政府や企業本社に運動のエネルギーを集中することが必要なようにみえる．しかし，地方の住民が，かりに大きな資金をかけて数万人のデモを東京でおこなっても，大都市の中では日常茶飯事で，その効果はあぶくのように消えてしまう．またこういう大規模なデモや交渉は現実に不可能なことである．しかし，1964年の沼津集会のように有権者の3分の1に達する3万5000人の住民が地元でデモをすれば，これは決定的ないみをもっている．

　成功した運動は中央交渉もしているが，ほとんどのエネルギーを地元の府県や市町村の政策をかえることにつぎこんでいる．このために戦後憲法でみとめられた住民の権利を最大限に利用している．前述のようなイタリアのガラッソ法にならって，宍道湖周辺の景観保全条例をつくり，この条例制定に関する直接請求の署名運動で県民の4割の署名をあつめたことが，淡水化の延期に決定的となった．あるいは，鳥取県の場合には干拓・淡水化の決定を，窪川町の場合には原発誘致の可否を，住民投票に問う条例の請求をして，「促進派」の動きをおさえたのである．

　戦後の自治体は開発に関する権限をもっている．逗子市ではアメリカ軍住宅地建設に関連する河川改修などの公共事業に許可をおろさず，着工を延期させてきた．逗子市や三宅島の場合は日米安保条約によって自治体の権限は制約をうけているとはいうものの，自治体が拒否をすれば強制着工はむつかしい．まして通常の地域開発では，自治体が住民運動の意見にしたがえば，企業も政府も強行はできない．そのいみで，地域にエネルギーを集中し，多数派となることは運動の成功のかぎといってよい．この点では，戦前の天皇制のもとで足尾鉱毒事件のように田中正造が帝国議会を舞台とし，住民が東京へ向けて数次の

中央請願デモをおこなった場合とは異なっている．多くの失敗例は，地域で多数派になれないために，外部の援助をうることに力をそそぎ，一見，全国的に世論を喚起するかのようにみえて，挫折する例が大部分である．戦後の社会運動の教訓は地方自治にあるといってよい．

2 「環境自治」のシステムと環境教育

分権・参加と自治のシステムの創造

　現代経済学の課題は，「市場の欠陥」と「政府の欠陥」の双方を検討し，両者を克服する「第3のシステム」と方向を明らかにすることにある．

　これまでみてきたように「政府の欠陥」を市場原理によって修正しようとすれば，ふたたび「市場の欠陥」が出てくる．今日のように政治の介入と官僚主義によって非効率となった公共部門，とくに国営企業に市場原理としての競争を導入して活性化するということの意義を否定するものではない．しかし，いまのように無原則に民営化や資本と土地所有者にたいする規制緩和が進めば人類の歴史を半世紀も逆転して，対内的には貧困，環境破壊や都市問題・過疎問題が発生し，対外的には貿易摩擦や政治的緊張が高まるといってよい．

　公私両部門の配分をどのような原理でおこなうのかという問題については，別の著作を用意したいが，少なくとも，これまでの事実でわかるように，公害を防止し，環境保全を進め，内発的発展を進めるには，住民の世論と運動によって，公共的介入をおこなわせる以外にはない．環境は明らかに公共の分野にはいる．環境政策の中には課徴金，環境税，排出権取引のように，市場原理を応用するものもあるが，これは環境基準のような公共政策を前提にして成立するのであって，市場原理そのものではない．経済学にとって環境保全の枠の中で経済の発展や管理のシステム・方法を創造するというのは，最終解をせまられるものであり，経済学の第3の道を考えるための中心的な分野であろう．

　公害防止や環境保全のための公共部門の活動が「政府の失敗」におちいらぬためには，分権・参加と自治のシステムが確立しなければならない．このようなシステムは環境政策の分野にのみ必要なのではなく，未来社会の公共部門全体の性格とならねばならぬものだが，環境問題から考えることがもっともわかりやすいであろう．

　日本の環境政策は，自治体によって先取りされてつくられたといってよい．

環境省が先取りしておこなったのは環境事前影響評価制度だが，長いあいだ実現しなかったように，環境政策は自治体の創意工夫と支持がなければ発展しない．それは環境が地域固有財であり，環境問題が地域問題であり，環境政策が地域開発と関連した地域政策であるためである．いわば環境こそ地域住民がその質を決定する資格をもっており，「環境自治権」といってよい．住民は環境をまず第1に自治体に信託している．

自治体が環境政策をおこないうるためには，内政の分権がおこなわれ，とくに空間利用規制権をもたねばならない．この場合の空間とは，土地を中心にして，空中と地下のすべての環境をふくんでいる．地方自治の伝統のあるヨーロッパ諸国とくらべて日本の自治体は資本や地主にたいする土地利用の規制権がきわめてよわい．西ドイツの自治体は土地の先買権をもっている．企業や個人が土地を売買する場合，まず自治体がその土地利用を考えて，必要とあれば適正な価格で買上げる権限をもっている．イタリアの場合も同様で，買上げの基準価格は郊外の場合では，宅地ではなく農地の価格で安く取得できる権限をもっている．

景観の保全では先述のイタリアのガラッソ法のように，土地利用規制ができるという画期的な権限が確立している．東京や大阪では，景観とは関係なく高層ビルが乱立している．ハンブルク市では，市民がアスター湖の景観を眺望できるように，湖岸には樹木以上の建物を立てることを禁じている．ところが，日本ではまったく野放しである．琵琶湖の近江八景の景観の保全についての議論が十分におこなわれぬままに，ホテルが湖岸に立ってしまった．ガラッソ法のように，景観保全の詳細計画がなければ開発を禁止することが望ましい．

土地政策は土地の公有化，土地利用の規制，土地税制という三つの手段があるが，その目的によって矛盾する場合がある．たとえば日本では，土地政策は環境政策の視点を欠いている．東京圏では短期的な地価の引下げと宅地供給を目的として，海面を埋立て，農地や山林を宅地化している．税制面では，農地の宅地化のために，市街化区域の農地を宅地とみなして固定資産税をとり（宅地なみの課税は，農地の場合の数十倍となり，農民は納税のために土地を売らねばならない），また農地を売買した場合の土地譲渡所得税を軽減している．つまり，日本の土地税制は宅地供給を促進して不動産業の発展をはかることを目的とした土地政策である．この土地政策を環境保全を目的として転換しなければなら

ない．長期的にみれば，環境保全のためには，これ以上の埋立てを禁止し，できるだけみどりや農地を保全するような土地利用計画が必要である．そして機会あるごとに公有地をふやすことによって都市計画を進めねばならない．税制についても農民が営農するかぎり，固定資産税は農地として課税し，これを都市の緑環境あるいは災害避難地などのオープンスペースとする．相続税のために山林や屋敷林が売却されているので，これらが宅地化されぬ場合には相続税を軽減することによって保存をはかるべきであろう．反対に土地の譲渡所得については総合課税で重税にして，不当な土地投機をおさえるべきであろう．このように土地政策は環境政策の視点から再構成する必要がある．日本では，都市計画の権限は都道府県知事にあるが，これは市町村へ委任すべきであろう．しかし，公害対策については，現状どおり，大気汚染や水質汚染の防止策については都道府県の責任とし，国の定める環境基準はミニマムとして，それよりもきびしい基準を上乗せしたり，国の決めていない汚染物の基準を定めること(横出し)をみとめるべきである．

次に内発的発展のためには自治体の財政権の確立がなければならない．イタリアは地方税がなかったが，自治体の権限が大きい．日本は地方税があり，財政的には自治権があるようにみえて，歳入面では交付金・補助金や地方債などによって，歳出面でも中央統制をうけている．なかでもひもつきの国庫支出金や交付金が大きく，重要な事業は補助金・交付金事業とされており，地方団体の独自性を失わせている．地方ほど国庫支出金への依存が大きい．小泉内閣の三位一体改革で，国税所得税から地方税へ3兆円の税源が委譲され，国庫補助金が4兆円削減された．同時に国家財政再建のために，地方交付税が5兆円減額されたために，地方団体には財政危機が生まれている．環境政策の分権を進めるには，分権を実現しうる財政制度が必要である．日本は東京一極集中にみられるように，地域経済に著しい格差があり，このために地方財源の格差が大きい．国税を委譲しても，人口30万人の中都市以上の都市や大都市圏の都府県以外は，財政の自立はむつかしい．国からの地方交付税交付金を持続させ，それが中央統制の道具にならぬような制度改革がもとめられる．

アメリカではコミュニティ開発法によって，銀行は預金の一部をかならず自らが立地しているコミュニティの開発に融資しているかどうかを公表しなければならない．これは重要なことで，日本の大銀行は多くの支店をもっているが，

それは預金網であって,地方預金を地元の社会の開発にどのくらい還元融資したかということは業績判定にならない.こんご地域の市民運動やボランティア活動がふえる場合,この活動資金をすべて財政からの補助金に依存することはむつかしい.その代わりに銀行などの金融機関がその社会的責任として地元団体へ融資し,地域開発に奉仕するような金融制度の改革が必要になるだろう.

地方団体への分権化,とくに空間利用規制権や財政権が確立して,自治体が自由に環境保全や地域開発をおこないうるようになったとしても,それだけでは改革にならない.地方自治の発展には,さらに二つの要因が必要である.

住民参加の制度化

第1は,自治体職員が行政能力をもち,専門家として環境行政や内発的発展をおこないうるかどうかということである.自治体職員は,たんに労働者としての権利を確立し維持するだけでは不十分である.公務員として,住民の世論や運動のニーズに応えて,特定の個人や財界に奉仕する官僚ではなく,住民の立場にたって,そのニーズを行政として具体化するコーディネーターでなければならない.そのために公務員が自己研修をし,公務員としての自覚と規律を高める制度を確立することである.かつての四日市公害問題のように,公害を告発できる自由を公務員労働組合がもつことである.現在,政府は財政節約と民営化のために,行政機構を市町村合併で統合し,公務員の削減を進めている.このため福祉や公災害防止の安全の分野の社会サービスの手がぬけている.

第2は,住民が日常的に立法,司法,行政,とくに行政に参加することである.住民が行政を監視し,民主化する制度が確立しているかどうかである.とくに,この住民参加の制度は,「政府の失敗」を是正するために決め手になるといってよい.これは,今日,議会が行政機構に癒着し,あるいは住民のニーズと遊離しているために,民主的改革が必要になっていることと関連している.従来,議会以外に,審議会や公聴会などで住民参加の制度があった.しかし,これらも権限がかぎられているために,形骸化する傾向があった.とくに日本では審議会は議会の反対がおこらぬように,政党の勢力に応じて委員をえらび,また委員の独自の調査や計画をみとめず,行政当局の提案を容認するという傾向がある.また公聴会の場合,欧米では回をかさね,反対意見を尊重するが,日本では行政当局の提案を承認する事前の儀式とされており,反対派の中で指

第3節 住民自治と環境教育

名された者が意見をのべ,それを「聞きおく会」になっている.

こんご環境政策や内発的発展を進めるために,注目すべき住民参加の制度を次に2例紹介しよう.

① ニューヨーク市のコミュニティ・ボード

ニューヨーク市は1975年の財政危機の時期に住民投票により憲章を改正して,コミュニティ・ボードをおくことを決め,77年から施行した.この委員会は全市に59あり,各委員会は,区長が立候補者から選任した無給の委員50名で構成している.この委員会は専門の事務局長を雇用するために,市から補助をうけていた.ニューヨーク市は五つの特別区からなっているので,それよりも狭域の59区(平均人口12-13万人)に住民参加の制度をつくったのである.

この委員会の権限は,第1に都市計画や土地利用規制にたいして事前に市より情報をうけて,協議をし意見を提出する.委員会はゾーニングやランドマーク(歴史的建造物保存)に関する小委員会をもっている.ニューヨーク市は1980年代に大規模な都市再開発をおこなっている.たとえばマンハッタン42番街の再開発が代表的である.このような場合,当局(ニューヨーク州都市開発公社)は700頁からなる膨大なアセスメントの結果を出し,この情報をコミュニティ委員会に提供し,この委員会と常時協議をしている.委員会は委員だけで協議するのでなく,市のマニュアルによれば,できるだけ少数民族の意見を反映すること,地区内の全住民団体の参加をもとめることとなっているので,公聴会をひらいてこれらの団体などの意見を聞くのである.通常は60日間で意見を提出することになっているが,大プロジェクトの場合には必ずしも,この期間ではすまない.先の42番街プロジェクトをみると,1981年のプランをたてる時期から住民グループとの協議がはじまり,アセスメントが提出されたのが3年後の84年で,それからコミュニティ委員会の正式の協議となっている.

コミュニティ委員会は決定権をもたないが,市都市計画委員会はコミュニティ委員会の意見の90％以上を採用している.たとえば,ランドマークのあるグリニッチ・ビレッジでは,全体の街並みと調和するように建築を変更させたり,ソーホー地区ではキャバレーの進出を止めたりしている.民間企業の立地についての環境政策上の規制は,この委員会の力が大きい.

コミュニティ委員会は,その他にも"Community District Needs"をまとめて発行し,地区内の予算の優先順位を決めることができる.たとえば,第1が

学校建設,第2が治安というように予算配分を要求する.予算編成のマニュアルによれば市予算局を中心に各部局は予算編成前の7月から9月にかけて,委員会と協議をしなければならない.この意見聴取のあとで,1月に予算案を委員会にしめし,ここで公聴会がひらかれて意見がのべられる.つまり,市当局は市議会で審議する以前にコミュニティ委員会の審査をうけねばならないのである.1984年の調査では委員会の要求の約40%が採用されている.採用できなかったものについては,市はその理由の説明をしなければならない.これは,予算当局者からみれば,600回に及ぶ交渉を必要とし,きわめて繁雑なことになる.また市の方針とコミュニティ委員会の意見が深刻に対立する場合がある.市は産業振興のために,1980年代にはいって老朽化している社会資本の再建を優先し,たとえばウエストサイドの高速道路の建設を決めたが,コミュニティ委員会は環境保全から反対し,同意をうるまでに長い時間がかかった.こういうところから,当局者は委員会にたいして批判的なのだが,全体としてみれば,この住民参加の制度こそが,ニューヨーク市をして単なる多国籍企業や観光のメッカとさせず,ニューヨーク市民が生活するにたる街としての環境を保持できる装置となっているといってよい.

全市の委員会の構成は明らかでないが,先の42番街のある第4委員会は,教員,医師,俳優などの低級中間層(ロウ・ミドルクラス)の委員で構成されていた.職業人で構成されているので,委員会は通常夜ひらかれるということである[49].

② ボローニャ市の地区住民評議会

ボローニャ市は1964年に住民参加の制度として,地区住民評議会をつくった. 1977年憲法改正によって,この制度が憲法上の機関としてみとめられ,全国にひろがった.この評議会は当初はニューヨーク市のコミュニティ・ボードと同じように勧告あるいは意見陳情の機関であったが,現在では決定機関になっている.地区住民評議会の元祖といってよいボローニャ市は1984年までは18の地区評議会(平均人口1-4.5万人)をもっていたが,85年にはこれを統合して9地区に再編成した.再編成した理由は,東京都の特別区のように行政機関をもつことになったので,行政効率を考えて統合したのである.

地区住民評議会の委員は当初は市会の政党の勢力分野によって配分されていた.しかし,政党に所属しない住民の声も反映させるのが地区評議会の役割であるということから,1980年には直接選挙にかえた.これはフィレンツェ市

も同様である．地区評議会の審議権は社会保障(高齢者にたいするサービスをふくむ)，文化，スポーツ，教育機関に及んでいる．この社会保障は拡大する傾向にあり，私の調査した人口7万人のナバーレ地区では医療サービスについても対象となっていた．また，環境政策についても，最終決定権はないが，調査し意見を市会に提出する権限をもっている．ニュータウンのナバーレ地区には立地計画が多いが，民間企業の事業所，国の技術センター・専売工場，市の清掃工場・下水処理場，さらにバス車庫などの立地についても，アセスメントを検討して意見をのべ，なかにはバス車庫立地に反対して，これを緑地公園にかえ，あるいは専売工場などについても立地条件をかえさせている．全体として評議会は土地利用計画について発言権が大きい．

ボローニャ市は他のイタリアの都市と同じく大気汚染などの公害対策は遅れているが，みどりの保全については熱心で，市域では私有地内でも，樹木の伐採は市の許可がいる．現状では1人当たり $4.29 m^2$ の緑地，$3.46 m^2$ のスポーツ施設など合計で $7.75 m^2$ をもっているが，これを $20 m^2$ にする計画である．1959年には庭園・緑地が70 ha であったが，630 ha までふえている．こんごの問題はみどりの質であって，ボローニャ市の景観にふさわしい樹木を植栽するために，苗床をつくっている．また，環境保全のために農地が重要なので，農地の保存につとめ，一部は市民農園として管理している．市域内では農薬は一切使用を禁止している．このような緑保存政策について地区評議会はつねにモニタリングをし，意見を提出している．

ボローニャ市の各地区住民評議会の委員は15-24名で構成されている．ナバーレ地区では教師2名，年金生活者2名，大手民間企業サラリーマン2名，大学生2名，その他職人や公務員などとなっている．一般労働者は1人もいない．学歴は大学出身者4名，中卒3名，それ以外は高卒で，男性21名，女性3名である．ステファーノ地区では評議員18名で，中道左派(左翼民主党など)7名，反対派11名であった．委員は年限5年，無給で，会議のときには1回3万リラの交通費が支給されるだけである．平均して週1回，夕方か夜に開催される．憲法上みとめられているので，これに出席する場合，職場の仕事は免除されることになっているが，企業は公務欠勤を制限しているので昼間に開くことはむつかしい．ボローニャ市の場合，経済面でも，職人のような中間層が中心になっているが，政治面でも新旧中間層が草の根の革新となっている．この新旧中

間層が革新政党を支持して草の根の政治に参加することによって，ファシズムの危機を回避して民主主義を生みだす力となっている．近年の保守化の流れの中で地区住民評議会の空洞化が問題となっているが，この評議会による住民参加こそイタリア民主主義の基盤であることはいうまでもない[50]．

環境権の確立

各国とも住民参加の制度は進んでいるが，この制度が環境保全に実行性をもつためには，環境権がみとめられていなければならない．それでなければ，住民は意見をのべるだけで権利を主張することができない．住民が環境の質について自主的な決定権をもたなければならない．その場合，住民は常時環境の質を監視し，開発計画を検討し，汚染を測定するような技術や余暇をもたないから，その権利の一部を行政体，とくに自治体に信託している．したがって，自治体や国は住民の環境権が企業などにより侵害されることを未然に予防し，侵害がおこった場合はその原因をしらべ，対策をとる責務をもっている．行政が責務を怠った場合，住民は環境権にもとづいて，行政体を司法の場で告発し，賠償または差止めをさせることができ，あるいは，住民は環境権によって直接に企業などの汚染源の侵害行為を予防または差止めあるいは賠償させうる権利をもつべきであろう．そのいみでは，環境保全のための自治権や住民参加の基礎となるのは環境権の確立である．

健康で快適な環境を享受する権利が基本的人権であるという考え方は，思想としては古くからある．わが国の憲法の第25条や第13条は環境権をみとめる考え方をしめしている．しかし，具体的に法制上の規定となるのは国際的にみて1960年代のことである．すなわち，1969年のアメリカのNEPA，日本の東京都公害防止条例，1970年の東ドイツの国土文化法がその走りであり，その後，フランス，東欧諸国や韓国などで憲法や自然保護法に環境権が明文化されるようになった．とくに日本では第1章で紹介した，1970年の国際社会科学評議会の次の提唱が環境権の確立を世論にしたといってよい[51]．

> とりわけ重要なのは，人たるもの誰もが健康や福祉を侵す要因にわざわいされない環境を享受する権利と，将来の世代へ現在の世代が残すべき遺産であるところの自然美を含めた自然資源にあずかる権利とを基本的人権の一種としてもつという法原則を，法体系の中に確立するよう，われわれが

第3節　住民自治と環境教育

要請することである．

今日，先進工業国では，基本的人権としてこのような環境権はほぼみとめられているといってよい．さらに進んでこの環境権が財産権と同様に排他的な私権としてもみとめられるとすれば強い力となる．とりわけ環境破壊の予防や差止めに大きな力をもつ．しかし現状では，多くの場合，私権として人格権や財産権と同格のものとはみとめられていない．また，公法上の人権としてみとめられたといっても，環境の範囲については定まっていない．すでにのべたように，環境は自然的物理的環境，社会的人工的環境，文化的精神的環境などの豊富な内容となっているが，淡路剛久のいうように豊富な内容をもりこむと法技術的に現実適用性を失う．そこで環境権のはんいを自然的物理的環境として第一次的に限定しよう．しかし，この自然的物理的環境に限定したとしても，それが侵害されることが予想される場合，あるいは侵害された場合，その制御を怠った行政機関を訴えることはむつかしい．アメリカでは抗告訴訟あるいは取消訴訟のような市民訴訟がみとめられており，またフランスやイタリアでは環境保全の住民団体の一部が労働組合のように法的にみとめられているので，集団訴訟をおこしうる[52]．しかし，日本では環境権による行政訴訟は，原告として適格かどうかがきわめてきびしく審査される．愛媛県伊予長浜環境権訴訟では，海岸保全のために漁港建設に反対した住民にたいし，海浜は国有財産であり住民には権利がなく海水浴やフィッシングなどの既存の利益は反射的利益にすぎないとして，環境権（この場合は入浜権）はみとめられなかった．私の経験でも，コミュニティのみどりが破壊され，マンションが建設されて，付近の住民の環境は悪化し，場合によっては地価が下がることが明らかであっても，高層住宅を禁止した第1種専用住宅地区でないかぎり，都市計画法や宅地開発指導要綱上は住民が建築差止め・みどり保全の行政訴訟をおこすことはむつかしい．つまり，計画行政の法制ですら所有権が環境権よりも絶対的に優先している．市が土地を買上げて所有しないかぎりは現実には環境権だけで規制はできない．ましてや日本では環境権を理由に民事訴訟によって差止めることはむつかしい．公共事業のような場合には，公共性論がもちこまれ，不当な比較衡量がされ，住民に死亡や重症患者が発生するという絶対的損失が出て，その因果関係がはっきりしないかぎり差止めはむつかしい．しかし，環境権を提唱する意義は差止めにある．環境権が侵害された後に，いかに賠償をさせても，破壊

された環境の復元は困難か不可能である．みどりの所有者でなくても，周辺住民にとってみどりが失われれば居住環境が決定的に変質するのであるから，その場合に所有権をもたぬ住民でも環境の侵害を排除できる権限をもつことが重要なのである．

そこで，次のような改革が必要である．まず基本的人権としての環境権を公法上確定し，それにともなって環境を信託された公共団体が環境保全や公害防止の責務を果たすように制度を整備する．このため地方自治体に権限をもたせ，環境情報の公開をすること，そして環境保全団体を公認し，環境を中心に都市計画（ひろくは空間利用計画）への住民参加をみとめさせる．地方団体がその責務を怠る可能性がある場合，あるいは怠った場合，環境権による住民訴訟をおこす権利をみとめる．これらの公法上の措置がまずおこなわれるべきであろう．次に私法としての環境権のはんいは，いますぐ全体像を明らかにできなくても，原則として環境権をみとめ，事件に応じてその権利のはんいを決めていくことが必要であろう．

環境権が提唱されて以来約40年，日本では裁判のうえで環境権がみとめられたのは近鉄ナイター訴訟の仮処分などで事例が少ない．この事件も結局，再度近鉄が訴訟をおこして勝訴し，ナイター施設はつくられた．法制上はみとめられない一方で，環境問題は深刻化し，近年では環境権の一部としての入浜権，親水権，景観享受権などが提唱されている．住民運動が提起した親水権は行政機関もとりいれざるをえず，さいきんは親水都市づくりなどを政府が提唱している．企業はこのような住民の環境権にたいするニーズを尊重し，司法はできるところから積極的に権利をみとめていくべきである．また行政機関は公法上の権利として環境権をみとめ，それによって環境保全の義務を進めねばならない．それでなければ，東京湾や大阪湾などは歯止めなく破壊されるだろう．

自治能力育成と環境教育

自治権と環境権が確立し，住民参加が制度化したとしても，これらの権利や制度によって環境の質を維持・向上できるかどうかは，人民の文化水準（人間の「質」あるいは人格といってもよい）と自治能力（地域の政治や経済を管理する能力）にかかっている．高い文化水準や自治能力が生まれるのは教育によるところが大きい．多くの環境保護団体や住民運動は環境教育を重視している．すぐれた

第3節　住民自治と環境教育

組織は構成員の意識を高めるために，教育を運動の手段としていると同時に，教育による構成員の自治能力の向上を運動の最終目標と考えている．

環境教育はイギリスの場合，P. ゲデスにさかのぼることができるといわれるが，各国とも長い歴史がある．学校教育の中でも，生物教育，地学教育や地理教育などはつねに環境を対象としてきたといってよい．しかし，環境の破壊を防止し，地域ひいては地球の環境を保全することを目標として学校や社会の中で意識的な教育や学習をはじめたのは，各国とも1960年代のことである．

日本では1963-64年の三島・沼津・清水2市1町の運動の衝撃が環境教育を生みだしたといって過言ではないであろう．すでにのべたように，この運動は視聴覚教育と住民による調査を土台にした学習運動であった．住民運動を組織していく手段としてだけでなく，社会教育，さらに学校教育へも影響を与えた．日本における社会教育は戦前，とくに長野県などの農村部において生活学習として展開していたが，戦後は公民館を中心とする地域学習として，各地で地域の民主化に大きな役割を果たしつつあった．この地域学習の伝統と三島・沼津住民運動にはじまる住民教育が結合して環境教育が進むといってよい．

戦後，教員の組合は教育研究活動をおこなって，地域における父母と教師の提携という独自の社会教育を展開していたが，この分野にも環境教育が影響を与えた．教師集団が「公害と教育」研究会をつくり，三島・沼津の環境学習に学んで，現場を調査して歩くことを前提にした独自の環境教育運動をはじめたのである．

在野の動きにくらべれば，学校教育における環境教育は遅れた．1960年代末から70年代にかけて，自治体の一部で系統的な環境教育がこころみられた．たとえば，1970年の光化学スモッグの衝撃をうけた後，東京都はその原因である自動車公害をなくす速成の方法はなく，結局は公害教育にあるとして，教育委員会は視聴覚教育による体系的な副読本をつくった．こういう他国に例をみない体系的「公害教育」は公害問題の深刻さの反映であるが，重要な効果をもたらした．現在，初等・中等教育では公害防止や環境保全はカリキュラムにはいり，総合学習ではもっとも長い時間が割かれている．公民や社会科の教科書の中でも，四大公害裁判や環境政策について，相当なページを割いて叙述されている．にもかかわらず，この教育は成功していない．それは受験勉強を実態とする中等教育においては，生徒は環境問題を知識として覚えるにとどまっ

369

ているためである．環境教育は机上でなく，公害の現場をみる体験学習，自然の観察あるいは植物の栽培のように自ら汗を流すフィールド・ワークをおこなわなければ，環境のもつ深みはわからない．

それに加えて，環境問題は学際的分野であり，理科と社会科の教師が協同して教えるべきものだが，そのような体制をとっている学校は少ない．環境問題はそれぞれの科目で輪切りにされて，知識として教えられている．ポーランドの環境教育の夏季学校のように学生が合宿して，学際的な講義を聞き，現地調査をするような制度が必要であろう．

大学における環境教育は1970年代に普及するが，多くは教養課程における学際的な講義としておこなわれている．しかし，そのカリキュラムは定形があるわけでなく，大学によってばらばらである．日本の大学は学部講座制となっているので，学際的な研究・教育はきわめてむつかしい．近年，文科系で環境法や環境経済学の講義，理科系ではより体系的に，環境学部や環境工学科などがおかれるようになった．わが国で最初の公害研究の学際的グループ公害研究委員会ができた当時，環境に関心をもつ経済学者は3人であったが，2007年で環境経済・政策学会は1400人を超えている．

学校教育にくらべれば社会教育は多様なかたちで進んでいる．とりわけ重要なことは近年の世界の環境教育が三つの面で大きな変化をしめしていることであろう．

第1は，たんに公害や自然環境保全について調査や学習をするのでなく，地域や都市全体の開発と関連させていることだ．先述の内発的発展やサステイナブル・シティの諸例はそのことをしめしている．ヨーロッパにおける環境教育は，都市・地域計画への知的参加である．第2は，たんに自然や街並みを観察し，学習するのでなく，自ら創造していることだ．たとえば，先述のようにイタリア・ノストラはミラノ市から当初35 haの土地を借りうけ，いまでは500 haの「ミラノの森」をつくった．自主的な市民グループ，各種学校，地域の図書館を中心にしたグループが参加して植林をした．この森には環境学校ができている．小学校の教師は専門家に短期集中的に植林と森について指導をうけ，学校教育の一部として，この森に児童をつれてきて植物の世話をさせる．はじめに植物学の初歩の勉強をし，森の中で樹木や草花にふれ，その名前と特徴を五感でおぼえていく．そして環境の認識を音楽やダンスで表現させる方法もと

っている.現在,植樹が進み,植相の異なる地域の特徴が生かされ,自生した草花も生え,すっかり森らしくなっている.小学校にあがる前の3歳や4歳の子どもには,小学生以上のように自然の科学的観察をするのはむつかしいので,ファンタジックな教育をしている.児童劇団などの俳優の力を借りて,子どもたちに寸劇や遊戯を通じて自然環境のすばらしさを教育している.いまではこの森とその周辺で育った苗木が周辺の公園に配分されている.日本でも先述の菜の花プロジェクトの農村再生や公害地域の再生という運動は環境教育の新しい方向である.第3は,環境教育の国際交流である.1980年代にはいり,環境研究の学術団体の交流や市民団体の交流がさかんになっている.日本環境会議は1991年にアジア環境会議を発足させ,すでに7回の国際大会をおこない2年ごとに『アジア環境白書』(日英両文)を刊行している.

環境問題の国際化にたいして,京都議定書をはじめ地球環境政策はナショナリズムがわざわいして必ずしも進展しない状況のもとで,民衆レベルの国際的な環境教育と環境運動の前進に未来社会への期待がかかっているといえよう.

(1) K. E. Boulding, "The Economics of Knowledge and the Knowledge of Economics", *American Economic Review*, Papers and Proceedings 56, 1966.
(2) 中野桂・吉川英治「Genuine Progress Indicator とその可能性」『彦根論叢』第357号,2007年1月;滋賀県「GPIによる滋賀県の計測可能性等に関する調査研究」2005年.
(3) 宮本憲一編『大都市とコンビナート・大阪』(講座『地域開発と自治体』第1巻)筑摩書房,1977年; K. Miyamoto, "Balance Sheet of Development through the Industrial Complex", *Alternative*, Vol. VII, No. 4, 1981; K. Miyamoto, "Industriepolitik: Zentralismus und Gigantomanie zu Lasten von Umwelt und Gesundheit", in S. Tsuru u. H. Weidner hersg., *Ein Modell für uns: Die Erfolge der japanischen Umweltpolitik*, Köln: Verlag Kipenheuer & Witsh, 1985.
(4) R. Nurkse, *Problems of Capital Formation in Underdeveloped Countries*, Oxford: B. Blackwell, 1953(土屋六郎訳『後進諸国の資本形成』補訂版,厳松堂出版,1960年).
(5) 拙著『現代の都市と農村――地域経済の再生を求めて』日本放送出版協会,1982年.この内発的発展は,鶴見和子氏を中心にして国連大学の援助のもとにはじめた共同研究の中で学んだ概念を日本の地域開発にあてはめて,独自につくったものである.私の概念とちがうが,内発的発展論の源泉については,鶴見和子・川田侃編『内発的発展論』(東京大学出版会,1989年).またそれ以後の日本の農村の内発的発展論について,保母武彦『内発的発展論と日本の農山村』(岩波書店,1996年).
(6) 現在では,かつてほどの力はなくなっているといわれるが,今日もなおその理念に学ぶ人たちがいる.指田志恵子『過疎を逆手にとる――中国山地からのまちづくりニュー・ウェーブ』あけび書房,1985年.
(7) 保母武彦が農山村の内発的発展論を展開したのにたいし,中村剛治郎は金沢を例にして都市の内発的発展論を展開している.中村剛治郎「地方都市の内発的発展をもとめて」,柴

第5章　維持可能な社会と住民自治

田徳衛編『21世紀への大都市像——現状と課題』東京大学出版会，1986年．中村はさらに地域経済学の体系の中で，内発的発展や進歩的都市革新をおこなっている内外の都市の実態を分析して，都市（地域）論の新しい視野を提示している．中村剛治郎『地域政治経済学』有斐閣，2004年．
(8) 「小樽運河問題」を考える会編『小樽運河保存の運動』全2巻，「小樽運河保存の運動」刊行会，1986年．
(9) 保母武彦『公共事業をどう変えるか』岩波書店，2001年，第3章．
(10) 陣内秀信『都市のルネサンス——イタリア建築の現在』中公新書，1978年，171頁．
(11) 篠塚昭次他編『都市の風景——日本とヨーロッパの緑農比較』三省堂，1987年．
(12) 郊外地区の庶民住宅建設費は1人当たり780万リラかかるのにたいし，歴史的街区の修復の場合は630万リラである．郊外地区ではこれ以外に交通施設・上下水道や学校，その他の社会的共同消費のコストがかかる．
(13) P. L. Cervellati, *Intervento di Bologna: La Nuova Cultura della Citta*, Milano: Anoldo Mondadori, 1977(加藤晃規監編訳『ボローニャの試み——新しい都市の文化』香匠庵，1986年，37頁)．
(14) D.ネッツア「欧米諸国における20世紀後半の都市像」，宮本憲一・山村勝郎他『環日本海地域の都市問題と都市政策』大和書房，1985年．
(15) J. Jacobs, *Cities and the Wealth of Nations: Principles of Economic Life*, N. Y.: Random House, 1984(中村達也・谷口文子訳『都市の経済学——発展と衰退のダイナミクス』TBSブリタニカ，1986年，46-47頁．
(16) 80年代の調査の前後から，ボローニャ市にたいする日本研究者の関心は異常な高まりをみせた．佐々木雅幸はこれを創造都市の典型とした．佐々木雅幸『創造都市の経済学』勁草書房，1997年．私は1998年にボローニャ市を再調査したが，グローバリゼーションの影響などを受けて，内発的発展にかげりがみえるように感じた．ボローニャ方式の創立者チェルヴェラッティ教授は，市の政策に社会政策の色彩がとぼしくなったのでボローニャ市は危機だとのべていた．拙著『都市政策の思想と現実』有斐閣，1999年，370-371頁．ボローニャ市が転機をむかえていることは明らかだが，ここには新自由主義・新保守主義によるグローバリゼーションのもとで，地域産業の内発的発展と都市民主主義を維持するというイタリア社会のこんごのあり方が模索されている．梅原浩次郎『イタリア社会と自治体の挑戦——ボローニャ再生へ向けて』（かもがわ出版，2006年）を参照．
(17) 原子栄一郎「サステイナブル・デベロップメントについて」，藤岡貞彦編『〈環境と開発〉の教育学』同時代社，1998年．
(18) D. W. Pearse, A. Markandya and E. B. Barbier, *Blueprint for Green Economy*, London: Earthscan, 1994(和田憲昌訳『新しい環境経済学——持続可能な発展の理論』ダイヤモンド社，1994年）．
(19) F. Schmidt-Bleek, *Wieviel Umwelt braucht der Mensch?: Das Maß für Ökologisches Wirtschaften*, Berlin: Birkhäuser Verlag, 1994(佐々木建訳『ファクター10——エコ効率革命を実現する』シュプリンガー・フェアラーク東京，1997年）．
(20) H. E. Daly, *Beyond Growth: The Economics of Sustainable Development*, Boston: Beacon Press, 1996(新田功・蔵本忍・大森正之訳『持続可能な発展の経済学』みすず書房，2005年，203頁）．デイリー学説の紹介と評価は，桂木健次『環境経済学の研究——環境勘定研究への学的道程』(松香堂書店，1996年)参照．
(21) 同上訳書77頁．
(22) 同上訳書232頁．
(23) 同上訳書235頁．

(24) 同上訳書 135 頁.
(25) 同上訳書 231-232 頁.
(26) 同上訳書 127-135 頁.
(27) 以下のミルの引用は逐一頁数をあげないが，次の著書によっている．J. S. Mill, *Principles of Political Economy, with Some of Their Applications to Social Philosophy*, London: George Routledge and Sons Limited., 1891, Book IV, Ch. VI, pp. 494-498(末永茂喜訳『経済学原理』第 4 分冊，岩波文庫，1961 年，101-111 頁)．引用にあたって，末永訳では「停止状態」となっているところを「定常状態」としたが，さいごの引用の部分は明らかに「停止状態」という訳語があっているような気がする．
(28) S. Tsuru, *The Political Economy of the Environment*, Athlone Press, 1999, p. 235.
(29) E. F. Schumacher, *Small is Beautiful: A Study of Economics as If People Mattered*, Blond & Briggs Ltd., 1973, Ch. 10, "Technology with a Human Face", pp. 122-133(小島慶三・酒井懋訳『スモール・イズ・ビューティフル――人間中心の経済学』講談社学術文庫，1986 年)を都留は紹介している．
(30) 都留重人「「成長」ではなく「労働の人間化」を！」『世界』1994 年 4 月号.
(31) E. U. von Weizsäcker, *Erdpolitik: Ökologische Realpolitik an der Schwelle zum Jahrhundert der Umwelt*, Darmstadt: Wissenschaftliche Buchgesellschaft, 1990(宮本憲一・楠田貢典・佐々木建served訳『地球環境政策――地球サミットから環境の 21 世紀へ』有斐閣，1994 年，第 17 章).
(32) 見田宗介『現代社会の理論――情報化・消費化社会の現在と未来』岩波新書，1996 年．
(33) E. U. von Weizsäcker, O. R. Young and M. Finger eds., *Limits to Privatization: How to Avoid too Much of Good Thing*, London: Earthscan, 2005, p. 3.
(34) K. Marx, *Grundrisse der Kritik der Politishen Ökonomie*, Dietz Verlag, 1953(高木幸二郎監訳『経済学批判要綱』大月書店，1961 年，第 3 分冊，653-654 頁).
(35) 拙著『現代資本主義と国家』岩波書店，1981 年，366-367 頁．また，拙著『公共政策のすすめ』(有斐閣，1998 年)参照．
(36) サステイナブル・ソサイエティ全国研究交流集会実行委員会『第 1 回サステイナブル・ソサイエティ全国研究交流集会記念論文集』1994 年，英訳は，*Proceedings on International Conference on a Sustainable Society*.
(37) The International Forum on Globalization, *Alternatives to Economic Globalization: A Better World is Possible*, San Francisco: Berrett-Koehler Publisher, 2004(翻訳グループ「虹」訳『ポストグローバル社会の可能性』緑風出版，2006 年，130-165 頁)．経済のグローバリゼーションは阻止できるものでなく進行する．この多国籍企業によるグローバリゼーションと WTO にみられる自由投資・貿易主義にたいする批判的研究書は数多く出ている．たとえばロンドンの同じ出版社から 2001 年に相次いで出版された次の著書が代表的であろう．J. Petras and H. Veltmeyer, *Globalization Unmasked: Imperialism in the 21st Century*, London: Zed Books, 2001; V. Bennholdt-Thomsen, N. G. Faraclas and C. von Werlhof eds., *There is an Alternative: Subsistence and Worldwide Resistance to Corporate Globalization*; F. Houtart and F. Polet, *The Other Davos: The Globalization of Resistance to the World Economic System*; Colin C. Williams, *A Commodified World?: Mapping the Limits of Capitalism*, 2005. 多国籍企業が国際性をもち，ダボスのように連帯しているのにたいし，それに対抗できる国際的労働運動が弱体である．市民の NGO が国際会議で活躍しているにとどまっている．結局，環境政策などは各国の政府の行動にまたざるをえないのが現実であろう．
(38) M. K. Gandhi, *Hind Swaraj*, 1910(田中敏雄訳『真の独立への道』岩波文庫，2001

第5章 維持可能な社会と住民自治

年).なお,ここでは先述のサステイナブル・ソサイエティ全国研究交流集会に出席し,現代のガンディーといわれ,ガンディーの思想を紹介したバフグナ(Sunder Lal Bahuguna)の考えが混合している.
(39) K. Müller, "Towards an International Environment Organization", A. Rechkemmer ed., *UNEO-Towards an International Environment Organization : Approaches to a Sustainable Reform of Global Environmental Governance*, Baden-Baden: Nomos Verlagsgesellschaft, 2005, pp. 43-44.
(40) E. U. von Weizsäcker, "UNEO may Serve to Balance Public and Private Goods", *op. cit.*, pp. 39-42.
(41) Commission of the European Communities, *European Sustainable Cities*, Luxembourg: EU, 1996, アルマンド・モンタナーリ/佐無田光訳「サステイナブル・シティの経験と挑戦——欧州連合におけるその役割」『環境と公害』第33巻第3号,2004年1月.この論文は第22回日本環境会議滋賀大会で報告されたものである.モンタナーリ教授はヨーロッパの環境NGOの連合体EEB(欧州環境ビュロー)の委員長をつとめ,EUのSCの提言に参加している.この論文では1991年のSCに関する欧州委員会の原則は7原則としている.趣旨はここにかかげた五つの柱と同じである.
(42) 喜多川進「軍用地のエコロジカルなコミュニティへの転換——フライブルク市ヴォバーン地区における試み」『環境と公害』第29巻第2号,1999年10月.
(43) 福川裕一・矢作弘・岡部明子『持続可能な都市——欧米の試みから何を学ぶか』岩波書店,2005年.
(44) 藤井絢子・菜の花プロジェクトネットワーク編著『菜の花エコ革命』創森社,2004年.
(45) H. Weidner, *Clean Air Policy in Europe : A Survey of 17 Countries*, Berlin: Wissenschaftzentrum Berlin für Sozialforschung, 1987, p. 36.
(46) 宇都宮深志『環境創造の行政学的研究』東海大学出版会,1984年;木原啓吉『ナショナル・トラスト』三省堂,1984年.
(47) 前掲篠塚昭次他『都市の風景』参照.
(48) 宮本憲一編『沼津住民運動の歩み』日本放送出版協会,1979年.
(49) さいきんのコミュニティ・ボードについては,拙著『都市政策の思想と現実』有斐閣,1999年,342-345頁.
(50) アメリカの政治学者パットナムはイタリアの北部と中部を比較して,北部において地域の連帯が生まれ,それが経済発展と民主主義の基盤になっていることをみて,"Social Capital"という概念をつかった.このSocial Capitalこそが経済・文化を発展させるというのである.地区住民評議会はこのSocial Capitalの中核である.この地域連帯の重要性とイタリア北部の状況認識について同意するが,経済学者としては資本主義経済のもっとも重要な概念であるCapitalが社会文化の概念とされることには異議がある.別な命名をしてほしい.Social Capitalは経済学ではすでに社会資本として定着した概念である.このため日本語訳は社会資本と区別して社会関係資本と訳している.それにしても資本概念の無原則な拡張は分析をあやまらせる.R. D. Putnam, *Making Democracy Work : Civic Traditions in Modern Italy*, Princeton: Princeton U.P., 1993(河田潤一訳『哲学する民主主義——伝統と改革の市民的構造』NTT出版,2001年).N. Lin, K. Cook, R. S. Burd eds., *Social Capital Theory and Research*, New York: Aldine de Gruyter, 2001.
(51) S. Tsuru ed., *Environmental Disruption : Proceedings of International Symposium, March, 1970, Tokyo*, Tokyo: Asahi Evening News, 1970, pp. 319-320.
(52) 淡路剛久『環境権の法理と裁判』(有斐閣,1980年);大阪弁護士会環境権研究会編『環境権』(日本評論社,1973年)参照.

あとがき

『容器の経済学』原論の最終編

　本書は,「しのびよる公害」(『世界』1962年12月号)と『恐るべき公害』(庄司光共著, 岩波新書, 1964年)以来の環境問題研究の理論の総集編であり, 同時に共同社会的条件の政治経済学の最終編である. 私はこれまで経済学が外部性として理論の外においてきた社会資本, 都市, 国家, 環境を政治経済学の内部に位置づけることをライフワークとしてきた. 近代経済学, マルクス経済学を問わず, 経済学の体系が商品経済・市場経済あるいは資本の運動の解明に限ってきたことが, 現代社会において経済学の生命力を失わせた原因のひとつといってよい. 社会資本, 都市, 国家, 環境(地球)は, 人間が共同で社会を形成, 維持, 管理してゆく基礎条件である. たとえてみれば, 商品経済, あるいは資本主義経済が運動する容器なのだが, これらの中身は容器によって決定され, あるいは中身が容器を変えようとするのである. 容器といったがそれはハードだけでなく, ソフトをふくんでいる. たとえば都市論は都市施設だけでなく, 自治体などの市民の社会組織を対象とする. これらの容器はいずれも歴史的な産物である. したがって市場原理あるいは資本主義の法則だけで解明できない. 歴史貫通的で, 独自の素材としての性格をもっている. 都市という容器の性格に反して経済活動がおこなわれれば, 公害などの都市問題が発生する. なかでも環境問題は地球という人類の共同社会の限界を突破しようとする経済活動の矛盾を表している. これらの分野はいずれも対象領域の重要性にたいして研究が遅れている. それは素材面の研究や学際的な共同研究の必要な分野であることもその原因であろう. 私はこれまで『社会資本論』(有斐閣, 1967年),『都市経済論』(筑摩書房, 1980年),『現代資本主義と国家』(岩波書店, 1981年)などの著作で共同社会的条件の政治経済学の体系化を進めてきたが, 本書の旧版(1989年)はその原論の最終編であった.

　私は仕事を音楽にたとえて, 論文集をソナタとし, 体系を立てて書き下ろす

あとがき

ものを交響曲にたとえているが，旧版は第5交響曲であった．したがってこの完成品を修正するつもりはなかった．ところが，旧版は日本においては環境経済学というテーマの最初の出版物として，研究書としてだけでなく，大学の教科書や市民の学習会のテキストとして使われ，韓国，台湾，中国でも翻訳された．このように予想以上に使われてくると，どうしても内容の事例などが古くなり，改訂の要望も出てきた．この約20年の間，環境問題ほど劇的な展開をし，また一般の関心も高くなった社会問題はないであろう．この間に，私はこれを補充する環境問題の論文や著書も出版したが，体系的ではない．そこで思い切って改訂することにした．いざ改訂となると旧版の体系を崩さないで書き直すのは容易なことでなかった．第1章，第4章をはじめ，ほとんど全体にわたって書き下ろしに近い作業をしなければならなかった．

改訂の内容など

この20年の間にソ連，東欧の社会主義体制が崩壊し，冷戦が終結した．旧版では社会主義の公害問題を紹介し，この体制が現代資本主義を超える未来の体制でないことを書いたが，これほど脆いかたちで全面崩壊したのは予想を超えた出来事であった．冷戦終結の結果，人類の共通課題として地球環境問題が国際政治の中心課題となった．1992年の国連環境開発会議(リオ会議)は文字どおり歴史に残る成果として，「維持可能な発展」を人類の共通の課題として承認した．しかしこの成果が実現に向かうのは容易なことではなかった．70年代の終わりからはじまった多国籍企業による経済のグローバリゼーションは，環境問題とともに，国内国際的な貧困問題を深刻化させた．とくにアメリカ政府は環境問題の根源のひとつである大量生産・消費の国内経済を修正する意思はなく，国外に対しては，帝国主義的といってもよい軍事力による覇権を進めた．これに反発する発展途上国の一部の過激派がテロをおこない，それにたいして，アメリカ軍を中心に多国籍軍が介入することによって泥沼のような戦争がつづいている．他方，21世紀の経済成長の主役はアジア，中南米とくに中国，インド，ブラジルなどに移り，これらの国々が欧米や日本と同じような近代化の道を歩んでいるので，公害・環境問題は解決どころか，いっそう深刻になっている．このような変化を改訂版では正面にすえて考察しなければならなかった．

理論的には旧版でおこなった素材から中間システムそして体制へという方法論は変わっていない．すでに旧版でもっとも理論批判として重視した新自由主義批判としての「市場の欠陥」とともに，「政府の欠陥」を環境問題のキー概念としたことも変わっていない．この間に本屋の棚が埋まるほどの環境経済学をはじめ環境問題の出版物が出ているが，基本的な理論の枠組は変わりがないと考えた．第1章はこの理論のうえに立って，新しい事例を分析するために大幅な増補をした．そして読者の要望にあった中間システムの具体的な説明をした．

　第2章の環境，第3章の環境問題の基本概念については，変更はないが，その後のアスベスト災害のような複合型ストック公害，景観などのアメニティ問題，国際的環境問題とくに地球環境問題については，節を起こして，その理論的な性格を分析した．

　近年の環境問題の研究成果でとりわけ追加せねばならぬ分野は，環境政策である．これまでの環境政策の経済学の原則であったPPP(汚染者負担原則)は踏襲するものの，ストック公害のように，汚染者が消滅し，あるいは原因が多岐にわたる場合には，簡単には汚染者を確定して，この原則を適用できない．アメニティや地球環境問題では政府や自治体の責任が大きくなり，「公共性」の理論が重要になる．つまり個別企業の責任から体制的な責任へと広がっているのである．

　他方，新自由主義と新保守主義の潮流の中では環境政策の主体と手段に大きな変化が現れている．政府や自治体の行政よりは企業・民間組織の自主自責，直接規制よりは経済的手段への移行が進んでいる．とくに排出権取引のようにbadsに所有権を設定するという市場原理の極致のような手段が導入されている．badsを商品あるいは資本化するというのは市場経済の切り札かもしれぬが，badsの恒常化となって，この共同社会の命取りとならぬか．それらの評価のために，第4章は大きな改訂と増補となった．またこの章では，欧米より20年遅れではじまっているアメニティ政策の多面的な検討をしている．

足もとから「維持可能な社会」の政治経済学を

　リオ会議によって「維持可能な発展」が提唱されたが，ではどのような社会をつくればよいのかが，次の課題である．私は「維持可能な社会」は環境保全

あとがき

だけで構成するのでなく，本文でのべたようにもっと広く平和，絶対的貧困の克服，国際的国内的民主主義，思想表現の自由，多様な文化の共生のような課題と総合すべきだと考えてきた．ではこの「維持可能な社会」は資本主義体制で確立できるのだろうか．現在は中国，インドのような途上国の近代化のおかげで，先進国は過剰生産にもかかわらず，いまのところは資本主義の市場問題は解決している．しかし，発展途上国の生産力の無計画で急激な増大は，過剰資本の投機による金融恐慌があれば，世界大恐慌がおこらないとはいえない．かつて中国もインドも社会主義を標榜していた．社会主義国が市場のグローバル化を支えているのはまことに皮肉な弁証法であるが，このままでは，地球環境問題は破滅の時を迎える．これらの国が資本主義的近代化とは異なる維持可能な内発的発展の道を選択せねばならないのではないか．言うまでもないが，いまの地球環境問題の基本的原因は発展途上国ではなく，産業革命以来300年以上の先進資本主義国によるストック（蓄積）公害なのである．地球環境問題の第1の責任は先進資本主義国にある．

ではどのような体制を選択すればよいのか．すでに30年を経た新自由主義の改革では，環境問題，貧富の格差，国内国際的地域不均等発展が深刻化することはほぼ明らかとなってきている．もし人類に理性と勇気があるとすれば，次の30年はなんらかの修正がおこなわれるであろう．その過程で次の体制が選択されるのではないか．「維持可能な社会」はいまのところ，ユートピアのようであるが，これへ向かって進んでいかぬ限り，環境問題は解決しないであろう．それは国際会議に任せていてできることではなく，住民自治により足もとから創造してゆかねばならぬ．これが第5章の新しい結論である．

感謝の言葉

私が公害の研究をはじめて約50年になる．半世紀前にはこの問題に関心をもつ研究者は稀であった．1963年に故都留重人教授の呼びかけで，公害研究委員会が結成された．その時の委員はわずか7人であった．私が四日市裁判で初めて原告側の科学者証人として法廷に立った時に，公害を告発するのは経済成長という国是に反対する非国民として暗殺を予告するように刃物などが小包で届いて，大学の事務室を怖がらせるような状況であった．しかし日本人は良識があり，まもなく公害反対の世論や運動が起こるようになった．そしていま

あとがき

では,環境問題の研究に反対どころか,それは学界の花形になり,環境経済・政策学会は1500人,毎年多数の若い研究者が加入している.しかし果たして,公害・環境問題が解決しているかといえば,本文でのべたように益々困難な状況を迎えている.これには研究者の姿勢にも問題があるのかもしれない.公害は終わったとして,地に足を着けた被害調査などがおこなわれず,既成の理論を使い,抽象的なモデルによって問題が解けるかのごとき錯覚があるのではないか.かつての公害論研究者のように現場へ行って調査をして,理論と政策を志向する苦労が必要なのではないか.

本書は公害から地球環境問題までを総合的に扱った.そして国際国内の事例はできるだけ現場に行って調査したものを紹介した.これはいまもなお継続し,『環境と公害』という機関誌を出し,世界でもっとも歴史のある公害研究委員会の研究方法である.この委員会が学際的で現実を見据えた研究方法を持続できたのは,2006年に亡くなられた都留重人先生の指導のおかげである.旧版は都留先生に捧げたが,新版も先生の墓前に捧げたい.

図表の作成や原稿の電子データ化は中央農業総合研究センター研究員・黒澤美幸さんのお世話になった.お礼をのべたい.

旧版は故安江良介元岩波書店社長の手で出版された.彼は私の出藍の教え子であり,研究とくに環境研究を進めるうえで大きな援助者であった.新版を見てもらえないのが残念である.新版にあたっては『世界』編集部以来お世話になっている山口昭男社長のお世話になった.

『環境と公害』の編集以来,私たちの環境研究の前進に心を配られ,拙著『維持可能な社会に向かって』(2006年)につづいて,今回はこの大改訂という面倒な仕事をしてくださった島村裕子さんに心から感謝をしたい.

2007年10月

宮本憲一

索　引

〈事　項〉

ア　行

愛東町〔滋賀県〕　348
ISO 14000 シリーズ　176, 287
IPCC（気候変動に関する政府間パネル）
　　24, 25, 27, 156, 158-162, 171
　――第１次評価報告書　24
　――第３次評価報告書　24, 156, 157, 159
　――第４次評価報告書　24, 27, 156
足尾鉱毒事件　29, 34, 52, 253, 353, 358
アスベスト（災害）　30, 37, 38, 40, 78, 110,
　　114, 127, 171, 173, 181, 182, 187, 191, 192,
　　213, 215, 254, 256-260, 264, 266, 274, 284-
　　286, 303
　――救済基金　262
　――裁判　186, 260
　――新法／救済法　38, 258, 260, 286
アセスメント　⇒環境アセスメント
尼崎（市）　34, 118, 119, 209, 225, 240, 241,
　　243
アメニティ　3, 6, 8, 9, 32, 33, 35, 60, 62, 63,
　　71-73, 80, 82, 97, 105, 110-116, 122, 128-
　　136, 144, 153, 169, 171, 178, 182, 188, 192,
　　194, 195, 197, 200, 201, 209, 211, 222, 225,
　　262, 284, 289, 299, 300, 306, 307, 319, 321,
　　341, 350, 352, 354, 356
　――権　31, 129, 136, 165
アメリカ的生活様式　⇒大量消費生活様式
綾町〔宮崎県〕　317
アラマゴールド水銀中毒事件〔アメリカ〕
　　118
池田町〔北海道〕　317
維持可能な社会　74, 105, 106, 161, 163,
　　169, 174, 176, 274, 283, 328, 337, 340-342,
　　344

維持可能な都市　41, 344-348, 370, 374
維持／持続可能な発展　1, 14, 15, 19, 31,
　　33, 34, 70, 74, 105, 161, 282, 309, 328, 329,
　　331-333, 336, 338, 340, 343, 357
石原産業　38, 39, 226, 264
イタイイタイ病　29, 116, 178, 188, 212,
　　224, 236, 241, 246, 247, 253, 302, 356
イタリア共和国憲法第９条　3, 196
１村１品（運動）　318
1.5 次産業　319, 320
入浜権　131, 211, 312, 367, 368
インナーシティ問題／政策　8, 131, 317
ヴェネツィア（市）〔イタリア〕　114, 120,
　　132, 226, 299, 324, 327
ウォーターフロント（開発）　6, 9, 132, 134,
　　136, 227, 312, 322
「宇宙船地球号」　55
営業権　69, 84, 85, 100, 107, 125, 131, 194,
　　232, 353, 354
疫学　178, 181, 182, 190
　――調査　30, 181, 182, 185, 258, 259, 301
　――的条件　38, 179
越境型環境問題　104, 147, 148, 154, 155
愛媛県伊予長浜環境権訴訟　367
大阪空港公害（事件／裁判）　32, 33, 68,
　　100, 103, 108, 121, 122, 126, 218, 292-294,
　　296-298
大山町〔大分県〕　317-320
汚染者負担原則　⇒PPP
汚染の最適量　⇒最適汚染（点／水準）
汚染負荷量賦課金　242, 244, 245
オゾン層　104, 110, 146, 147, 156
　――保護　23, 24, 76
小樽運河保存　205, 322
温室効果ガス　20, 23-27, 31, 40, 41, 104,

381

索　引

105, 156, 158, 160, 162, 172, 213, 257, 266, 269, 271
(地球)温暖化　24, 25, 27, 31, 76, 78, 104, 110, 146, 147, 156-162, 171, 200, 269
――防止／対策　18, 23, 40, 41, 212, 262, 265, 268-270, 341, 344, 348

カ　行

外部経済　72, 137, 164
外部性　41, 44, 46, 50, 55, 56, 91, 137, 138, 167
外部不経済　41, 42, 46, 72, 78, 88, 137, 267
外来型開発　310-313, 315-317, 320, 322, 357
拡大生産者責任　257
核燃料廃棄物処理場　⇒産業廃棄物(処理場)
霞ヶ浦　130, 323, 357
課徴金　3, 42, 45, 46, 48-50, 56, 77, 114, 176, 231, 232, 234-237, 243, 265-270, 276, 303, 359
金沢(市)　132, 204, 208, 320-323, 326, 328, 346, 347, 371
河北潟〔金沢市〕　207, 208, 323, 347
ガラッソ法〔イタリア〕　3, 197, 199, 285, 323, 358, 360
川崎(市)　34, 53, 118, 119, 181, 225, 226, 240, 241, 243
環境アセスメント／環境影響評価　2, 20, 34, 76, 121, 124, 177, 178, 213-223, 252, 254, 283, 286, 292, 295, 356, 360, 363, 365
――法　34, 215, 219, 285
環境基準　2, 13, 18, 20, 33, 39, 48, 141, 152, 153, 155, 164, 170, 171, 178, 190, 191, 237, 266, 284, 296, 297, 345, 359, 361
環境基本法　34-36, 77, 177, 268, 282, 286
環境教育　4, 41, 122, 201, 203, 207, 227, 230, 336, 339, 368-371
環境権　53, 68, 69, 82, 84, 144, 164, 198, 222, 282, 284, 292, 297, 366-368
環境再生　36, 106, 112, 170, 177, 178, 188, 211, 223, 225, 229

環境事前影響評価制度　⇒環境アセスメント
「環境自治権」　360
環境税　25, 27, 40, 49, 174, 176, 231, 234, 235, 254, 265-269, 272, 273, 276, 284, 289, 303, 359
環境と開発に関する世界委員会　14
環境の質　12, 32, 44, 46, 49, 83, 110, 142, 307, 366, 368
「環境不祥事」　39
環境保全政策／保護政策　1, 3, 6, 9, 44, 69, 197
官僚主義　11, 54, 125, 177, 275, 277, 286, 359
企業国家　100, 126, 193, 248, 290
企業城下町　111, 143, 181, 321
気候変動枠組条約　19, 20, 22, 24, 25, 70, 76
北九州(市)　53, 59, 97, 163, 174, 191, 226, 241, 245, 288
行政的救済(制度)　185-187, 239, 243, 258
京都(市)　63, 130-132, 196, 199, 204, 222, 285, 346, 347
京都議定書　14, 23, 25, 26, 31, 40, 71, 158, 160, 263, 269, 270, 371
京都メカニズム　26
共同財産(権)　84, 85, 352
共同実施(JI)　26, 271
拠点開発　101, 193, 210, 218, 311, 312, 314, 318
空間利用規制権　360, 362
草の根民主主義　101, 102
窪川町〔高知県〕　356-358
クボタ　37, 38, 181, 182, 258
クライン・ガルテン(市民農園)　6, 201, 337
クリーン開発メカニズム(CDM)　26, 271
計画(経済)原理　113, 114, 116, 143, 278
景観　3, 30, 32, 35, 62, 65, 72, 73, 79-82, 105, 110, 111, 113, 114, 120, 130, 135, 163, 169, 178, 187, 194-200, 203-205, 207, 208, 210, 214, 215, 217, 218, 226, 229, 263, 282, 285, 297-299, 307, 322, 325, 347, 356, 360
――法　35, 199, 200, 285

索引〈事項〉

──(保全)条例　36, 199, 200, 323, 347, 358
経済成長　13, 15, 22, 23, 25, 27, 31, 33, 37, 69, 70, 77, 88, 99, 100, 102, 156, 161, 185, 193, 196, 217, 231, 270, 277, 281, 305, 306, 308, 317, 329, 330, 332, 339, 341, 348
現代的貧困　144-146, 351
公害健康被害補償制度／補償法　2, 11, 34, 84, 116, 141, 178, 180, 186, 187, 232, 236, 239-241, 245, 249, 258, 259, 261, 266, 267, 284, 356
公害対策基本法(1970年)　34, 178, 250, 284
──(旧・1967年)　2, 39, 170, 178, 190, 284
公害防止技術　54, 92, 124, 171, 173, 175, 262, 266, 281
公害防止協定　190, 228, 264
公害防止計画　189, 194
公害防止事業費事業者負担法　239, 246, 247
公害防止条例　58, 178, 189, 366
公害防止投資　7, 8, 11, 48, 52, 57, 58, 141, 143, 164, 261-264
公害防止費用／コスト　52, 92, 124, 139, 143-145, 233
公害保健福祉事業費　242, 244
公害輸出　9, 12, 13, 22, 23, 28, 62, 67, 146-148, 151, 154, 167
公共経済学　49, 170, 203, 340
公共財(産)　32, 37, 45, 47, 69, 88, 131, 175, 176, 185, 194, 200, 274, 278, 283, 294, 298, 325
公共信託財産　74, 79, 82-84, 86, 103
公共性　31, 32, 74, 89, 107, 175, 176, 215, 218, 231, 246, 266, 272, 275, 284, 285, 289, 292-299, 304, 367
公共選択(理)論　275, 276, 279
公共的介入　26, 42, 48-50, 53, 56, 68, 69, 94, 95, 100, 102, 117, 126, 131, 134, 144, 161, 267, 275, 281, 325, 349, 359
鉱業法　224, 302

高知パルプ生コン混入事件　108
神戸市真野地区　317, 319
国際社会科学評議会　54, 366
国道43号線　32, 100, 292
五大湖〔アメリカ〕　120, 205
国家環境政策法(NEPA)〔アメリカ〕　2, 34, 214-216, 285, 366
コペルニクス的転換　1, 2, 74
コミュニティ・ボード　263, 363, 364, 374
混合財　295, 304

サ　行

財産権　46, 68, 69, 83-85, 107, 125, 129, 144, 197, 353, 354, 361, 362, 367
最適汚染(点／水準)　44, 56, 170, 191, 234, 236, 237, 284
堺・泉北コンビナート／堺・泉北地域　140, 182, 193, 210, 312-314
酒田(市)　310-312, 315
差止め　3, 22, 32, 33, 69, 84, 103, 104, 108, 121, 122, 152, 164, 171, 183, 211, 215, 254, 285, 292, 294, 296, 297, 301, 366, 367
Sustainable City(SC)　⇒維持可能な都市
Sustainable Society(SS)　⇒維持可能な社会
Sustainable Development(SD)　⇒維持可能な発展
砂漠化　13, 104, 146
沢内村〔岩手県〕　320
産業基盤　3, 101, 311
産業構造　8, 16, 45, 54, 60, 71, 87, 89, 96, 99, 113, 115, 122, 152, 172, 217, 225, 237, 310, 347
──の変化／変動／転換　6-9, 16, 17, 33, 58, 60, 61, 78, 91, 113, 115, 132, 134, 141, 175, 200, 209, 274, 311, 315, 321
産業廃棄物(処理場)　6, 30, 39, 40, 67, 78, 246, 247, 252, 253, 255, 283
酸性雨　14, 76, 104, 146, 147, 169, 269
ジェントリフィケーション　97, 133, 134, 326
事後評価　⇒モニタリング

383

索　引

四阪島〔愛媛県〕　29, 171, 189, 353
市場原理　2, 12, 26, 33, 63, 72, 74, 83, 100, 114, 117, 126, 131, 138, 143, 147, 162, 173, 176, 177, 194, 278, 281, 287, 292, 294, 340, 359
市場の欠陥　74, 147, 177, 267, 274, 281, 359
市場の失敗　9, 11, 44, 49, 53, 88, 276, 277
自動車公害／自動車(大気)汚染　28, 52, 60, 65, 117, 118, 126, 173, 231, 239, 244, 245, 266, 312, 346, 369
自動車の排ガス規制　7, 126, 171
シビル・ミニマム　56
志布志〔鹿児島県〕　311
資本制蓄積　49-53, 95, 145
市民運動 ⇒住民運動
市民農園　202, 203, 365
社会資本　1, 30, 32, 44, 51-53, 80, 82, 95, 97, 101, 133, 137, 177, 189, 192, 194, 195, 216, 226, 228, 299, 307, 310, 311, 313, 314, 323, 327, 364, 374
社会主義(計画経済)の欠陥　143
社会主義(国)の公害(環境問題)　18, 53, 54, 123, 125, 165, 279, 293
社会的共同消費手段／生活手段　52, 62, 66, 80, 82, 95, 124, 192, 372
社会的公平　252, 285, 295
社会的効率　46, 48, 49, 292, 339
社会的災害　37, 51, 122, 126, 128, 260, 286
社会的弱者　117, 119, 145, 154, 285
社会的損失　43, 49, 50, 85, 86, 110, 121, 136-145, 166, 248, 261, 279, 286, 294, 298, 307, 313, 314
社会的費用　41-43, 49, 50, 53, 72, 78, 102, 124, 136-145, 164, 166, 173, 222, 248, 331
社会的便益　52, 137, 138, 261, 285, 313
社会的有用性　32, 127, 284, 293
私有財産権　84, 89, 102
集積不利益　50, 62, 93, 97, 118, 122, 192, 194, 244
集積利益　8, 49, 62, 93, 101, 115, 118, 131, 194, 311, 228
住民運動／市民運動　11, 33, 34, 36, 41, 56, 69, 77, 95, 108, 125, 131, 143, 146, 164, 169, 178, 185, 206, 215, 230, 239, 270, 281, 319, 322, 345, 350-358, 368, 369
準公共財　295, 296, 298
消費者主権(論)　36, 65, 275, 277, 336
消費者負担原則　234
シリコンバレーの地下水汚染　120
新幹線(公害)事件 ⇒名古屋新幹線公害(事件)
新古典派(経済学)　13, 36, 43, 44, 48-51, 56, 72, 78, 88, 126, 147, 170, 235, 267, 277-279, 330, 336
宍道湖・中海(干拓・淡水化)　11, 130, 208, 215, 220, 285, 322, 356, 357
新自由主義　9-11, 17, 26, 35, 49, 74, 98, 132, 133, 142, 146, 176, 177, 260, 267, 273, 277, 286, 287, 295, 352, 372
親水権　81, 131, 134, 225, 312, 322, 368
新保守主義　9, 10, 17, 74, 177, 352, 372
水質(保全)二法　183, 189
逗子市　356, 358
ストック公害／災害(蓄積性汚染)　26, 31, 34, 35, 40, 67, 128, 162, 173, 182, 206, 224, 230, 237-239, 246, 247, 253, 254, 256, 257, 260
ストックホルム会議(国連人間環境会議)　2, 13-15, 19, 22, 70, 105, 329
スーパーファンド(Super Fund)法　35, 153, 238, 253, 255, 256, 260, 303
「生活の芸術化」　334, 336
生活の質　33, 145, 228, 305-309
(経済)成長至上主義　52, 305, 308
成長の質　308
制度学派(経済学)　43, 78, 138, 277, 278
生物多様性　21, 78, 105, 110, 147, 229, 230, 340
生物的弱者　111, 116, 117, 122, 154
政府の欠陥　69, 74, 100, 103, 147, 177, 267, 274, 275, 279-281, 284, 359
政府の失敗　11, 37, 165, 184, 258, 274-277, 279, 289, 323, 349, 359, 362
絶対的損失　31, 120-122, 139-141, 144,

145, 154, 270, 285, 298, 313, 367
絶対的不可逆的損失　119, 121, 130, 161, 162, 170, 171, 212-214, 218, 220, 222, 236
瀬戸内海環境保全特別措置法(瀬戸内保全法)　11, 210, 211
全国総合開発計画　61, 101, 218
　第1次――　101, 193, 218, 311
　第2次――　61, 101, 134, 311
　第3次――　61
　第4次――(4全総)　101, 134, 317
戦略的環境アセスメント　216, 218, 284, 302
騒音　3, 30, 32, 66, 117-119, 121, 122, 152, 163, 189, 191, 193, 209, 285, 291, 293, 296, 297
相対的損失　121, 122, 214
総量規制　41, 178, 190, 210, 289
素材から体制へ　56, 74, 123
素材供給型産業　8, 10, 134, 310, 312-315
素材供給型重化学工業　58, 60, 61, 68, 71, 115, 172, 225
素材面　44, 54-56, 72, 81, 85, 109, 110, 114, 348

タ　行

ダイオキシン　67, 99, 173, 188, 191
大都市化　5, 52, 71, 97, 99, 101, 116, 122
(アメリカ型)大量消費生活様式　26, 30, 36, 64, 66, 71, 99, 101, 122, 145, 305, 339
多国籍企業　7, 10, 12, 13, 17, 21, 22, 29, 31, 70, 104, 106, 107, 119, 132, 146-149, 155, 176, 193, 305, 306, 316, 317, 329, 331, 337, 341, 342, 344, 364, 373
田子ノ浦ヘドロ処理事業　246
WEO(世界環境機構)　23, 71, 342, 344
WTO(世界貿易機関)　12, 22, 71, 147, 162, 340, 343, 344, 373
炭素税　49, 268, 269
地域開発　39, 50, 53, 60, 76, 101, 142, 174, 193, 194, 210, 215, 218, 235, 251, 252, 288, 291, 309, 310, 312-316, 318, 358, 360, 362, 371
地域計画　101, 205, 307, 370
地域構造　62, 63, 71, 115, 237
地域固有財　82, 130, 360
チェルノブイリ　14, 18, 19, 54
地球環境問題　12, 23, 27, 31, 33, 36, 40, 41, 73, 110, 146, 147, 156, 161-163, 169, 170, 172, 177, 213, 284, 287, 336, 343
地区住民評議会　326, 328, 364-366
蓄積性汚染　⇒ストック公害／災害
チッソ　111, 179-181, 183, 211, 354
中間システム(論)　56, 57, 72-74, 77, 85, 99, 113-116, 123, 125, 165, 175, 273, 274, 281, 283
中間領域　71, 72
長期微量複合汚染　114
調和論　2, 40, 284
直接規制　2, 8, 33, 35, 45, 48, 49, 56, 174, 176, 230, 232, 234, 235, 264-267, 272, 276, 287
定常状態　333, 334, 337
TVA　101, 102
転位効果　113, 169
電源開発促進税　249, 250
電源三法　11, 249, 250
電源立地促進対策交付金　249
ドイツの市民農園　⇒クライン・ガルテン
東海道新幹線公害　⇒名古屋新幹線公害(事件)
徳山湾・水俣湾の水銀ヘドロ処理事業　246
「都市格」　321
都市計画　3, 51, 54, 87, 94, 95, 97, 98, 111, 115, 134, 169, 173, 192, 194, 195, 200, 225, 228, 298, 299, 315, 327, 328, 335, 361, 363, 368
　――法　195, 367
土壌汚染対策法　255
土地利用規制　3, 197, 322, 360, 363

ナ 行

内発的発展　17, 74, 252, 316-320, 322, 323, 328, 342, 346, 357, 359, 361-363, 370-372
中海干拓　⇒宍道湖・中海(干拓・淡水化)
長良川河口堰問題　220
名古屋新幹線公害(事件)　32, 100, 121, 122, 192, 296-299
ナショナル・トラスト　352, 353
新潟水俣病(第二水俣病)　120, 182, 184, 301, 354
「二重の配当」　266
西淀川(区)　34, 36, 118, 188, 224, 227, 243
日本化学工業　247, 248, 253
ネステ〔フィンランド〕　113, 193
農薬キーポン中毒事件〔アメリカ〕　10, 118, 127, 354
農用地土壌汚染防止法　255
ノストラ〔イタリア〕　203, 324, 352, 353, 370

ハ 行

ばい煙規制法　101, 170, 189
廃棄物処理(場／施設)　30, 173, 203, 216, 220, 234, 288, 311
排出権取引／排出量取引　26, 27, 49, 176, 231, 266, 267, 269-272, 287, 289, 300, 304, 359
bads　55, 231, 270, 288
パルコ　199, 202, 227, 228, 230
非排除性　47, 81, 88, 131, 294, 301
PPP(汚染者負担原則)　3, 35, 40, 114, 224, 230, 232-239, 244-250, 253-261, 265, 267, 281, 289
　OECDの──　233, 236, 237
　ストック公害の──　246-248, 253, 255
　日本型──　189, 237-239
　ベッカーマンの──　233-235, 249
　都留重人の──　236, 237
費用便益分析(CBA)　11, 44, 47-50, 121, 161, 170, 171, 177, 213, 215, 219-222, 236, 277, 330
琵琶湖　110, 120, 131, 205-207, 229, 360
フィレンツェ(市)〔イタリア〕　6, 114, 132, 199, 299, 326, 327, 364
フィンランドの石油コンビナート　⇒ネステ
フェララ(県)〔イタリア〕　227, 228
不可逆的(絶対的)損失　⇒絶対的不可逆的損失
複合型ストック災害　256, 259
福祉国家　7, 9-11, 17, 42, 60, 74, 98, 100, 146, 176, 177, 193, 267, 275
物質収支(論)　44, 45, 50, 54
不変資本充用上の節約　52, 92, 126
フロー公害　30, 35, 40, 257, 260
分散の不利益　131
(沖縄)米軍基地　151-153, 316
補助金　3, 42, 49, 137, 151, 152, 174, 197, 200, 210, 226, 230, 231, 235, 248, 249, 251, 261-264, 273, 276, 310, 311, 316, 317, 319, 323, 339, 361, 362
補助政策　10, 11, 225, 231, 249, 260, 261, 263, 264, 266
ボパール〔インド〕　13, 14, 148, 149, 154, 155, 316
ポリシー・ミックス　232, 267
ポリシー・メーキング　85, 170
掘割再生　204, 322
ボローニャ(市)〔イタリア〕　132, 197, 299, 324, 326-328, 345, 364, 365, 372
ボローニャ方式　6, 133, 197, 323, 325, 326, 328, 372

マ 行

街並み　6, 9, 30, 35, 80, 82, 86, 87, 92, 95, 97, 99, 113, 114, 120, 129, 130, 132, 133, 187, 192, 195, 197, 217, 228, 306, 307, 319, 322, 325, 346, 352, 354, 363, 370
三島・沼津　34, 76, 214, 215, 219, 355-358, 369
水島〔岡山県〕　34, 189, 210, 225, 243, 311, 315

水俣病　　4, 23, 28, 33, 34, 37, 38, 40, 70, 75,
　　109-112, 116, 120-122, 126-128, 150, 151,
　　155, 171, 178-184, 186, 187, 211, 212, 232,
　　236, 240, 266, 274, 286, 300, 356
　第1次水俣病裁判（判決）　　111, 163, 180,
　　298
　胎児性──　　116, 188
　第二──　⇒新潟水俣病
　カナダ・インディアン水俣病事件／カナダ
　　先住民水銀中毒事件　　112, 118, 149,
　　155, 167, 354
三宅島　　356, 358
ミラノ（市）〔イタリア〕　　299, 370
むつ小川原　　311
モニタリング（事後評価）　　219, 223, 248,
　　266, 270, 282

ヤ　行

薬害・食品公害　　127, 128
柳川市　⇒掘割再生
UNEO（国連環境機構）　　71, 342-344
湯布院町〔大分県〕　　317-320
吉野川河口堰　　283
四日市（市）〔三重県〕　　39, 67, 119, 189, 193,
　　225, 239-241, 291, 313, 314, 355
　──公害／大気汚染（裁判・訴訟）　　34,
　　39, 101, 113, 178, 182, 191, 193, 212, 215,
　　225, 240, 243, 248, 263, 291, 296, 311, 354,
　　362
　──コンビナート　　142, 312
　──ぜんそく　　33, 40, 114, 122, 128, 186,
　　211, 236
予防原則　　26, 34, 76, 162, 211-214, 216,
　　255, 260, 281, 283, 285, 341
四大公害裁判　　7, 60, 178, 186, 285, 296, 369

ラ　行

ラブ運河事件〔アメリカ〕　　35, 238, 248,
　　253, 303
ラベンナ（県・市）〔イタリア〕　　227, 228
リオ会議（国連環境開発会議）　　1, 16, 18-
　　25, 27, 28, 33, 34, 70, 71, 74, 77, 105, 177,
　　281, 282, 328, 329, 343
リサイクル／リサイクリング　　30, 35, 36,
　　45, 57, 67, 71, 173, 174, 207, 226, 235, 260,
　　270, 273, 283, 284, 288, 329, 345, 346
リスクアセスメント　　212, 213, 215, 283
リゾート基地（開発）　　30, 116, 126, 132-
　　136, 317
歴史的街区　　6, 9, 63, 192, 197, 228, 299,
　　323-326, 372
歴史的文化財　　73, 105, 129, 198, 228
歴史的街並み　　3, 6, 82, 98, 99, 110, 111,
　　113, 195, 197, 217, 262, 307

〈人　名〉

ア　行

天野明弘　147, 163
淡路剛久　367
イエニッケ (M. Jänicke)　33, 60-62, 175, 278, 279
井上　真　148
イーブリン (J. Evelyn)　41
イリイッチ (I. Illich)　174
宇井　純　75
ウェーバー (M. Weber)　87
宇沢弘文　46, 139, 144, 303
エンゲルス (F. Engels)　93, 94
遠藤宏一　140, 314
大塚　直　270
岡　敏弘　78, 271, 272
オット (H. E. Ott)　25
オーバーテュアー (S. Oberthur)　25

カ　行

カーソン (R. Carson)　335
カップ (K. W. Kapp)　43, 53, 102, 136-139, 141-144, 166, 209, 237, 253
加藤三郎　233
ガラッソ (J. Galasso)　196
ガルブレイス (J. K. Galbraith)　43, 66, 143, 278, 335, 338
川那部浩哉　207
ガンディー (I. Gandhi)　2
ガンディー (M. K. Gandhi)　342, 374
北川徹三　184
木津川　計　130
木原啓吉　130
清浦雷作　171, 180
吉良龍夫　206
クネーゼ (A. V. Kneese)　43
グラント (J. Graunt)　41
車谷典男　258

コース (R. Coase)　46
ゴットマン (J. Gottman)　62
コルスタッド (C. D. Kolstad)　176
ゴルトシャイト (R. Goldscheid)　279
ゴールドマン (M. I. Goldman)　54, 78
コルビュジエ (Le Corbusier)　134, 165

サ　行

佐々木雅幸　372
サックス (J. L. Sax)　83, 84, 103
佐藤武夫　128, 165
佐野静代　230
サマーズ (L. Summers)　13, 147, 162, 330
佐無田　光　226
ジェコブス (J. Jacobs)　326
シュマッハー (E. F. Schumacher)　335-337
シュンペーター (J. A. Schumpeter)　186
庄司　光　43, 122
ジョンソン (C. Johnson)　151, 154
白木博次　112, 154, 167
陣内秀信　324
スティグリッツ (J. E. Stiglitz)　161-163
ストロング (M. Strong)　22, 329
スミス (A. Smith)　94, 107, 273, 305, 326
関　一　130
セミヨノフ (V. S. Semenov)　54
セリコフ (I. J. Selikoff)　37, 127
セン (A. Sen)　334
曾田長宗　181

タ　行

ダイヤモンド (D. B. Diamond, Jr.)　130
高橋理喜男　202
髙村ゆかり　26, 76, 213
田中正造　358
チェルヴェルラッティ (P. L. Cervellati)

325, 326, 372
チャドウィック（E. Chadwick） 75, 91
ツィグラー（C. E. Ziegler） 279, 280
都留重人　15, 43, 54-56, 88, 123, 151, 163, 164, 236, 238, 329, 334-337, 339
鶴見和子　371
デイリー（H. E. Daly） 330-333
寺西俊一　78, 138, 139, 146, 147
トーリー（G. S. Tolley） 130
ドリゼック（J. S. Dryzek） 88, 100, 275, 305

ナ 行

長砂 実　165
中野 桂　307
中村剛治郎　371
中村治朗　293
西野麻知子　230
西村幸夫　195
沼田 真　79
ヌルクセ（R. Nurkse） 316
ネッツア（D. Netzer） 326

ハ 行

橋本道夫　286
パットナム（R. D. Putnam） 374
バーブルゲン（H. Verbruggen） 176
浜田宏一　294
原子栄一郎　329
原科幸彦　218
原田正純　29, 75, 150, 151, 179
バーリ（A. A. Berle） 277, 278
ハリディ（E. C. Halliday） 75
ピアス（D. W. Pearse） 329
ピグー（A. C. Pigou） 41, 43, 49, 137
藤井良広　270
藤野 紀　150, 151
フリードマン（M. Friedman） 108, 119, 275-277
フリードマン（W. Friedman） 103, 108, 289
フリーマン（J. Freeman） 176
ブルントラント（G. H. Brundtland） 14
ブレイク（F. Schmidt-Bleek） 330
ベッカーマン（W. Beckerman） 233, 235, 237
ペティ（W. Petty） 41
ヘブマン（R. H. Haveman） 298
ベンダー（R. Bender） 227
細川 一　183
保母武彦　208, 323, 371
ボールディング（K. E. Boulding） 305

マ 行

マーシャル（A. Marshall） 41, 137
マシューズ（R. C. O. Matthews） 54
松岡 譲　156, 158
マルクス（K. Marx） 17, 56, 92, 95, 125, 126, 137, 339
マルクス＝エンゲルス　41, 50, 51, 91
マントウ（P. Mantoux） 91
マンフォード（L. Mumford） 87, 91, 92, 217, 358
ミシャン（E. J. Mishan） 50, 118, 129, 335
見田宗介　338
ミード（M. Mead） 2
ミハイルスキー（K. Michalski） 144, 166
宮野雄一　221, 222
ミュルダール（K. G. Myrdal） 43
ミル（J. S. Mill） 41, 305, 333, 334, 339, 373
ミルズ（E. S. Mills） 44-49, 51, 54, 301
宗田好史　197
村山武彦　213
モリス（W. Morris） 335, 337
森田恒幸　156, 158
諸富 徹　267, 303
モンタナーリ（A. Montanari） 374

ヤ・ラ・ワ行

矢作 弘　346

索　引

吉田文和　　138, 175
吉村良一　　185
米本昌平　　146
ラスキン (J. Ruskin)　　337
ランゲ (O. Lange)　　124, 164
李秀澈　　264
ロブソン (W. A. Robson)　　289

ロンボルグ (B. Lomborg)　　159-161, 163
ワイツゼッカー (E. U. von Weizsäcker)
　　71, 272, 273, 330, 337, 338, 343, 344
ワイトナー (H. Weidner)　　33, 38, 178, 182, 185, 300, 350
ワルトハイム (K. J. Waldheim)　　2

■岩波オンデマンドブックス■

環境経済学 新版

2007年11月29日　第1刷発行
2016年 8月16日　オンデマンド版発行

著　者　宮本憲一
発行者　岡本　厚
発行所　株式会社 岩波書店
　　　　〒101-8002 東京都千代田区一ツ橋 2-5-5
　　　　電話案内　03-5210-4000
　　　　http://www.iwanami.co.jp/

印刷／製本・法令印刷

© Ken'ichi Miyamoto 2016
ISBN 978-4-00-730469-9　　Printed in Japan